prépabac

NOUVEAU BAC

TOUT-EN-UN
COURS + ENTRAÎNEMENT AU CONTRÔLE CONTINU

1re STI2D STL

PHYSIQUE-CHIMIE
Walter Vassiaux

MATHÉMATIQUES
Bernard Verlant

FRANÇAIS
Thomas Brunet

HISTOIRE-GÉOGRAPHIE
Stéphane Leteuré

ANGLAIS
Frédérique Le Graverend
Annie Goulvent

FOUCHER

Crédits

p. 28 : ph © only4denn - stock.adobe.com ; ph © Popova Olga - stock.adobe.com ; ph © Evgeny Tomeev - stock.adobe.com ; **p. 48** : ph © aleks-p - stock.adobe.com ; **p. 90** : ph © Sabine - stock.adobe.com ; ph © alesme - stock.adobe.com ; **p. 114** : ph © bestvc - stock.adobe.com ; ph © ArtPerfect - stock.adobe.com ; ph © bestvc - stock.adobe.com ; ph © Monika Adelfang - stock.adobe.com ; ph © nikkytok - stock.adobe.com ; ph © luchschen - stock.adobe.com ; **p. 199** h : ph © Detroit Institute of Arts ; **p. 199** b : ph © Österreichische Galerie Belvedere ; **p. 208** : ph © commons.wikimedia.org ; **p. 261** : ph © commons.wikimedia.org ; **p. 262** : ph © commons.wikimedia.org ; **p. 267** : ph © commons.wikimedia.org ; **p. 269** : ph © commons.wikimedia.org ; **p. 273** : ph © Art Institute of Chicago ; **p. 274** h : ph © Metropolitan Museum of Art ; **p. 274** b : ph © commons.wikimedia.org ; **p. 275** : ph © commons.wikimedia.org ; **p. 277** : ph © commons.wikimedia.org ; **p. 285** : ph © commons.wikimedia.org ; **p. 286** : ph © commons.wikimedia.org ; **p. 287** : ph © commons.wikimedia.org ; **p. 294** : ph © commons.wikimedia.org ; **p. 314** : ph © Laurent Descloux/EPA Sénart Communication

Texte de la page 256 : aus : Elfriede Jelinek, Was geschah, nachdem Nora ihren Mann verlassen hatte oder Stützen der Gesellschaft ; in : Elfriede Jelinek, Theaterstücke. Was geschah, nachdem Nora ihren Mann verlassen hatte oder Stützen der Gesellschaft. Clara S. - musikalische Tragödie. Burgtheater. Krankheit oder Moderne Frauen. Copyright © 1984, 1987 by Prometh Verlag KG, Köln Veröffentlicht 1992 im Rowohlt Taschenbuch Verlag, Reinbek bei Hamburg Mit freundlicher Genehmigung der Rowohlt Verlag GmbH, Reinbek b. Hamburg.

Les ressources numériques

Au fil des pages, des QR codes à flasher vous renvoient à de nombreuses ressources : corrigés, schémas, presse, documents, vidéos, cartes, exercices...

Mode d'emploi

foucherconnect.fr

Votre Prépabac Foucher s'enrichit de ressources numériques

Lorsque je rencontre un pictogramme ressource au fil des pages :

 # doc
Les consignes de sécurité pour les lasers
foucherconnect.fr/19pbsti2d02

Des FLASHCODES permettent aussi d'accéder aux ressources depuis un smartphone

1. Je vais sur **www.foucherconnect.fr**
J'enregistre cette page dans mes favoris pour les prochaines fois.
2. Je saisis **le code de la ressource** indiqué dans le pictogramme.
3. **Je visualise** ma ressource.

DANGER
LE PHOTOCOPILLAGE TUE LE LIVRE

« Le photocopillage, c'est l'usage abusif et collectif de la photocopie sans autorisation des auteurs et des éditeurs.
Largement répandu dans les établissements d'enseignement, le photocopillage menace l'avenir du livre, car il met en danger son équilibre économique. Il prive les auteurs d'une juste rémunération.
En dehors de l'usage privé du copiste, toute reproduction totale ou partielle de cet ouvrage est interdite. »

Maquette intérieure : Frédéric Jély
Mise en page : STDI
Illustrations (Biologie) : Florence Ollé

ISBN 978-2-216-15494-4

			Les épreuves communes de contrôle continu			Les épreuves finales (Terminale)
			Épreuve 1 (2e trimestre de 1re)	Épreuve 2 (3e trimestre de 1re)	Épreuve 3 (2e trimestre de T^{le})	
MATIÈRES DE SPÉCIALITÉ	STI2D	Innovation technologique (coef. 5)	**Oral individuel**, 20 min : présentation (avec support) d'un projet (10 min max) suivie d'un dialogue argumenté avec l'interrogateur (10 min max)			
		Ingénierie et développement durable (coef. 16)				Épreuve ponctuelle en Terminale
		Physique-chimie et mathématiques (coef. 16)				Épreuve ponctuelle en Terminale
MATIÈRES DE SPÉCIALITÉ	STL	Biochimie-biologie (coef. 5)	**Écrit, 2 h** : questions s'appuyant sur des documents scientifiques ou technologiques menant à la rédaction d'au moins 1 synthèse (schéma ou rédaction)			
		Biotechnologie/ sciences physiques et chimiques en laboratoire (coef. 16)				Épreuve ponctuelle en Terminale
		Physique-chimie et mathématiques (coef. 16)				Épreuve ponctuelle en Terminale

			Les épreuves communes de contrôle continu			Les épreuves finales (Terminale)
			Épreuve 1 (2e trimestre de 1re)	Épreuve 2 (3e trimestre de 1re)	Épreuve 3 (2e trimestre de Tle)	
MATIÈRES COMMUNES	**Mathématiques (coef. 5)**		**Écrit, 2 h** : test de maîtrise des automatismes (questions à réponses rapides) + 3 exercices indépendants, certains exercices par ordinateur	Même épreuve	Même épreuve	
	Français (Épreuve anticipée, coef. 10)	**Écrit**	4 h, commentaire ou contraction de texte + essai			
		Oral	20 min (préparation : 30 min) : exposé sur un des textes du descriptif (12 min) + présentation de l'œuvre choisie et entretien (8 min)			
	Histoire-géographie (coef. 5)		**Écrit, 2 h** : questions de connaissances + analyse de document (sujets d'étude au choix)	Même épreuve	**Écrit, 2 h** : questions de connaissances + analyse de document (sujets d'étude au choix)	
	LVA et LVB (coef. 5)		Compréhension orale et expression écrite, 1 h	Compréhension écrite et expression écrite, 1 h 30	1er temps : Compréhension écrite et orale, expression écrite – 2 h 30 2nd temps : Expression orale – 10 min (10 min de préparation)	
	EPS (coef. 5)		1 épreuve de contrôle en cours de formation		2 épreuves de contrôle en cours de formation	
	Philosophie (coef. 4)					Épreuve ponctuelle en Terminale
	Grand oral (coef. 14)					Épreuve de 20 min en 2 parties qui porte sur un projet travaillé en 1re et Tle : présentation du projet, adossée à 1 ou 2 disciplines de spécialité choisies par l'élève et échange autour du projet

REMARQUE :
Le contrôle continu compte pour 40 % de l'évaluation, les épreuves finales comptent pour 60 % et les notes des bulletins scolaires de 1re et Tle comptent pour 10 % de la note finale.

SOMMAIRE

PHYSIQUE-CHIMIE

Évaluation de la physique-chimie au bac

L'enseignement de physique-chimie appartient à la spécialité « Physique-chimie et mathématiques ». Cette spécialité vise à donner aux élèves une formation scientifique solide les préparant à des poursuites d'études dans les domaines des sciences appliquées ou de la production. Pour cela, il est indispensable de conforter les outils mathématiques nécessaires pour la conceptualisation, la modélisation et le calcul des grandeurs associées aux notions de physiques et de chimie.

1 Le programme de physique-chimie

- Le programme de physique-chimie renforce la culture scientifique des élèves et les fait accéder à une compréhension plus globale des concepts et notions étudiés. Il améliore leurs capacités d'investigation, d'analyse et de raisonnement, et leur permet de progresser dans la démarche expérimentale scientifique.
- Plusieurs domaines d'études ont été privilégiés en physique-chimie : la mesure et les incertitudes, l'énergie, la matière et la transformation chimique, les ondes et l'information. Cependant, en filière STL, les mouvements et interactions sont étudiés sans aborder les aspects énergétiques (vus en classe de Terminale).
- Le domaine de la **mesure et des incertitudes** permet d'approcher et de quantifier les phénomènes physiques et chimiques, de suivre leur évolution dans le temps, d'élaborer des modèles et de délimiter leurs domaines de validité, tout en présentant chaque résultat final d'une mesure avec la mention de l'incertitude-type et de l'unité associées.
- L'**énergie** constitue le pôle central du programme de physique-chimie de la 1re STI2D. Ses enjeux, ses différentes formes, ses conversions, son transport et sa distribution, son stockage sont présentés. Les grandes formes d'énergie (électrique, interne, chimique, mécanique, électromagnétique) sont étudiées, ainsi que les principales notions associées. L'étude de l'énergie mécanique aborde explicitement la notion d'actions mécaniques. En classe de première STL, seule l'étude de l'énergie cinétique est abordée explicitement avec la notion d'actions mécaniques et les équations horaires de mouvement.
- L'**organisation de la matière** est étudiée en lien avec les propriétés physiques des matériaux. En STI2D, les transformations chimiques importantes dans le domaine industriel (combustion, oxydo-réduction et corrosion) sont étudiées, tandis qu'en STL, les transformations chimiques acido-basiques et la cinétique chimiques sont développées.
- Les **ondes sonores** et **électromagnétiques** sont étudiées comme exemples de vecteurs d'information. En classe de 1re sont introduites les caractéristiques d'une onde, les phénomènes de propagation, d'absorption, de réflexion. Puis, les caractéristiques et propriétés particulières des ondes sonores et des électromagnétiques sont approfondies.

2 Les modalités d'évaluation

La spécialité physique-chimie et mathématiques est évaluée tout au long des années de 1re et Tle grâce aux notes des bulletins scolaires (coefficient 10) pris en compte pour la note finale. L'élève est également évalué grâce à une épreuve finale de coefficient 16 en Terminale.

Préambule : mesure et incertitudes

Nous effectuons des mesures quotidiennement : taille, masse, tension… Réaliser plusieurs mesures d'une grandeur physique permet d'augmenter la précision et d'associer des outils statistiques.

1 Les grandeurs physiques et les unités

- Une **grandeur physique** correspond à une **propriété physique** pouvant être mesurée ou calculée. Les différentes valeurs possibles s'expriment à l'aide d'un nombre réel souvent accompagné d'une **unité de mesure**.
- Les unités de mesure en France font partie du **système international SI**. Il quantifie les 7 grandeurs indépendantes : la masse en kilogramme (kg), le temps en seconde (s), la longueur en mètre (m), la température en kelvin (K), l'intensité électrique en ampère (A), la quantité de matière en mole (mol) et l'intensité lumineuse en candela (cd).
- Il est important de connaître ces unités principales pour établir des relations homogènes.

2 L'étude statistique

On ne mesure pas une grandeur seulement pour obtenir la valeur de cette grandeur mais aussi pour lui associer une incertitude afin de pouvoir **qualifier la qualité de la mesure**. Cette incertitude est liée aux **erreurs de mesures** qui peuvent être dues à l'instrument de mesure (précision, entretien, etc.), à l'opérateur ou à la variabilité de la grandeur mesurée. L'incertitude de mesure est la valeur qui caractérise la dispersion des valeurs qui peuvent être attribuées à la grandeur mesurée. **On la note u.**

A Exploiter une série de mesures

- On considère la série suivante de mesures de la masse d'une femme de 17 ans.

57,0	57,2	57,1	57,2	57,5	57,1	57,1	57,0	56,9	57,0
56,8	57,3	57,5	57,1	57,1	56,8	57,3	57,4	57,2	57,1

- On peut regrouper ces mesures par tranche de 0,2 kilogramme et ensuite les représenter par un histogramme.

Masse m (kg)	56,8 à 56,9	57,0 à 57,1	57,2 à 57,3	57,4 à 57,5
Nombre de mesures	3	9	5	3

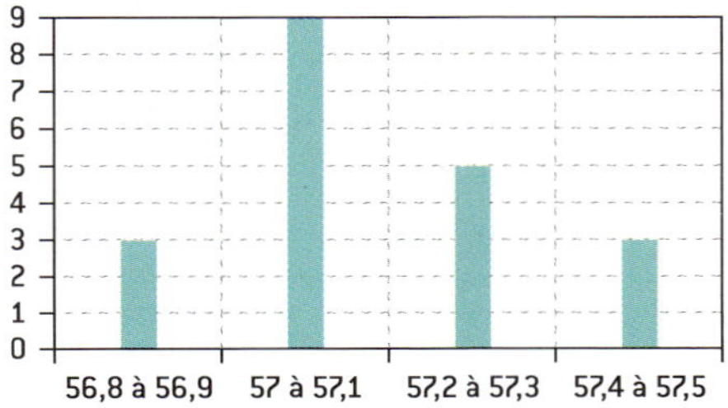

- La **moyenne** de cette série est la somme des mesures divisée par le nombre de mesures :

$$\bar{m} = \frac{1}{n}\sum_{i=1}^{n} m_i = 57{,}1 \text{ kg}$$

■ **L'écart-type σ_{n-1}** indique la dispersion des mesures autour de la moyenne : $\sigma_{n-1} = \sqrt{\frac{1}{n-1}\sum_{i=1}^{n}(m_i - \bar{m})^2}$

REMARQUE

Plus les valeurs sont proches de la valeur moyenne et plus l'écart-type est faible.

B L'incertitude-type

Les erreurs de mesure sont de deux types : **aléatoire** ou **systématique**.

a L'incertitude-type aléatoire ou de répétabilité U_A

Lorsqu'une même personne répète plusieurs fois, dans les mêmes conditions, la mesure d'une même grandeur, les valeurs obtenues peuvent être différentes : il s'agit d'**erreurs de mesure aléatoires**. L'incertitude associée est une **incertitude de répétabilité U_A** dite de type A, pouvant être évaluée par des méthodes statistiques. On utilise la moyenne et l'écart-type σ_{n-1}, issus de l'exploitation d'un nombre important de valeurs mesurées : $U_A = 2u_A = 2\frac{\sigma_{n-1}}{\sqrt{n}}$.

b L'incertitude-type systématique U_B

Il faut prendre en compte la précision de l'appareil de mesure, la façon dont il est utilisé et la qualité du mesurage. L'erreur correspondante est l'**erreur systématique** et l'incertitude associée est dite de **type B**. Alors, l'incertitude de mesure est l'incertitude élargie $U_B = 2U_B$, pour un niveau de confiance de 95 %.

EXEMPLES

Détermination de quelques erreurs systématiques

- Pour la mesure avec un instrument à affichage digital, l'incertitude est égale à 1 unité du **dernier chiffre stable** affiché à l'écran. Ici l'incertitude sur la pression est $u_B = 1$ hPa et l'incertitude élargie à 95 % est $U_B(P) = 2u_B(P) = 2$ hPa. Ainsi la pression est $P = 975 \pm 2$ hPa.
- Pour la mesure avec un instrument gradué, l'incertitude peut être considérée comme égale à la moitié de la plus petite graduation de l'appareil. Ici, l'incertitude sur la température est $u_B = 0{,}5$ °C et l'incertitude élargie à 95 % est $U_B(T) = 2u_B(T) = 1$ °C. Ainsi la température est $T = 20 \pm 1$ °C.

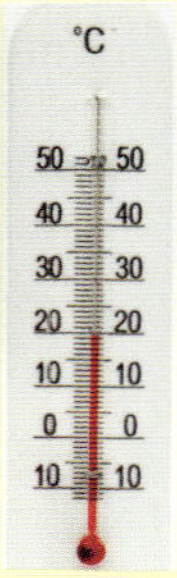

c L'incertitude-type composée U

■ Il faut associer les 2 incertitudes-types afin de trouver l'incertitude-type composée.

■ Le résultat de la mesure est la somme de la valeur vraie de l'erreur aléatoire et de l'erreur systématique.

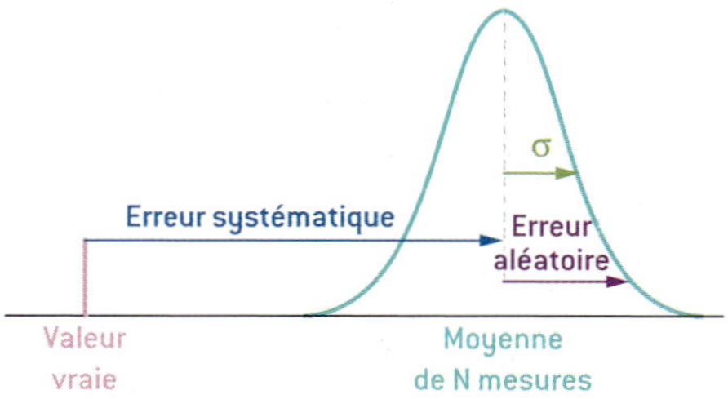

■ Ainsi, si l'on dispose d'un ensemble de mesures d'une grandeur X, où chacune d'entre elles est affectée d'une incertitude de type B, on obtient l'incertitude-type composée : $u = \sqrt{u_A^2 + u_B^2}$; $U = 2u$; $M = \bar{m} \pm U$

■ Le résultat X des mesures est donc : $X = x \pm U(X)$, où x est la moyenne des mesures et U(X) est l'incertitude élargie à 95 % de confiance.

d L'incertitude-type sur une mesure indirecte

■ Une **mesure indirecte** d'une grandeur X consiste à mesurer plusieurs grandeurs physiques a, b, etc. et de calculer X à partir de ces grandeurs mesurées.

■ La relation permettant le calcul d'une mesure indirecte sera toujours donnée.

C Écrire le résultat d'une mesure

■ En physique, le nombre de chiffres avec lequel on écrit une valeur correspond aux **chiffres significatifs**.

■ Les règles pour compter les chiffres significatifs (CS) sont :

1. Pour une valeur écrite en notation non scientifique, tous les chiffres sont significatifs, sauf les zéros au début de la valeur.

2. Dans le cas d'une valeur écrite en notation scientifique sous la forme $a \times 10^n$, les chiffres qui composent l'écriture de a sont significatifs.

EXEMPLES

d = 625,2 m : cette valeur comporte 4 CS
$d = 6{,}28 \times 10^2$ m : cette valeur comporte 3 CS
$d = 0{,}62 \times 10^3$ m : cette valeur comporte 2 CS
$d = 6{,}20 \times 10^2$ m : cette valeur comporte 3 CS

3. Les zéros : un zéro à gauche d'un nombre n'est jamais significati mais un zéro à droite d'un nombre est significatif.

■ La valeur d'une grandeur physique doit être écrite afin que le dernier chiffre écrit soit **le seul chiffre affecté par l'incertitude.**

■ Ainsi, l'incertitude doit s'exprimer avec un seul chiffre et l'estimation de la grandeur mesurée admet comme dernier CS celui de même position que celui de l'incertitude.

EXEMPLE

La mesure d'une intensité électrique donne une valeur I = 50,15875 A avec une incertitude U(I) = 0,09258 A.
On garde tout d'abord un chiffre pour l'incertitude U(I) = 0,09 A, puis on exprime le résultat de l'intensité mesurée I avec comme dernier chiffre significatif, l'arrondi à deux chiffres après la virgule : I = 50,16 ± 0,09 A.

D Évaluer et améliorer l'acceptabilité d'un résultat

Il est possible de comparer la valeur mesurée I avec une valeur de référence $I_{réf}$ en calculant leur écart relatif : $\left|\frac{I - I_{réf}}{I_{réf}}\right|$ souvent exprimé sous la forme d'un pourcentage. Plus il est faible et plus la mesure donne un résultat proche de celui attendu.

E Améliorer une mesure

La mesure est d'autant meilleure que son incertitude de mesure est faible. Pour l'améliorer, il est possible :
- d'augmenter le nombre de mesures, puisqu'une série de mesures a une incertitude plus faible qu'une mesure ponctuelle et d'éliminer les valeurs aberrantes ;
- d'exploiter les appareils de mesures dans la gamme de valeur où leur précision est la meilleure et de les contrôler ;
- de faire réaliser des mesures dans un laboratoire certifié afin de valider la qualité des mesures des appareils.

1 L'énergie et ses enjeux

Chaque jour, nous utilisons plusieurs formes d'énergie qui nous apportent un certain confort dans nos activités quotidiennes : énergie thermique pour se chauffer et faire cuire les aliments, énergie lumineuse pour s'éclairer ou encore énergie mécanique pour faire fonctionner un véhicule.

1 L'énergie

A Les différentes formes d'énergie

■ **L'énergie** se note **E** et s'exprime en **joule (J)**. C'est une façon d'exprimer l'intensité des phénomènes.

> **EXEMPLE**
> Il faut une énergie E = 100 J pour faire un trou dans un mur.

■ L'énergie est mesurable et intervient dans de nombreux phénomènes physiques. Elle se présente sous plusieurs formes :
- **énergie thermique** : elle est utilisée pour la cuisson, pour maintenir une température agréable dans une pièce, etc. ;
- **énergie lumineuse** : elle est utilisée pour l'éclairage, pour l'affichage des écrans d'ordinateur et de téléphones portables, etc. ;
- **énergie chimique** : elle permet de produire de l'énergie thermique lors de la combustion du bois ou du gaz et d'obtenir ainsi de l'énergie électrique permettant le fonctionnement de petits appareils électriques comme les téléphones portables, les ordinateurs, les tablettes, des jouets, etc. ;
- **énergie électrique** : elle permet d'obtenir de l'énergie thermique, de l'énergie mécanique, de l'énergie lumineuse… ;
- **énergie mécanique** : elle permet le fonctionnement du moteur à explosion des véhicules.

B Les formes d'énergie et les sources associées

La société actuelle utilise essentiellement les **combustibles fossiles** comme sources d'énergie, donc de l'**énergie chimique**. Cependant, de l'énergie électrique peut être produite par de l'énergie tirée de la fission nucléaire, de l'eau (hydroélectricité), du vent (éolienne), du soleil (panneaux photovoltaïques), de la géothermie, etc.

C La puissance

■ La **puissance** se note **P** et s'exprime en **watt (W)**. Elle mesure la capacité à mettre en jeu une certaine énergie en un temps donné.

> **EXEMPLE**
> Si l'énergie dépensée pour réaliser un trou dans un mur est E = 100 J, il sera possible d'utiliser une petite perceuse qui nécessitera un certain temps ou d'en employer une plus imposante qui permettra de réaliser le perçage plus rapidement. Dans les deux cas, l'**énergie dépensée est la même**. La petite perceuse est moins puissante que la grosse et nécessite plus de temps pour réaliser le travail.

■ La puissance a pour expression :

$$P = \frac{E}{\Delta t}$$

E : énergie mise en jeu pour un phénomène en joule (J)
Δt : durée du phénomène en seconde (s)
P : la puissance en watt (W)

■ Inversement, l'énergie mise en jeu est le produit de la puissance P par la durée nécessaire Δt : $\mathbf{E = P \times \Delta t}$.

2 Les conversions et les chaînes énergétiques

A Les principales conversions d'énergie

Il existe plusieurs types de conversions :
- **électromécanique** : l'énergie électrique est convertie en énergie mécanique avec un moteur électrique, ou inversement une turbine entraîne un alternateur qui fournit de l'énergie électrique ;
- **photoélectrique** : de l'énergie lumineuse est convertie en énergie électrique avec un panneau photovoltaïque, ou inversement une ampoule fournit de l'énergie lumineuse ;
- **électrochimique** : de l'énergie l'électrique est convertie en énergie chimique dans un électrolyseur, ou inversement une batterie fournit de l'énergie électrique ;
- **thermodynamique** : une machine thermique convertit de l'énergie thermique en énergie mécanique, ou inversement une machine thermique fournit ou prélève l'énergie thermique ;
- la **combustion** : l'énergie chimique est convertie en énergie thermique.

B Le stockage de l'énergie

■ L'**énergie chimique** est naturellement stockée dans les **combustibles**.

■ Il est possible de stocker de l'**énergie électrique** produite par des éoliennes ou des panneaux photovoltaïques sous forme d'**énergie chimique** dans un **électrolyseur**, ou inversement une batterie fournit de l'énergie électrique en transformant de l'énergie chimique.

C Les chaînes énergétiques

Lors d'une conversion d'énergie, une forme d'énergie est convertie en une ou plusieurs autres ; ceci est représenté au sein d'une **chaîne énergétique**. Ci-dessous un exemple de conversion au sein d'une automobile à partir de l'essence (énergie chimique de départ) :

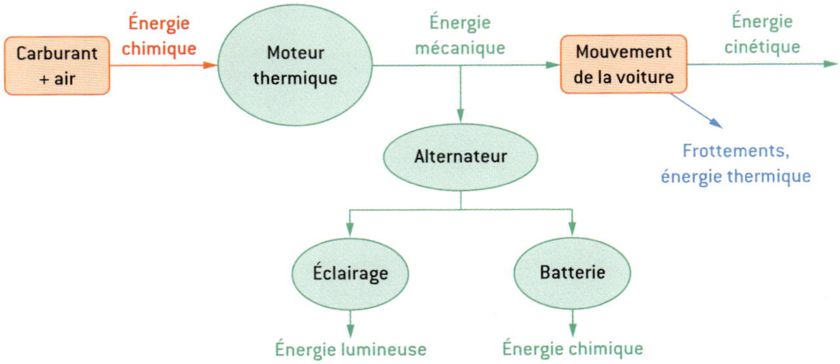

Chaîne énergétique d'une automobile à moteur thermique

3 Le principe de la conservation de l'énergie

- Un **système isolé** n'échange pas d'énergie avec le milieu d'extérieur.
- Un **convertisseur** peut être considéré comme un **système isolé** : toute l'énergie absorbée est convertie intégralement en une ou plusieurs autres formes. Il y a conservation de l'énergie : la valeur totale de l'énergie absorbée se retrouve à l'issue du convertisseur.

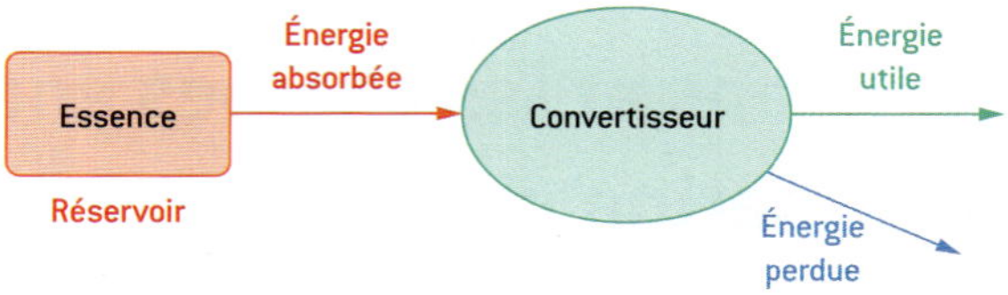

- En général, l'énergie absorbée est transformée en une **énergie utile** et une autre forme, qui est **perdue pour le système**, par exemple de la chaleur.
- Le **rendement** η (« *éta* ») de conversion est le **rapport de l'énergie utile par l'énergie absorbée**. Il s'exprime en pourcent. $\eta = \dfrac{E_{utile}}{E_{absorbée}}$.

EXEMPLE

Un moteur utilise 4,0 litres d'essence ayant un pouvoir calorifique de 30 $MJ.kg^{-1}$ et les convertit en 25 MJ d'énergie mécanique et en énergie thermique.
En utilisant la conservation de l'énergie, on peut trouver l'énergie thermique produite ; l'énergie absorbée correspond à $3{,}0 \times 40 = 120$ MJ convertis en énergie mécanique et énergie thermique.
$E_{absorbée} = E_{mécanqiue} + E_{thermique}$, soit $E_{thermique} = E_{absorbée} - E_{mécanqiue} = 95$ MJ.
L'énergie utile est ici l'énergie mécanique, donc le rendement est le rapport de l'énergie mécanique par l'énergie absorbée soit $E = \dfrac{25}{120} = 21$ %.

4 Les ressources « renouvelables »

Une ressource est considérée comme renouvelable si son renouvellement naturel se réalise en une vie humaine. On trouve parmi les énergies renouvelables : la biomasse, l'hydroélectricité, le solaire photovoltaïque et thermique, la géothermie.

OBJECTIF BAC

EXERCICE

Une éolienne, de puissance électrique P = 80 MW, comporte un alternateur entraîné par le mouvement des pales permettant de transformer de l'énergie mécanique en énergie électrique. Cette éolienne fonctionne efficacement avec des vents ayant une vitesse comprise entre 10 et 25 $m.s^{-1}$. Au-delà, les pales s'arrêtent.

1. Convertir les vitesses en kilomètre par heure.
2. Pourquoi fonctionne-t-elle pour un intervalle de vitesse ? Pourquoi est-il nécessaire de couper le mouvement de rotation des pales au-delà ? Une partie de l'énergie du vent est dégradée en raison des frottements.
3. Représenter la chaîne énergétique de cette éolienne.

corrigés
foucherconnect.fr/19pbsti2d01

2 L'énergie chimique

La chimie est la science de la transformation de la matière : elle permet de créer de nouveaux produits. Il est possible de calculer les énergies mises en jeu lors des réactions chimiques. Les combustions ont été les premières réactions chimiques maîtrisées par l'être humain avec le feu.

1 La transformation chimique

A Le système chimique

Un système chimique est l'ensemble des espèces chimiques susceptibles de réagir entre elles.

EXEMPLE

Lorsque l'on considère la réaction de combustion du méthane dans l'air, modélisé par l'équation : $CH_4 + O_2 \rightarrow CO_2 + H_2O$, le système chimique est constitué du méthane et du dioxygène.

B L'énergie du système chimique

■ L'**énergie chimique** est une forme d'énergie associée aux liaisons formées par les atomes ou les ions au sein des espèces chimiques. C'est une partie de l'énergie du système chimique.

■ Au cours d'une transformation chimique, de l'énergie du système peut être transformée en énergie thermique (effet thermique associé) et engendrer une **élévation ou une diminution de la température du système**, voire du milieu extérieur.

À SAVOIR

- Une **réaction exothermique** contribue à **transférer de l'énergie thermique au milieu extérieur**, ce qui génère une élévation de sa température ; dans le même temps, l'**énergie du système diminue**.
- Une **réaction endothermique** contribue à **prélever de l'énergie thermique au milieu extérieur**, ce qui génère une diminution de sa température ; dans le même temps, l'**énergie du système augmente**.

2 Les combustions

A Le principe de la combustion

■ Une **combustion** est une transformation chimique ; elle ne peut se produire que si 3 éléments sont réunis : un **combustible**, un **comburant** et une **énergie d'activation** en quantités suffisantes. Ces 3 éléments sont

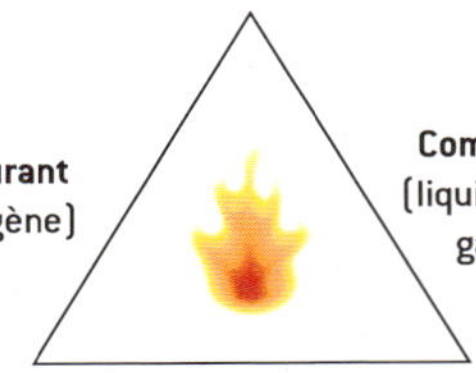

souvent représentés de manière symbolique par le **triangle du feu**. En effet, la combustion cesse dès qu'un élément du triangle est enlevé.

■ Le **combustible** est une substance capable de brûler en présence d'un autre réactif (comburant) pour fournir de l'énergie thermique. Le combustible peut être :
- un **solide** : bois, papier, carton, matières plastiques... ;
- un **liquide** ou un **solide liquéfiable** : alcool, essence, fuel, huile... ;
- un **gaz** : méthane, propane, butane, d'hydrogène... ;
- un **métal** : sodium, aluminium, fer...

■ Le **comburant** constitue l'autre réactif de la réaction chimique de combustion. Il s'agit la plupart du temps du dioxygène contenu dans l'air ambiant. On peut aussi utiliser du dioxygène pur, alors la combustion est beaucoup plus vive. Si l'on supprime le comburant, en enfermant par exemple une bougie dans un bocal, elle finira par s'éteindre.

■ La **combustion** ne peut démarrer que si de l'énergie est apportée pour l'initier. Comme les combustions sont exothermiques, elles s'auto-entretiennent ensuite.

B L'énergie du système

■ Une combustion est une **réaction exothermique**, car le système chimique transfère de l'énergie thermique au milieu extérieur. Dans le même temps, l'énergie chimique du système diminue. Cette énergie thermique peut être utilisée directement pour se chauffer ou pour cuire les aliments. Elle peut aussi être convertie partiellement en énergie mécanique (moteurs à combustion) ou en énergie électrique.

■ L'énergie libérée par une combustion dépend de la nature du combustible.

C Le pouvoir calorifique

■ Le **pouvoir calorifique (PC)** d'un matériau combustible est l'énergie dégagée par une réaction de combustion par unité de masse de ce matériau. L'énergie de combustion avec le dioxygène est ici dégagée sous forme de chaleur. On considère que la combustion produit du dioxyde de carbone et de l'eau.

■ Le pouvoir calorifique s'exprime en **mégajoule par kilogramme** ($MJ.kg^{-1}$) pour les solides, les liquides ou les gaz combustibles. Le pouvoir calorifique de différents combustibles est donné dans le tableau ci-dessous :

Combustible	Pouvoir calorifique ($MJ.kg^{-1}$)
Bois	17
Charbon	24
Éthanol	27
Essence	47
Gazole	45
Méthane	50

■ La combustion d'un kilogramme de combustible fossile ou de bois fournit quelques dizaines de mégajoules au milieu extérieur sous forme d'énergie thermique. Cette énergie transférée au milieu extérieur correspond à une diminution de l'énergie chimique du système.

■ L'**énergie libérée Q** par une combustion est le produit de la masse de combustible par son pouvoir calorifique :

Q = m × PC

Q : énergie libérée en MJ
m : masse de combustible en kg
PC : pouvoir calorifique en $MJ.kg^{-1}$

D La détermination du pouvoir calorifique d'un combustible

Pour déterminer le pouvoir calorifique PC d'un combustible, il faut déterminer la masse de combustible nécessaire pour faire augmenter la température d'une masse d'eau. En connaissant l'énergie fournie à l'eau, on trouve alors le pouvoir calorifique du combustible.

3 La protection contre les risques liés aux combustions

A Les risques et les dangers

■ Les risques liés à l'inflammabilité (risque d'incendie) d'un produit ou d'un mélange représentent un danger important. Un **incendie** est une combustion accidentelle qui se déroule de manière désordonnée et incontrôlée. Le développement d'un incendie nécessite donc la présence d'un combustible, d'un comburant et l'apport d'une flamme, ou plus généralement d'énergie sous forme de chaleur.

■ Les réactions de combustion présentent des dangers :
- **pour les personnes** : intoxications dues au monoxyde de carbone s'il n'y a pas assez de dioxygène, asphyxies dues aux fumées ou au manque de dioxygène consommé par la combustion, brûlures en présence des flammes ;
- **pour les biens** : destruction de l'habitat lors de l'incendie.

B La prévention et la protection

■ Avant de détecter un feu et le combattre, il est préférable de l'éviter en empêchant la formation du triangle de feu. L'énergie d'activation est l'élément à éloigner du combustible et du comburant.

■ Lorsque l'incendie a débuté, il faut le détecter rapidement de manière automatique, avec un détecteur de fumées. Il est constitué d'un émetteur de lumière et d'un récepteur. La fumée pénétrant le faisceau de lumière affaiblit le rayonnement infrarouge. Si celui-ci descend au-dessous d'une valeur déterminée, le circuit du récepteur déclenche une alarme.

■ Il faut pouvoir éteindre l'incendie dès que possible avec un extincteur. C'est un appareil qui projette sous l'effet d'une pression intérieure, un agent extincteur sur un foyer d'incendie :
- l'**eau** est l'agent extincteur le plus utilisé et le moins cher. L'eau agit par étouffement lorsque l'atmosphère est inertée par de la vapeur d'eau et par refroidissement ;

– les **poudres à base de bicarbonate de sodium** se décomposent à chaud selon la réaction : $2\ NaCO_3H \rightarrow Na_2CO_3 + CO_2 + H_2O$. Le dégagement abondant de gaz carbonique provoque l'étouffement du foyer et élimine aussi un élément du triangle du feu ;
– le **dioxyde de carbone** agit sur le feu par étouffement. L'air est remplacé par du gaz carbonique (toute combustion devient impossible à partir de 20 % de CO_2).

OBJECTIF BAC

EXERCICE 1

On fait brûler une bûche de masse m = 4,5 kg dans l'air et on n'obtient que très peu de cendres.

1. Quels sont les produits de la réaction ?
2. Calculer la valeur de l'énergie thermique Q dégagée par cette combustion.
3. Comment évolue l'énergie chimique du système de réactifs (bûche + air) ?

Données : le pouvoir calorifique massique du bois est PC = 17 $MJ.kg^{-1}$.

EXERCICE 2

La dissolution du nitrate de potassium dans l'eau conduit à une solution homogène et à un abaissement de température. Comment évolue l'énergie du système de réactifs (nitrate de potassium et eau) ?

EXERCICE 3

Une pile à combustible est alimentée par du dihydrogène stocké dans un réservoir sous pression et de dioxygène de l'air. Elle produit de l'eau, de l'énergie électrique ainsi que de l'énergie thermique qui fait chauffer la batterie.

1. Écrire l'équation de la réaction se produisant au sein de la pile.
2. La pile a une puissance P = 40 kW et un rendement η = 85 %.

Déterminer l'énergie électrique Eélec fournie en une heure en kW.h et en joule. En déduire l'énergie chimique Ech consommée dans le même temps.

3. Comment expliquer la différence entre les 2 valeurs ?

 # corrigés
foucherconnect.fr/19pbsti2d01

3 L'électricité au quotidien

L'électricité est la forme d'énergie associée à un mode de vie civilisé. Nous ne pourrions plus nous en passer. Au laboratoire ou à la maison, les lois régissant les circuits électriques sont les mêmes.

1 Définitions

■ Un circuit électrique est composé de plusieurs éléments connectés entre eux par leurs bornes et appelés **dipôles.** Il comporte ainsi :
- un **générateur** qui fournit l'énergie électrique au circuit ;
- un ou plusieurs **récepteurs** qui reçoivent de l'énergie électrique du générateur. Ils peuvent être de différentes natures : conducteur ohmique, moteur, électrolyseur…

■ Les différents dipôles sont reliés entre eux par des **fils électriques**.

2 Les symboles des dipôles les plus importants

Générateur		Lampe	Interrupteur	
Pile 	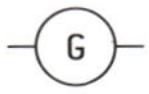	 ou 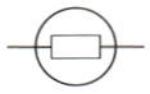	ouvert 	fermé 

Conducteur ohmique	Condensateur	Bobine	DEL	Moteur
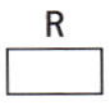				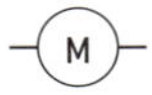

3 Le circuit électrique en série

■ Chaque dipôle est relié directement à un autre dipôle par un **fil électrique**. Les schémas électriques de ces circuits sont simples.

■ Pour réaliser correctement un **montage électrique en série** à partir d'un schéma, il faut placer les dipôles dans le même ordre et à la même place que sur le schéma, puis les connecter avec des fils électriques. Si le circuit électrique comporte un appareil de mesure placé en série dans le circuit (par exemple un ampèremètre), on agit comme pour les autres dipôles en veillant au sens de branchement de cet appareil.

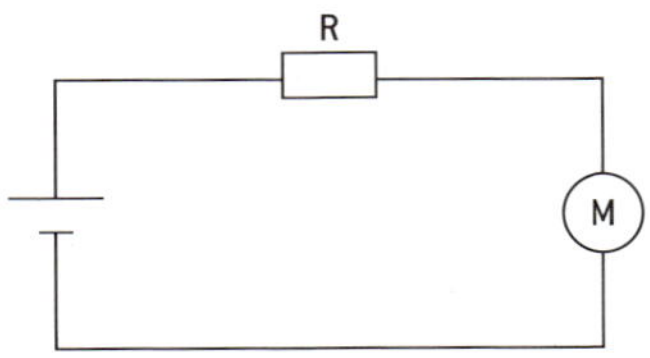

Schéma d'un circuit électrique en série

4 Le circuit électrique en dérivation

■ Dans un **circuit en dérivation**, il y a présence de plusieurs nœuds. Un **nœud** est un point du circuit où convergent au moins 3 fils électriques. Les points A et B sont des nœuds. Une **branche** est une portion du circuit comprise entre 2 nœuds.

■ Pour réaliser correctement un montage électrique en dérivation à partir d'un schéma, il faut d'abord réaliser un circuit série comportant le générateur et la résistance. On ajoute ensuite les dérivations, ici le moteur. On fait de même avec les appareils de mesure placés en dérivation (voltmètre, oscilloscope, systèmes d'expérimentation par ordinateur).

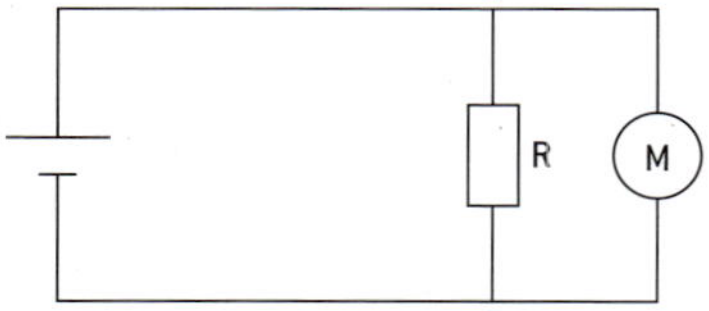

Schéma d'un circuit électrique en dérivation

OBJECTIF BAC

EXERCICE 1

1. Quels sont les dipôles présents dans le circuit ci-contre ?
2. S'agit-il d'un circuit en série ou en dérivation ? Indiquer éventuellement les nœuds présents dans le circuit.

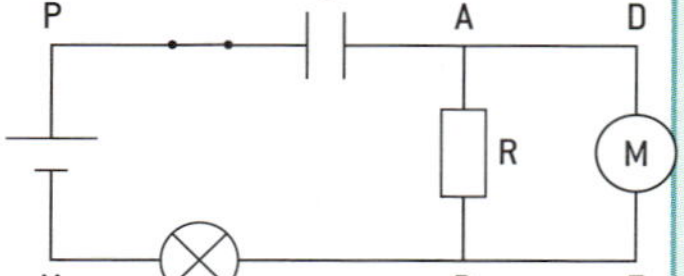

EXERCICE 2

Représenter un circuit en série comportant un générateur, un ampèremètre, deux lampes, un voltmètre mesurant la tension aux bornes des deux ampoules, un moteur.

corrigés
foucherconnect.fr/19pbsti2d01

4 La tension et l'intensité électriques

Des mesures simples de la tension et l'intensité électrique d'un courant permettent de déterminer des valeurs en différents points d'un circuit ou de suivre leur évolution au cours du temps.

1 La tension électrique

A Rappels

a Définition

- La tension **électrique** s'exprime en **volt** de symbole **V**.
- La tension électrique U_{AB} entre 2 points A et B est une grandeur algébrique.
- La tension U_{AB} est représentée sur le schéma par une flèche allant de B vers A.

b La mesure avec un voltmètre

- Pour mesurer la tension électrique U_{AB}, on utilise un voltmètre placé en dérivation du dipôle AB : la borne « V » du voltmètre est connectée en A et la borne « com » est connectée en B (un système d'acquisition serait lui aussi branché en dérivation).

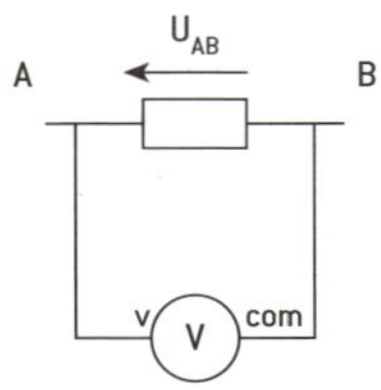

REMARQUE
Il faut bien prêter attention au branchement des appareils de mesure, sinon ils risquent d'être dégradés.

- La tension U_{BA} entre le point B et le point A est l'opposé de la tension U_{AB} : $U_{BA} = - U_{AB}$.
- La tension aux bornes d'un fil électrique est toujours nulle.
- Si l'on branche le voltmètre à l'envers, on mesure une tension opposée.
- Le voltmètre mesure la tension efficace de la tension. Il faut choisir au départ le calibre le plus grand pour ne pas abimer l'appareil de mesure.

B La visualisation d'une tension

a Les branchements

- Il est possible de visualiser la tension U_{AB} avec un **oscilloscope** ou un **système d'expérimentation assistée par ordinateur** (ExAO) que l'on place en dérivation aux bornes du dipôle AB.

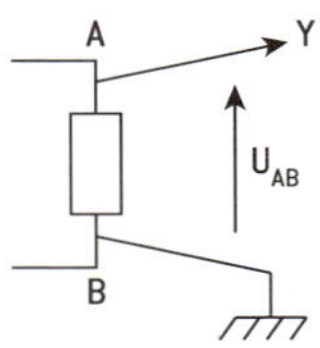

- On connecte :
- la voie Y sur le point A (la voie est représentée par une flèche sur un schéma) ;
- la masse de l'oscilloscope ou du système ExAO sur le point B.

■ Il est possible de suivre plusieurs tensions simultanément en connectant plusieurs voies et une ou plusieurs masses.

EXEMPLE

On réalise le circuit ci-contre avec ces branchements :
- combien de tensions sont visualisées ?
- quelles sont les tensions suivies ?

Il y a 2 voies : 2 tensions sont donc suivies. La première tension suivie entre la voie Y_1 en P et la masse en N est donc la tension U_{PN} aux bornes du générateur.
La seconde tension suivie entre la voie Y_2 en M et la masse en N est donc la tension UMN aux bornes de la résistance R.

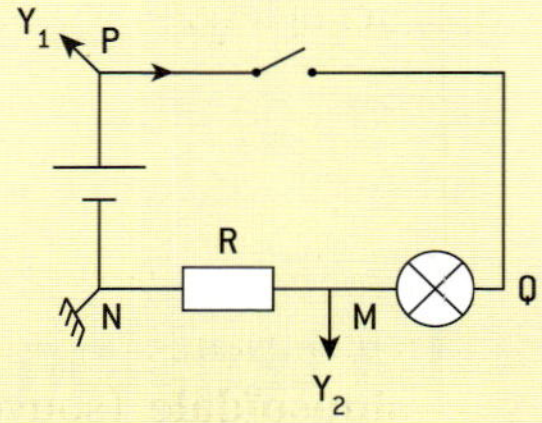

b La lecture d'un écran d'oscilloscope

■ Un écran d'oscilloscope peut être considéré comme un repère sur lequel va figurer la courbe représentant la tension suivie en fonction du temps.

■ L'axe vertical correspond à la tension observée et l'axe horizontal correspond au temps. On parle de « **division** » sur un oscilloscope, ce qui correspond à un carreau.

■ La face avant de l'oscilloscope comporte des boutons de réglage qui définissent :
– l'**échelle des tensions** : Sv, la **sensibilité verticale**, qui s'exprime en **V/div** ;
– l'**échelle des temps** : Sh, la **sensibilité horizontale**, qui a été étudiée au collège, mais on utilise de préférence au lycée le terme $\mathbf{V_B}$, **vitesse de balayage** (ou base de temps) qui s'exprime en **ms/div**.

■ Pour mesurer une tension, il faut donc multiplier le nombre de divisions verticales par la sensibilité verticale Sv et pour mesurer un temps, il faut donc multiplier le nombre de divisions horizontales par la vitesse de balayage V_B (ou sensibilité horizontale Sh).

EXEMPLE

On obtient la tension aux bornes d'une dynamo de bicyclette avec les réglages $S_h = 10$ ms/div et $S_v = 2{,}0$ V/div. La tension visualisée est variable (car non continue), alternative mais non sinusoïdale.
Pour déterminer la période T d'un signal variable sur l'écran de l'oscilloscope, on repère le nombre de divisions horizontales correspondant à une période et on multiplie ce nombre par la sensibilité horizontale S_h.
Ici la période s'étend sur 4,0 divisions, donc la période vaut $T = 4{,}0 \times 10 = 40$ ms $= 4{,}0 \times 10^{-2}$ s.

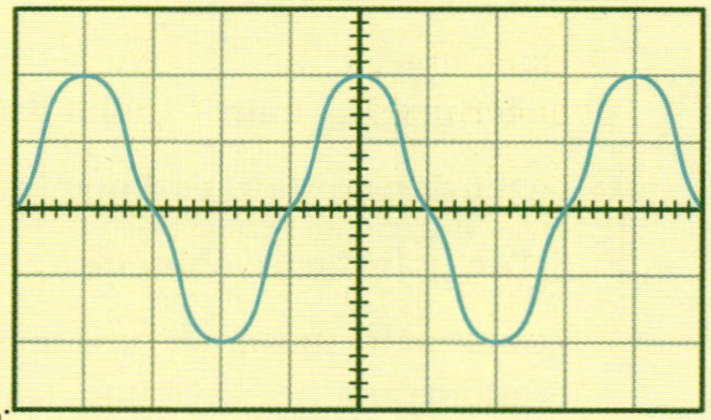

■ La fréquence est le nombre de périodes par seconde. Elle s'exprime en hertz (Hz) et est l'inverse de la période T (en secondes) : $\mathbf{f = \frac{1}{T}}$.

EXEMPLE

D'après l'exemple précédent : $f = \frac{1}{4{,}0 \times 10^{-2}} = 25$ Hz.

■ Pour déterminer la tension maximale U_{max}, on repère le nombre de divisions verticales entre la ligne médiane et un maximum de la courbe et on multiplie ce nombre par la sensibilité verticale S_v.

■ Ici la tension maximale s'étend sur 2,0 divisions, donc elle vaut $U_{max} = 2{,}0 \times 2{,}0 = 4{,}0$ V.

C Des tensions périodiques importantes

Les tensions suivantes sont souvent rencontrées en électricité :
- **sinusoïdale** (souvent alternative : successivement positive et négative) et **périodique**. Dans ce cas la **tension efficace U_e** mesurée à l'aide d'un voltmètre est liée à la tension maximale du signal : $U_m = \sqrt{2}U_e$, U_m et U_e s'expriment en volts (V) ;
- **carrée** ;
- **triangulaire**, composée de segments de droite symétriques ;
- **en dents de scie**, composée de segments de droite.

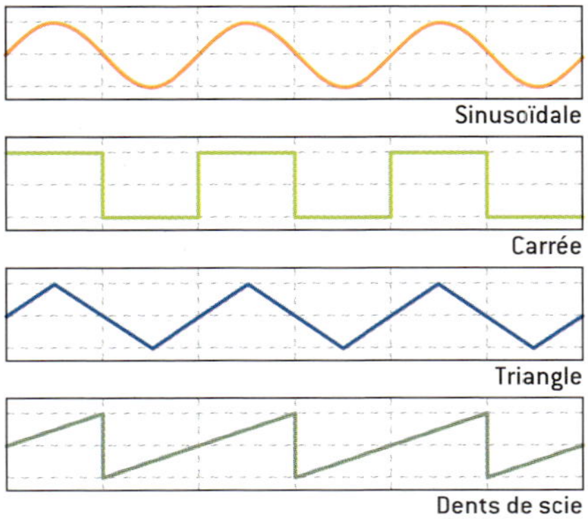

D La loi des mailles

■ Dans un circuit électrique, une **maille** est un chemin permettant aux électrons libres de se déplacer et d'effectuer un tour complet (c'est-à-dire de partir d'un point et de pouvoir y revenir).

■ Dans un **circuit en série**, il n'y a qu'**une seule maille** alors qu'on en trouve **plusieurs** dans les **circuits en dérivation**.

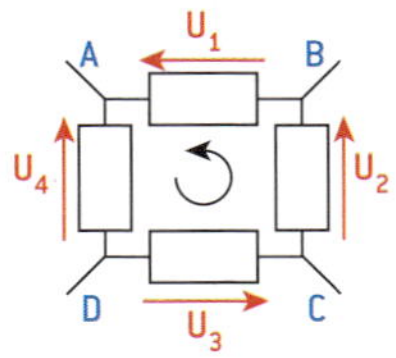

■ Dans une **maille**, la **somme algébrique des tensions est nulle**. On peut écrire ici : $U_1 + U_2 + U_3 - U_4 = 0$, soit $\mathbf{U_{AB} + U_{BC} + U_{CD} - U_{AD} = 0}$.

EXEMPLE

Si $U_1 = U_{AB} = 3{,}0$ V, $U_2 = U_{BC} = 5{,}0$ V et $U_3 = U_{CD} = 2{,}0$ V alors $U_4 = U_1 + U_2 + U_3 = 10$ V.
Cette relation permet de trouver facilement une tension inconnue dans un circuit.

2 L'intensité du courant électrique

A Rappels

■ On utilise le sens conventionnel du courant pour orienter un circuit : le courant parcourt le circuit, à l'extérieur du générateur, de la **borne positive à la borne négative**.

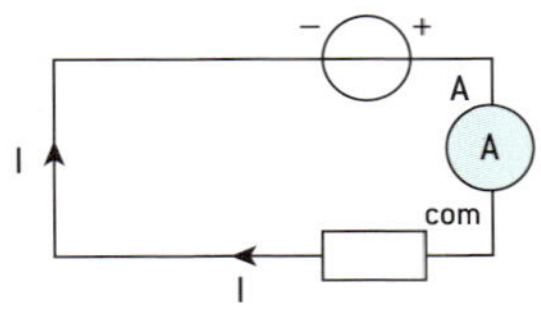

■ L'intensité du courant **s'exprime en ampère** de symbole **A**.

■ L'intensité du courant électrique **se mesure** à l'aide d'un **ampèremètre**, **branché en série** dans le circuit.

■ La borne « A » de l'ampèremètre est branchée du côté où arrive le courant électrique pour avoir une indication positive. Si la valeur lue est négative, c'est que le courant traverse l'ampèremètre de la borne « com » à la borne « A ».

■ L'intensité du courant a la **même valeur en tout point d'un circuit** en série ou d'une branche.

B Le circuit comportant des dérivations : la loi des nœuds

■ La somme des intensités des courants qui arrivent à un nœud est égale à la somme des intensités des courants qui en repartent.

■ On peut écrire pour le nœud ci-contre : $\mathbf{I_1 + I_4 = I_2 + I_3}$.

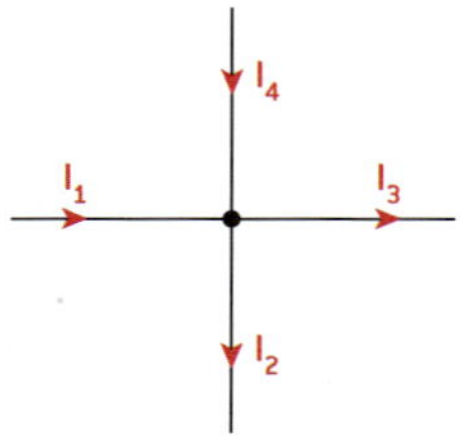

OBJECTIF BAC

EXERCICE 1

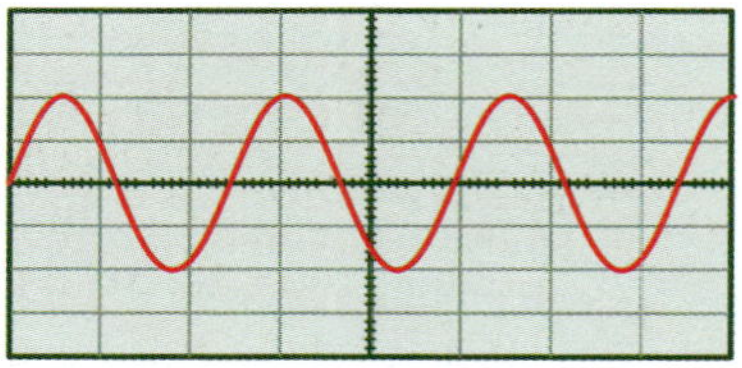

On obtient l'oscillogramme ci-contre lorsque les réglages sont : $V_B = 5{,}0$ ms/div et Sv = 2,0 V/div.

1. Déterminer la période et la fréquence de cette tension.
2. Déterminer l'amplitude U_m de cette tension.

EXERCICE 2

Le circuit suivant comporte plusieurs dipôles.

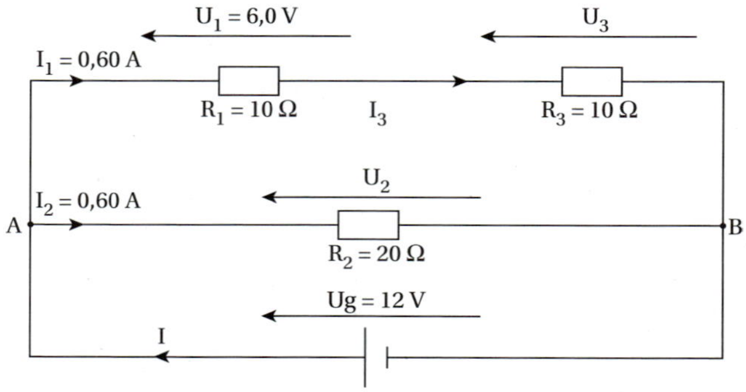

Des élèves ont effectué des mesures et ont indiqué leurs valeurs sur le schéma.

1. Indiquer les nœuds présents dans ce circuit.
2. Quelle est la valeur de l'intensité I_3 ? En déduire la valeur de l'intensité I du courant dans la branche comportant le générateur.
3. Déterminer les valeurs des tensions U_2 et U_3.

 # corrigés
foucherconnect.fr/19pbsti2d01

5 Le transfert d'énergie pour un récepteur

L'électricité véhicule de l'énergie dans les câbles électriques depuis un générateur, une pile ou une centrale nucléaire jusqu'aux récepteurs qui l'utilisent.

1 La convention récepteur

■ Pour un récepteur, si l'**intensité du courant I est positive** lorsqu'il circule de A vers B, alors la **tension U_{AB} est aussi positive**.

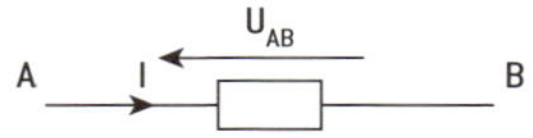

■ Il faut donc flécher I et U_{AB} en sens opposés. Inversement, si l'intensité I est négative, alors la tension U_{AB} l'est aussi.

2 L'énergie électrique reçue $W_{él}$

■ L'énergie électrique $W_{él}$ reçue par un récepteur AB traversé par une intensité I et soumis à une tension U_{AB} pendant une durée Δt, est :

$$\mathbf{W_{él} = U_{AB} \times I \times \Delta t}$$

$W_{él}$: énergie électrique reçue par le récepteur en joule (J)
U_{AB} : tension électrique aux bornes du récepteur en volt (V)
I : intensité du courant traversant le dipôle en ampère (A)
Δt : durée d'utilisation du récepteur en secondes (s)

■ Avec la **convention récepteur**, cette énergie est forcément positive, car si I est positif, alors U_{AB} est aussi positive.

EXEMPLE

Un dipôle AB traversé par un courant $I = 2{,}5$ mA de A vers B, est soumis à une tension $U_{AB} = 12$ V.
L'énergie électrique reçue par ce dipôle pendant une durée $\Delta t = 8$ minutes, est calculée directement avec la formule précédente : $W_{él} = U_{AB} \times I \times \Delta t$.
Il faut exprimer les grandeurs intervenant avec la bonne unité :
$U_{AB} = 12$ V, $I = 2{,}5$ mA $= 2{,}5 \times 10^{-3}$ A et $\Delta t = 8$ minutes $= 480$ s.
Ainsi, $W_{él} = 12 \times 2{,}5 \times 10^{-3} \times 480 = 14$ J.
Ce dipôle AB a donc reçu une énergie égale à 14 J du générateur.

3 La puissance électrique reçue $P_{él}$

■ La puissance électrique $P_{él}$ reçue par un récepteur est le rapport :

$$\mathbf{P_{él}} = \frac{W_{él}}{\Delta t}$$

$P_{él}$: puissance reçue par le récepteur en watt (W)
$W_{él}$: énergie reçue par le récepteur en joule (J)
Δt : durée considérée en seconde (s)

■ Cette formule peut s'exprimer aussi autrement, car $W_{él} = U_{AB} \times I \times \Delta t$. Si on divise cette expression par Δt, on trouve alors :

$$\mathbf{P_{él} = U_{AB} \times I}$$

■ Cette relation est aussi valable pour les appareils ménagers utilisant la tension du réseau EDF. L'unité d'énergie utilisée par les fournisseurs d'énergie, n'est pas le joule mais le **kilowatt-heure (kW.h)**. C'est l'énergie consommée par un appareil ayant une puissance de 1 kilowatt durant 1 heure.

EXEMPLE

Si on reprend l'exemple précédent, le dipôle AB reçoit donc une puissance $P_{él} = 12 \times 2,5 \times 10^{-3} = 0,030$ W.

■ La puissance électrique optimale d'utilisation (appelée aussi « **puissance nominale** ») est souvent indiquée sur les dipôles. Elle permet d'avoir une idée de la **rapidité du transfert d'énergie électrique**.

EXEMPLE

Un appareil électrique ayant une puissance P = 800 W fonctionne durant 2 heures. Cet appareil va donc consommer une énergie E : $E = P \times \Delta t$, avec P = 800 W et Δt = 2 heures, donc $E = 800 \times 2 = 1\,600$ W.h = 1,6 kW.h. Si on veut exprimer cette énergie en joule, il suffit de convertir la durée Δt en seconde (1 h = 3 600 s) et la puissance en watt (1 kW = 1 000 W), ainsi 1 kW.h = $1\,000 \times 3\,600 = 3,6 \times 10^6$ J.

4 Les conducteurs ohmiques

■ Un **conducteur ohmique** est un dipôle vérifiant la loi d'Ohm. La tension à ses bornes est proportionnelle à l'intensité u courant qui le traverse.

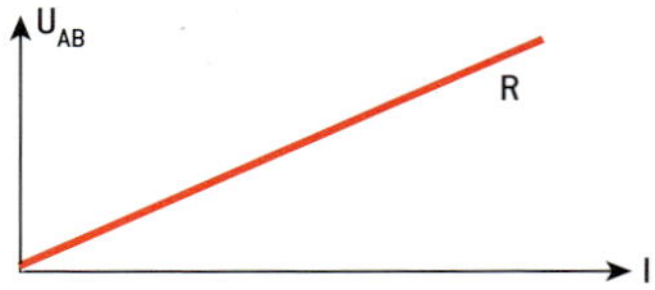

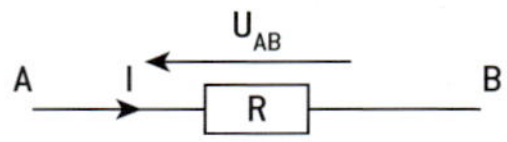

$\mathbf{U_{AB} = R \times I}$

U_{AB} : tension électrique en volt (V)
R : résistance du conducteur ohmique en ohm (Ω)
I : intensité du courant traversant le dipôle en ampère (A)

■ Un conducteur ohmique est un **dipôle passif**, qui transforme toute l'énergie électrique qu'il reçoit en énergie thermique par **effet Joule**.

■ L'**effet Joule** est l'effet thermique associé au passage du courant électrique dans un conducteur. Il se manifeste dans les conducteurs ohmiques, mais aussi dans tous les conducteurs comportant une résistance interne.

■ L'énergie électrique reçue par le conducteur ohmique est $W_{él} = U_{AB} \times I \times \Delta t$, or pour ce dipôle $U_{AB} = R \times I$, donc : $\mathbf{W_{él} = R \times I^2 \times \Delta t}$.

■ La puissance électrique reçue est alors : $\mathbf{P_{él} = R \times I^2}$.

■ L'énergie électrique reçue par le conducteur ohmique est intégralement transférée au milieu extérieur par transfert thermique, ainsi $\mathbf{Q_J = W_{él} = R \times I^2 \times \Delta t}$.

REMARQUE

L'effet Joule a de multiples applications : chauffages électriques, lampes à incandescence, fusibles, etc., mais aussi des effets gênants comme l'échauffement des circuits, les pertes d'énergie dans les lignes, la destruction de composants en raison de l'augmentation de la température, etc.

5 La convention générateur

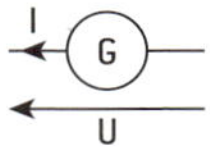

- Le courant I et la tension ont le même signe pour un générateur, comme sur le schéma ci-contre. Si l'intensité délivrée est positive, alors la tension l'est aussi.
- Un générateur délivre une énergie W_g qui est la somme des énergies reçues par les dipôles récepteurs du circuit.

OBJECTIF BAC

EXERCICE 1

Un conducteur ohmique AB de résistance R = 53 W est traversé par un courant d'intensité I = 20 mA de A vers B.

1. Représenter ce dipôle en utilisant la convention récepteur et en fléchant U_{AB}.
2. Calculer la valeur de la tension U_{AB} à ses bornes.
3. Quelle est la puissance électrique $P_{él}$ reçue par ce conducteur ohmique ?

EXERCICE 2

Une famille dispose des appareils électriques suivants et il n'y a pas de chauffage électrique. Les puissances électriques et les durées de fonctionnement des appareils sont indiquées dans le tableau ci-dessous pour une journée :

Appareils électriques	Puissance électrique (kW)	Durée de fonctionnement (h)
Plaques électriques	5,5	1,5
Four électrique	3,0	1,0
Ampoule électrique	1,0	4,0
Aspirateur	1,1	1,0
Télévision	0,50	3,0

1. Quelle puissance électrique doit être souscrite dans le contrat auprès des fournisseurs d'énergie électrique ? 18 kW, 9 kW, 6 kW, 3 kW ?
2. Calculer l'énergie consommée par chaque appareil, en kWh.
3. Déduire l'énergie délivrée par le fournisseur d'énergie à cette famille.

EXERCICE 3

Un générateur dont la tension vaut U = 12 V délivre une intensité I = 1,2 A à un circuit électrique représenté ci-contre :

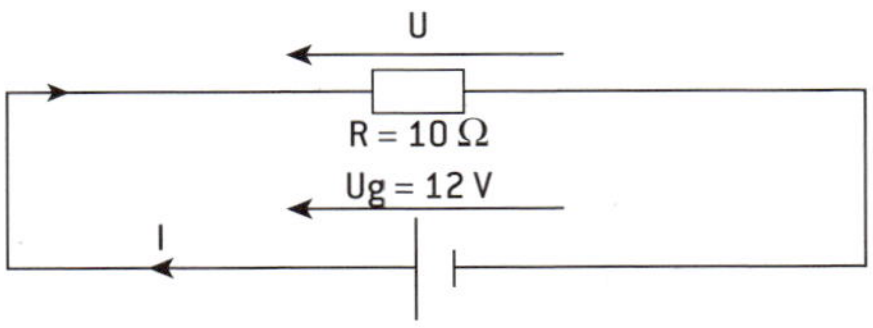

1. Déterminer la puissance P du générateur puis l'énergie Wél qu'il délivre au circuit électrique pendant une durée Δt = 2,0 min.
2. La résistance R est-elle un dipôle actif ou passif ? Quelle est la puissance Joule de cette résistance ?

corrigés
foucherconnect.fr/19pbsti2d01

6 L'énergie interne

La température est liée à la notion de chaleur et de transfert d'énergie thermique par contact avec une source chaude ou par déplacement. L'énergie interne correspond à de l'énergie microscopique.

1 La température

■ La **température** d'un corps solide ou d'un fluide est liée à l'agitation des particules le constituant : c'est l'**agitation thermique**. Plus **la température est élevée**, et plus **l'agitation est forte**.

■ Il existe 2 échelles de température :
- la **température absolue**, notée T, qui s'exprime en kelvin (K). La référence, « le **zéro absolu** », correspond à l'absence totale d'agitation ; cette valeur est **toujours positive** ;
- la **température relative**, notée θ, qui s'exprime en degré Celsius (°C).

■ L'échelle de **température relative** θ, qui s'exprime en degré Celsius, est simplement décalée par rapport à l'échelle de **température absolue T**, qui s'exprime en kelvin, de 273,15 °C. Une variation d'un kelvin correspond à une variation d'un degré Celsius.

■ Les 2 échelles sont donc liées par la relation simple : $\mathbf{T = \theta + 273{,}15}$ et inversement $\mathbf{\theta = T - 273{,}15}$.

■ La mesure de la température est réalisée à l'aide de thermomètres :
- **à thermocouples** (①) : il est constitué de 2 fils de métaux différents, soudés à l'une de leurs extrémités, présentant une tension dépendant de la température ;
- **à bilame** (②) : un ressort composé de 2 lames à coefficients de dilation différents se déforme en fonction des variations de température ;
- **à dilatation** (③) : le volume occupé par le liquide augmente avec la température.

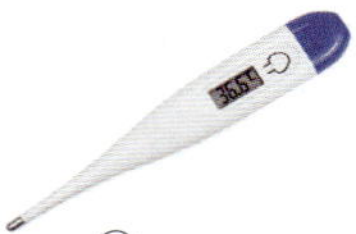
①

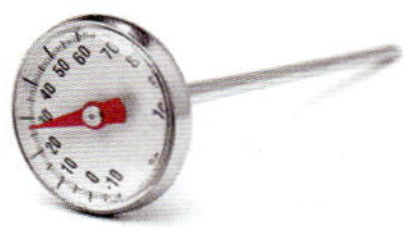
②

③

2 L'énergie interne

DÉFINITION

Système : un système est une partie de l'espace que l'on étudie. Ce qui ne fait pas partie du système constitue le **milieu extérieur**.

■ **L'énergie interne**, notée **U**, s'exprime en **joule** (J). Elle correspond à l'**énergie microscopique** d'un système. On peut la trouver sous forme :
- de **vitesse microscopique des particules** constituant le système (agitation thermique) ;
- de **déformation microscopique** par modification des distances entre les particules du système ;
- d'**énergie potentielle d'interaction** (chimique, nucléaire...).

■ L'énergie interne n'est pas mesurable, mais il est possible d'évaluer ses variations.

Plus la **température d'un système augmente**, plus l'**agitation thermique augmente** et plus son **énergie interne U augmente**. Inversement, lorsque sa température diminue, il cède de l'énergie. La variation d'énergie interne $\Delta U = U_{finale} - U_{initiale}$ est proportionnelle à la variation de température du système : $\Delta U = k \times \Delta T = k \times \Delta\theta$ avec k coefficient de proportionnalité positif.

3 Le transfert thermique

Le transfert thermique est un mode de transfert d'énergie, il s'exprime en joule (J).

A Définitions

Il y a transfert thermique :
- à chaque fois que l'on met en contact 2 corps ayant des températures différentes ;
- lorsqu'un fluide en mouvement se déplace autour d'un corps ;
- lorsqu'un corps reçoit ou émet un rayonnement.

On note **Q l'énergie échangée** par transfert thermique.

Le transfert thermique se réalise spontanément **du corps ayant la température la plus élevée vers le corps ayant la température la plus faible**. Pour un système :
- si **Q > 0**, le système **reçoit de l'énergie** : son énergie interne et sa température **augmentent** ;
- si **Q < 0**, le système **cède de l'énergie** : son énergie interne et sa température **diminuent**.

B Les modes de transfert thermique

a La conduction

La conduction thermique est le phénomène qui permet d'avoir une température homogène au sein d'un corps. La conduction se produit par la **transmission de proche en proche de l'agitation thermique** entre molécules ou atomes, que ce soit pour un solide, un liquide ou un gaz.

b La convection

La convection correspond à un transfert d'énergie thermique assuré par le **mouvement des particules** d'un liquide ou d'un gaz. Ceci se réalise si le liquide ou le gaz est en mouvement.

Dans un chauffage central, l'eau chaude transfère de l'énergie thermique au radiateur lors de son déplacement dans le réseau.

c Le rayonnement

Le rayonnement permet le transfert thermique par **propagation d'ondes électromagnétiques**. Les ondes électromagnétiques se propagent aussi dans le vide, donc le transfert thermique par rayonnement peut se produire dans le vide et de nombreux milieux.

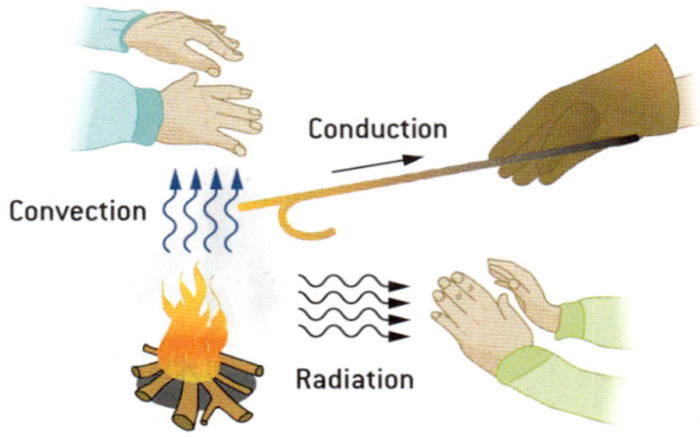

C La capacité thermique massique c

■ La **capacité thermique massique c** d'un corps pur s'exprime en joule par kilogramme et par kelvin ($J.kg^{-1}.K^{-1}$) ou en joule par kilogramme et degré Celsius ($J.kg^{-1}.°C^{-1}$). C'est l'énergie qu'il faut apporter à un kilogramme d'un corps pur pour faire augmenter sa température d'un kelvin ou d'un degré Celsius. Voici quelques valeurs numériques :

Corps pur	Capacité thermique massique ($J.kg^{-1}.°C^{-1}$)
Fer	$4,50 \times 10^2$
Cuivre	$3,80 \times 10^2$
Aluminium	$9,00 \times 10^2$
Eau	$4,18 \times 10^3$
Éthanol	$2,42 \times 10^3$
Air	$1,00 \times 10^3$

REMARQUE
La capacité thermique des métaux est faible. Il faut leur apporter peu d'énergie pour faire augmenter leur température.

■ Le transfert d'énergie est de nature **thermique**, il y aura donc **variation de l'énergie interne U** du système. Cette variation sera bien proportionnelle à la variation de température du système.

$\Delta U = Q = m \times c \times (\theta_f - \theta_i)$

m : masse (kg)
c : capacité thermique massique c ($J.kg^{-1}.°C^{-1}$)
$(\theta_f - \theta_i)$: différence de température entre la température finale θ_f et la température initiale θ_i (températures en degré Celsius °C)

D L'énergie massique de changement d'état

Le transfert d'énergie thermique peut se faire sans variation de température dans le cas d'un corps pur. La **variation de l'énergie interne U** est proportionnelle à la masse m changeant d'état.

$\Delta U = Q = m \times L$

m : masse (kg)
c : capacité thermique massique c ($J.kg^{-1}.°C^{-1}$)
L : énergie massique de changement d'état ($J.kg^{-1}$)

REMARQUE
L est positive lorsque le système devient moins ordonné (solide → liquide, liquide → gaz) et négative dans le cas contraire.

E Le bilan d'une enceinte en régime stationnaire

■ Pour étudier les transferts thermiques au laboratoire, on utilise des **enceintes calorifugées** pour **éviter les pertes** avec le milieu extérieur. Un système placé dans une telle enceinte ne peut pas échanger d'énergie avec le milieu extérieur, il est isolé.

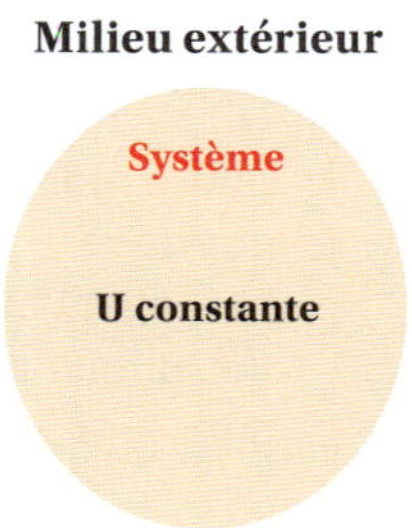

■ Ainsi, lorsqu'une enceinte est isolée, elle n'échange pas d'énergie avec le milieu extérieur. Son énergie interne U est donc **constante**.

■ Les valeurs des transferts thermiques qui se déroulent à l'intérieur de l'enceinte se compensent.

OBJECTIF BAC

EXERCICE 1

Compléter le tableau ci-dessous reliant la température absolue et la température relative.

	Température absolue T (K)	Température relative θ (°C)
Zéro absolu	0	
Température de fusion de la glace à pression atmosphérique		0
Température d'ébullition de l'eau à pression atmosphérique		100
Température de surface du soleil	5 800	

EXERCICE 2

On chauffe une masse m = 250 g d'eau dans une casserole. La température évolue de 18 à 60 °C sans variation de masse.

Calculer l'énergie thermique Q reçue par l'eau.

Donnée : l'eau a une capacité thermique massique $c_{eau} = 4{,}2 \times 10^3\ J.kg^{-1}.°C^{-1}$.

EXERCICE 3

On chauffe un bloc de cuivre de masse m = 1,35 kg à une température $\theta_i = 90{,}0$ °C et on le place immédiatement dans un thermos comportant une masse $m_1 = 0{,}500$ kg d'eau ayant une température $\theta_i' = 20{,}0$ °C.

1. Quel est l'intérêt d'utiliser un thermos ?
2. Quelle est l'évolution de la température des systèmes suivants ?
   - {bloc de cuivre} ;
   - {thermos, eau et bloc de cuivre}.
3. Déterminer la température finale θ_f du système en considérant que les parois du thermos ne subissent pas de transfert thermique.

Données : capacités thermiques massiques de l'eau et du cuivre : $c_{eau} = 4{,}18\ kJ.kg^{-1}.°C^{-1}$ et $c_{Cu} = 0{,}383\ kJ.kg^{-1}.°C^{-1}$

EXERCICE 4

De la vapeur d'eau est utilisée pour chauffer une canalisation d'eau qui arrive à une température $\theta_1 = 20{,}0$ °C pour sortir à $\theta_2 = 60{,}0$ °C.

1. Calculer l'énergie nécessaire Q pour chauffer une masse m = 1,00 kg d'eau.
2. Quelle énergie Q′ peut céder une masse m′ de vapeur prise à 100 °C à la canalisation ?
3. En déduire la masse de vapeur m′ prise à 100 °C nécessaire pour chauffer une masse m = 1,00 kg d'eau. Toute l'énergie est transférée de la vapeur à l'eau.

Données : capacité thermique massique de l'eau :
$C_{eau} = 4{,}18\ kJ.kg^{-1}.°C^{-1}$, chaleur latente de liquéfaction de la vapeur : $L_{vap \rightarrow liquide} = -2\ 280\ kJ.kg^{-1}$

corrigés
foucherconnect.fr/19pbsti2d01

7 Le mouvement d'un solide

Les solides mis en mouvement sont étudiés en suivant leurs trajectoires, leurs vitesses et leurs accélérations en appliquant des lois simples.

1 Rappels

L'étude du mouvement d'un système est complexe, car tous les points qui le constituent se déplacent. Pour faciliter ce travail, il faut choisir un point particulier de cet objet. En général, les objets étudiés sont des solides.

A Le repère d'espace

- On choisit un **référentiel** et on associe un **repère d'espace**, afin d'analyser son mouvement à différents instants : on utilise alors les **coordonnées** de ce point.

- Lorsque le mouvement se déroule dans un plan, on utilise un **repère d'espace** (Oxy). Il est constitué d'une origine et de 2 axes orthonormés. Les axes orthogonaux sont gradués en mètre et le point a 2 coordonnées : x et y.

- Un repère sert par exemple à localiser la balle de tennis sur un court et ainsi calculer sa vitesse.

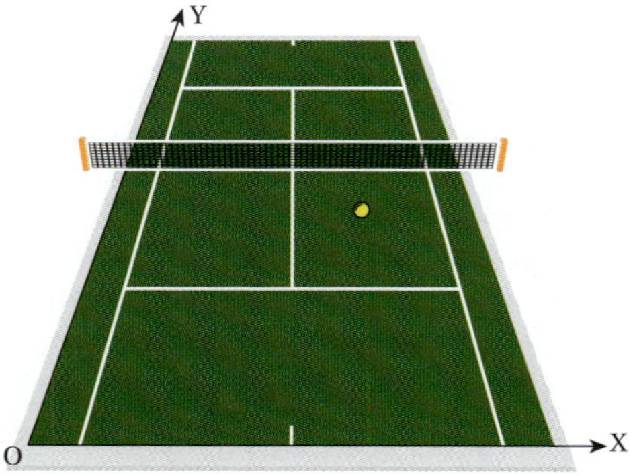

B Le repère de temps

Pour analyser le mouvement à différents instants, on associe aux coordonnées du point étudié une **date** t s'exprimant en seconde. On choisit une origine des temps. Ainsi, la date est le temps écoulé depuis l'origine des temps. La **durée**, notée Δt, est l'intervalle de temps entre 2 dates.

C La trajectoire

- Lorsqu'un point se déplace, il passe par **différentes positions**. La **trajectoire** est l'**ensemble des positions occupées successivement au cours du mouvement**. Elle forme une courbe orientée.

- Les mouvements peuvent être très divers :
  - lorsque la trajectoire du point est une droite, la trajectoire et le mouvement sont dits **rectilignes** ;
  - lorsque la trajectoire du point est un cercle, la trajectoire et le mouvement sont dits **circulaires** ;
  - dans le cas général, la trajectoire forme une courbe quelconque, la trajectoire et le mouvement sont dits **curvilignes**.

■ Un exemple de **trajectoire rectiligne** :

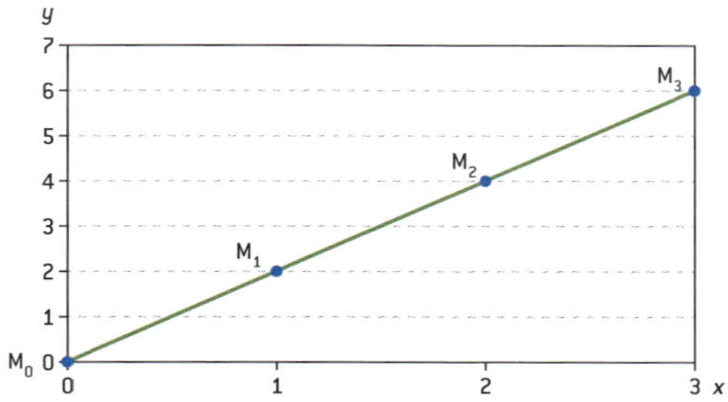

REMARQUE
Ici, les points sont séparés d'une même distance.

■ Les points marqués en bleu correspondent aux positions d'un point M d'un solide à intervalles de temps réguliers. Comme l'enregistrement a été réalisé dans un repère d'espace, on peut en plus attribuer à chaque point des coordonnées : M_0 a pour coordonnées x = 0 m et y = 0 m, donc le point M part de l'origine et M_1 a pour coordonnées x = 1 m et y = 2 m.

D Le référentiel

Un **référentiel** est un objet qui permet de repérer les positions successives d'un point d'un solide dont on étudie le mouvement. Le choix de ce référentiel est important, car la trajectoire d'un point mobile sera différente selon le référentiel. On utilise souvent un point du laboratoire : le référentiel est alors appelé « référentiel du laboratoire » ou un point de la Terre, c'est alors le « référentiel terrestre ».

E Les mouvements de translation

■ Un solide adopte un **mouvement de translation**, lorsque tout segment de ce solide reste parallèle à lui-même au cours du mouvement.

■ Par exemple, la plupart des points extérieurs d'une automobile (excepté les roues) sont en translation au cours d'un déplacement rectiligne. Dans une grande roue, les nacelles sont aussi en translation car elles sont toujours dans la même position par rapport au sol.

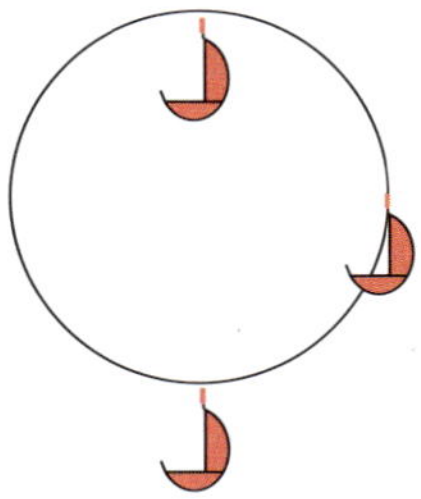

■ Le mouvement d'un solide en translation peut être **assimilé à celui de son centre d'inertie G** concentrant toute la masse du système.

2 La vitesse

A La vitesse d'un solide

■ La **vitesse moyenne** v_{moy} d'un point est le rapport de la distance d parcourue par le point par la durée Δt nécessaire pour la parcourir :

$$\mathbf{v_{moy}} = \frac{\mathbf{d}}{\mathbf{\Delta t}}$$

d : distance parcourue en mètre (m)
Δt : durée du parcours en seconde (s)
v : vitesse en mètre par seconde ($m.s^{-1}$)

■ La vitesse s'exprime en mètre par seconde ($m.s^{-1}$). Dans la vie courante, on utilise plutôt le kilomètre par heure ($km.h^{-1}$). On peut facilement convertir une vitesse exprimée en mètre par seconde en une vitesse en kilomètre par heure en utilisant un facteur 3,6 et réciproquement : **v en $km.h^{-1}$ = 3,6 × v en $m.s^{-1}$** et **v en $m.s^{-1}$ = $\frac{v}{3,6}$ en $km.h^{-1}$**.

EXEMPLE

Une balle de tennis au service a une vitesse $v = 221\ km.h^{-1}$. Quelle est la valeur en $m.s^{-1}$?
Pour obtenir la valeur en $m.s^{-1}$, il faut diviser la vitesse exprimée en $km.h^{-1}$ par 3,6. Ainsi, la vitesse vaut $\frac{221}{3,6} = 61\ m.s^{-1}$.

■ La **vitesse v** d'un point est la vitesse instantanée du point. C'est le rapport de la distance d parcourue par le point par une durée Δt infiniment petite nécessaire pour la parcourir.

■ Ainsi, la vitesse v est la limite de la vitesse moyenne lorsque Δt tend vers 0.

■ Si on note x la position du point sur un axe, c'est donc mathématiquement la dérivée de la position x par rapport au temps. $\mathbf{v = \lim_{\Delta t \to 0} v_{moy} = \lim_{\Delta t \to 0} \frac{\Delta x}{\Delta t} = \frac{dx}{dt}}$.

REMARQUE

Cette remarque concerne uniquement la filière STL.
Dans le cas d'un mouvement plan, le vecteur position $\overrightarrow{OG}$ (x, y) et le vecteur vitesse $\vec{v}$ (v_x, v_y) ont deux coordonnées. L'abscisse du vecteur vitesse v_x est la dérivée de l'abscisse du vecteur position par rapport au temps $\mathbf{v_x = \frac{dx}{dt}}$ et l'ordonnée du vecteur vitesse v_y est la dérivée de l'ordonnée du vecteur position par rapport au temps $\mathbf{v_y = \frac{dy}{dt}}$.
Le vecteur vitesse v est la dérivée du vecteur position par rapport au temps : $\vec{v} = \frac{d\overrightarrow{OG}}{dt}$

■ Si on dispose d'une courbe indiquant la position au cours du temps, la vitesse à une date donnée est la pente de la tangente à la courbe pour cette date.

B L'évolution de la vitesse

Lorsque la **vitesse d'un point ne varie pas**, elle est **constante** : le mouvement est dit **uniforme** et la vitesse est égale à la vitesse moyenne. Par contre, on dit qu'il est **accéléré** si la valeur de la vitesse du point augmente au cours du temps et **décéléré** si la valeur de la vitesse du point diminue au cours du temps.

EXEMPLE

Les mouvements d'un point d'un solide se déplaçant selon un mouvement rectiligne de gauche à droite ont été enregistrés à intervalles de temps réguliers (Δt identiques entre les 3 enregistrements) reproduits ci-dessous :

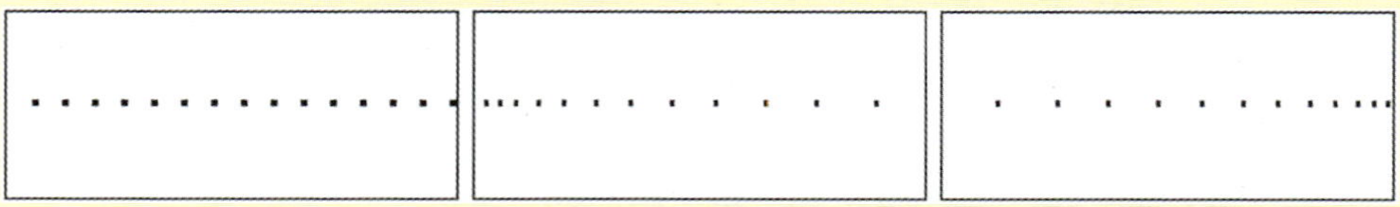

Enregistrement 1 — Enregistrement 2 — Enregistrement 3

Enregistrement 1 : points régulièrement espacés ; c'est un mouvement **rectiligne uniforme**.
Enregistrement 2 : points de plus en plus espacés ; c'est un **mouvement rectiligne accéléré**.
Enregistrement 3 : points de plus en plus proches ; c'est un mouvement **rectiligne décéléré**.

C L'accélération

■ L'**accélération moyenne**, notée a_{moy}, est liée à la variation de la vitesse Δv et à la durée Δt.

$$\mathbf{a_{moy}} = \frac{\mathbf{\Delta v}}{\mathbf{\Delta t}}$$

Δv : variation de la vitesse ($m.s^{-1}$)
Δt : durée du parcours en seconde (s)
a : accélération en mètre par seconde au carré ($m.s^{-2}$)

EXEMPLE

Les constructeurs automobiles donnent souvent une indication de l'accélération de leurs véhicules sous la forme : « de 0 à 100 $km.h^{-1}$ en 4,5 secondes ».
Le calcul de l'accélération peut être réalisé, car on dispose d'une variation de vitesse $\Delta v = 100\ km.h^{-1}$ et d'une durée $\Delta t = 4{,}5$ s.
On convertit la variation de vitesse en $m.s^{-1}$: $\Delta v = \frac{100}{3{,}6} = 28\ m.s^{-1}$, ainsi l'accélération est $a = \frac{\Delta v}{\Delta t}$, soit $a = \frac{28}{4{,}5} = 6{,}0\ m.s^{-2}$. Cette voiture est puissante.

REMARQUE

Ordres de grandeurs

- Un coureur au démarrage d'un sprint a une accélération $a = 5\ m.s^{-2}$.
- Une bille d'acier lâchée dans l'air a une accélération $a = 10\ m.s^{-2}$.
- Un avion de ligne a, au décollage, une accélération $a = 6\ m.s^{-2}$.
- Au décollage, une fusée a une accélération $a = 50\ m.s^{-2}$. Les cosmonautes doivent avoir une condition physique et un entraînement spécifiques pour résister à cette accélération.

■ L'accélération d'un point est l'accélération instantanée du point. C'est le rapport de la variation de vitesse Δv par une durée Δt infiniment petite.

■ Ainsi, l'accélération a est la limite de l'accélération moyenne a_{moy} lorsque Δt tend vers 0. C'est donc mathématiquement la dérivée de la variation de vitesse Δv par rapport au temps :
$$\mathbf{a = \lim_{\Delta t \to 0} a_{moy} = \lim_{\Delta t \to 0} \frac{\Delta v}{\Delta t} = \frac{dv}{dt}}.$$

■ Si on dispose d'une courbe indiquant la vitesse au cours du temps, l'accélération à une date donnée est la pente de la tangente à la courbe pour cette date.

D Le cas d'un mouvement rectiligne uniformément accéléré

■ Lorsque l'accélération a est constante sur un axe, alors la vitesse est une **fonction affine** ou **linéaire** du temps. En effet, la dérivée d'une fonction affine ou linéaire est une **constante**.

REMARQUE

Les parties D et E concernent uniquement la filière STL.

■ Ainsi, $v = a_0 \times t + C$ où C est une constante réelle qui peut être déterminée en connaissant la valeur de la vitesse à une date t donnée.

EXEMPLE

$a = 2{,}0\ m.s^{-2}$ et la vitesse v vaut $3{,}0\ m.s^{-1}$ à la date $t = 0$ s.
La vitesse s'écrit $v = 2\,t + C$, or à $t = 0$, $v = 3{,}0\ m.s^{-1}$, donc en remplaçant t par 0, on obtient $v = 2 \times 0 + C = 3{,}0$, ainsi on détermine la constante $C = 3{,}0\ m.s^{-1}$. La vitesse s'écrit donc $v = 2\,t + 3{,}0$, c'est une équation horaire de type affine.

E La méthode d'Euler

a Le principe

■ En connaissant une loi de vitesse en fonction du temps, il est possible de construire une approximation des positions occupées successivement en augmentant le temps d'une même valeur.

■ En prenant l'équation précédente de vitesse sur un axe x, $v_x = 2\,t + 3{,}0$ et en tenant compte du fait que $v_x = \frac{dx}{dt}$, on peut écrire $\frac{dx}{dt} = 2\,t + 3{,}0$. C'est une équation différentielle, dans laquelle on remarque la présence de $\frac{dx}{dt}$, la dérivée de la position par rapport au temps. Or, un nombre dérivé est le coefficient de la tangente à la courbe au temps considéré, donc en prenant des petits intervalles de temps identiques que l'on appelle **incréments de temps**, on peut trouver l'évolution de la position au cours du temps.

b L'aspect mathématique

■ Soit $y = f(x)$ la fonction considérée (supposée continue et dérivable), la valeur de la dérivée au point x_o est obtenue par : $f'(x_0) = \lim_{h\to 0} \frac{f(x_0+h)-f(x_0)}{h}$ avec h une petite variation de x, alors $\mathbf{f(x_0+h) \approx f(x_0) + h.f'(x_0)}$.

■ En posant $x_1 = x_0 + h$, on obtient : $y_1 = f(x_1) \approx f(x_0) + h.f'(x_0)$. De même $f(x_1+h) \approx f(x_1) + h.f'(x_1)$.

■ En posant $x_2 = x_1 + h$, on obtient : $y_2 = f(x_2) \approx f(x_1) + h.f'(x_1)$. En généralisant, on obtient : $y_n = f(x_n) \approx f(x_{n-1}) + h.f'(x_{n-1})$

Pour h voisin de 0, les points M $(x_n ; y_n)$ sont plus proches de la courbe. Plus la valeur h est petite, meilleur est le résultat mais plus il faut faire de calcul. Il faut donc connaître la valeur initiale de la fonction et on trouve les points suivants par itération.

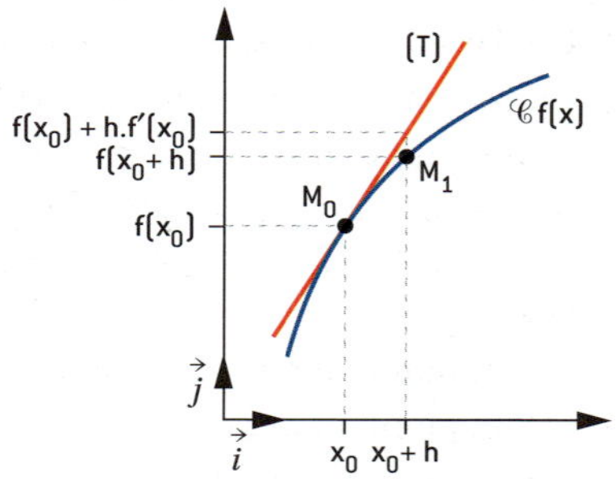

■ Graphiquement, $f'(x_0)$ est la valeur du coefficient directeur de la tangente (T) à la courbe 𝒞 au point M_0. Le point M_1 de la courbe 𝒞 est tel que $y(M_1) = f(x_1) = f(x_0 + h)$.

■ Sur le graphe apparaît l'écart entre $f(x_0 + h)$ et $f(x_0) + h.f'(x_0)$. Il est donc nécessaire que l'incrément h soit le plus petit possible pour que la fonction calculée soit la plus proche possible de la primitive recherchée.

c L'application aux situations physiques de la méthode d'Euler

■ La fonction mathématique $y = f(x)$ est remplacée par une fonction temporelle $x(t)$ et h est remplacé par l'incrément de temps Δt. On peut alors écrire :

$$x(t_{i+1}) = x(t_i) + \Delta t \times \frac{dx}{dt}(t_i) = x(t_i) + \Delta t \times v(t_i) \text{ avec } v(t_i) \text{ vitesse à la date } t_i$$

■ La connaissance des grandeurs à la date t_i permet de déterminer la situation à la date t_{i+1}. Par récurrence on détermine ainsi les valeurs successives. Il faut donc connaître la valeur à la date $x(t = 0)$: condition initiale de position et l'expression de la dérivée $\frac{dx}{dt}(0)$ à cette date.

■ Si on revient sur $\frac{dx}{dt} = 2\,t + 3{,}0$, il faut définir une condition initiale $x(0) = 0$ et un incrément de temps $\Delta t = 0{,}10$ s.

■ On calcule alors $\frac{dx(0)}{dt} = 2 \times 0 + 3{,}0 = 3{,}0$ m.s^{-1}, ce qui permet de trouver :

$$x(0 + \Delta t) = x(0) + \Delta t \times \frac{dx(0)}{dt} = 0 + 0{,}10 \times 3{,}0 = 0{,}30 \text{ m}$$

■ On continue $\frac{dx(0{,}1)}{dt} = 2 \times 0{,}10 + 3{,}0 = 3{,}2$ m.s^{-1}, ce qui permet de trouver :

$$x(0{,}20) = x(0{,}10) + \Delta t \times \frac{dx(0{,}10)}{dt} = 0{,}30 + 0{,}10 \times 3{,}2 = 0{,}62 \text{ m}$$

■ Ce travail est mené jusqu'à la date choisie. Si on souhaite trouver la position au bout de 2,0 secondes, il faudra recommencer les calculs 20 fois $\left(\frac{2{,}0}{0{,}1} = 20\right)$. Ce qui est fastidieux : l'idéal est donc d'utiliser un tableur.

OBJECTIF BAC

EXERCICE 1

Un véhicule A dépasse un véhicule B sur l'autoroute (les 2 voitures se déplacent vers la droite).

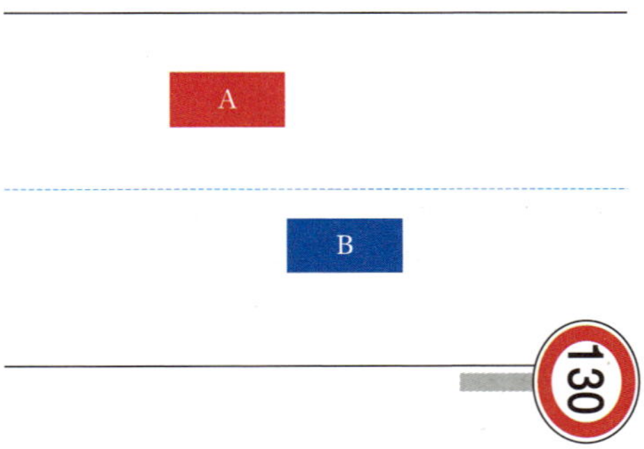

1. On considère d'abord que le référentiel est le pare-chocs avant de la voiture A.
Quel est dans ce référentiel le mouvement :
- d'un point du toit de la voiture A ?
- d'un point du toit de la voiture B ?
- d'un point du panneau de limitation de vitesse ?

2. Si le référentiel est le panneau de limitation de vitesse :
- d'un point du toit de la voiture A ?
- d'un point du toit de la voiture B ?
- d'un point du panneau de limitation de vitesse ?

EXERCICE 2

Un ascenseur à l'arrêt se met en mouvement à la date t = 0.

1. Quelle est la nature de son mouvement entre 0 et 3,0 s ? Calculer son accélération sur cette durée.

2. Que vaut ensuite sa vitesse ?

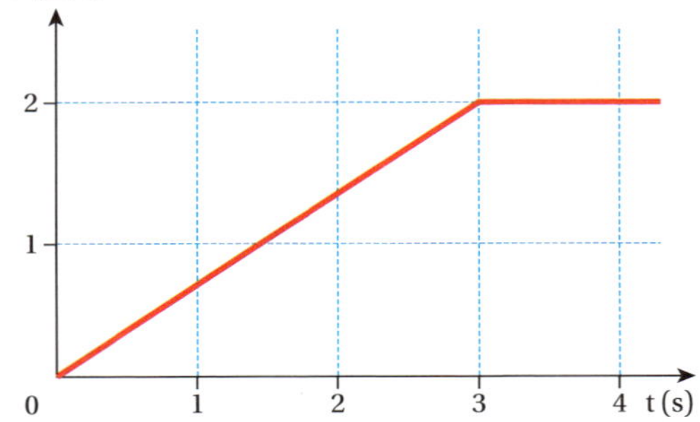

 # corrigés
foucherconnect.fr/19pbsti2d01

8 La dynamique des solides

Le mouvement d'un objet est intimement lié aux actions mécaniques qu'il subit. On peut donc anticiper les variations de vitesse ou de trajectoire d'un moyen de transport en étudiant les forces qui s'exercent sur lui.

1 Les forces

A De l'action mécanique à la force qui la modélise

■ On appelle **action mécanique** tout phénomène susceptible de :
- **mettre en mouvement** un objet ;
- **modifier le mouvement** ou la trajectoire d'un objet ;
- **déformer** un objet.

■ On distingue **2 types d'actions** mécaniques :
- s'il y a contact entre l'objet extérieur et l'objet étudié, on parle d'**action mécanique de contact** ;
- s'il n'y a pas contact entre l'objet extérieur et l'objet étudié, on parle d'**action mécanique à distance**.

B La notion de force

■ Une action mécanique exercée par un objet A sur un objet B peut être modélisée par une **force** : la **force exercée par A sur B.**

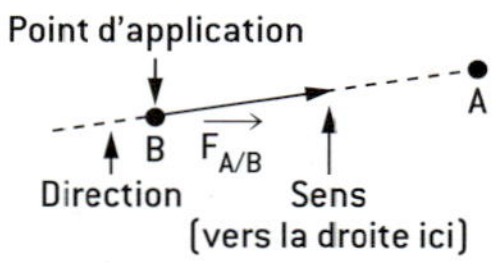

■ Les caractéristiques d'une force sont :
- son **point d'application** (le point sur lequel elle s'exerce) ;
- sa **direction** (ou droite d'action) ;
- son **sens** (sens de son action sur sa droite d'action) ;
- sa **valeur** (exprimée en Newton de symbole N).

REMARQUE
On représente une force par un vecteur contenant toutes les caractéristiques de la force qu'il représente. Ici, on l'écrit $\overrightarrow{F_{A/B}}$.

C Les exemples de forces

a Le poids

■ Tout corps à la surface de la Terre est soumis à l'attraction terrestre. La force exercée par la Terre sur un objet de masse m est appelée le **poids**.

■ Les caractéristiques du poids sont :
- son **point d'application** : centre de gravité (centre d'inertie) de l'objet ;
- sa **direction** : verticale ;

REMARQUE
C'est une force à distance.

– son **sens** : vers le bas ;
– sa **valeur** :

$\mathbf{P = m \times g}$ — **m** : masse de l'objet (en kg)
g : intensité de pesanteur ($g = 9{,}81\ N.kg^{-1}$)

EXEMPLE

En prenant $g = 10\ N.kg^{-1}$, la valeur du poids d'une personne de 80 kg est $P = 80 \times 10 = 800$ N.

b Les forces de frottement solide

■ 2 objets en contact exercent l'un sur l'autre des forces de frottement solide. La force exercée par un support sur un solide, notée $\vec{R}$, est une force répartie sur la surface de contact entre le solide et le support. Il est commode de décomposer la force R selon 2 composantes :
– une composante **normale** $\overrightarrow{R_N}$ dont la direction est perpendiculaire à la surface de contact (elle représente le fait que le solide ne passe pas à travers le support),
– une composante **tangentielle** $\overrightarrow{R_T}$ tangente à la surface de contact (elle représente les frottements entre le solide et le support).

■ La force $\vec{R}$ est la somme vectorielle de ses 2 composantes : $\vec{R} = \overrightarrow{R_N} + \overrightarrow{R_T}$.

■ **Cas particulier** : si les frottements sont négligés, alors $\overrightarrow{R_T} = 0$. Dans ce cas, $\vec{R} = \overrightarrow{R_N}$.

EXEMPLE

Les frottements de la roue de vélo sur le sol permettent au cycliste d'avancer. S'il n'y a pas de frottements, la roue glisse sur le sol.

c La traînée

■ Un objet solide se déplaçant dans un fluide (l'eau, l'air…) subit une **force de frottement fluide**. Elle dépend du fluide, de la géométrie de l'objet, de sa vitesse par rapport au fluide et de la texture de la surface de l'objet. Cette force est parfois négligée.

■ Lorsqu'un objet se déplace à grande vitesse par rapport à un fluide de masse volumique ρ_{fluide}, il est soumis à une force de résistance aérodynamique appelée traînée, notée $\vec{T}$, dont les caractéristiques sont les suivantes :
– son **point d'application** : un point de la surface de l'objet ;
– sa **direction** : direction du mouvement de l'objet ;
– son **sens** : dans le sens opposé à celui du mouvement de l'objet ;
– sa **valeur** :

$$\mathbf{T = \frac{1}{2} \times C_X \times \rho_{fluide} \times S \times v^2}$$

$\boldsymbol{\rho_{fluide}}$: masse volumique du fluide en kilogramme par mètre cube ($kg.m^{-3}$)
S : surface frontale de l'objet en mètre carré (m^2)
v : vitesse de l'objet par rapport au fluide en mètre par seconde ($m.s^{-1}$)
$\mathbf{C_X}$: coefficient de traînée (sans unité)

REMARQUE

C_X dépend de la forme de l'objet et de la texture de sa surface ; il est mesuré en soufflerie. Il est de l'ordre de 0,01 pour une aile d'avion et varie entre 0,1 et 0,4 pour les automobiles.

DÉMONSTRATION

Une automobile se déplace à la vitesse de 130 $km.h^{-1}$. Calculer la force de frottement due à l'air. À quelle vitesse cette automobile devrait-elle se déplacer pour réduire de moitié les frottements.

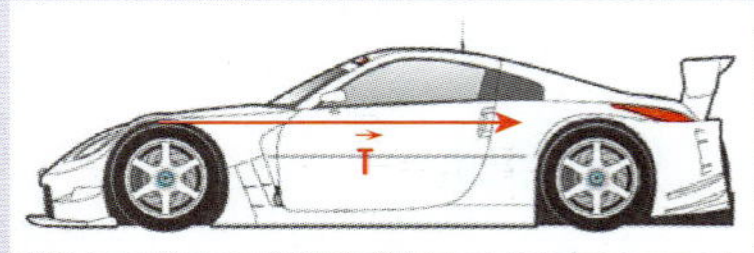

Données : masse volumique de l'air $\rho = 1{,}2\ kg.m^{-3}$; pour cette automobile, $C_x = 0{,}35$ et $S = 2{,}3\ m^2$.

Réponse :

On calcule T après avoir converti la vitesse en $m.s^{-1}$.

$v = 130\ km.h^{-1} = \frac{130}{3{,}6}\ m.s^{-1} = 36{,}1\ m.s^{-1}$, donc $T = \frac{1}{2} \times 0{,}35 \times 1{,}2 \times 2{,}3 \times 36{,}1^2 = 6{,}3 \times 10^2$ N.

On appelle T' la valeur de la force de frottement réduite de moitié : $T' = \frac{T}{2}$.

Dans la formule de la trainée, seule la vitesse change. On la note v'.

Donc $T' = \frac{1}{2} \times C_x \times \rho_{fluide} \times S \times v'^2 = \frac{T}{2} = \frac{1}{2} \times \frac{1}{2} \times C_x \times \rho_{fluide} \times S \times v^2$. Ainsi, après simplification, $v'^2 = \frac{1}{2} v^2$.

Finalement, on obtient $v' = \frac{1}{\sqrt{2}} v = 26\ m.s^{-1} = 92\ km.h^{-1}$.

d La poussée d'Archimède

REMARQUE

Les parties d, e et f concernent uniquement la filière STL.

■ La poussée d'Archimède $\vec{\Pi}$ est la force exercée par un fluide sur un objet placé au moins partiellement dans ce fluide. Elle est équivalente à l'ensemble des actions mécaniques agissant sur la partie immergée du solide.

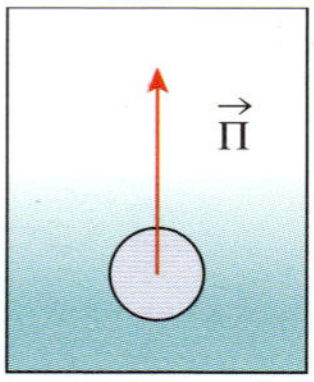

■ Elle est modélisée par un vecteur $\vec{\Pi}$:
- direction : verticale ;
- sens : vers le haut ;
- norme ou valeur :

$$\Pi = \rho_{fluide} \times V \times g$$

ρ_{fluide} : masse volumique du fluide en kilogramme par mètre cube ($kg.m^{-3}$)
V : volume de solide immergé en mètre cube (m^3)
g : intensité de la pesanteur en newton par kilogramme ($N.kg^{-1}$)
Π : poussée d'Archimède en newton (N)

■ Elle s'applique au centre d'inertie du liquide déplacé, qui est en général le centre d'inertie du solide si celui-ci est totalement immergé.

e La force d'interaction gravitationnelle

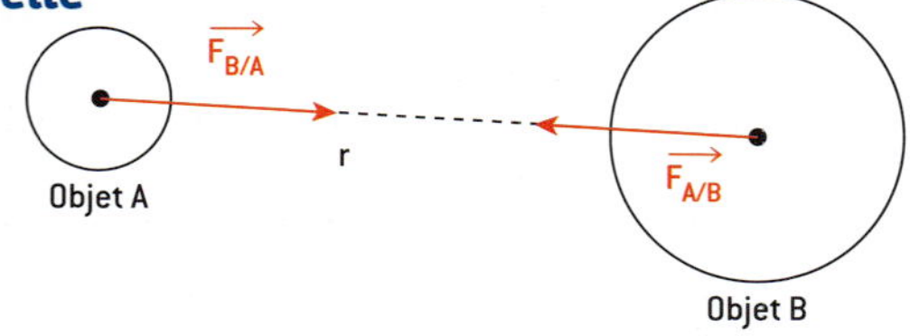

■ L'interaction gravitationnelle se manifeste entre les centres des deux corps A et B, de masses respectives m_A et m_B placés à une distance r = AB. Le corps A exerce sur le corps B une force gravitationnelle $F_{A/B}$ et le corps B exerce sur le corps A une force gravitationnelle $F_{B/A}$. Ces deux forces ont la même direction, la même valeur mais sont de sens opposés, car ce sont des forces d'interaction.

$$F_{A/B} = F_{B/A} = \frac{G|m_A \times m_B|}{r^2}$$

F en newton (N)
$\mathbf{m_A}$ **et** $\mathbf{m_B}$ en kilogramme (kg)
r en mètre (m)
G : constante d'interaction gravitationnelle de valeur $6{,}67.10^{-11}$ U.S.I.

- Ces deux forces ont pour direction la droite AB. Elles sont uniquement attractives.

f Les coordonnées de vecteurs sur des axes

- Les vecteurs disposent de coordonnées lorsqu'on utilise un repère. Ainsi le vecteur force poids, qui est vertical et dirigé vers le bas : son abscisse $P_x = 0$ et son ordonnée $P_y = -P = -m \times g$ car le vecteur est dirigé à l'envers du sens de l'axe (Oy).
- Le vecteur poids a donc comme coordonnées $\vec{P}$ (0, – mg).
- Dans le cas général d'un vecteur $\vec{F}$ incliné d'un angle α par rapport à l'axe (Ox) et de norme F, on détermine ses coordonnées par projections sur les axes en utilisant la trigonométrie : $F_x = F \times \cos \alpha$ et son ordonnée $F_y = F \times \sin \alpha$.

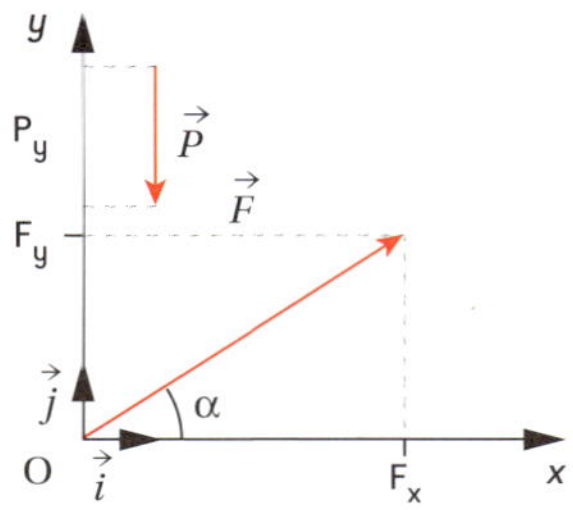

- Le vecteur force $\vec{F}$ a donc comme coordonnées $\vec{F}$ ($F \times \cos \alpha$, $F \times \sin \alpha$).

2 La deuxième loi de Newton

REMARQUE
Cette partie concerne uniquement la filière STL.

A Énoncé

Dans un référentiel galiléen, la somme vectorielle des forces extérieures appliquées à un système est égale au produit de la masse de ce système par son vecteur accélération : $\mathbf{\Sigma \vec{F}_{ext} = m \times \vec{a}}$.

B Le cas d'une chute libre verticale

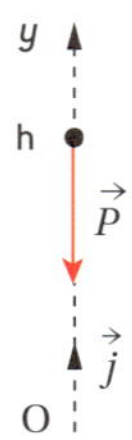

- Lorsqu'un objet est en **chute libre**, il n'est soumis qu'à **son poids** $\mathbf{\vec{P} = m \times \vec{g}}$.
- On considère une bille d'acier placée à une **hauteur h = 1,0 m** et lâchée **sans vitesse initiale à t = 0**. Cette bille est dense, elle ne subira que très peu les frottements de l'air et la poussée d'Archimède : elle est en **chute libre**.
- On écrit alors la **deuxième loi de Newton** appliquée à la bille : $\Sigma\vec{F}_{ext} = m \times \vec{a}$, or $\Sigma \vec{F}_{ext} = \vec{P} = m \times \vec{g}$, ainsi $m \times \vec{a} = m \times \vec{g}$, donc l'accélération est égale au champ de pesanteur $\vec{a} = \vec{g}$.

■ Si on considère la chute de la bille sans vitesse initiale, elle est **verticale**, on n'utilise qu'un axe que l'on choisit orienté vers le haut. Le **vecteur poids a une seule coordonnée** $\mathbf{P_y = - m \times g}$, donc le **vecteur accélération a une seule coordonnée** $\mathbf{a_y = - g}$.

■ On détermine alors le **vecteur vitesse** ayant une coordonnée $\mathbf{v_y(t) = - g \times t + C}$, C étant une constante. Or à $t = 0$, $v = 0$, ainsi $\mathbf{v_y(0) = - g \times 0 + C = C}$, ainsi la **constante est nulle**. Donc $\mathbf{v_y(t) = - g \times t}$.

■ De même $v_y = \dfrac{\overrightarrow{dy}}{dt}$, on obtient donc la position y(t) de la bille en intégrant la coordonnée du vecteur vitesse. $y(t) = -\dfrac{1}{2} \times g \times t^2 + C'$, C′ étant une constante. Or à $t = 0$, $y = h$, ainsi $y(0) = -\dfrac{1}{2} \times g \times 0^2 + C' = C'$, donc la constante vaut h = 2,0 m. Donc $\mathbf{y(t) = -\dfrac{1}{2} \times g \times t^2 + h}$.

■ L'équation horaire de la position verticale est donc de la forme parabolique.

■ Il est possible de déterminer la date à laquelle la bille atteindra le sol, alors $y(t) = 0$, soit $\dfrac{1}{2} \times g \times t^2 + h = 0$, ainsi $\mathbf{t^2 = 2 \times \dfrac{h}{g}}$ et $\mathbf{t = \left(2\dfrac{h}{g}\right)^{\frac{1}{2}}}$.

■ Si on étudie l'évolution de la position de la bille à intervalle de temps constant (chronophotographie), on notera des points de plus en plus distants au cours du temps (fig. 1).

■ Dans le cas où des forces de frottements fluides interviennent, la vitesse augmente jusqu'à atteindre une valeur limite. Ceci se produit lorsqu'une bille est lâchée dans de l'huile : l'accélération de la bille diminue et le mouvement devient rectiligne et uniforme car les forces appliquées se compensent (fig. 2).

Fig. 1

Fig. 2

3 L'énergie cinétique dans un mouvement de translation

■ L'énergie cinétique d'un point matériel est l'énergie qu'il possède du fait de sa masse et de sa vitesse.

■ L'**énergie cinétique** $\mathbf{E_c}$ d'un point matériel de **masse** m, se déplaçant à la **vitesse** v, s'exprime par :

$$\mathbf{E_c = \frac{1}{2} \times m \times v^2}$$

m : masse en kilogramme (kg)
v : vitesse en mètre par seconde ($m.s^{-1}$)
$\mathbf{E_c}$: énergie cinétique en joule (J)

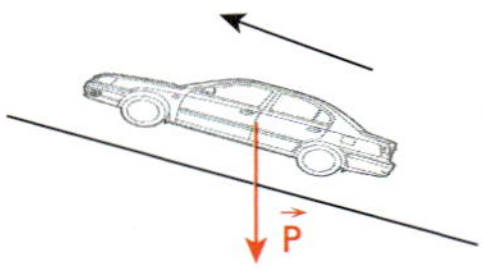

Le travail du poids est résistant.

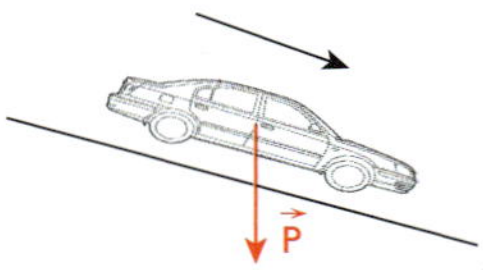

Le travail du poids est moteur.

■ Dans un mouvement de translation, tous les points du solide ont la même vitesse v.

■ L'énergie cinétique du solide est donc la somme des énergies cinétiques des points matériels le constituant. La masse du solide est la somme de toutes les masses des points matériels. Ainsi, l'énergie cinétique du solide est : $\mathbf{E_c = \dfrac{1}{2} \times m \times v^2}$ où m est la masse du solide.

■ La vitesse intervient au carré dans la formule énergie cinétique. Cela signifie que lorsque la vitesse est doublée, alors l'énergie cinétique est quadruplée.

EXEMPLE

Un camion de masse m = 38 tonnes se déplace à vitesse constante $v = 90\ km.h^{-1}$ sur une route droite et horizontale. On recherche l'énergie cinétique de ce camion.

On peut employer la formule $E_c = \frac{1}{2} m \times v^2$ pour calculer son énergie cinétique, puisque le camion a un mouvement de translation.

Il faut savoir que $1\ m.s^{-1} = 3{,}6\ km.h^{-1}$. Il faut convertir les valeurs numériques données pour pouvoir faire l'application numérique : $m = 38$ tonnes $= 3{,}8 \times 10^4$ kg et $v = 90\ km.h^{-1} = 25\ m.s^{-1}$.

Ainsi, l'énergie cinétique vaut $E_c = 0{,}5 \times 3{,}8 \times 10^4 \times 25^2$ soit $E_c = 1{,}2 \times 10^7\ J = 12\ MJ$.

■ Lorsque la variation d'énergie cinétique d'un système est **positive** alors sa **vitesse augmente**. Inversement si la variation d'énergie cinétique d'un système est **négative** alors sa **vitesse diminue**. Si la variation d'énergie cinétique d'un système est **nulle**, alors son mouvement est **uniforme**.

4 Le travail d'une force

A Définition du travail

Le travail d'une force mesure l'effet de cette force sur le déplacement de son point d'application : si cette force contribue au déplacement de son point d'application, on dit que son travail est **moteur** et si cette force tend à s'opposer au déplacement de son point d'application, on dit que son travail est **résistant**.

B Le travail d'une force constante

Le travail $W_{AB}(\vec{F})$ d'une **force constante** $\vec{F}$, lorsque son point d'application se déplace d'un point A jusqu'à un point B, a pour expression :

$$\mathbf{W_{AB}(\vec{F}) = F \times AB \times \cos\alpha}$$

F : force considérée en newton (N)
AB : déplacement en mètre (m)
α : angle entre AB et F en degré (°)
$\mathbf{W_{AB}(\vec{F})}$: travail de $\vec{F}$ en joule (J)

EXEMPLES

Calculer le travail de la force $\vec{F}$ (F = 100 N) sur le chemin AB = 10 m.

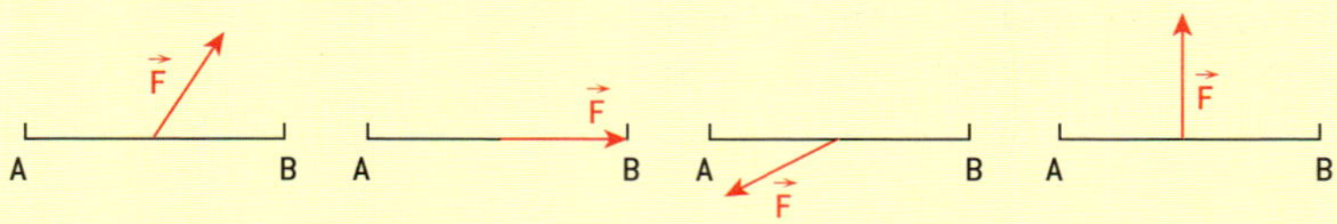

$W_{AB}(\vec{F})$ $= 100 \times 10 \times \cos 60$ $= 500$ J W > 0 : travail moteur	$W_{AB}(\vec{F})$ $= 100 \times 10 \times \cos 0$ $= 1\,000$ J W > 0 : travail moteur	$W_{AB}(\vec{F})$ $= 100 \times 10 \times \cos 150$ $= -866$ J W < 0 travail résistant	$W_{AB}(\vec{F})$ $= 100 \times 10 \times \cos 90$ $= 0$ W = 0, F ne travaille pas

C La puissance moyenne

■ La puissance moyenne P_{moy} d'une force pendant une durée Δt est le rapport du travail effectué $W(\vec{F})$ par cette force sur la durée Δt :

$$\mathbf{P_{moy}} = \frac{\mathbf{W(\vec{F})}}{\mathbf{\Delta t}} = \mathbf{\vec{F} \times \vec{v}}$$

P_{moy} : puissance moyenne en watt (W)
$W(\vec{F})$: travail effectué en joule (J)
Δt : durée en seconde (s)
$\vec{F}$: vecteur force dont la norme F est en newton (N)
$\vec{v}$: vecteur vitesse dont la norme v est en $m.s^{-1}$

■ La puissance moyenne pour modifier une vitesse pendant une durée donnée.

D Le calcul d'une puissance moyenne

REMARQUE
Les parties D et E concernent uniquement la filière STL.

■ Si on veut faire évoluer la vitesse d'un système de masse m d'une valeur v_A à une valeur v_B au cours d'une durée Δt en l'absence de frottement, la puissance moyenne P_{moy} s'exprime par :

$$\mathbf{P_{moy}} = \frac{\mathbf{E_{cB} - E_{cA}}}{\mathbf{\Delta t}}$$

EXEMPLE
Si on veut que la vitesse d'une moto de masse m = 350 kg (avec le motard) passe de $v_A = 10\ m.s^{-1}$ à $v_B = 25\ m.s^{-1}$ en une durée $\Delta t = 2{,}0$ s, il faut fournir une puissance mécanique moyenne

$$P_{moy} = \frac{E_{cB} - E_{cA}}{\Delta t} = \frac{\frac{1}{2} m \times v_B^2 - \frac{1}{2} m \times v_A^2}{\Delta t} = \frac{0{,}5 \times 350 \times 25^2 - 0{,}5 \times 350 \times 10^2}{2{,}0} = 46\ kW.$$

■ Si on veut maintenir la vitesse d'un système de masse m à une valeur v au cours d'une durée Δt en présence d'une force de frottement f, la puissance moyenne P_{moy} s'exprime par :

$\mathbf{P_{moy}} = -\frac{W(\vec{f})}{\Delta t} = -\vec{f} \times \vec{v}$ car il faut compenser la puissance dissipée par la force de frottement. Si la force de frottement est dans le sens opposé au vecteur vitesse alors $\mathbf{P_{moy} = - f \times v}$.

EXEMPLE
Si on veut que la vitesse d'une moto de masse m = 350 kg (avec le motard) conserve sa valeur $v = 25\ m.s^{-1}$ avec une force frottement de norme f = 500 N opposée à la vitesse, il faut fournir une puissance mécanique moyenne $P_{moy} = f \times v = 500 \times 25 = 13$ kW.

E Le théorème de l'énergie cinétique

On appelle théorème de l'énergie cinétique la relation entre la variation d'énergie cinétique et le travail des forces. Dans un référentiel galiléen, la variation d'énergie cinétique d'un solide de masse m en translation entre deux positions A et B, est égale à la somme des travaux des forces extérieures appliquées au solide entre les positions A et B :

$$\mathbf{\Delta E_{cA \to B} = E_{cB} - E_{cA} = \Sigma\, W(\vec{F}_{ext})_{A \to B} = \frac{1}{2}\, m \times v^2_B \times \frac{1}{2}\, m \times v^2_A}$$

où v_A et v_B sont les vitesses instantanées du solide aux positions A et B.

5 Le transfert d'énergie par travail mécanique

A Les énergies potentielles

REMARQUE
Cette partie concerne uniquement la filière STI2D.

a L'énergie potentielle de pesanteur E_{pp}

■ L'**énergie potentielle de pesanteur E_{pp}** résulte de l'interaction gravitationnelle entre le solide et la Terre. Cette énergie est liée à sa position par rapport à la Terre.

■ L'énergie potentielle de pesanteur est notée E_{pp}. Un solide de **masse m**, placé à une **hauteur h** par rapport à une référence, a une énergie potentielle de pesanteur :

$$E_{pp} = m \times g \times h$$

m : masse du solide en kilogramme (kg)
g : champ de pesanteur en newton par kilogramme ($N.kg^{-1}$)
h : altitude par rapport à la référence en mètre (m)
E_{pp} : énergie potentielle de pesanteur en joule (J)

REMARQUE
h, la hauteur, dépend de la référence fixée.

EXEMPLE

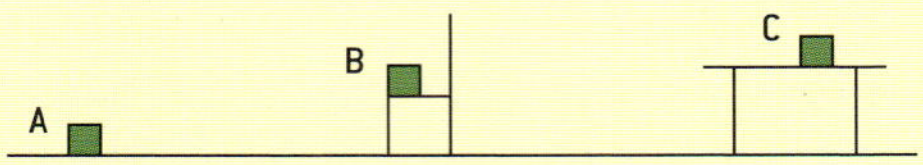

Un cube de petite taille, de masse m = 10 kg, est placé en 3 endroits différents : en A, au niveau du sol ; en B, sur une chaise ; en C sur une table.
Le champ de pesanteur est uniforme et a une norme $g = 10\ N.kg^{-1}$.
Déterminez la hauteur du cube dans les 3 cas, si on considère que le sol est la référence de hauteur h = 0, puis l'énergie potentielle de pesanteur du cube dans les 3 cas.
L'assise de la chaise est à 0,50 m du sol et le dessus de la table à 0,80 m.
L'altitude du centre d'inertie correspond à la hauteur où il est placé car la référence est le sol, donc :
- en A : $h_A = 0$ m soit $E_{ppA} = m \times g \times h_A$ ainsi $E_{ppA} = 10 \times 10 \times 0 = 0$ J ;
- en B : $h_B = 0{,}50$ m soit $E_{ppB} = m \times g \times h_B$ ainsi $E_{ppB} = 10 \times 10 \times 0{,}50 = 50$ J ;
- en C : $h_C = 0{,}80$ m soit $E_{ppC} = m \times g \times h_C$ ainsi $E_{ppC} = 10 \times 10 \times 0{,}80 = 80$ J.

b L'énergie potentielle élastique E_{pe}

■ Un ressort comporte des spires. Lorsqu'il est au repos, il a une longueur à vide l_0.

■ Il peut être étiré ou comprimé, il revient vers sa position de repos lorsqu'il est lâché. Ainsi, un ressort dispose d'énergie lorsqu'il n'est pas dans sa position de repos.

■ Certains ressorts sont plus difficiles que d'autres à étirer ou à comprimer car ils ont une **constante de raideur k** plus élevée. La constante de raideur k d'un ressort s'exprime en **newton par mètre ($N.m^{-1}$)**. Elle donne une information concernant la **valeur de la force à exercer** sur un ressort pour pouvoir l'étirer ou le comprimer d'une certaine longueur.

■ On note $\Delta l = l - l_0$ l'allongement du ressort, où l est la longueur du ressort. Si le ressort est étiré, l'allongement est positif. Si le ressort est comprimé, l'allongement est négatif.

■ L'**énergie potentielle élastique** se note E_{pe}. Elle s'exprime par :

$$E_{pe} = \frac{1}{2} \times k \times \Delta l^2$$

k : constante de raideur du ressort en newton par mètre ($N.m^{-1}$)
Δl : allongement en mètre (m)
E_{pe} : énergie potentielle élastique en joule (J)

B L'énergie mécanique

a Définition

L'**énergie mécanique** d'un solide est la somme de son **énergie cinétique** (de translation et de rotation) et de son **énergie potentielle** (de pesanteur et élastique) :

$E_m = E_c + E_p$ E_m : énergie mécanique qui s'exprime en joule (J)

b La conservation de l'énergie mécanique

■ Lorsque l'on frappe un ballon vers le haut, il a une trajectoire en cloche.

■ On considère un ballon de masse m = 450 g partant depuis un point O avec une vitesse initiale $v_0 = 15\ m.s^{-1}$. Le point O est pris comme la référence de l'énergie potentielle, c'est-à-dire que O a une altitude nulle. Le mouvement du ballon est dans l'air sans frottement.

■ On peut filmer le mouvement du ballon et déterminer l'**énergie cinétique**, l'**énergie potentielle** et l'**énergie mécanique** en différentes positions de la trajectoire. On obtient un ensemble de courbes d'énergies en fonction du temps.

■ Lorsque le ballon monte, son énergie cinétique diminue. Il ralentit et son énergie potentielle de pesanteur augmente. De l'énergie cinétique est donc transformée en énergie potentielle de pesanteur.

■ Cet échange se réalise dans l'autre sens lors de la descente. L'énergie potentielle de pesanteur diminue car l'altitude du ballon diminue et en même temps, la vitesse du ballon augmente ainsi que son énergie cinétique.

■ La variation d'énergie cinétique est l'opposé de la variation d'énergie potentielle de pesanteur puisque l'énergie mécanique, qui est la somme des 2, reste constante.

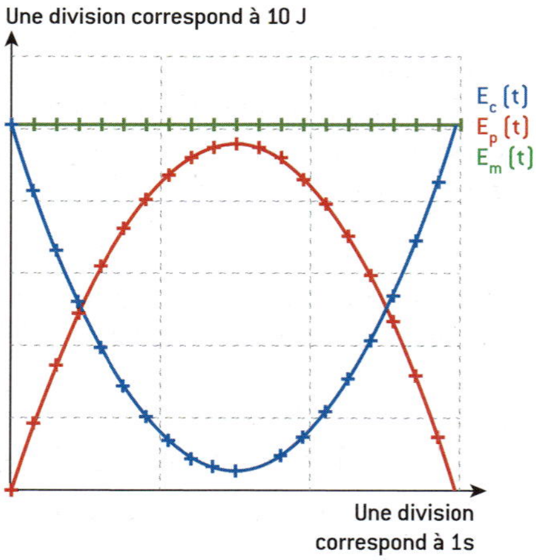

■ Il y a **conservation de l'énergie mécanique** du ballon au cours de ce mouvement : il n'y a pas de transformation d'énergie mécanique sous forme d'énergie interne ou de transfert thermique, c'est pour cela que l'énergie mécanique se conserve.

c La non-conservation de l'énergie mécanique

■ L'**énergie mécanique** d'un solide ne se conserve pas en général, à cause de frottements. Il y a alors augmentation de l'**énergie interne** du solide, qui se traduit par une élévation de sa température ou un transfert thermique vers le milieu extérieur.

■ L'énergie mécanique diminue alors, ce qui entraîne une diminution de l'énergie cinétique et ou de l'énergie potentielle du solide.

EXEMPLES

- On accroche une masse à un fil fixé à un support, puis on écarte le fil et la masse de leur position de repos : l'ensemble décrit des arcs de cercle périodiques, mais l'amplitude des va-et-vient diminue, ce qui traduit une diminution de l'énergie mécanique.
- On retourne une bicyclette et on fait tourner la roue avant. La vitesse de rotation de la roue diminue progressivement jusqu'à s'arrêter. L'énergie mécanique de la roue après la mise en rotation n'est pas conservée, l'énergie cinétique finit par s'annuler.

■ Lorsqu'une force de frottement est présente, l'énergie mécanique du système peut diminuer sauf si elle est compensée par un apport d'énergie pour relancer le système.

OBJECTIF BAC

EXERCICE 1

Un ressort de longueur à vide $l_0 = 0{,}10$ m et ayant une constante de raideur $k = 20$ N.m^{-1} est étiré. Sa longueur est alors $l = 0{,}25$ m.

1. Déterminer l'allongement du ressort.
2. Calculer alors l'énergie potentielle élastique du ressort.

EXERCICE 2

Un planeur évolue à vitesse constante $v_A = 30$ m.s^{-1} sans frottement à une altitude $h_A = 500$ m. Le pilote décide de descendre et d'atteindre l'altitude $h_B = 200$ m.

1. Comment évolue son énergie potentielle de pesanteur ? Calculer la variation d'énergie potentielle de pesanteur.
2. Ce mouvement se fait à énergie mécanique constante. Déterminer la vitesse v_B atteinte par le planeur à cette nouvelle altitude.

Données : la masse du planeur et du pilote est $m = 250$ kg, le champ de pesanteur est $g = 10$ N. kg^{-1}.

EXERCICE 3

Une automobile ($m = 1\,380$ kg) roule sur une route horizontale et rectiligne à la vitesse $v = 80$ km.h^{-1}. Tout à coup, elle freine et parcourt une distance $d = 400$ m avant de s'immobiliser. Tout se passe comme si l'automobile était soumise à une force de freinage $\vec{F}$ constante tout au long de la distance d et dont la direction est parallèle à la route.

1. Répertorier toutes les forces qui s'exercent sur l'automobile.
2. Déterminer la valeur de la force $\vec{F}$.

EXERCICE 4 (STL)

Une montgolfière comporte un ballon gonflé avec de l'air chaud, moins dense que l'air froid extérieur. Elle peut donc monter ou descendre ou être en équilibre à une altitude constante.

1. Quelles sont les forces extérieures appliquées au système montgolfière et passager ? Représenter ces forces sur un schéma.
2. Le système a une masse $m = 500$ kg. Le ballon supérieur a un volume $V = 500$ m^3. L'ensemble est à l'équilibre. Déterminer la valeur de la poussée d'Archimède s'appliquant sur le système, puis la densité de l'air où se trouve la montgolfière.

Donnée : $g = 10$ N.kg^{-1}

 # corrigés foucherconnect.fr/19pbsti2d01

9 L'énergie transportée par la lumière

La lumière transporte de l'énergie mais pas de matière. Cependant, elle peut interagir avec cette matière. Le potentiel de l'énergie issu de notre étoile, le Soleil, est énorme : pour produire de l'électricité ou pour nous chauffer.

1 La puissance transportée par la lumière

■ L'**irradiance** (ou éclairement énergétique) quantifie la puissance d'un rayonnement électromagnétique reçu perpendiculairement à une surface. Elle est mesurée à l'aide d'un **pyranomètre** : son capteur reçoit la lumière extérieure et il indique la valeur de l'**irradiance** en watt par mètre carré ($W.m^{-2}$). L'irradiance I est donc le rapport d'une puissance par une surface S :

$$I = \frac{P}{S}$$

P : puissance en watt (W)
S : surface en mètre carré (m^2)
I : irradiance en watt par mètre carré ($W.m^{-2}$)

■ L'éclairement solaire équivaut à 1 400 $W.m^{-2}$ dans de bonnes conditions (le jour sans couverture nuageuse).

EXEMPLE

Le soleil au zénith éclaire un champ de 1 000 m^2 perpendiculairement à sa surface avec une irradiance $I = 1\,200\ W.m^{-2}$.
Ce champ reçoit donc une puissance lumineuse $P = I \times S = 1\,200 \times 1\,000 = 1{,}2 \times 10^6\ W = 1{,}2\ MW$.
Cette puissance est considérable !

■ L'ordre de grandeur de la puissance lumineuse totale reçue par la Terre de la part du soleil est 10^{17} watts, soit une puissance moyenne de 340 W/m^2 au sol. L'ordre de grandeur de l'énergie reçue pendant un an est 10^{25} J. Environ 70 % de l'énergie est absorbée par la Terre, soit 10^{24} J, car une part de cette énergie est réfléchie par le système Terre-atmosphère. Ceci correspond à environ 10^{14} tonnes d'équivalent pétrole soit 12 000 fois la consommation énergétique mondiale.

DÉFINITION

Tonne d'équivalent pétrole (tep) : énergie moyenne libérée par la combustion d'une tonne de pétrole.

2 Le rayonnement laser

A Les propriétés

■ Un faisceau laser est unidirectionnel, intense, monochromatique et cohérent :
– **unidirectionnel** : le faisceau se dirige dans une seule direction sans diverger contrairement à la lumière émise par une ampoule à incandescence, qui serait diaphragmée ;
– **intense** : la lumière émise est très intense, car elle se répartit sur une petite surface de l'ordre de quelques mm^2. Cette puissance par unité de surface importante offre au laser

de nombreuses applications mais le rend dangereux pour les yeux : le faisceau laser peut entraîner une cécité irréversible en cas de vision directe ;
- **monochromatique** : le laser émet une seule longueur d'onde. Le spectre d'un laser ne comporte qu'une seule radiation ;
- **cohérent** : la lumière produite par un laser est ordonnée dans le temps et dans l'espace.

■ Les puissances retenues pour un laser continu émettant dans le domaine visible sont : la **classe 1** jusqu'à 0,39 µW ; la **classe 2** de 0,39 µW à 1 mW ; la **classe 3** de 1 à 500 mW et la **classe 4** au-delà de 500 mW.

REMARQUE
Plus la classe du laser augmente, plus des conditions de sécurité sont importantes.

■ Un faisceau laser est peu divergent et fin, il a donc une irradiance considérable. Dans le cas d'un « stylo laser » de puissance P = 1,0 mW ayant un faisceau de diamètre d = 2,0 mm, l'irradiance vaut $I = \frac{P}{S}$ avec $P = 1{,}0 \times 10^{-3}$ W et $S = \frac{\Pi d^2}{4} = 7{,}9 \times 10^{-7}$ m², soit $I = 1{,}3 \times 10^3$ W.m^{-2}. S'il est reçu au niveau de la pupille, focalisé sur la rétine, il peut causer des dégâts irréversibles.

B Les applications des lasers

■ En **ophtalmologie** : les lasers femto seconde permettent de vaporiser une partie de la cornée avant qu'un autre laser ne modifie la courbure de la cornée. Les opérations de la cataracte utilisent aussi des lasers.

■ En **dermatologie** : il est possible de pratiquer une épilation définitive, d'enlever des tatouages ou des taches sur la peau d'un patient.

■ En **dentisterie** : traitement des caries, en chirurgie des tissus mous, en implantologie.

■ En **physiothérapie** : le laser facilite la guérison des tissus blessés et accélère la reconstruction des tissus tout en réduisant l'inflammation et la douleur.

■ En **chirurgie** : le laser sert de bistouri et réduit considérablement les saignements.

■ Dans **l'industrie** : découpe de différents matériaux rapidement et de manière précise.

■ En **urbanisme** ou en **construction** : le laser permet la mesure de distances.

C La protection contre les risques

■ Le **symbole de danger** (ci-contre) doit être affiché sur les appareils comportant une source de lumière laser ou dans un espace où un faisceau laser risque d'être présent.

■ La législation française interdit l'utilisation de lasers de classe supérieure à 2 en dehors d'un cadre professionnel.

 # doc
Les consignes de sécurité pour les lasers
foucherconnect.fr/19pbsti2d02

3 La conversion photovoltaïque

■ La **conversion photovoltaïque** est la transformation directe du rayonnement solaire en électricité dans une photopile. **L'effet photovoltaïque** a été découvert en 1839 par Antoine Becquerel.

■ Une **cellule photovoltaïque** est un très mince disque de silicium monocristallin. On dope cette cellule avec des atomes de bore et de phosphore pour former 2 zones superposées (n) et (p). En soumettant la cellule au rayonnement solaire, une tension de l'ordre de 0,6 V apparaît entre ces zones.

■ Les **photons** incidents, entrant en collision avec les atomes de la cellule, lui cèdent leur énergie. Il apparaît un **mouvement de charges électriques** (d'électrons) permettant la circulation d'un **courant électrique** dans un récepteur branché aux bornes de la cellule.

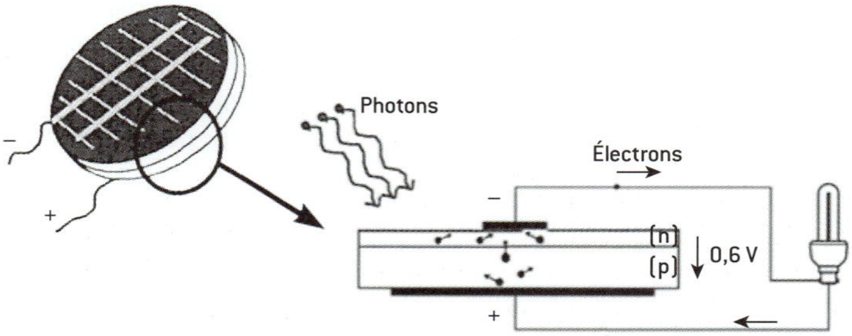

■ On définit :
– le **courant crête** exprimé en ampère-crête (Ac) : c'est le courant maximum que peut délivrer la cellule soumise à l'irradiation maximale ;
– la **puissance crête** exprimée en watt-crête (Wc) : c'est la valeur maximale de la puissance électrique délivrée par la cellule soumise à l'irradiation maximale ;
– le **rendement** η (« *éta* ») de conversion : c'est le rapport de la puissance électrique délivrée sur la puissance reçue (pour une même surface).

■ Il existe 3 types de cellules photovoltaïques de rendements variables suivant la méthode de fabrication. Il s'agit des cellules :
– **monocristallines** : rendement correct (15 à 20 %) mais coût de fabrication élevé ;
– **polycristallines** : constituées de plusieurs cristaux, elles sont moins chères à fabriquer mais le rendement est un peu moins bon (10 à 12 %) ;
– **amorphes** : leur coût est faible mais le rendement l'est aussi (5 à 10 %).

■ En plein soleil, correspondant à une irradiation de 1 000 W par m^2 (en été au sud de la France), une cellule de bonne qualité peut délivrer une densité de courant de l'ordre de $J = 3$ $A.dm^{-2}$ soit 300 A par m^2. La densité de courant J est égale au quotient du courant délivré par la surface ($A.m^{-2}$).

OBJECTIF BAC

EXERCICE

Une installation comporte des panneaux photovoltaïques dont la puissance crête est $P_c = 3,0$ kW. Elle permet l'injection sur le réseau Enedis de 110 kW.h en 3 semaines au printemps.

1. À quelles grandeurs physiques correspondent les 2 valeurs numériques données ?

2. Déterminer l'énergie électrique quotidienne injectée en moyenne sur le réseau.

3. Le rendement des cellules vaut $\eta = 16$ %, en déduire la valeur de l'énergie solaire reçue E_S durant ces 3 semaines par les panneaux photovoltaïques.

4. Cette installation pourra-t-elle injecter plus ou moins d'énergie pendant la même durée en été ?

corrigés
foucherconnect.fr/19pbsti2d01

PHYSIQUE-CHIMIE

10 Les propriétés des matériaux et l'organisation de la matière

La connaissance des propriétés des matériaux est nécessaire pour effectuer le bon choix en fonction de l'application souhaitée. Les espèces chimiques sont à manipuler dans des conditions de sécurité optimale. Les dangers potentiels doivent clairement figurer sur les emballages.

1 Les familles de matériaux

Il existe plusieurs familles de matériaux :
– les **matériaux métalliques purs** (fer, cuivre, zinc, plomb, nickel, or, argent) ou **en mélanges** tels les alliages (acier et fonte : fer et carbone ; acier inoxydable : fer, carbone, nickel et chrome ; bronze : cuivre et étain ; laiton : cuivre et zinc). Ce sont des matériaux rigides, durs et déformables
– les **matériaux organiques** qui comportent de longues chaînes de carbone. Ce sont des polymères comme les matières plastiques, issues de la pétrochimie mais aussi des matières animales ou végétales : bois, coton, carton, caoutchouc... La plupart sont des isolants thermiques et électriques qui résistent difficilement à des températures supérieures à 200 °C ;
– les **matériaux minéraux ou céramiques** qui sont des roches, des minéraux ou des verres. Ils ont une résistance mécanique et à la température, mais pas aux chocs. La plupart sont des isolants thermiques et électriques ;
– les **matériaux composites** qui empruntent à au moins 2 familles de matériaux précédents : c'est par exemple une structure métallique enserrée dans des matières plastiques (skis, pneumatiques...) ou des minéraux (béton). Ils ont été développés pour leurs propriétés intéressantes.

2 Les propriétés des matériaux

A Le choix d'un matériau

■ Les matériaux sont choisis selon un cahier des charges en fonction de propriétés physiques attendues : électriques, mécaniques, optiques ou magnétiques. On utilise son savoir-faire et des tableaux de matériau pour déterminer celui qui conviendra.

■ Ainsi pour un avion, les matériaux doivent être légers, résistants aux contraintes mécaniques : le choix s'oriente vers des alliages légers ou des matériaux composites.

B Le cycle de vie d'un matériau

Depuis l'extraction des matières premières jusqu'à leur recyclage, les matériaux sont inscrits dans un cycle qu'il faut prévoir dès le cahier des charges. Cela permet de travailler en éco-conception dans le but de limiter la mise en décharge en fin d'utilisation.

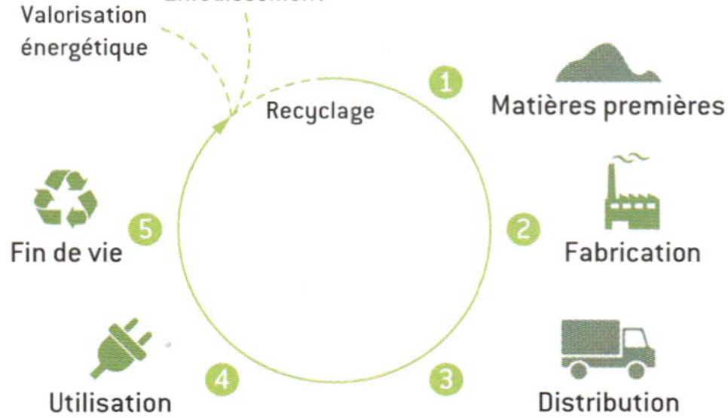

3 Les liaisons chimiques

A La représentation des molécules

Une molécule est en général composée de différents **atomes**. On la représente à l'aide d'une **formule brute** : cette formule indique le nombre et la nature des atomes qui constituent la molécule. Le nombre de chacun des atomes est précisé en indice à droite du symbole des atomes.

EXEMPLES

- Le méthane s'écrit CH_4, il contient donc un atome de carbone et 4 atomes d'hydrogène.
- L'éthanol s'écrit C_2H_6O, il contient donc 2 atomes de carbone, 6 atomes d'hydrogène et un atome d'oxygène. Inversement, une molécule qui contiendrait 3 atomes de carbone, 8 atomes d'hydrogène et 2 atomes d'oxygène aurait pour formule brute $C_3H_8O_2$.

B Les liaisons covalentes

■ Une **liaison de covalence** (ou doublet liant) correspond à la mise en commun de **2 électrons** par 2 atomes. Chaque atome fournit un électron. Le doublet d'électrons de liaison appartient entièrement aux 2 atomes. La liaison est représentée par un trait entre les 2 atomes : C—H.

■ Cette mise en commun d'électrons permet à chaque atome de compléter son nombre d'électrons pour satisfaire à la **règle de l'octet ou du duet**, pour avoir une structure électronique stable comme le gaz rare le plus proche.

■ Ainsi, l'élément oxygène a 6 électrons sur sa couche externe, il doit donc établir 2 liaisons de covalence pour compléter sa couche électronique à 8 électrons en partageant 2 électrons. Il lui reste donc 4 électrons non partagés, qui ne créent pas de liaison : cela constitue donc 2 doublets non liants représentés par des traits sur les côtés de l'élément chimique.

Structure électronique de quelques atomes

Atome	H	C	N	O	Cl
Nombre d'électrons	1	6	7	8	17
Structure électronique	$(K)^1$	$(K)^2(L)^4$	$(K)^2(L)^5$	$(K)^2(L)^6$	$(K)^2(L)^8(M)^7$
Nombre d'électrons sur la couche de valence	1	4	5	6	7
Nombre de liaisons	1	4	3	2	1
Nombre de doublets non liants	0	0	1	2	3

■ Un atome va en général former autant de liaisons qu'il lui manque d'électrons pour obéir à la règle du duet ou de l'octet.

■ Il arrive qu'il y ait 2, voire 3 liaisons de covalence entre 2 atomes. On place alors 2 traits ou 3 traits entre les 2 atomes. Dans une molécule, tous les électrons s'associent par paire (doublet d'électrons).

C La représentation de Lewis

La représentation de Lewis des molécules fait apparaître toutes les liaisons covalentes et tous les doublets non liants des atomes constituant la molécule.

EXEMPLES

Exemple 1

Le méthane a pour formule CH_4. Pour obtenir la représentation de Lewis de cette molécule, il faut procéder en plusieurs étapes :

- pour chaque atome constituant la molécule, on recherche le nombre de liaisons et de doublets non liants : H a 1 liaison et C a 4 liaisons ;
- puis on dessine les atomes en faisant apparaître le bon nombre de liaisons de covalence (cf. formule ci-contre) ;
- il n'y a pas besoin d'ajouter de doublet non liant car ses atomes n'en possèdent pas. On vérifie que chaque atome dispose bien de 4 doublets autour de lui (un doublet dans le cas de l'hydrogène).

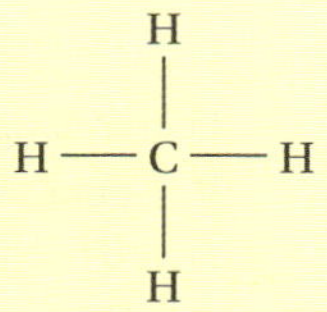

Exemple 2

- La molécule de dioxygène O_2 comporte une double liaison : O═O, et chaque atome d'oxygène forme 2 liaisons de covalence et garde 2 doublets non liants : 
- La molécule d'eau comporte donc 2 liaisons OH : l'atome d'oxygène forme 2 liaisons de covalence et garde 2 doublets non liants : 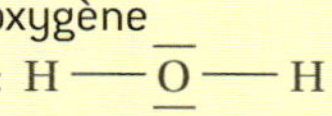
- La molécule de dioxyde de carbone comporte 2 double liaisons C═O : 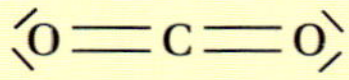
- La molécule de chlorure d'hydrogène comporte une liaison simple H—Cl : 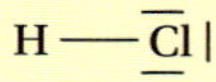

4 Les polymères

A La réaction de polymérisation

■ Les **polymères** sont des matériaux constitués de très grosses molécules, appelées **macromolécules**. Il existe de nombreux polymères naturels tels que le caoutchouc, la soie et de nombreux autres sont synthétiques : ils sont alors obtenus à partir de molécules de base, les monomères. Les monomères réagissent entre eux et s'assemblent en de longues chaînes au cours de transformations chimiques appelées **polymérisations**, pouvant se réaliser selon 2 techniques :
– la **polycondensation** : les monomères produisent un polymère et des petites molécules comme H_2O ou HCl ;
– la **polyaddition** : les monomères se lient entre eux pour former le polymère. Ces monomères comportent une double liaison carbone carbone C═C : ce sont des alcènes. Les doubles liaisons s'ouvrent pour former de nouvelles liaisons avec les molécules suivantes et permettre d'allonger la chaîne.

■ Les matières plastiques peuvent être :
– **thermoplastiques** : elles fondent lorsqu'on les chauffe, puis redeviennent dures en refroidissant. On peut recommencer plusieurs fois ce cycle sans les détériorer ;
– **thermodurcissables** : lorsqu'on les chauffe une fois, leur structure va se rigidifier et elles deviennent dures. Elles ne peuvent plus être fondues pas la suite.

B La formule générale d'un polymère

a Le cas des polyadditions

■ La polymérisation de l'éthylène : la réaction démarre entre 2 monomères contenant une double liaison C═C pour former un dimère :

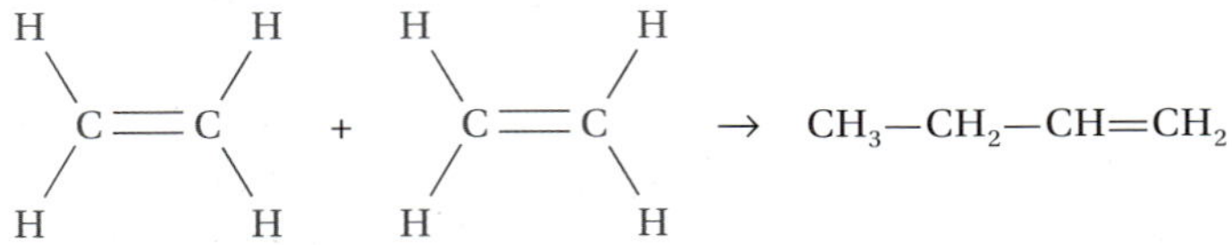

■ La réaction continue pour former un polymère. À chaque fois qu'un monomère $CH_2{=}CH_2$ s'ajoute, le polymère s'allonge d'un motif $—CH_2—CH_2$. On écrit la réaction de polymérisation :

$$n\,CH_2{=}CH_2 \rightarrow (CH_2—CH_2)_n$$

■ Le polymère obtenu s'appelle ici « le polyéthylène ».

■ Le nombre **n est l'indice de polymérisation**. Ce nombre peut être très grand et atteindre plusieurs millions.

■ Dans le cas du styrène, la polymérisation va conduire au polystyrène, matière plastique utilisée pour l'isolation ou les emballages. La réaction est analogue à celle de l'éthylène :

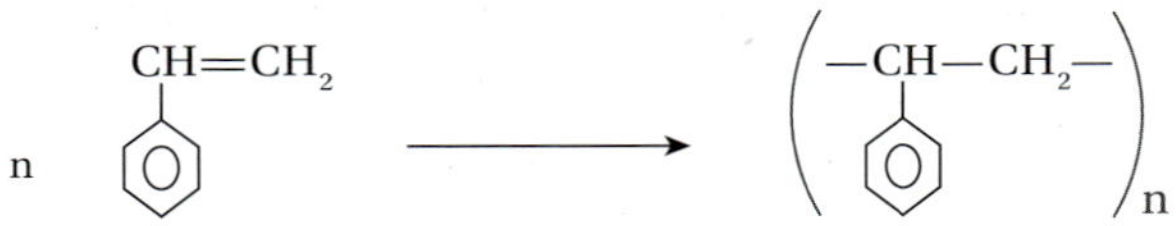

Styrène

■ On remarque que le motif et le monomère ont la même formule brute.

b Le cas des polycondensations

■ La polycondensation va se réaliser par réaction entre 2 groupes fonctionnels, qui peuvent être portés par 2 molécules différentes ou par une seule.

■ Dans le cas du polyéthylène téréphtalate (PET), la réaction se produit entre l'acide téréphtalique, qui est un diacide et le glycol qui est un dialcool.

■ Une fonction acide carboxylique peut réagir avec une fonction alcool pour donner une fonction ester et élimination d'une molécule d'eau H_2O :

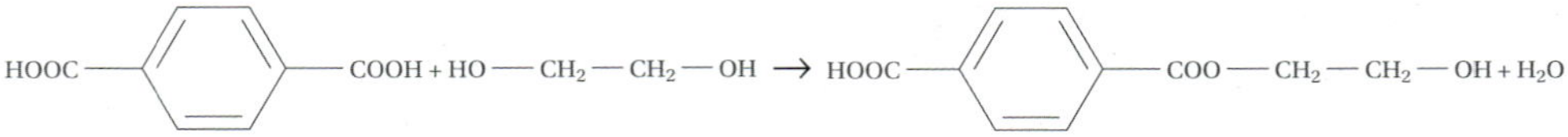

■ La molécule obtenue comporte une fonction acide carboxylique et une fonction alcool, elle peut donc réagir soit avec un alcool soit avec un acide. La réaction va avancer et la chaîne va s'allonger. La réaction de polymérisation peut être alors notée :

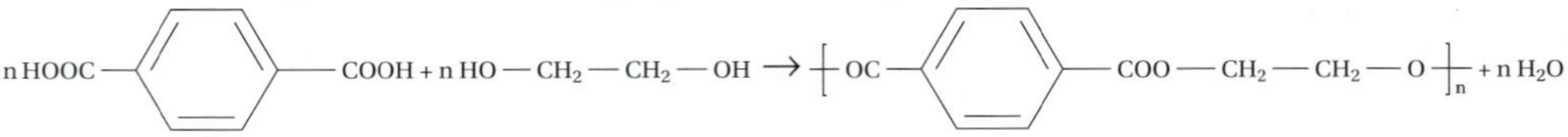

C Le recyclage des polymères

- Les polymères peuvent être recyclés s'ils sont bien triés.
- Les emballages en polyéthylène téréphtalate (PET) peuvent être recyclés s'ils n'ont pas contenu de matières dangereuses, de médicaments ou de graisses. Ce symbole placé sur les emballages indique la nature chimique du matériau constituant l'emballage.

1 PET

- Dans le cas du PET, on peut obtenir à nouveau les monomères initiaux en plaçant des emballages en PET dans une solution basique de glycol. Il est alors possible de recommencer une réaction de polymérisation avec les monomères récupérés.
- Cependant, les matières plastiques recyclées thermoplastiques sont souvent fondues et placées en sandwich entre des matières plastiques neuves pour réaliser des récipients, ou servent pour fabriquer du remblai, ou des fibres.
- Sur les autres matériaux plastiques recyclables, on trouve les symboles :

Polymère	Polyéthylène haute densité	Polychlorure de vinyle (PVC)	Polyéthylène basse densité	Polypropylène	Polystyrène (PS)	Autres polymères
Symbole	02 PE-HD	03 PVC	04 PE-LD	05 PP	06 PS	07 O

5 La préparation de solutions

A La détermination d'une masse molaire moléculaire

La masse molaire moléculaire est calculée à partir des données du tableau périodique des éléments en effectuant la somme des masses molaires atomiques de tous les atomes constituant la molécule.

DÉFINITION

Masse molaire moléculaire : c'est la masse d'une mole de molécules.

EXEMPLES

- La molécule de méthane CH_4 contient 1 élément carbone et 4 éléments hydrogène. Sa masse molaire moléculaire se calcule facilement : $M(CH_4) = M(C) + 4M(H)$ soit $M(CH_4) = 12,0 + 4 \times 1,0 = 16,0$ g.mol^{-1}.
- De même, l'aspirine de formule $C_9H_8O_4$ a pour masse molaire : $M(C_9H_8O_4) = 9\,M(C) + 8M(H) + 4\,M(O) = 9 \times 12,0 + 8 \times 1,0 + 4 \times 16,0 = 180$ g.mol^{-1}.

B La concentration massique C_m

a Le calcul de la concentration massique

La **concentration massique C_m** d'une espèce chimique en solution est la **masse de l'espèce chimique par litre de solution**. C'est le rapport de la masse de l'espèce chimique par le volume de solution. Elle s'exprime en kilogrammes par litre g.L^{-1}.

$C = \frac{m}{V}$

m : masse de l'espèce chimique en kilogramme (kg)
V : volume de la solution en litre (L)
C : concentration massique de l'espèce en solution en kilogramme par litre ($kg.L^{-1}$)

REMARQUE
On utilise aussi très souvent le gramme par litre ($g.L^{-1}$).

b La préparation d'une solution aqueuse de concentration massique définie

Pour préparer une solution aqueuse de concentration massique précise par dissolution, il faut utiliser une balance et de la verrerie jaugée. Le mode opératoire est le suivant :
- peser la masse m sur un verre de montre taré ;
- introduire cette masse, en utilisant un entonnoir, dans une fiole jaugée (ayant le volume approprié) propre et remplie à moitié avec de l'eau distillée ou déminéralisée ;
- rincer le verre de montre et l'entonnoir, mettre les eaux de rinçage dans la fiole jaugée ;
- dissoudre totalement le solide ;
- compléter la fiole jaugée jusqu'au trait de jauge avec de l'eau déminéralisée. Homogénéiser.

C La concentration molaire C

La **concentration molaire** C d'une espèce chimique en solution est la quantité de matière de l'espèce chimique contenue par litre de solution. C'est le rapport de la quantité de matière de l'espèce chimique par le volume de solution. Elle s'exprime en $mol.L^{-1}$.

$C = \frac{n}{V}$

n : quantité de matière de l'espèce chimique en mole (mol)
V : volume de la solution en litre (L)
C : concentration molaire de l'espèce en solution en mole par litre ($mol.L^{-1}$)

REMARQUE
Il est souvent nécessaire de faire un calcul préalable de quantité de matière pour pouvoir déterminer la concentration molaire des solutions.

D La dilution d'une solution aqueuse

■ Il est possible d'obtenir une solution aqueuse d'une espèce chimique de concentration donnée à partir d'une solution contenant la même espèce mais ayant une concentration plus importante.

■ La solution la plus concentrée s'appelle la **solution mère** et la solution diluée est la **solution fille**.

■ Pour déterminer le volume de solution mère à prélever, on utilise la relation :
$C_{fille} \times V_{fille} = C_{mère} \times V_{mère}$:
- C_{fille} est la concentration de la solution diluée.
- $C_{mère}$ est la concentration de la solution mère.
- V_{fille} est le volume final de la solution diluée.
- $V_{mère}$ est le volume à prélever de la solution mère.

■ Pour préparer une solution aqueuse de concentration précise par dilution, il faut utiliser de la verrerie jaugée. Le mode opératoire est le suivant :
- rincer la pipette jaugée avec la solution mère ;
- prélever le volume de solution mère nécessaire avec la pipette jaugée munie d'une propipette ;

– introduire le volume de solution mère dans une fiole jaugée (ayant le volume approprié) propre et remplie à moitié avec de l'eau distillée ou déminéralisée ;
– compléter la fiole jaugée jusqu'au trait de jauge avec de l'eau déminéralisée. Homogénéiser.

6 La sécurité : le règlement CLP

A Le règlement CLP

Le sigle CLP correspond à « *Classification, Labelling, Packaging* », ce qui signifie « Classification, étiquetage, emballage ». Ce règlement présente les :
– pictogrammes de danger ;
– classes de catégorie de dangers ;
– mentions d'avertissement ;
– mentions de danger ;
– mentions de conseils de prudence.

B Les neuf pictogrammes de danger

Ils sont marqués SGH, ce qui correspond à « Système général harmonisé », et numérotés de 1 à 9. Les pictogrammes de danger sont positionnés au milieu de l'étiquette. Ce système distingue 2 mentions d'avertissement : l'indication « **Attention** » qui signale des catégories de danger moins grave, alors que la mention « **Danger** » est réservée aux catégories de dangers les plus sévères.

a Les pictogrammes de dangers physiques

SGH01

Attention ou danger
Substances explosives ou auto-réactives

SGH02

Attention ou danger
Gaz, liquides, solides ou aérosols inflammables

SGH03

Attention ou danger
Gaz, liquides ou solides comburants

SGH04

Attention
Gaz sous pression

SGH05

Attention
Substances ou mélanges corrosifs pour les métaux

b Les pictogrammes de dangers pour la santé humaine

SGH05

Danger
Cause des lésions cutanées ou oculaires graves

SGH06

Danger
Toxicité aiguë par voie orale, cutanée ou par inhalation

SGH07

Attention
Toxicité aiguë par voie orale, cutanée ou par inhalation, ou irritation cutanée ou oculaire

SGH08

Attention ou danger
Mutagénicité sur les cellules germinales ou toxicité spécifique pour certains organes cibles

c Les pictogrammes de dangers pour l'environnement

SGH09

Attention
Dangers aigus ou chroniques pour le milieu aquatique

C Les mentions de danger et les conseils de prudence

■ L'étiquette comporte des **mentions de danger et des conseils de prudence** (en dessous de la mention d'avertissement « Danger » ou « Attention »).

■ Ces mentions et conseils complètent les pictogrammes de danger et aident l'utilisateur à adapter son attitude.

■ Les **mentions de danger** sont écrites en toutes lettres et précédées de la lettre « H » suivie d'un nombre. Les **conseils de prudence** sont écrits en toutes lettres et précédées de la lettre « P » suivi d'un nombre.

D La fiche de données de sécurité

■ Les **fiches de données de sécurité (FDS)** sont des compléments essentiels des étiquettes apposées sur les flacons de produits chimiques. Leur consultation doit être un réflexe avant toute utilisation d'un produit chimique.

■ Les fiches de données de sécurité reprennent de manière détaillée tout ce qu'on trouve sur l'étiquette et des informations complémentaires sur la toxicité des produits ou sur les risques en cas de combustion.

OBJECTIF BAC

EXERCICE 1

Le méthanal a pour formule CH_2O. Déterminer la représentation de Lewis de cette molécule sachant qu'il y a une double liaison entre l'atome d'oxygène et l'atome de carbone.

EXERCICE 2

1. La formule suivante correspond-elle à une molécule organique ou un polymère ?
2. Qu'indique la lettre « n » ?
3. Retrouver la molécule qui a permis sa synthèse.

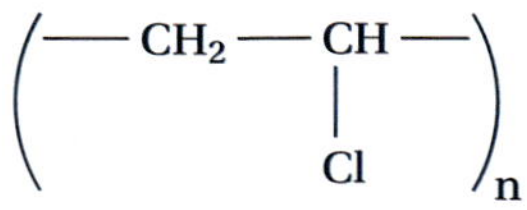

EXERCICE 3

On prélève une masse m = 84,5 g de glucose pur. La formule chimique du glucose est $C_6H_{12}O_6$.

1. Déterminer la masse molaire du glucose.
2. Calculer la quantité de matière de glucose correspondant à cette masse.

Données : $M(H) = 1{,}0\ g.mol^{-1}$; $M(C) = 12{,}0\ g.mol^{-1}$; $M(O) = 16{,}0\ g.mol^{-1}$.

EXERCICE 4

On dissout un comprimé contenant 148 mg de vitamine C de formule brute $C_6H_8O_6$ (ou acide ascorbique) dans un volume V = 250 ml d'eau.

1. Quelle est la quantité de matière de vitamine C contenue dans un comprimé ?
2. Que valent la concentration molaire et la concentration massique de l'acide ascorbique dans la solution ?
3. On veut préparer un volume V' = 100 ml d'une solution 10 fois moins concentrée en glucose que la solution précédente. Quel volume de solution mère doit-on prélever pour préparer cette solution diluée ?
4. Quelle verrerie sera utilisée ?
5. Le rapport de dilution est le rapport $\frac{C_{mère}}{C_{fille}}$. Que vaut-il ici ? En déduire la concentration c' de la solution obtenue.

Données : $M(H) = 1{,}0\ g.mol^{-1}$, $M(C) = 12{,}0\ g.mol^{-1}$, $M(O) = 16{,}0\ g.mol^{-1}$.

EXERCICE 5

Une bouteille contenant un liquide porte l'étiquette suivante :

1. Quel est le nom de l'espèce chimique présente dans le flacon ?
2. Peut-on manipuler ce produit sans danger ?
3. Quelle est la mention d'avertissement ?
4. Quelles sont les mentions de danger ?
5. Quels sont les conseils de prudence ?

Méthanol **CH_3—OH**

Danger

H25 Liquide et vapeur très inflammables.

H 301 Toxique en cas d'ingestion.

H 311 Toxique par contact cutané.

H331 Toxique par inhalation.

H 370 Provoque des lésions aux organes.

P 210 Tenir à l'écart de la chaleur, des flammes nues, des cendres chaudes.

Ne pas fumer.

P 233 Maintenir le récipient fermé de manière étanche.

P 280 Portez des gants de protection, des vêtements de protection, un équipement de protection des yeux et du visage.

P 301/310 En cas d'exposition : appelez immédiatement un centre antipoison ou un médecin.

corrigés
foucherconnect.fr/19pbsti2d01

11 La chimie organique

Une espèce chimique organique contient au moins les éléments chimiques carbone C et hydrogène H : ce sont des hydrocarbures. Elle est donc constituée d'une chaîne carbonée et éventuellement de groupes caractéristiques.

1 Les molécules en chimie organique

A La représentation

Une molécule peut être représentée par sa **formule brute**, mais celle-ci n'apporte pas beaucoup d'informations.

a La formule développée plane

Cette formule est plus utile : tous les atomes apparaissent dans le **même plan**, ainsi que **toutes les liaisons entre ces atomes**. Les angles de représentation entre les liaisons sont de 90°, (120° lorsqu'il y a des doubles liaisons), ceci ne correspond pas à la réalité géométrique de la molécule. Cette représentation apporte des informations supplémentaires : type de liaisons et groupes caractéristiques. La molécule peut être nommée. L'éthanol s'écrit :

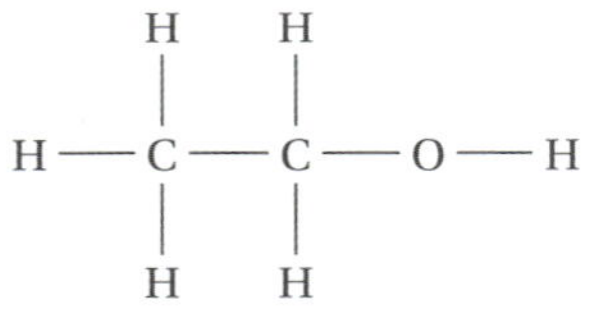

b La formule semi-développée (plane)

Elle est plus rapide à écrire, en gardant les mêmes informations. On supprime simplement les liaisons mettant en jeu l'hydrogène. L'éthanol s'écrit alors : CH_3—CH_2—OH.

c La formule de Lewis

On ajoute les doublets non liants à la formule développée plane au semi-développée. C'est la formule la plus complète. L'éthanol s'écrit :

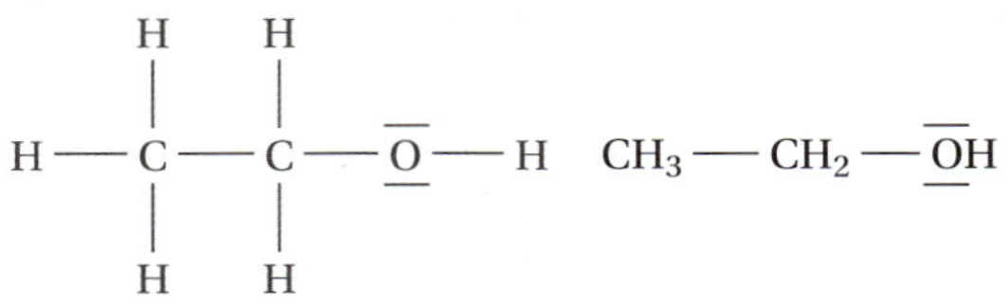

d La formule topologique ou représentation topologique

Une molécule organique contient systématiquement du carbone et de l'hydrogène. De plus, la chaîne carbonée se place sous forme de ligne brisée dans l'espace. On représente alors la molécule sous forme de segments, chaque extrémité de segment représentant un atome de carbone. Les atomes

> **REMARQUE**
> **Cette partie concerne uniquement la filière STL.**

d'hydrogène reliés directement aux atomes de carbone ne figurent pas sur la représentation. Les groupes caractéristiques sont représentés de manière explicite ainsi que les atomes d'hydrogène qu'ils portent.

ATTENTION

Dans cette représentation, l'extrémité liée à l'oxygène n'est pas un atome de carbone. Il n'y a que deux atomes de carbone dans l'éthanol qui s'écrit :

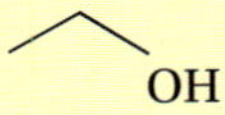

B Les groupes caractéristiques

■ Une molécule organique comporte un **groupe caractéristique** ou un **groupe fonctionnel** lorsqu'elle contient au moins un atome autre que le carbone ou l'hydrogène.

■ Des molécules ayant un même groupe caractéristique ont des propriétés chimiques semblables. Elles appartiennent à une même famille.

Nom des familles	Groupe	Formule générale	Suffixe
Alcool	—OH	R—OH	-ol
Amine	$—NH_2$	$R—NH_2$	-amine
Aldéhyde	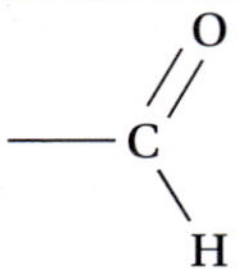	R—CHO	-al
Cétone	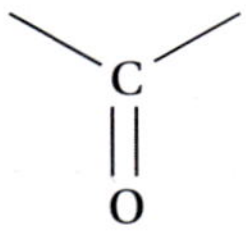	R—CO—R′	-one
Acide carboxylique	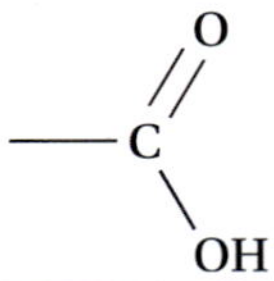	R—COOH	Acide -oïque

EXEMPLES

- La molécule $CH_3—CH_2—CH_2—CHOH—CH_3$ comporte la fonction alcool et a pour formule brute $C_5H_{12}O$.
- La molécule $CH_3—CH(CH_3)—COOH$ comporte la fonction acide carboxylique et a pour formule brute $C_4H_8O_2$.

C L'isomérie

REMARQUE

Les parties C, D et E concernent uniquement la filière STL.

■ 2 molécules ayant la même formule brute mais une formule semi-développée différente sont des **isomères** (de constitution). Il en existe trois catégories :
- de **chaîne** : $CH_3—CH_2—CH_2—CH_3$ et $CH_3—CH(CH_3)—CH_3$;
- de **position** : $CH_3—CHOH—CH_3$ et $CH_3—CH_2—CH_2OH$;
- de **fonction** : $CH_3—CO—CH_3$ et $CH_3—CH_2—CHO$.

D La représentation de Cram

On peut représenter des molécules dans l'espace avec la représentation de Cram :
- les liaisons dans le plan utilisent des traits fins : ——
- les liaisons en arrière du plan sont en pointillé :
- les liaisons en avant du plan sont un triangle plein :

E Les conformations

■ 2 molécules peuvent avoir la même formule semi-développée mais être non superposables (donc non identiques) : ce sont des stéréo-isomères. Si on passe de l'une à l'autre par une simple rotation, ce sont alors des **conformères**.

■ Ainsi, l'éthane, de formule brute C_2H_6, de formule semi-développée $CH_3—CH_3$ comporte une infinité de conformations, dont deux particulières sont :

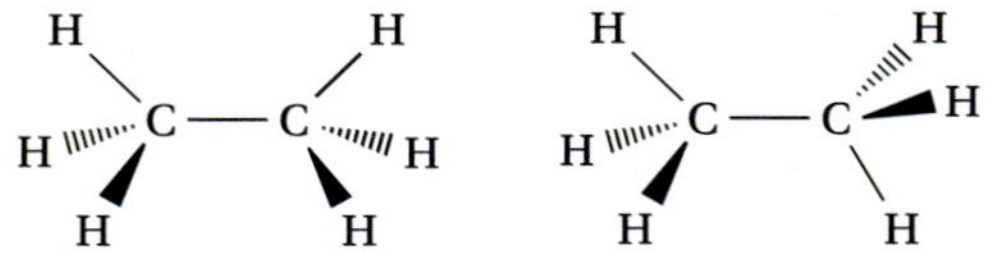

2 La nomenclature

A Les alcanes

■ Les **alcanes** sont des **hydrocarbures** ne comportant que du **carbone** et de l'**hydrogène**, ainsi que des **liaisons simples**. La formule brute d'un alcane non cyclique est C_nH_{2n+2}.

■ Les ramifications possibles sont : $—CH_3$: méthyl et $—C_2H_5$: éthyl.

Formule semi-développée	Nom
CH_4	méth**ane**
$CH_3—CH_3$	éth**ane**
$CH_3—CH_2—CH_3$	prop**ane**
$CH_3—CH_2—CH_2—CH_3$	but**ane**
$CH_3—CH_2—CH_2—CH_2—CH_3$	pent**ane**
$CH_3—CH_2—CH_2—CH_2—CH_2—CH_3$	hex**ane**

■ Pour nommer un alcane, il faut rechercher la **chaîne carbonée la plus longue possible**. Le sens de la numérotation des atomes de carbone est tel que le nombre formé par la somme des indices rassemblés est minimum.

EXEMPLE

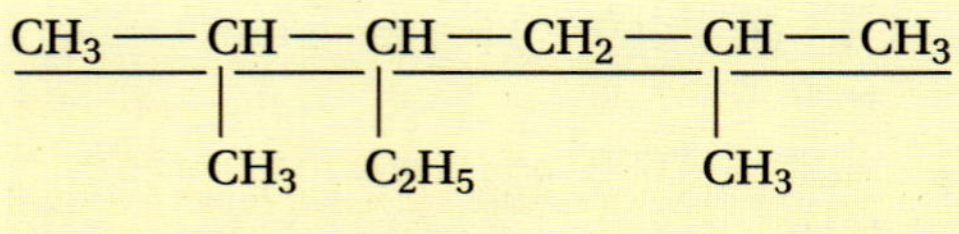

1. La chaîne la plus longue est soulignée, elle a 6 éléments carbone : c'est un hexane.
2. On cherche alors les substituants, il y a deux CH_3 et un C_2H_5. Dans l'ordre alphabétique, éthyl se place avant méthyl et comme il y a deux méthyls, la molécule est éthyl-diméthylhexane.
3. Il faut trouver les indices de position, si on compte en commençant à gauche, on aura les méthyls placés sur les carbones 2 et 5 et l'éthyl porté par le carbone 3 ; si on commence à droite, on aura les méthyls sur les carbones 2et 5 et l'éthyl sur le carbone 4. Il faut donc numéroter la chaîne à partir de la gauche. La molécule se nomme donc : 3-éthyl-2,5-diméthylhexane.

B Les alcènes

REMARQUE

Cette partie concerne uniquement la filière STI2D.

■ Les **alcènes** sont des **hydrocarbures** ne comportant que du **carbone** et de l'**hydrogène**, des **liaisons simples** et au moins **une liaison double C═C**. La formule brute d'un alcène non cyclique est C_nH_{2n}.

■ Pour nommer un alcène, il faut procéder comme pour les alcanes : on cherche la **chaîne carbonée la plus longue contenant la double liaison**. La chaîne est numérotée pour que la double liaison ait l'indice le plus petit. La terminaison d'un alcène est -ène.

EXEMPLE

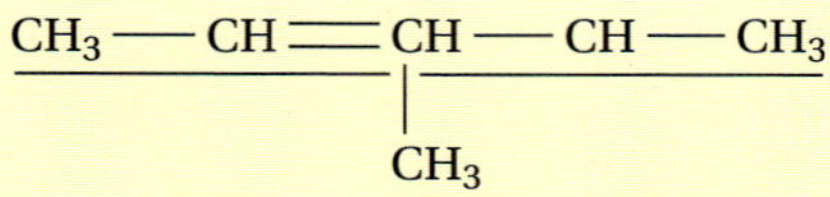

1. La chaîne la plus longue comportant la double liaison est soulignée, elle a 5 éléments carbone : c'est un pentène.

2. On numérote la chaîne à partir de la gauche pour que la double liaison ait l'indice le plus petit : pent-2-ène car la double liaison est entre le deuxième et le troisième atome de carbone.

3. On cherche alors les substituants, il y a un $-CH_3$ sur le quatrième atome de carbone de la chaîne principale, la molécule est 3-méthylpent-2-ène.

C Les alcools

■ Les alcools sont des **hydrocarbures** comportant du **carbone**, de l'**hydrogène** et au moins un **oxygène** formant une **fonction —OH**. La formule brute d'un alcool non cyclique est $C_nH_{2n+2}O$.

■ Pour nommer un alcool, il faut procéder comme pour les alcanes : on cherche la **chaîne carbonée la plus longue contenant la fonction —OH**. La chaîne est numérotée pour que la fonction -OH ait l'indice le plus petit. La terminaison est -ol.

EXEMPLE

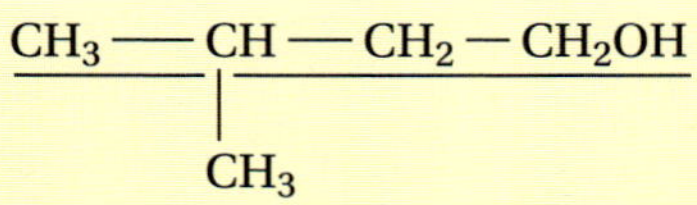

1. La molécule comporte la fonction alcool –OH, le nom se terminera par –ol.

2. La fonction est portée par une chaîne à 4 carbones, c'est un butan-1-ol : la chaîne est numérotée à partir de la droite pour que l'alcool ait l'indice le plus petit.

3. Il y a une ramification méthyl, placée sur le troisième carbone, la molécule se nomme donc : 3-méthylbutan-1-ol, c'est un alcool primaire.

D Les amines

REMARQUE

Les parties D et E concernent uniquement la filière STL.

■ Les amines sont des **hydrocarbures** comportant une **fonction —NH_2**. La formule brute d'une amine non cyclique est $C_nH_{2n+3}N$.

■ Pour nommer une amine, il faut procéder comme pour les alcools : on cherche la **chaîne carbonée la plus longue contenant la fonction —NH_2**. La chaîne est numérotée pour que la fonction —NH_2 ait l'indice le plus petit. La terminaison est -amine.

E Les aldéhydes et les cétones

Les aldéhydes et les cétones sont des **hydrocarbures** comportant une **fonction —C=O**. La formule brute d'un aldéhyde ou d'une cétone non cyclique est $C_nH_{2n}O$. Les aldéhydes portent cette fonction en bout de chaîne comme le propanal : CH_3—CH_2—CHO et il n'y a pas d'indice de position pour la fonction (c'est le carbone 1 de manière implicite). Pour les cétones, la fonction n'est pas en bout de chaîne comme la butan-2-one : CH_3—CO—CH_2—CH_3.

F Les acides carboxyliques

■ Les acides carboxyliques sont des **hydrocarbures** ayant une **fonction -COOH**. La formule brute d'un acide carboxylique non cyclique est $C_nH_{2n}O_2$. Les acides carboxyliques portent cette fonction en bout de chaîne comme l'acide butanoïque : CH_3—CH_2—CH_2—COOH et il n'y a pas d'indice de position pour la fonction (c'est le carbone 1 de manière implicite).

■ Un acide gras est un acide carboxylique ayant une chaîne contenant de 4 à 28 atomes de carbone, en général en nombre pair. Ils sont **à longue chaîne** pour une longueur de 14 à 24 atomes de carbone et **à très longue chaîne** au-delà. On le note R—COOH.

■ Ils peuvent être :
- **saturés**, il n'y a que des liaisons simples :
  - acide palmitique : CH_3(—CH_2)$_{14}$—COOH,
  - acide stéarique : CH_3(—CH_2)$_{16}$—COOH ;
- **insaturés** avec une ou plusieurs doubles liaisons C=C :
  - acide oléique : CH_3(—CH_2)$_7$—**CH=CH**(—CH_2)$_7$—COOH,
  - acide α-linoléique : CH_3(—CH_2)$_3$(—CH_2—**CH=CH**)$_2$(—CH_2)$_7$—COOH.

G Bilan

Un nom de molécule est donc attribué de la manière suivante :

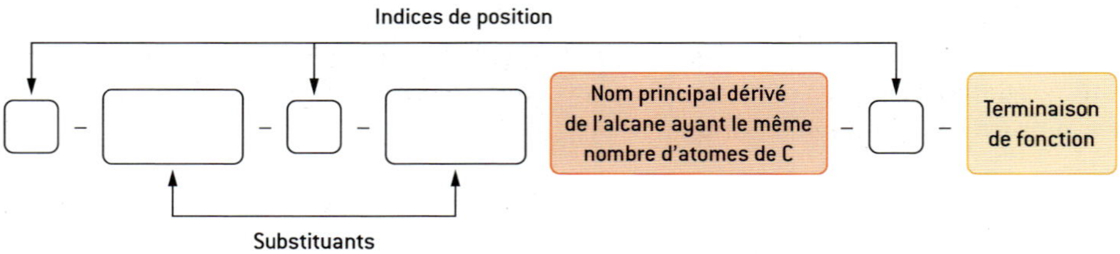

3 Les acides α-aminés

REMARQUE
Cette partie concerne uniquement la filière STL.

A Définitions

- Un **acide α-aminé** est un composé organique portant sur un même atome de carbone, une fonction amine primaire $-NH_2$ et un groupe acide carboxylique -COOH. Le « alpha : α», signifie que le groupe NH_2 est porté sur le carbone adjacent à COOH.

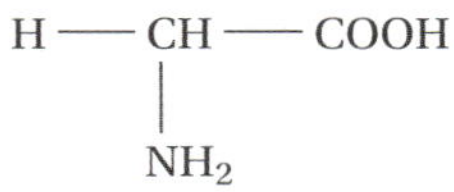

- Dans le nom **acide aminé**, on retrouve les fonctions acide carboxylique et amine.
- L'atome de carbone porteur de ces 2 fonctions est lié à 1 atome d'hydrogène et à 1 chaîne latérale R. Pour l'acide aspartique R = $—CH_2—COOH$ et pour la phénylalanine R = $—CH_2—C_6H_5$.

B Le carbone asymétrique

Un carbone est **asymétrique** s'il comporte 4 atomes ou groupes d'atomes différents. On le met en évidence en le marquant d'un petit astérisque : C*. Tous les acides aminés sauf le plus simple, la glycine, ont au moins un carbone asymétrique dans leur formule.

EXEMPLE

Le carbone pointé de l'alanine porte : 1 H, 1 COOH, 1 CH_3 et 1 NH_2. Ces quatre groupes d'atomes sont différents donc ce carbone est asymétrique.
Il n'y a pas de carbone asymétrique dans la glycine car le carbone porteur de NH_2 et de COOH, est lié à deux H. Il n'y a donc pas 4 groupes d'atomes différents.

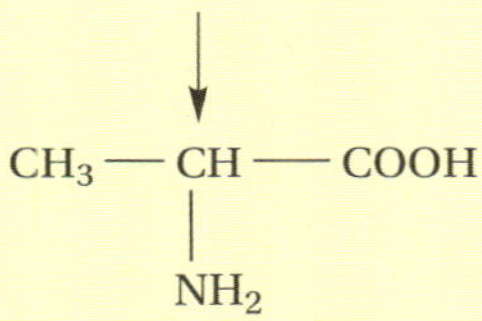

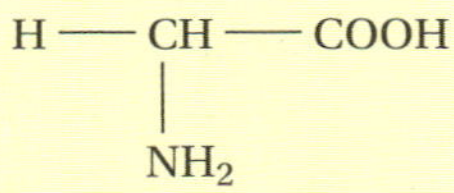

C La chiralité des acides α-aminés

- Nos deux mains ne peuvent pas se superposer l'une sur l'autre, par contre elles sont symétriques l'une de l'autre par rapport à un plan ou dans un miroir plan. Nos deux mains sont **chirales**.
- Une molécule comportant un carbone asymétrique peut exister sous deux formes différentes dans l'espace : ce sont deux isomères de configuration appelés **énantiomères**, représentés avec la méthode de Cram :

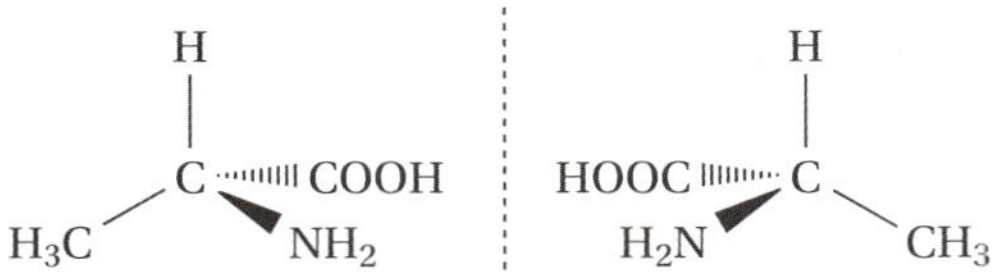

- Ces 2 molécules d'alanine ne sont pas superposables mais elles sont symétriques par rapport à plan. Elles ont la même formule semi-développée, elles sont **chirales**.
- 2 molécules sont énantiomères lorsqu'elles sont symétriques par rapport à un plan, mais non superposables. Elles ont la même formule semi-développée, ce sont des stéréoisomères.

OBJECTIF BAC

EXERCICE 1

On considère les molécules suivantes :

a. $CH_3—CH_2—COOH$

b. $CH_3 — CH — CH_3$
|
CH_3

c. $CH_3—CHOH—CH_2—CH_3$

1. Quelles sont les fonctions portées par ces molécules ?
2. Nommer ces molécules.

EXERCICE 2 (STL)

Compléter le tableau suivant.

Formule semi-développée	Représentation topologique	Nom
$CH_3 — CH — CH_2 — CH_3$ | CH_3		
	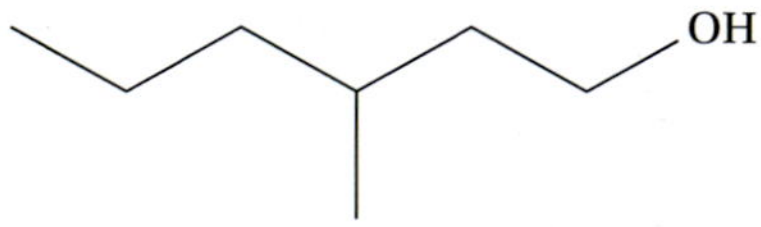	
$CH_3 — CH — CHO$ | CH_3		
	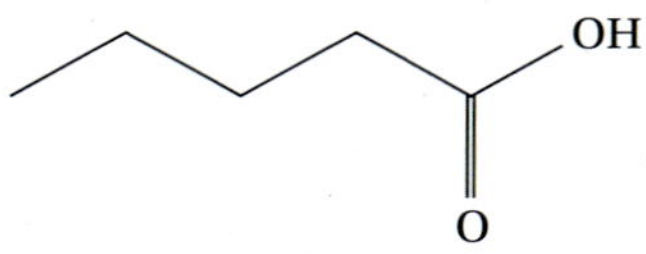	

EXERCICE 3 (STL)

Existe-t-il un couple d'énantiomères pour cette molécule ?

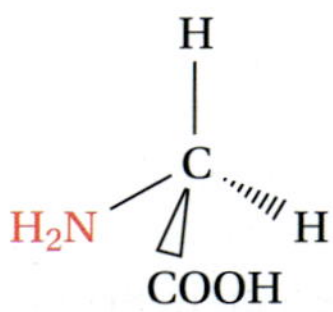

EXERCICE 4 (STL)

La formule semi-développée de l'alanine est représentée ci-contre :

$CH_3 — CH — COOH$
|
NH_2

1. Cette molécule possède deux groupes fonctionnels : amine et acide carboxylique. Entourer ces groupes fonctionnels en précisant leur nom.
2. À quelle famille chimique appartient l'alanine ?
3. Cette molécule possède un atome de carbone asymétrique.
   a. Qu'est-ce que cela signifie ?
   b. Indiquer cet atome par un astérisque (*) ajouté sur la formule de la molécule dessinée avant.
4. L'alanine possède 2 isomères correspondant à des configurations différentes. Représenter les en Cram en précisant la nature de l'isomérie.

corrigés
foucherconnect.fr/19pbsti2d01

12 Les combustions

Le feu a permis à l'homme de développer son intelligence en mangeant des aliments cuits, d'assurer un rôle social en rassemblant le groupe et de se protéger des animaux. Actuellement, les combustions sont toujours essentielles puisqu'elles sont au cœur de notre monde, en lui assurant l'essentiel de l'énergie consommée.

1 Les carburants

A Les différents types de carburants

■ Les **carburants** sont des combustibles utilisés pour les transports : ils sont brûlés au sein de moteurs afin d'assurer le déplacement des véhicules. Ils sont majoritairement d'origine fossile, issus du pétrole :
- pour les **véhicules terrestres** : le GPL (gaz de pétrole liquéfié), l'essence super sans plomb 95 ou 98 et le gazole ;
- pour les **avions** : le kérosène ;
- pour les **bateaux** : les fiouls lourds.

■ Cependant, des substituts synthétisés à partir de matières premières agricoles sont apparus : les **agrocarburants**. On les emploie surtout dans les véhicules terrestres ajoutés aux carburants fossiles dans des teneurs variables. On trouve le « **bioéthanol** », ajouté à l'essence et le « **biogazole** » ajouté au gazole. Ces 2 agrocarburants ne sont pas biologiques.

■ Il existe 3 générations de biocarburant :
- la **1re génération** est constituée d'alcools, d'huiles, d'esters d'huiles ou d'hydrocarbures obtenus après transformation de produits agricoles destinés normalement à l'alimentation humaine ou animale. Cette utilisation en tant que carburant pose donc un problème éthique ;
- la **2e génération** est constituée de composés oxygénés ou d'hydrocarbures obtenus à partir de bois, de cultures spécifiques non destinées à l'alimentation humaine ou animale, de résidus agricoles et forestiers ou de déchets ménagers, donc à partir de biomasse. Cette génération est en cours de développement ;
- la **3e génération** est constituée d'huiles et d'esters d'huiles obtenus après transformation de produits provenant d'algues. Cette génération est en cours de développement.

B Les conséquences des carburants sur l'environnement

La combustion des carburants va générer du dioxyde de carbone (gaz à effet de serre) et des polluants. D'autre part, les ressources de pétrole s'amenuisant, des énergies alternatives doivent être développées. Une réduction de la consommation des moteurs est nécessaire ainsi que de nouveaux modes de mobilité (covoiturage, transports en commun…). Le dioxyde de carbone produit contribue au réchauffement climatique.

2 Les produits de combustion

■ Lors de la **combustion complète** d'un alcane, d'un alcène ou d'un alcool, le carburant réagit avec du dioxygène pour former, comme seuls produits, du **dioxyde de carbone** et de l'**eau**. Cette réaction est **exothermique**. L'eau peut être mise en évidence avec du sulfate de cuivre anhydre blanc qui va devenir bleu en sa présence et le dioxyde de carbone, lui, est détecté avec une solution d'eau de chaux qu'il va troubler. La flamme est alors bleue, peu éclairante.

■ Si la quantité d'oxygène est insuffisante, la combustion est **incomplète** : il peut se former aussi du monoxyde de carbone (CO) et du carbone (C). On observe des fumées et une flamme éclairante de couleur jaune orangée.

3 L'équation chimique de combustion

■ Lors de l'écriture d'une combustion complète, on écrit les réactifs à gauche de la flèche, les produits à droite, puis on utilise la conservation des éléments **carbone** et **hydrogène** pour ajuster les nombres stœchiométriques devant les réactifs et les produits.

■ On écrit enfin la conservation de l'élément **oxygène** en ajustant le nombre stœchiométrique devant le dioxygène O_2.

■ L'équation de la combustion complète du propane s'écrit :

$$C_3H_8\ (g) + 5\ O_2\ (g) \rightarrow 3\ CO_2\ (g) + 4\ H_2O\ (g)$$

■ Il est possible de déterminer les quantités de matière des réactifs et de trouver s'il y a un réactif limitant. On peut alors calculer les quantités de produits formés.

■ Lors de l'écriture d'une combustion incomplète, on équilibre de la même manière mais il y a alors d'autres produits : CO, C... L'équation de la combustion complète d'un alcane plus lourd s'écrit :

$$C_{20}H_{42}\ (g) + 27\ O_2\ (g) \rightarrow 15\ CO_2\ (g) + 21\ H_2O\ (g) + 3\ CO\ (g) + 2\ C$$

OBJECTIF BAC

EXERCICE 1

La combustion totale du propane (C_3H_8) avec le dioxygène de l'air produit de l'eau et du dioxyde de carbone.

1. Écrire l'équation bilan relative à cette réaction.

2. Une bouteille de propane, contenant une masse m = 15 kg de propane, fuit totalement dans un laboratoire et répand du propane gazeux. Cette pièce a un volume de 200 m^3 ; elle est considérée comme une enceinte fermée, contenant de l'air (80 % de diazote et 20 % de dioxygène en volume). Une mole de gaz occupe un volume V = 25 L dans les conditions de l'expérience.

La bouteille s'est entièrement vidée. Une personne rentre dans le laboratoire, appuie sur les interrupteurs électriques, créant alors une étincelle.

a. Calculer les quantités initiales de chaque réactif.

b. Déterminer le réactif limitant.

c. Calculer la masse d'eau et le volume de dioxyde de carbone formés.

Données : M(H) = 1,0 $g.mol^{-1}$; M(C) = 12,0 $g.mol^{-1}$; M(O) = 16,0 $g.mol^{-1}$.

EXERCICE 2

Équilibrer les équations suivantes :

a. $CH_4 + O_2 \rightarrow CO_2 + H_2O$

b. $C_7H_{16} + O_2 \rightarrow CO_2 + H_2O$

c. $C_4H_{10}O + O_2 \rightarrow CO_2 + H_2O$

d. $C_2H_6 + O_2 \rightarrow CO_2 + H_2O$

e. $C_2H_6O + O_2 \rightarrow CO_2 + H_2O$

EXERCICE 3

On dispose des espèces chimiques suivantes : CH_4 ; C_2H_4 ; C_7H_{14} ; $C_5H_{12}O$; C_3H_8O.
Indiquer lesquelles sont des alcanes, alcènes ou alcools.

EXERCICE 4

Un véhicule à essence consomme 6,1 litres de supercarburant 98 pour 100 kilomètres sur une voie rapide en roulant à 110 kilomètres par heure. On considère que ce carburant est constitué essentiellement d'octane C_8H_{18} de masse volumique est$\rho = 0,75$ kg.L^{-1}.

1. Calculer la masse m de carburant consommée sur autoroute aux 100 kilomètres, sachant que la masse volumique est le rapport de la masse sur le volume $\rho = \frac{m}{V}$.
2. Déterminer la masse molaire moléculaire de l'octane C_8H_{18}.
3. En déduire la quantité de matière dans la masse m.
4. Écrire l'équation de combustion complète du carburant C_8H_{18} avec le dioxygène de l'air O_2. Cette réaction produit de l'eau H_2O et du dioxyde de carbone CO_2.
5. Que pensez-vous de la quantité de dioxygène par rapport à celle de l'octane ? Selon vous, quel est le réactif limitant ?
6. On considère que la réaction précédente utilise 40 moles de C_8H_{18} par 100 kilomètres et que le dioxygène est en excès. Déterminer les quantités de matière d'eau et de dioxyde de carbone produites.
7. En déduire la masse de dioxyde de carbone formée pour 100 kilomètres, puis pour un kilomètre.
8. Le pouvoir calorifique est PC = 45 MJ.kg^{-1}. Calculer l'énergie chimique transformée ΔE pour ce parcours de 100 kilomètres. Cette énergie sert-elle uniquement à la propulsion du véhicule ?

Données : M(H) = 1,0 g.mol^{-1}, M(C) = 12,0 g.mol^{-1}, M(O) = 16,0 g.mol^{-1}.

corrigés
foucherconnect.fr/19pbsti2d01

13 L'oxydation et la corrosion

Certains matériaux sont sensibles à l'oxydation et doivent être protégés des espèces chimiques.

1 Les réactions d'oxydo-réduction et les transferts d'électrons

A Les oxydants et les réducteurs

■ Un **oxydant** est une espèce chimique capable de **capter un ou plusieurs électrons** en solution aqueuse. Quand l'oxydant a capté un ou plusieurs électrons, il est **réduit**.

REMARQUE
Les antiseptiques ont souvent un caractère oxydant.

EXEMPLE
L'ion Fe^{2+} est un oxydant, il se transforme en fer métallique Fe en captant 2 électrons :

$$Fe^{2+}_{(aq)} + 2\ e^- = Fe_{(s)}$$

■ Un **réducteur** est une espèce chimique capable de **céder un ou plusieurs électrons** en solution aqueuse. Quand le réducteur a cédé un ou plusieurs électrons, il est **oxydé**.

EXEMPLE
Le lithium métallique Li est réducteur, il se transforme en ion lithium Li^+ en cédant un électron :

$$Li_{(s)} = Li^+_{(aq)} + e^-$$

B Les couples oxydant/réducteur

■ Un couple oxydant/réducteur comporte un oxydant **Ox** et un réducteur **Réd**. Une demi-équation électronique ou d'oxydo-réduction lie les 2 espèces chimiques :

$$\textbf{Oxydant} + \textbf{n}\ \textbf{e}^- = \textbf{Réducteur}$$
$$\textbf{Ox} + \textbf{n}\ \textbf{e}^- = \textbf{Réd}$$

■ Ox et Réd forment le couple oxydant/réducteur Ox/Réd. Ce sont des espèces conjuguées.

ATTENTION
La forme oxydante est toujours écrite en premier dans un couple oxydant/réducteur.
On place un signal égal dans les demi-équations électroniques au lieu d'une simple flèche utilisée pour les réactions chimiques.

EXEMPLES

Exemple 1

Indépendant du milieu : couple $I_{2(aq)}/I^-_{(aq)}$

La demi-équation électronique est : $I_{2(aq)} + n\ e^- = I^-_{(aq)}$.

Il faut assurer la conservation de l'élément iode dans cette demi-équation. Or à gauche, le diiode contient 2 éléments iode. Il en faut donc aussi 2 à droite, ce qui est obtenu en plaçant un coefficient 2 devant l'ion iodure I^- : $I_{2(aq)} + n\ e^- = 2\ I^-_{(aq)}$.

Il faut ensuite équilibrer l'équation au niveau des charges électriques : à droite, la charge globale est −2. Il faut donc ajouter 2 électrons à gauche pour obtenir la même charge −2 à gauche :

$$\mathbf{I_{2(aq)} + 2\ e^- = 2\ I^-_{(aq)}}$$

La demi-équation est alors équilibrée.

Exemple 2

En milieu acide : couple $Cr_2O_7^{2-}{}_{(aq)}/Cr^{3+}{}_{(aq)}$

La demi-équation électronique est : $Cr_2O_7^{2-}{}_{(aq)} + n\ e^- = Cr^{3+}{}_{(aq)}$.

Il faut assurer la conservation de l'élément chrome. Or à gauche, l'ion dichromate $Cr_2O_7^{2-}$ contient 2 éléments chrome. Il en faut aussi 2 à droite, ce qui est obtenu en plaçant un coefficient 2 devant Cr^{3+} : $Cr_2O_7^{2-}{}_{(aq)} + n\ e^- = 2\ Cr^{3+}{}_{(aq)}$.

Il faut assurer la conservation de l'élément oxygène. Or à gauche, l'ion dichromate contient 7 éléments oxygène. Il en faut aussi 7 à droite.

Pour ajouter un élément oxygène d'un côté en milieu acide, on place une molécule d'eau de ce côté et 2 ions hydrogène (souvent appelés « protons ») de l'autre côté.

On place alors 7 molécules d'eau à droite pour ajouter les 7 éléments oxygène et 14 ions hydrogène H^+ à gauche pour assurer la conservation en élément hydrogène :

$Cr_2O_7^{2-}{}_{(aq)} + 14\ H^+{}_{(aq)} + n\ e^- = 2\ Cr^{3+}{}_{(aq)} + 7\ H_2O_{(liq)}$

Il faut ensuite équilibrer l'équation en charges électriques : à droite, la charge globale est + 6, il faut donc ajouter 6 électrons à gauche pour obtenir la même charge + 6 à gauche :

$$\mathbf{Cr_2O_7^{2-}{}_{(aq)} + 6\ e^- + 14\ H^+{}_{(aq)} = 2\ Cr^{3+}{}_{(aq)} + 7\ H_2O_{(liq)}}$$

La demi-équation est alors équilibrée.

C La réaction d'oxydo-réduction

■ Une réaction d'oxydo-réduction se produit entre l'oxydant Ox_1 d'un couple et le réducteur d'un autre couple $Réd_2$. Il y a transfert d'électrons :
- le réducteur 2 **cède** des électrons et est **oxydé** en oxydant 2 ;
- l'oxydant 1 **capte** les électrons cédés et est **réduit** en réducteur 1.

■ Le nombre d'électrons cédés par le réducteur 2 est égal au nombre d'électrons captés par l'oxydant 1, car les électrons ne peuvent pas exister à l'état libre en solution aqueuse.

$Ox_1/Réd_1$	$Ox_1 + n_1\ e^-$	$= Réd_1$	$(\times n_2)$
$Ox_2/Réd_2$	$Réd_2$	$= Ox_2 + n_2\ e^-$	$(\times n_1)$

$$n_2\ Ox_1 + n_1\ Réd_2 \rightarrow n_2\ Réd_1 + n_1\ Ox_2$$

2 La corrosion des matériaux

A Définition

■ La **corrosion** est l'**altération d'un matériau** au cours d'une réaction chimique avec un **oxydant** : en général le dioxygène de l'air. Elle peut être associée à des effets mécaniques ou des usures de surfaces. Le coût de la corrosion, correspondant aux moyens de lutte contre la corrosion, le remplacement des pièces et l'implication des accidents dus à la corrosion, est estimé à 2 % du produit national brut mondial.

■ La rouille du fer et de l'acier, la formation de vert-de-gris sur le cuivre et ses alliages (bronze, laiton) et le ternissement de l'aluminium en alumine correspondent à l'oxydation des métaux à l'air ou dans l'eau. L'étude fondamentale de la corrosion des métaux est liée à l'éléctrochimie.

■ La corrosion affecte aussi d'autres matériaux, comme les céramiques et les polymères dans des conditions variables (hautes températures, milieu aqueux, atmosphère de la Terre oxydante).

EXEMPLES

L'aluminium Al s'oxyde en présence d'air pour former l'alumine, qui forme une couche d'oxyde en surface imperméable à l'air ce qui protège le métal de la corrosion : $2\ Al + 3\ O_2 \rightarrow Al_2O_3$.
Dans le cas du fer Fe, la réaction en présence d'eau forme différents composés. Une des réactions chimiques est $4\ Fe + 3\ O_2 + 2\ H_2O \rightarrow 4\ FeOOH$ et ensuite $2\ FeOOH \rightarrow H_2O + Fe_2O_3$. La couche d'oxyde étant poreuse, elle ne protège pas le fer de l'oxydation en profondeur, la pièce en fer ou en acier est corrodée.

B Les métaux et alliages résistants à la corrosion

Sont résistants à la corrosion :
- les **métaux nobles** : l'or, le platine, argent, rhodium, palladium...) ;
- d'autres **métaux** tels le titane et le tantale ;
- des **alliages** comme les aciers inoxydables riches en chrome et pauvres en carbone.

C La protection contre la corrosion

Pour protéger des pièces de ce phénomène, il existe plusieurs techniques :
- l'**ajout au métal en fusion d'un élément pouvant s'oxyder rapidement** et former une couche d'oxydes imperméable (les atomes de chrome dans l'acier réagissent avec le dioxygène de l'air et forment une couche protectrice d'oxyde de chrome) ;
- la **protection cathodique** : le métal à protéger devient la cathode de la pile formée avec un autre métal plus réducteur. Par exemple, la galvanisation est une protection cathodique dans laquelle le recouvrement par du zinc plus réducteur que l'acier, permet de le protéger : on a alors une double protection, par passivation et protection cathodique ;
- la **protection cathodique par anode sacrificielle** : le métal à protéger est connecté électriquement à une pièce d'un métal plus oxydable, placée elle aussi dans le milieu corrosif (du zinc est utilisé pour protéger les coques de bateaux et les conduites souterraines en fer) ;
- la **protection cathodique par courant imposé** : le pôle négatif d'un générateur de courant continu est connecté à la pièce à protéger et le pôle positif est relié à une anode sacrificielle en graphite par exemple).

3 Les piles

■ Le nom de **pile** a été donné initialement à un empilement de rondelles de 2 métaux différents en contact grâce à une solution ionique conduisant le courant (électrolyte). Une pile est désormais un générateur électrochimique monobloc constitué d'un seul élément, non rechargeable.

■ Une pile est un convertisseur d'énergie dont la chaîne énergétique est :

Chaîne énergétique d'une pile

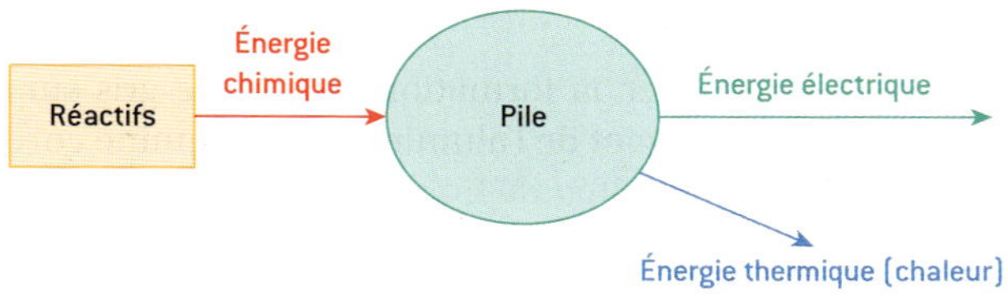

A Le transfert direct d'électrons

■ Si on plonge une lame métallique de zinc dans un bécher contenant une solution d'ions cuivre $Cu^{2+}_{(aq)}$, la lame se couvre progressivement de cuivre métallique et la solution se décolore. 2 couples oxydant/réducteur interviennent :

$$\mathbf{Cu^{2+}_{(aq)}/Cu_{(s)}} \text{ et } \mathbf{Zn^{2+}_{(aq)}/Zn_{(s)}}$$

■ Une réaction d'oxydo-réduction se produit entre le zinc et les ions cuivre selon :

$$\mathbf{Zn_{(s)} + Cu^{2+}_{(aq)} \rightarrow Zn^{2+}_{(aq)} + Cu_{(s)}}.$$

■ Un **transfert d'électrons** se produit directement entre le zinc et les ions cuivre.

B La constitution d'une pile de laboratoire

■ Il est possible de réaliser un transfert d'électrons, de manière indirecte, en réalisant une **pile**. La pile permettant de reproduire la réaction précédente est composée de :

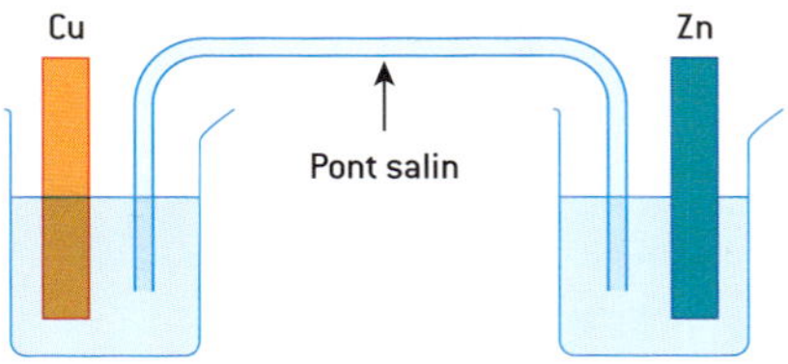

- 2 compartiments, appelés **demi-piles** contenant une solution ionique d'un ion métallique dans laquelle trempe une électrode métallique du même métal ;
- un **pont salin** permettant la circulation des ions entre les 2 demi-piles. Ce pont salin est constitué d'une solution ionique gélifiée placée dans un tube en U ou d'un simple papier imbibé d'une solution ionique. Les ions présents dans le pont salin assurent la continuité électrique entre les 2 solutions : des électrons ne pourraient pas passer directement.

■ Cette pile met en jeu les 2 couples $Cu^{2+}_{(aq)}/Cu_{(s)}$ et $Zn^{2+}_{(aq)}/Zn_{(s)}$.

C La polarité d'une pile : mise en évidence des réactifs

■ Si l'on connecte l'électrode de cuivre à la borne volt du voltmètre et l'électrode de zinc à la borne « com » du voltmètre, on mesure une tension positive.

■ L'**oxydation** se fait sur l'électrode d'où sont issus les électrons, donc la **borne négative**. La **réduction** se produit sur l'autre électrode, qui reçoit les électrons, donc la **borne positive**.

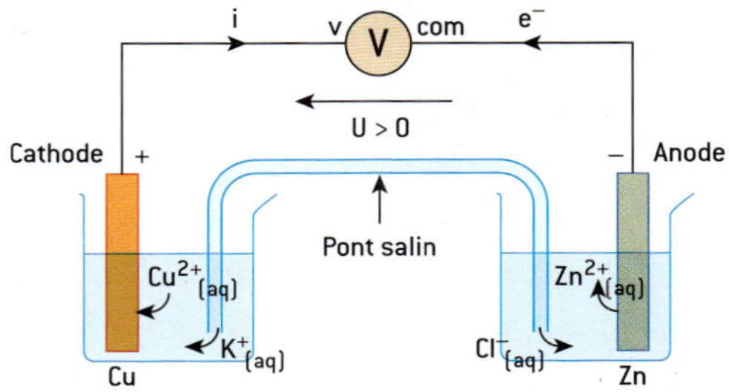

■ Cette pile comporte 2 demi-piles contenant les couples $Cu^{2+}{}_{(aq)}/Cu_{(s)}$ et $Zn^{2+}{}_{(aq)}/Zn_{(s)}$.

■ L'**oxydation** a lieu sur l'électrode négative, il y a oxydation du réducteur du couple, donc oxydation du zinc selon l'équation :

$$\mathbf{Zn = Zn^{2+} + 2\ e^-}$$

■ La **réduction** a lieu sur l'électrode positive de cuivre, il y a donc réduction des ions Cu^{2+}, ce qui conduit à un dépôt de cuivre métallique sur cette électrode selon l'équation :

$$\mathbf{Cu^{2+}{}_{(aq)} + 2\ e^- = Cu_{(s)}}$$

■ La réaction globale se produisant dans la pile est donc :

$$\mathbf{Zn_{(s)} + Cu^{2+}{}_{(aq)} \rightarrow Zn^{2+}{}_{(aq)} + Cu_{(s)}}$$

■ C'est la même réaction que celle qui s'effectue spontanément entre une lame métallique de zinc et des ions cuivre en solution. La pile permet d'utiliser une partie de l'énergie chimique transformée en énergie électrique.

■ La transformation chimique correspond à la réaction entre l'oxydant d'un couple et le réducteur d'un autre couple. La réaction ne se fait pas directement entre les 2 espèces (c'est pour cela que le transfert est indirect) sinon on ne pourrait pas extraire d'énergie électrique de cette réaction.

OBJECTIF BAC

EXERCICE 1

Voici 4 couples oxydant/réducteur :

$Fe^{2+}{}_{(aq)}/Fe_{(s)}$; $H^+{}_{(aq)}/H_{2(g)}$; $Al^{3+}{}_{(aq)}/Al_{(s)}$; $CO_{2(aq)}/C_2O_4{}^{-2}{}_{(aq)}$

1. Préciser pour chaque couple, quel est l'oxydant et quel est le réducteur.
2. Écrire la demi-équation électronique associée à chaque couple.

EXERCICE 2

Quels sont les couples oxydant/réducteur présents dans les demi-équations électroniques suivantes ? Préciser à chaque fois quelle est la forme oxydée et la forme réduite du couple.

a. $HCrO_4{}^-{}_{(aq)} + 7\ H^+{}_{(aq)} + 3\ e^- = Cr^{3+}{}_{(aq)} + 4H_2O_{(liq)}$

b. $NO_3{}^-{}_{(aq)} + 10\ H^+{}_{(aq)} + 8\ e^- = NH_4{}^+{}_{(aq)} + 3\ H_2O_{(liq)}$

c. $S_4O_6{}^{2-}{}_{(aq)} + 2\ e^- = 2\ S_2O_3{}^{2-}{}_{(aq)}$

EXERCICE 3

Écrire les demi-équations d'oxydo-réduction associées aux couples suivants, se produisant en milieu acide.

a. $HClO_{(aq)}/Cl_{2(aq)}$

b. $MnO_4^-{}_{(aq)}/Mn^{2+}{}_{(aq)}$

c. $BrO_3^-{}_{(aq)}/Br_{2(aq)}$

EXERCICE 4

On introduit une plaque décapée en cuivre dans une solution de nitrate d'argent. On observe la formation d'un dépôt brillant d'argent sur la plaque de cuivre et la solution devient lentement bleutée, montrant la présence d'ions cuivre Cu^{2+}.

1. Préciser les espèces chimiques mises en présence et les espèces formées.
2. Une réaction chimique a lieu entre le cuivre métallique et les ions argent. Préciser le rôle des ions argent et du cuivre.
3. Indiquer alors les couples oxydant/réducteur auxquels appartiennent ces espèces et écrire les demi-équations électroniques correspondantes.
4. Déduire l'équation-bilan de la réaction d'oxydo-réduction se produisant.

Données : couples $Cu^{2+}{}_{(aq)}/Cu_{(s)}$ et $Ag^+{}_{(aq)}/Ag_{(s)}$

EXERCICE 5

On trouve ci-contre un exemple de pile saline.

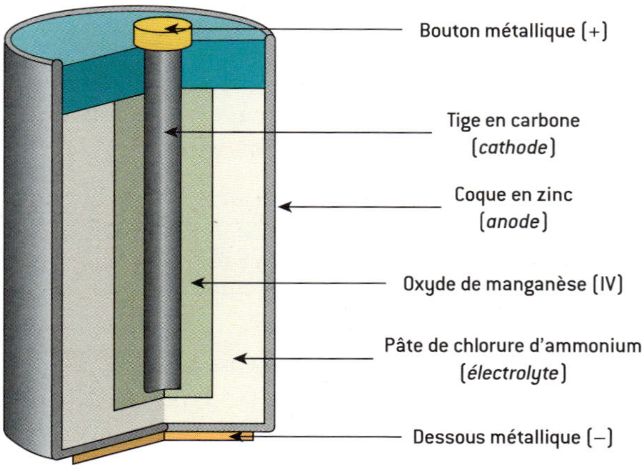

1. a. Quel est le métal relié à la borne négative de la pile ?

b. S'y produit-il une oxydation ou une réduction ? Écrire la demi-équation électronique associée.

2. a. Quelle électrode est reliée à la borne positive de la pile ?

b. S'y produit-il une oxydation ou une réduction ? Écrire la demi-équation électronique associée en milieu acide concernant le couple $MnO_{2(s)}/MnO$.

3. En déduire l'équation globale d'oxydo-réduction se produisant au sein de cette pile saline.

Données : les couples mis en jeu sont Zn^{2+}/Zn et $MnO_{2(s)}/MnO$.

 # corrigés
foucherconnect.fr/19pbsti2d01

14 Les propriétés des espèces chimiques

La nature des liaisons entre les atomes et la forme spatiale des molécules ou ions interviennent dans les propriétés chimiques des espèces. Les liaisons intermoléculaires vont aussi affecter leurs propriétés physiques.

1 Le schéma de Lewis d'une molécule ou d'un ion

A La représentation des espèces chimiques

Une molécule ou un ion est en général composé de différents **atomes**. On les représente à l'aide d'une **formule brute** : cette formule indique le nombre et la nature des atomes qui constituent la molécule. Le nombre de chacun des atomes est précisé en indice à droite du symbole des atomes.

EXEMPLES

- Le méthane s'écrit CH_4, il contient donc un atome de carbone et 4 atomes d'hydrogène.
- L'éthanol s'écrit C_2H_6O, il contient donc 2 atomes de carbone, 6 atomes d'hydrogène et un atome d'oxygène. Inversement, une molécule qui contiendrait 3 atomes de carbone, 8 atomes d'hydrogène et 2 atomes d'oxygène aurait pour formule brute $C_3H_8O_2$.

B Les liaisons covalentes

- Une **liaison de covalence** (ou doublet liant) correspond à la mise en commun de **2 électrons** par 2 atomes. Chaque atome fournit un électron. Le doublet d'électrons de liaison appartient entièrement aux 2 atomes. La liaison est représentée par un trait entre les 2 atomes : C—H.

- Cette mise en commun d'électrons permet à chaque atome de compléter son nombre d'électrons pour satisfaire à la **règle de l'octet ou du duet**, pour avoir une structure électronique stable comme le gaz rare le plus proche.

- Ainsi, l'élément oxygène a 6 électrons sur sa couche externe, il doit donc établir 2 liaisons de covalence pour compléter sa couche électronique à 8 électrons en partageant 2 électrons. Il lui reste donc 4 électrons non partagés, qui ne créent pas de liaison : cela constitue donc 2 doublets non liants représentés par des traits sur les côtés de l'élément chimique.

Structure électronique de quelques atomes

Atome	H	C	N	O	Cl
Nombre d'électrons	1	6	7	8	17
Structure électronique	$(K)^1$	$(K)^2(L)^4$	$(K)^2(L)^5$	$(K)^2(L)^6$	$(K)^2(L)^8(M)^7$
Nombre d'électrons sur la couche de valence	1	4	5	6	7
Nombre de liaisons	1	4	3	2	1
Nombre de doublets non liants	0	0	1	2	3

■ Un atome va en général former autant de liaisons qu'il lui manque d'électrons pour obéir à la règle du duet ou de l'octet.

■ Il arrive qu'il y ait 2, voire 3 liaisons de covalence entre 2 atomes. On place alors 2 traits ou 3 traits entre les 2 atomes. Dans une molécule, tous les électrons s'associent par paire (doublet d'électrons).

C La représentation de Lewis

La représentation de Lewis des molécules fait apparaître toutes les liaisons covalentes et tous les doublets non liants des atomes constituant la molécule.

EXEMPLES

Exemple 1

Le méthane a pour formule CH_4. Pour obtenir la représentation de Lewis de cette molécule, il faut procéder en plusieurs étapes :
- pour chaque atome constituant la molécule, on recherche le nombre de liaisons et de doublets non liants : H a 1 liaison et C a 4 liaisons ;
- puis on dessine les atomes en faisant apparaître le bon nombre de liaisons de covalence (cf. formule ci-contre) ;
- il n'y a pas besoin d'ajouter de doublet non liant car ses atomes n'en possèdent pas. On vérifie que chaque atome dispose bien de 4 doublets autour de lui (un doublet dans le cas de l'hydrogène).

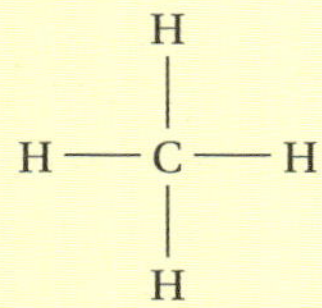

Exemple 2

- La molécule de dioxygène O_2 comporte une double liaison : O=O, et chaque atome d'oxygène forme 2 liaisons de covalence et garde 2 doublets non liants : 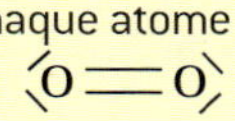
- La molécule d'eau comporte donc 2 liaisons OH : l'atome d'oxygène forme 2 liaisons de covalence et garde 2 doublets non liants : 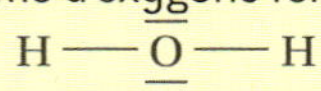
- La molécule de dioxyde de carbone comporte 2 double liaisons C=O : 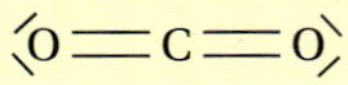
- La molécule de chlorure d'hydrogène comporte une liaison simple H—Cl : 
- La molécule de cyanure d'hydrogène comporte une liaison triple CN : 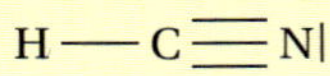

D Géométrie : la méthode VSEPR

■ À partir de la représentation de Lewis, il est possible de connaître la géométrie autour d'un atome en utilisant la **méthode VSEPR** (*valence shell electron pair repulsion*) qui consiste à indiquer la géométrie qui minimise les répulsions électriques autour d'un atome. En effet, les doublets liants et non liants comportent chacun deux électrons, ils doivent donc se répartir autour de l'atome afin d'être le plus éloigné possible les uns des autres.

■ Pour cela, on note AX_nE_m :
- **A** : l'atome central ;
- $\mathbf{X_n}$: n le nombre de liaisons autour de l'atome central. Une liaison double compte comme une liaison simple ;
- $\mathbf{E_m}$: m le nombre de doublets non liant autour de l'atome central.

EXEMPLES

- Pour le méthane CH_4, l'atome de carbone central a 4 liaisons simples et aucun doublet non liant, sa notation VSEPR est AX_4.
- Pour l'eau H_2O, l'atome d'oxygène central a 2 liaisons simples et 2 doublets non liants, sa notation VSEPR est AX_2E_2.
- Pour le cyanure d'hydrogène HCN, l'atome de carbone central a une liaison simple, une triple liaison et aucun doublet non liant, sa notation VSEPR est AX_2.

■ On utilise alors un tableau permettant d'obtenir la répartition des liaisons et doublets non liants selon la somme n + m :

Notation AX_nE_m	**AX_2**	**AX_3**	**AX_2E**
Géométrie	Linéaire 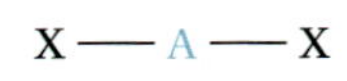	Trigonale plane 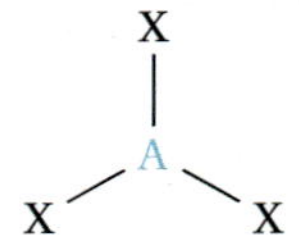	Coudée 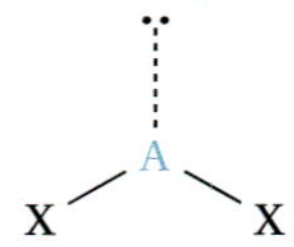
		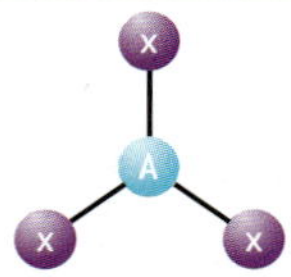	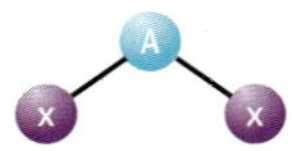
Exemples	Cyanure d'hydrogène HCN, dioxyde de carbone CO_2, liaisons triples	Méthanal HCHO, acide méthanoïque HCOOH	Ozone O_3, NO_2

Notation AX_nE_m	**AX_4**	**AX_3E**	**AX_2E_2**
Géométrie	Tétraédrique 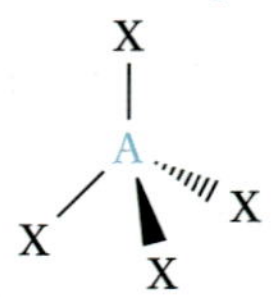	Pyramidal 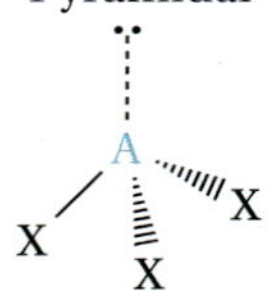	Coudée 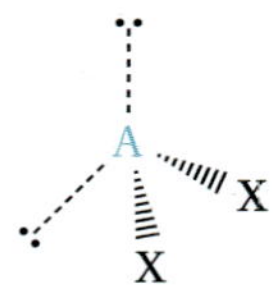
	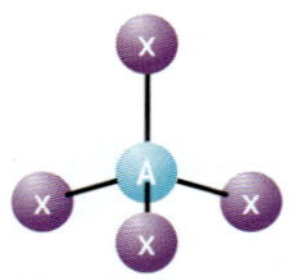		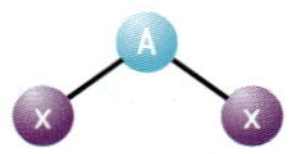
Exemples	Méthane CH_4, ion ammonium NH_4^+	Ammoniac NH_3,	Eau H_2O

E Exemple d'écriture de formes mésomères : l'anion carbonate CO_3^{2-}

■ Les ions carbonates sont présents dans le calcaire, sous forme carbonate de calcium ou de magnésium, $CaCO_3$ ou $MgCO_3$. Dans l'anion carbonate, l'atome de carbone est l'atome central, il est lié à 3 atomes d'oxygène et toutes les liaisons C—O ont la même énergie de

liaison, la même distance internucléaire et le même angle valenciel de 120°. Le nombre d'électrons de valence total dans l'ion carbonate est :
- 4 électrons de valence apportés par C ;
- 6 électrons de valence apportés par chacun des atomes d'oxygène, soit au total 18 ;
- 2 électrons supplémentaires puisque l'ion est chargé négativement avec 2 charges.

■ Soit un total de **24 électrons de valence** à répartir dans **12 doublets liants/non liant, simples/multiples**, de telle sorte à ce que les atomes de carbone et d'oxygène vérifient tous la règle de l'octet (atome de la seconde période).

■ Chaque carbone peut avoir 4 doublets liants, une double liaison et 2 liaisons simples. Il faut écrire 3 formes mésomères qui interviennent avec le même poids dans la représentation de la molécule car elles sont toutes symétriques, soit un poids de 1/3 pour chacune des formes. En effet, chacune des formes mésomères symétriques intervient avec un poids identique dans la représentation de 1/3 :

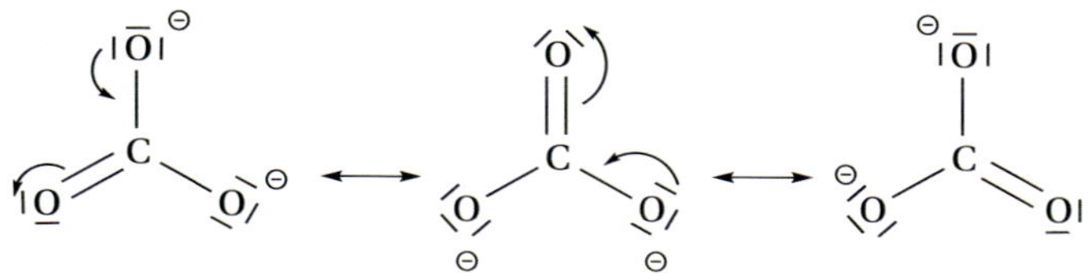

■ La liaison CO dans l'ion carbonate n'est ni simple, ni double mais entre les deux. Ainsi toutes les liaisons C—O sont identiques, soit pour 1/3 à caractère de double liaison et pour 2/3 à caractère de liaison simple.

2 Les liaisons covalentes polarisées

A L'électronégativité

■ L'**électronégativité** d'un atome est une valeur numérique, indiquant la capacité de l'atome à attirer à lui le doublet d'électrons engagé dans une liaison de covalence : **plus son électronégativité est forte plus il est attracteur**.

Élément	H	C	N	O	F	Na	P	S	Cl
Électronégativité de Pauling	2,2	2,6	3,0	3,4	4,0	0,90	2,2	2,6	3,2

■ Dans le cas d'une liaison entre 2 éléments A et B, on calcule la différence d'électronégativité entre les deux :
- si la différence est **inférieure ou égale à 0,4**, la liaison est **apolaire**, le doublet d'électrons est équitablement réparti : A—B (H—H, C—H...)
- si la différence est **comprise entre 0,5 et 2**, la liaison est **polaire**, la probabilité de présence du doublet d'électrons est plus grande vers B, l'élément le plus électronégatif : A^{δ^+}—B^{δ^-}. A porte alors une charge partielle positive δ^+ et B, porte alors une charge partielle négative δ^-(O^{δ^-}—H^{δ^+}, C^{δ^+}—Cl^{δ^-}) ;
- si la différence est **supérieure à 2**, la liaison est **ionique** : B, l'élément le plus électronégatif porte une charge négative entière – et A une charge positive entière + : $A^+ + B^-$ ($Na^+ + F^-$, $Na^+ + Cl^-$).

B Les molécules polaires

Lorsqu'une molécule comporte une ou plusieurs liaisons polarisées, alors le barycentre des charges partielles positives et le barycentre des charges partielles négatives ne sont pas forcément au même endroit : la molécule est alors **dipolaire**.

EXEMPLES

- L'eau comporte 2 liaisons OH polarisées qui se répartissent dans un plan : le barycentre des charges positives se place au milieu des deux éléments hydrogène, ce qui ne coïncide pas avec le barycentre des charges négatives, qui est l'élément oxygène. L'eau est donc un solvant **polaire**.

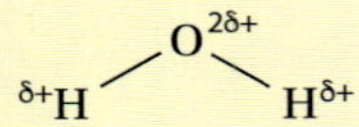

- Le dioxyde de carbone comporte deux liaisons CO qui se répartissent sur un segment : $^{\delta^-}O{=}C^{2\delta^+}{=}O^{\delta^-}$. Ici le barycentre des charges négatives se place sur le carbone, qui est l'unique centre de charges positives : cette molécule n'est donc pas dipolaire. Elle est **apolaire**.

C La liaison hydrogène

■ Les liaisons O—H et N—H sont polaires. Il peut s'établir une liaison hydrogène entre l'élément hydrogène d'une liaison O—H ou N—H d'une molécule et un élément électronégatif porteur d'un doublet non liant comme l'oxygène ou l'azote d'une autre molécule (éventuellement la même).

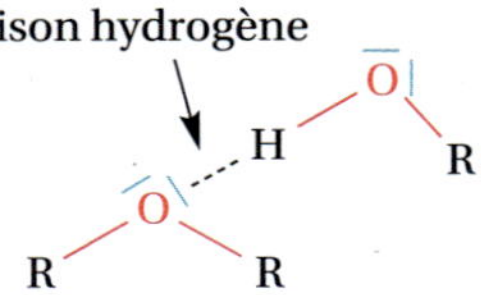

■ On montre ici, une liaison hydrogène présente entre des molécules comportant une fonction alcool. Cette liaison est moins forte qu'une liaison covalente, mais elle permet d'expliquer pourquoi la molécule d'ADN a une structure hélicoïdale ou pourquoi la glace fond à 0 °C.

D Les interactions de Van der Waals

L'interaction de Van der Waals est une **interaction électrique attractive de faible intensité** entre des atomes, des molécules **à courte distance**. Les forces de Van der Waals sont d'autant plus grandes que les électrons sont nombreux et la molécule étendue.

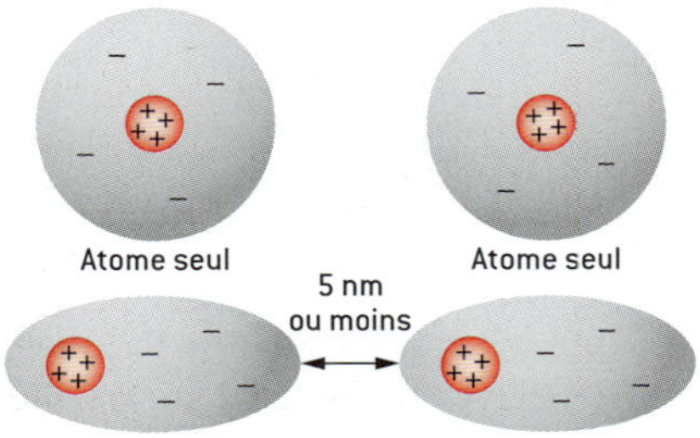

E Les énergies des liaisons

L'énergie nécessaire pour rompre une liaison covalente (liaison intramoléculaire) est de l'ordre de plusieurs centaines de kilojoules par mol ce qui une dizaine de fois plus élevé que pour rompre une liaison hydrogène (liaison intra ou intermoléculaire). Dans le cas de l'interaction de Van der Waals (interaction intermoléculaire), l'ordre de grandeur est de quelques kilojoules par mol. Une liaison de covalence est donc nettement plus solide qu'une liaison hydrogène, elle-même plus solide qu'une interaction de Van der Waals.

3 L'énergie de changement d'état et structures

- Les températures ou énergies de changement d'état donnent des informations précises sur la **force des interactions entre molécules**.

- Un alcane a une température de fusion et d'ébullition d'autant plus grande que sa chaîne est longue, car les interactions de Van der Waals sont plus fortes si la molécule est plus étendue. De plus, les **alcanes ont des températures de fusion et d'ébullition basses** par rapport aux alcools contenant le même nombre d'atomes de carbone car il y a des liaisons hydrogène entre les molécules d'alcool, qui ne sont pas présentes entre les molécules d'alcane, qui ne disposent que d'interactions de Van der Waals. La liaison hydrogène étant plus forte que l'interaction de Van der Waals, il faut plus d'énergie pour la rompre et donc une température de changement d'état plus élevée.

OBJECTIF BAC

EXERCICE 1

Le méthanal a pour formule CH_2O. Déterminer la représentation de Lewis de cette molécule sachant qu'il y a une double liaison entre l'atome d'oxygène et l'atome de carbone.

EXERCICE 2

1. Établir les structures électroniques des atomes suivants : ${}_7N$, ${}_1H$, ${}_6C$, ${}_{14}Si$, ${}_8O$. En déduire le nombre de doublets non liants et liants pouvant être formés.
2. Déterminer alors les formules de Lewis puis les types VSEPR et les géométries des molécules et ions suivants. On fera un schéma afin de justifier les géométries : NH_3, SiO_2, H_3O^+ et NH_4^+.

EXERCICE 3

On considère les molécules de dihalogène dont les températures de fusion sont indiquées dans le tableau ci-dessous :

	F_2	Cl_2	Br_2	I_2
Température de fusion (°C)	– 219	– 101	– 7	113

1. Ces molécules sont-elles polaires ?
2. Comment évoluent les températures de fusion du difluor au diiode ?
3. Quel type de force assure la cohésion de ces solides ? S'agit-il d'interactions ayant des intensités importantes ?

 # corrigés
foucherconnect.fr/19pbsti2d01

15 Les solvants et les solutés

Nous utilisons quotidiennement des solutions à base d'eau. Leur préparation est aisée bien qu'il faille suivre un protocole précis et rigoureux.

1 Du noyau à la masse molaire

A La notation symbolique du noyau d'un atome

Un élément est caractérisé par son **numéro atomique Z** (ou nombre de charge) et par son **nombre de masse A** (ou nombre de nucléons). La notation symbolique d'un noyau atomique est $^{A}_{Z}X$ (Z : protons ; N : neutrons ; A = Z + N).

EXEMPLE

Le noyau $^{232}_{90}Th$ comporte 232 nucléons dont 90 protons et 232 – 90 = 142 neutrons.

B Les isotopes et la masse molaire atomique

- Les **isotopes** d'un élément ont même numéro atomique, donc un **nombre égal de protons**, mais ils diffèrent par leur nombre de neutrons N, donc également par A.
- 2 noyaux isotopes représentent le même élément chimique et ont la même charge électrique mais pas la même masse. Ils peuvent avoir des propriétés différentes : certains sont stables et d'autres radioactifs. Pour séparer des isotopes, on utilise des méthodes physiques.

EXEMPLE

Dans la série : $^{12}_{6}X$, $^{15}_{7}X$, $^{15}_{8}X$, $^{14}_{6}X$, $^{16}_{8}X$, les noyaux isotopes ont le même nombre de protons. On peut trouver les noyaux isotopes du carbone Z = 6 : $^{12}_{6}X$ et $^{14}_{6}X$, et ceux de l'oxygène Z = 8 : $^{15}_{8}X$ et $^{16}_{8}X$.

- Un élément chimique comporte souvent plusieurs isotopes, sa masse molaire atomique dépend de la proportion de chaque isotope. Ainsi, l'élément chlore comporte 25 % de chlore 35 et 75 % de chlore 37, donc $M(Cl) = 0,25 \times M(^{35}Cl) + 0,75 \times M(^{37}Cl) = 35,5\ g.mol^{-1}$.

C La détermination d'une masse molaire

DÉFINITION

Masse molaire moléculaire : c'est la masse d'une mole de molécules.

La masse molaire moléculaire est calculée à partir des données du tableau périodique en faisant la somme des masses molaires atomiques de tous les atomes de l'espèce chimique. Dans le cas d'un ion, on procède de la même manière, les charges électriques ne modifient pas la masse globale de l'espèce.

EXEMPLES

- La molécule de méthane CH_4 contient 1 élément carbone et 4 éléments hydrogène. Sa masse molaire moléculaire se calcule facilement : $M(CH_4) = M(C) + 4M(H)$ soit $M(CH_4) = 12,0 + 4 \times 1,0 = 16,0\ g.mol^{-1}$.
- De même, l'aspirine de formule $C_9H_8O_4$ a pour masse molaire : $M(C_9H_8O_4) = 9\ M(C) + 8M(H) + 4\ M(O) = 9 \times 12,0 + 8 \times 1,0 + 4 \times 16,0 = 180\ g.mol^{-1}$.

2 La préparation de solutions

A La masse volumique et la densité

■ La masse volumique d'un corps, notée ρ, est la masse d'une unité de volume de ce corps. Elle s'exprime en $kg.m^{-3}$ dans le système international, mais on emploie surtout l'unité $g.cm^{-3}$ au laboratoire. Elle se calcule en effectuant le rapport de sa masse par son volume :

$$\rho = \frac{\mathbf{m}}{\mathbf{V}}$$

ρ : masse volumique du corps en $kg.m^{-3}$ ou en $g.cm^{-3}$ ou $g.ml^{-1}$
m : masse du corps en kg ou en g
V : volume du corps en m^3 ou en cm^3 (ou ml)

REMARQUE

Ainsi on peut écrire $\mathbf{m} = \rho \times \mathbf{V}$.

■ La densité d'un liquide par rapport à l'eau, est le rapport de la masse volumique de ce liquide par celle de l'eau dans les mêmes conditions de pression et de température :

$$\mathbf{d} = \frac{\rho_{liq}}{\rho_{eau}}$$

d : densité du liquide (sans unité)
ρ_{liq} : masse volumique du liquide en $kg.m^{-3}$ ou en $g.cm^{-3}$
ρ_{eau} : masse volumique de l'eau en $kg.m^{-3}$ ou en $g.cm^{-3}$

■ La densité a donc la même valeur que la masse volumique exprimée en $g.cm^{-3}$ ou en $g.mL^{-1}$.

EXEMPLE

La densité de l'éthanol pur est d = 0,79. Sa masse volumique vaut donc $\rho = 0{,}79\ g.ml^{-1}$.
La masse d'alcool contenue dans 90 ml d'éthanol pur est $m = \rho \times V = 0{,}79 \times 90 = 71$ g.

B La pureté

Un liquide ou un solide ne contient pas forcément qu'une seule espèce chimique : des impuretés ont pu être introduites. La **pureté** s'exprime en pourcentage. Ainsi, dire qu'un liquide contient de l'acide sulfurique ayant une pureté de 98 %, signifie que dans 1,0 kg de ce liquide, il y a 0,98 kg d'acide sulfurique.

C Les quantités de matière

On considère un échantillon de masse m d'une espèce chimique de **masse molaire M**. La **quantité de matière n** de cette espèce chimique est donnée par la relation générale :

$$\mathbf{n} = \frac{\mathbf{m}}{\mathbf{M}}$$

n : quantité de matière de l'espèce X en mol
m : masse de l'espèce chimique en g
M : masse molaire de l'espèce chimique en $g.mol^{-1}$

EXEMPLE

La quantité de matière de sodium, contenue dans une masse $m_{Na} = 15$ g de ce métal, est $n_{Na} = \frac{m_{Na}}{M(Na)}$ soit avec $M(Na) = 23{,}0\ g.mol^{-1}$, $n_{Na} = \frac{15}{23{,}0} = 0{,}65$ mol.

REMARQUE

Si le solide ou le liquide n'est pas pur, il faut d'abord déterminer la masse de l'espèce contenue dans le solide ou le liquide proposé, en utilisant la pureté.

D La concentration molaire C

La **concentration molaire** C d'une espèce chimique en solution est la quantité de matière de l'espèce chimique contenue par litre de solution. C'est le rapport de la quantité de matière de l'espèce chimique par le volume de solution. Elle s'exprime en $mol.L^{-1}$.

$$\mathbf{C = \frac{n}{V}}$$

n : quantité de matière de l'espèce chimique en mole (mol)
V : volume de la solution en litre (L)
C : concentration molaire de l'espèce en solution en mole par litre ($mol.L^{-1}$)

REMARQUE
Il est souvent nécessaire de faire un calcul préalable de quantité de matière pour pouvoir déterminer la concentration molaire des solutions. La concentration molaire et la concentration massique sont liées par la formule : $C_m = C \times M$, où M est la masse molaire de l'espèce considérée.

E La dilution d'une solution aqueuse

■ Il est possible d'obtenir une solution aqueuse d'une espèce chimique de concentration donnée à partir d'une solution contenant la même espèce mais ayant une concentration plus importante.

■ La solution la plus concentrée s'appelle la **solution mère** et la solution diluée est la **solution fille**. Pour déterminer le volume de solution mère à prélever, on utilise la relation : $C_{fille} \times V_{fille} = C_{mère} \times V_{mère}$:
- C_{fille} est la concentration de la solution diluée.
- $C_{mère}$ est la concentration de la solution mère.
- V_{fille} est le volume final de la solution diluée.
- $V_{mère}$ est le volume à prélever de la solution mère.

■ Pour préparer une solution aqueuse de concentration précise par dilution, il faut utiliser de la verrerie jaugée. Le mode opératoire est le suivant :
- rincer la pipette jaugée avec la solution mère ;
- prélever le volume de solution mère avec la pipette jaugée munie d'une propipette ;
- introduire le volume de solution mère dans une fiole jaugée (ayant le volume approprié) propre et remplie à moitié avec de l'eau distillée ou déminéralisée ;
- compléter la fiole jaugée jusqu'au trait de jauge avec de l'eau déminéralisée. Homogénéiser.

3 La dissolution d'une espèce moléculaire ou ionique

A Les solvants usuels

Une **solution** est obtenue par dissolution d'un **soluté**, solide ionique ou moléculaire dans un **solvant**. Il existe plusieurs types de solvants :
- les **solvants polaires**, tels que l'eau (la solution est une solution aqueuse), l'éthanol : ils peuvent dissoudre des espèces polaires. Les molécules de solvant s'insèrent dans le soluté et le disperse. La **solvatation** est assurée par des **liaisons hydrogène** ou par **stabilisation des charges électriques** dans le cas des ions ;

– les **solvants apolaires**, tels que l'hexane, le cyclohexane : ils peuvent dissoudre des espèces apolaires. La **solvatation** se fera par des **interactions de Van der Waals**.

B La dissolution d'une espèce moléculaire

L'équation de réaction est alors : soluté$_{(solide)}$ → soluté$_{(solvaté)}$: le solvant stabilise le soluté en solution.

C La dissolution d'une espèce ionique

■ L'équation de réaction est alors : solide ionique$_{(solide)}$ → ions$_{(solvaté)}$: le solvant, l'eau en général, stabilise les ions en solution.

■ La dissolution du solide ionique procède selon le schéma ci-dessous où l'on voit la dissociation du solide, l'hydratation des ions puis la dispersion dans l'eau :

■ La formule d'un solide ionique comporte le nombre minimal de cations et d'anions permettant la neutralité électrique. Elle commence toujours par la formule du cation.

EXEMPLE

Le carbonate de sodium, Na_2CO_3, est constitué d'ions sodium Na^+ et d'ions carbonate CO_3^{2-}.

■ Ce tableau présente quelques ions : cation, chargés positivement et anion négativement.

Cations		Anions	
Formule	**Nom**	**Formule**	**Nom**
H_3O^+	Ion oxonium	HO^-	Ion hydroxyde
Na^+	Ion sodium	F^-	Ion fluorure
K^+	Ion potassium	Cl^-	Ion chlorure
Ag^+	Ion argent	Br^-	Ion bromure
Ca^{2+}	Ion calcium	I^-	Ion iodure
Mg^{2+}	Ion magnésium	NO_3^-	Ion nitrate
Fe^{2+}	Ion fer II	SO_4^{2-}	Ion sulfate
Fe^{3+}	Ion fer III	HCO_3^-	Ion hydrogénocarbonate
Cu^{2+}	Ion cuivre II	CO_3^{2-}	Ion carbonate
Zn^{2+}	Ion zinc	PO_4^{3-}	Ion phosphate
Al^{3+}	Ion aluminium	MnO_4^-	Ion permanganate

■ Lors de la dissolution du solide ionique neutre électriquement, une solution aqueuse neutre électriquement se forme également et la **concentration réelle des ions est égale à celle en solide ionique apporté multiplié par le coefficient stœchiométrique placé devant l'ion**.

EXEMPLES

On note C la concentration en solide ionique apporté.

- L'iodure de potassium : $KI_{(s)} \rightarrow K^+_{(aq)} + I^-_{(aq)}$, K^+ et I^- ont tous les deux la concentration C.
- Le sulfate de cuivre II : $CuSO_{4(s)} \rightarrow Cu^{2+}_{(aq)} + SO^{2-}_{4(aq)}$, Cu^{2+} et SO_4^{2-} ont tous les deux la concentration C.
- Le chlorure de fer III : $FeCl_{3(s)} \rightarrow Fe^{3+}_{(aq)} + 3Cl^-_{(aq)}$, Fe^{3+} a la concentration C et Cl^- a la concentration 3 C.
- Le carbonate d'aluminium : $Al_2(CO_3)_{3(s)} \rightarrow 2\ Al^{3+}_{(aq)} + 3\ CO^{2-}_{3(aq)}$, on note $Al_2(CO_3)_3$ dans le solide ionique pour montrer que l'ion aluminium est présent deux fois et l'ion carbonate est présent trois fois. Al^{3+} a la concentration 2 C et CO_3^{2-} a la concentration 3 C.

4 La solubilité

A Définitions

- La **solubilité molaire** est la **quantité de matière maximale** d'un soluté pouvant être dissoute par litre de solvant, elle s'exprime en mol par litre ($mol.L^{-1}$).

- La **solubilité massique** est la **masse maximale** d'un soluté pouvant être dissoute par litre de solvant, elle s'exprime en gramme par litre ($g.L^{-1}$) et aussi en gramme par 100 grammes de solvant.

- La solubilité dépend des conditions de température, de pH et de la présence d'autres espèces chimiques.

B Les solutions saturées

Tant que la solubilité d'une solution n'est pas atteinte, la solution est homogène. À la limite de solubilité, la solution est saturée et au-delà la solution est hétérogène : il faut alors la filtrer pour qu'elle redevienne homogène en étant saturée.

C La solubilité et la structure

- La solubilité d'une espèce dépend de son affinité avec le solvant. En général, les solides ioniques et les substances polaires hydrophiles sont bien solubles dans l'eau. Les espèces lipophiles sont solubles dans les solvants organiques.

- Une espèce **hydrophobe** aura une faible solubilité dans l'eau et sera facilement extraite par un solvant organique et inversement une espèce **hydrophile** aura une faible solubilité dans un solvant organique apolaire et sera facilement extraite par un solvant polaire ou l'eau.

- Une espèce **amphiphile** possède une partie hydrophile (ionique ou polaire) et une partie hydrophobe (chaîne hydrocarbonée) :

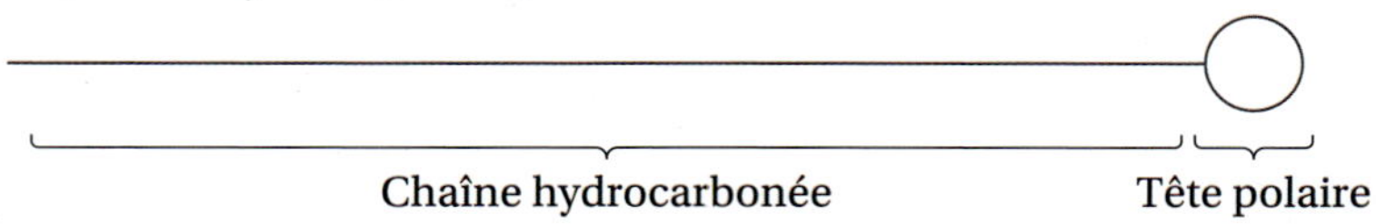

■ Elles seront peu solubles de manière libre dans l'eau ou un solvant organique, mais elles peuvent adopter des structures en micelles qui accroissent leur solubilité et leur donnent un comportement différent selon que le solvant soit polaire ou apolaire :

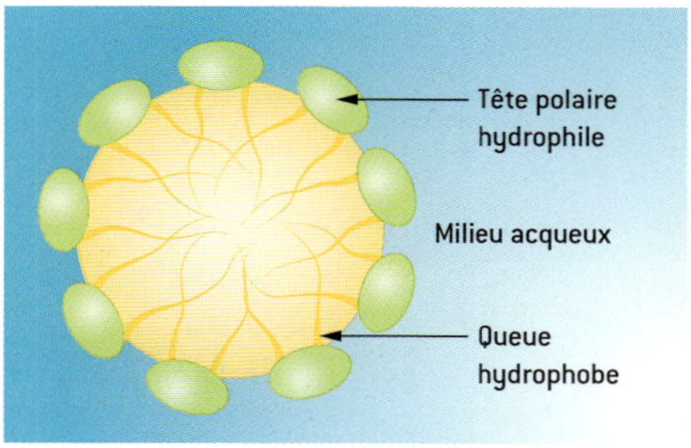

Micelle dans un milieu aqueux

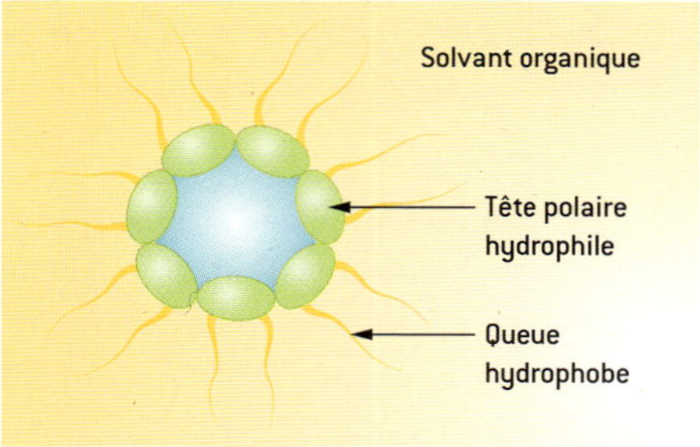

Micelle dans un solvant organique

D La solubilité et le pH

La solubilité d'une espèce peut dépendre du pH : dans le graphe de la solubilité de l'éthanoate d'argent $AgCH_3COO$, on remarque que ce solide ionique est **beaucoup plus soluble en pH acide**. Sa solubilité reste quasiment constante pour un pH supérieur à 5.

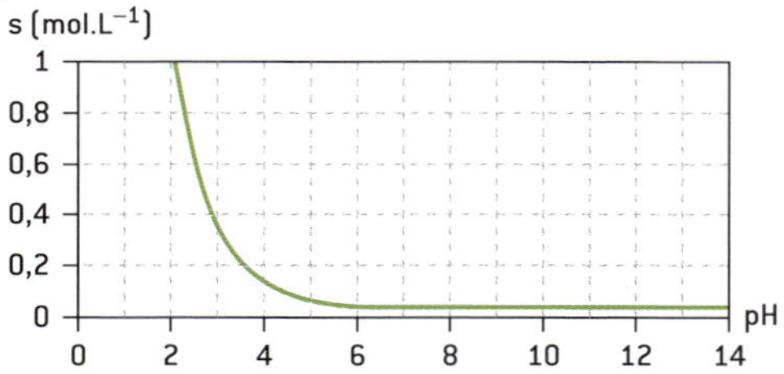

E La solubilité et la température

En général, la **solubilité d'une espèce augmente avec la température**.

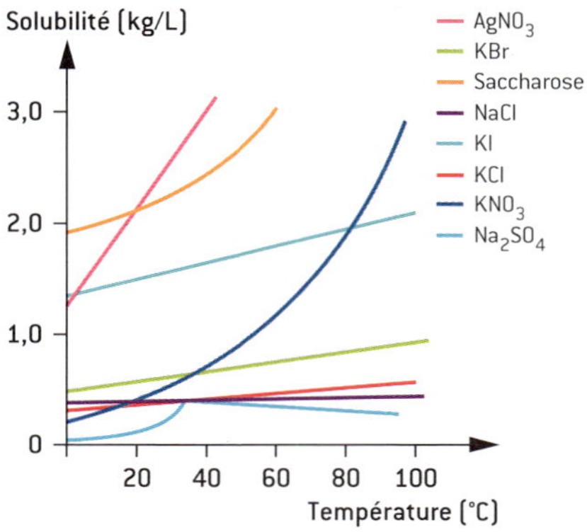

OBJECTIF BAC

EXERCICE 1

Compléter le tableau suivant :

	Nombre de nucléons	Nombre de protons	Nombre de neutrons
$^{23}_{11}Na$			
$^{235}_{92}U$			
$^{210}_{84}Po$			

EXERCICE 2

On prélève une masse m = 84,5 g de glucose pur. La formule chimique du glucose est $C_6H_{12}O_6$.

1. Déterminer la masse molaire du glucose.

2. Calculer la quantité de matière de glucose correspondant à cette masse.

Données : $M(H) = 1,0\ g.mol^{-1}$; $M(C) = 12,0\ g.mol^{-1}$; $M(O) = 16,0\ g.mol^{-1}$.

EXERCICE 3

On dissout un comprimé contenant 148 mg de vitamine C de formule brute $C_6H_8O_6$ (ou acide ascorbique) dans un volume V = 250 ml d'eau.

1. Quelle est la quantité de matière de vitamine C contenue dans un comprimé ?

2. Que valent la concentration molaire et la concentration massique de l'acide ascorbique dans la solution ?

3. On veut préparer un volume V′ = 100 ml d'une solution 10 fois moins concentrée en glucose que la solution précédente. Quel volume de solution mère doit-on prélever pour préparer cette solution diluée ?

4. Quelle verrerie sera utilisée ?

5. Le rapport de dilution est le rapport $\frac{C_{\text{mère}}}{C_{\text{fille}}}$. Que vaut-il ici ? En déduire la concentration c′ de la solution obtenue.

Données : $M(H) = 1,0\ g.mol^{-1}$, $M(C) = 12,0\ g.mol^{-1}$, $M(O) = 16,0\ g.mol^{-1}$.

EXERCICE 4

On souhaite préparer une solution aqueuse S_1, de volume $V_{sol} = 250$ ml, par dissolution complète d'une masse m = 12,1 g de nitrate de fer III, solide ionique de formule $Fe(NO_3)_3(s)$ de masse molaire $M = 241,8\ g.mol^{-1}$.

1. L'eau est-elle un solvant polaire ? Pourquoi les solides ioniques sont-ils facilement dissous dans l'eau ?

2. Calculer la quantité de matière de nitrate de fer III apporté.

3. Calculer la concentration molaire C de la solution en nitrate de fer III apporté.

4. En déduire la concentration réelle des ions formés.

EXERCICE 5

Compléter le tableau suivant :

Formule statistique du solide ionique	Nom	Equation équilibrée de la dissolution
		$\rightarrow K^+_{(aq)} + Cl^-_{(aq)}$
	Sulfate de zinc II	
$K_3PO_{4\,(S)}$		
	Carbonate de fer III	

 # corrigés
foucherconnect.fr/19pbsti2d01

16 Les acides et les bases en solution

Nous utilisons quotidiennement à la maison des solutions acides telles que le vinaigre, des détartrants, etc. et également des solutions basiques comme l'eau de Javel ou les déboucheurs. De nombreuses espèces chimiques permettent de contrôler le pH au sein des cellules ou des fluides corporels.

1 Le pH d'une solution aqueuse

A Définitions

a Le pH : potentiel hydrogène

■ **La relation de définition du pH est valable entre 0 et 14, quelles que soient les concentrations des ions.**

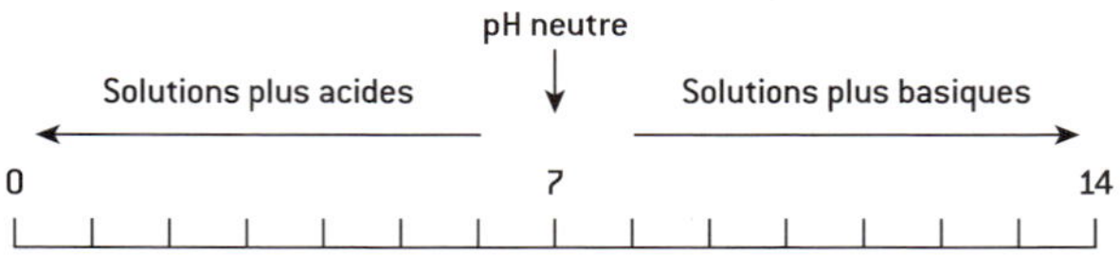

- Une solution **acide** a un pH compris entre 0 et 7.
- Une solution **neutre** a un pH égal à 7,0.
- Une solution **basique** a un pH compris entre 7 et 14.

■ Plus le pH est bas (< 7) et plus la solution est acide, inversement, plus le pH est élevé (> 7) et plus la solution est basique.

b La relation entre pH et concentration en ion H_3O^+

■ Les propriétés **acides** ou **basiques** d'une solution vont dépendre de la **concentration en ion oxonium H_3O^+**, notée **$[H_3O^+]$**.

■ Les chimistes mesurent une grandeur liée à la concentration en ion oxonium notée $[H_3O^+]$:

$pH = -\log [H_3O^+]$

pH en unité pH
$[H_3O^+]$ en $mol.L^{-1}$

■ Inversement, la concentration en ions oxonium $[H_3O^+]$ est liée au pH par : **$[H_3O^+] = 10^{-pH}$**.

■ Plus une solution **contient des ions H_3O^+**, plus son **pH est faible**.

EXEMPLE

1. Le pH d'une solution est 3,5. La solution est-elle acide ou basique ?
2. Quelle est la concentration en ions oxonium $[H_3O^+]$?

Réponses :

1. Comme le pH est inférieur à 7, la solution est acide.
2. La concentration en ions oxonium se calcule avec $[H_3O^+] = 10^{-pH}$, soit :
$[H_3O^+] = 10^{-3,5} = 3,1 \times 10^{-4}$ $mol.L^{-1}$.

B La mesure du pH

■ Le pH peut être mesuré avec du papier pH en trempant un agitateur en verre dans la solution à tester et en touchant ensuite le papier pH avec celui-ci. Le papier pH prend ensuite une teinte qui correspond à un certain pH. La méthode est rapide mais peu précise : le pH est déterminé à une unité près.

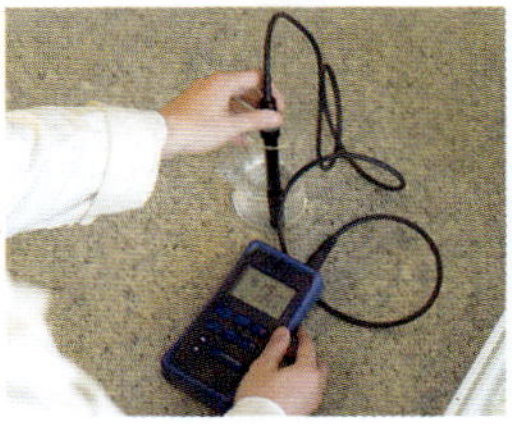

■ Une technique plus précise consiste à utiliser un pH-mètre : il faut rincer la sonde de pH avec de l'eau déminéralisée puis l'essuyer avant de la tremper dans la solution. Il faut homogénéiser la solution pour mesurer correctement la valeur du pH. Cette méthode est plus précise : le pH est déterminé à 0,1 près.

ATTENTION

Il faut étalonner le pH-mètre avant de l'utiliser : pour cela, on utilise deux solutions tampon de valeurs connues. On trempe la sonde dans la première solution (pH = 7) et on règle la valeur du pH. On trempe ensuite la sonde dans la seconde solution et on règle la pente du pH-mètre.

2 Les acides et les bases en solution aqueuse

A Les acides et les bases selon la théorie de Brönsted

■ Un **acide** est une espèce chimique capable de **céder un proton H^+** en solution aqueuse.

■ Une **base** est une espèce chimique capable de **capter un proton H^+** en solution aqueuse.

EXEMPLE

L'acide éthanoïque CH_3COOH est un acide, il peut donc céder un proton H^+ selon la demi équation : $CH_3COOH = CH_3COO^- + H^+$.

B Les couples acide/base

■ Un couple acide/base comporte un **acide A** et une **base B**. Une **demi-équation** lie les deux espèces chimiques : $\mathbf{A = B + H^+}$

■ Les espèces A et B sont dites **conjuguées** et forment le couple A/B. On utilise le signe égal dans les **demi-équations**. La forme **acide est écrite en premier** dans un couple acide-base.

EXEMPLE

L'acide méthanoïque a pour formule HCOOH. C'est un acide, il est donc possible d'écrire la demi-équation où il intervient : $HCOOH = HCOO^- + H^+$.
Ainsi, l'ion méthanoate $HCOO^-$ est la base conjuguée de l'acide méthanoïque.
Les deux espèces forment le couple $HCOOH/HCOO^-$.

■ La molécule d'eau fait partie de deux couples acide/base : H_3O^+/H_2O et H_2O/OH^-. Elle peut capter ou céder un proton H^+.

C La réaction acide/base

■ Une **réaction acide/base** est une réaction au cours de laquelle il y a un **transfert de proton H^+**. Elle se produit entre l'acide A_1H d'un couple A_1H/A_1^- et la base A_2^- d'un autre couple A_2H/A_2^- pour former les deux espèces conjuguées A_1^- et A_2H.

■ L'équation s'écrit directement : $A_1H + A_2^- \rightleftarrows A_1^- + A_2H$ car il y a échange d'un seul proton dans chaque couple. On ne sait pas si la réaction est totale ou non.

■ Ainsi, si on considère la réaction du chlorure d'hydrogène HCl faisant partie du couple HCl/Cl^- avec l'eau H_2O, il faut prendre H_3O^+/H_2O car HCl doit réagir avec une base. L'équation s'écrit :

$$HCl + H_2O \rightarrow H_3O^+ + Cl^-$$

REMARQUE
Il y a une simple flèche car la réaction est totale.

D Les acides forts

■ Lors de la réaction avec l'eau, un acide AH va **céder un proton** à l'eau H_2O qui agit comme une base. On obtient alors les **deux espèces conjuguées** A^- et H_3O^+ selon l'équation :

$$AH + H_2O \rightleftarrows A^- + H_3O^+$$

■ Lorsque l'**acide AH est fort**, cette réaction avec l'eau est **totale** et la base conjuguée A^- ne réagit pas du tout avec l'eau, elle est très **faible**. On met une **simple flèche** dans l'équation :

$$AH + H_2O \rightarrow A^- + H_3O^+$$

■ Le pH d'une solution d'acide fort de concentration c peut être calculé selon **pH = – log c**.

■ Si pour une solution acide le pH d'une solution est supérieur à – log c, alors il s'agit d'un **acide faible**.

REMARQUE
Parmi les acides forts, on trouve le chlorure d'hydrogène HCl, l'acide nitrique HNO_3, l'acide sulfurique H_2SO_4.

E Les acides faibles

■ Si l'**acide AH est faible**, la réaction avec l'eau est **partielle** : tout l'acide AH ne se transforme pas et la base conjuguée A^- est une **base faible**, elle réagit partiellement avec l'eau. On met un signe = ou une double flèche dans l'équation :

$$AH + H_2O \rightleftarrows A^- + H_3O^+$$

■ Lors de la dilution d'une solution acide, le pH augmente et tend vers 7,0 (la neutralité) si on dilue beaucoup. Dans le cas d'une solution d'acide fort, si la solution est diluée 10 fois, le pH augmente de 1.

REMARQUE
Parmi les acides faibles, on trouve les acides carboxyliques comme l'acide éthanoïque CH_3COOH, l'acide nitreux HNO_2, l'acide phosphorique H_3PO_4, le dioxyde de carbone en solution aqueuse H_2O, CO_2.

F Les bases fortes

■ Lors de la réaction avec l'eau, une base B va **capter un proton** de l'eau H_2O qui agit comme un acide. On obtient alors les **deux espèces conjuguées** BH^+ et HO^- selon l'équation :

$$B + H_2O = BH^+ + HO^-$$

■ Si la base B est **forte**, cette réaction avec l'eau est **totale** et l'acide conjugué BH^+ ne réagit pas du tout avec l'eau, il est très **faible**. On met une **simple flèche** dans l'équation :

$$B + H_2O \rightarrow BH^+ + HO^-$$

■ Le pH d'une solution de base forte de concentration c peut être calculé selon **pH = 14 + log c**.

■ Si pour une solution basique le pH d'une solution est inférieur à 14 + log c, alors il s'agit d'une **base faible**.

G Les bases faibles

■ Si la base B est **faible**, cette réaction avec l'eau est **partielle** et l'acide conjugué BH^+ est un acide **faible**, il réagit partiellement avec l'eau, il est très faible. On met un signe = ou une double flèche dans l'équation :

$$B + H_2O \rightleftarrows BH^+ + H_3O^+$$

■ Lors de la dilution d'une solution basique, le pH diminue et tend vers 7,0 la neutralité si on dilue beaucoup. Dans le cas d'une solution de base forte, si la solution est diluée 10 fois, le pH diminue de 1.

REMARQUE
Parmi les bases faibles, on trouve l'ammoniac NH_3, l'ion carbonate CO_3^{2-}, l'ion phosphate PO_4^{3-}.

3 Le domaine de prédominance

A Le produit ionique de l'eau

■ Comme la molécule d'eau fait partie de deux couples acide/base : H_3O^+/H_2O et H_2O/OH^-, elle peut réagir sur elle-même selon la réaction : $H_2O + H_2O \rightleftarrows H_3O^+ + OH^-$.

■ Cette réaction est un équilibre appelé **équilibre d'autoprotolyse** de l'eau. Un équilibre est une réaction non totale qui semble ne plus avancer. On associe à cet équilibre une constante d'équilibre, appelé **produit ionique de l'eau**.

■ À 25 °C, le **produit ionique** de l'eau est : $K_e = [H_3O^+] \times [HO^-] = 1{,}0 \times 10^{-14}$.

■ Le produit ionique est une constante. Ainsi, comme le produit entre les concentrations des ions oxonium et hydroxyde doit être constant, lorsqu'une concentration augmente l'autre diminue : plus le pH devient acide, plus la concentration en ions oxonium augmente et plus celle des ions hydroxyde faiblit.

B La constante d'acidité K_a

■ On appelle constante d'acidité dans l'eau du couple HA/A^-, notée K_a, la grandeur sans dimension associée à l'équation $AH + H_2O \rightleftarrows A^- + H_3O^+$.

REMARQUE
Les concentrations sont celles des espèces après réaction. C'est pour cela que l'on place un « f » en indice.

- Le pKa d'un couple acide-base est défini par : $K_a = \dfrac{[A^-]_f \times [H_3O^+]_f}{[AH]_f}$.
- Le pKa d'un couple HA/A⁻ est lié au pH de la solution par la relation : $pH = pK_a + \log \dfrac{[A^-]}{[AH]}$.

pKa	Ka	Couples acide/base	Nom de la forme acide	Nom de la forme basique	Demi-équation protonique
- 7	10^7	HCl/Cl^-	Chlorure d'hydrogène	Ion chlorure	$HCl = Cl^- + H^+$
0	1	H_3O^+/H_2O	Ion oxonium	Eau	$H_3O^+ = H_2O + H^+$
4,8	$10^{-4,8}$	CH_3COOH/CH_3COO^-	Acide éthanoïque	Ion éthanoate	$CH_3COOH = CH_3COO^- + H^+$
9,2	$10^{-9,2}$	NH_4^+/NH_3	Ion ammonium	Ammoniaque	$NH_4^+ = NH_3 + H^+$
14	10^{-14}	H_2O/OH^-	Eau	Ion hydroxyde	$H_2O = OH^- + H^+$

- Les acides forts font partie de couples pour lesquels le pK_a est négatif, les bases fortes font partie de couples pour lesquels le pK_a est supérieur à 14. Quant aux acides et bases faibles, le pK_a du couple associé est compris entre 0 et 14.

C Le diagramme de prédominance

- Le diagramme de prédominance d'un couple acide-base AH/A⁻ est un axe de pH, sur lequel figure le pK_a du couple. Il permet de prévoir quelle est l'espèce chimique d'un couple qui prédomine dans une solution dont on connaît le pH.

- Ainsi pour le couple CH_3COOH/CH_3COO^-, dont le pK_a vaut 4,8, le diagramme de prédominance est :

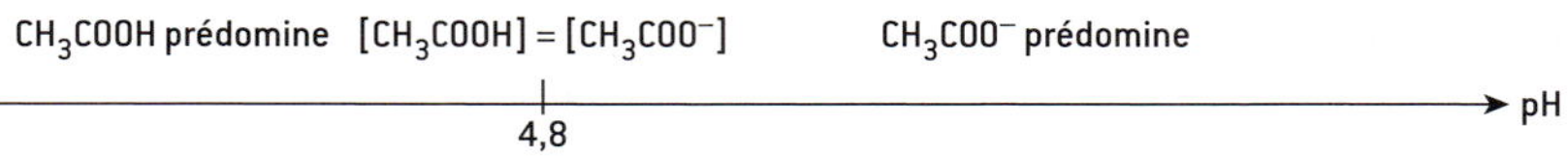

- Dans une solution contenant les espèces CH_3COOH et CH_3COO^-, si le pH = 2,5, l'espèce CH_3COOH prédomine ; pour pH = 4,8 = pK_a, il y a autant de CH_3COOH et de CH_3COO^- ; si le pH = 6,0, l'espèce CH_3COO^- prédomine bien que le milieu soit acide.

D Le cas des acides α-aminés

- Un **acide α-aminé** comporte deux fonctions chimiques ayant des propriétés acidobasiques : une fonction amine primaire $—NH_2$ et un groupe acide carboxylique —COOH.
- Les fonctions COOH et NH_2 peuvent s'ioniser de la façon suivante : $—COOH = —COO^- + H^+$ et $—NH_2 + H^+ = —NH_3^+$.
- Il y a donc deux constantes d'équilibre K_a et deux pK_a.
- Le pK_{a1}, le plus faible correspond à $—COOH/—COO^-$ et le plus fort pK_{a2} est associé à $—NH_3^+/—NH_2$

■ En solution, un acide α-aminé peut exister sous plusieurs ionisations en fonction du pH de la solution.

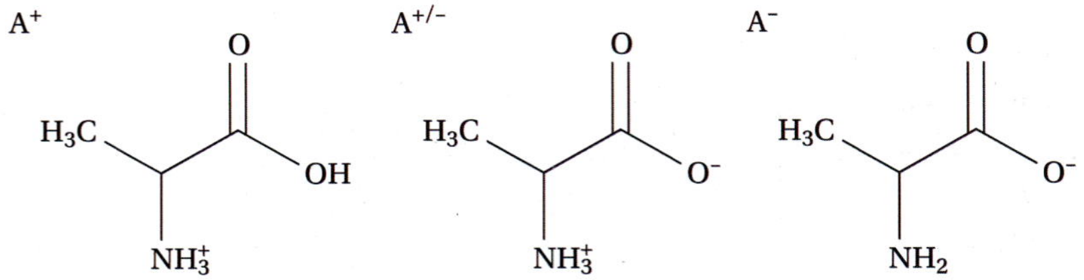

■ Un acide α-aminé ne peut exister en solution que sous une de ces trois formes ci-dessus. Aussi, la forme NH_2—CRH—COOH avec le radical R est la forme dite solide.

■ Dans le cas de la glycine, les valeurs des pK_A sont $pK_{A1} = 2{,}3$ et $pK_{A2} = 9{,}9$.

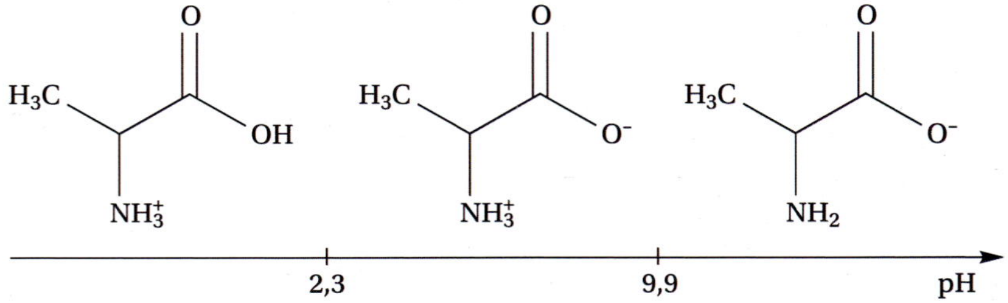

E Les solutions tampon

■ Une solution tampon est un mélange en même proportion d'un acide et d'une base conjuguée : le pH de la solution est donc égal au pK_a du couple.

■ Une solution tampon a des propriétés importantes : son pH varie peu lors d'un ajour modéré d'un acide ou d'une base ou lors d'une dilution.

OBJECTIF BAC

EXERCICE 1

On a mesuré le pH de différentes solutions de produits ménagers :

Solution	Ammoniaque	Eau distillée	Acide chlorhydrique	Déboucheur	Vinaigre
pH	10,5	7,0	1,5	13	2,8

Comment classer des produits ménagers selon leur acidité ?

EXERCICE 2

Choisir la ou les bonnes réponses.

1. Un acide est une espèce :

a. capable de céder un proton.

b. capable de capter un proton.

c. capable de céder un électron.

2. Une base forte B appartenant au couple BH^+/B :

a. réagit totalement avec l'eau.

b. n'existe pas en solution.

c. seul BH^+ est présent dans l'eau.

d. BH^+ ne réagit pas avec l'eau.

3. Une solution d'acide éthanoïque CH_3COOH de concentration $C = 1,0 \times 10^{-3}$ mol.L^{-1} a un pH égal à 4 :

a. la concentration $[H_3O^+]_f = 1,0 \times 10^{-4}$ mol.L^{-1}.

b. l'acide éthanoïque est un acide faible.

c. la base conjuguée de l'acide éthanoïque est CH_3COO^-.

4. Une solution d'ammoniac NH_3 a un pH = 9 :

a. cette solution est neutre.

b. NH_3 est une base dans l'eau.

c. NH_3 fait partie du couple NH_4^+/NH_3.

5. Un couple acide base AH/A^- a un pKa = 5,6 :

a. si le pH = 3, alors $[AH] > [A^-]$.

b. $[AH] = [A^-]$ lorsque le pH = pKa.

c. si le pH = 7, alors il y a autant de chaque espèce conjuguée.

EXERCICE 3

Compléter le tableau.

pH	$[H_3O^+]$ (mol.L^{-1})	$[HO^-]$ (mol.L^{-1})	Nature de la solution
4,5			
	$1,6 \times 10^{-2}$		
		$7,8 \times 10^{-5}$	

EXERCICE 4

Une solution d'acide nitrique HNO_3 de concentration $C = 1,0 \times 10^{-3}$ mol.L^{-1} a un pH = 3,0.

1. Déterminer la concentration molaire en ion oxonium.
2. L'acide nitrique est-il un acide fort ou faible ? Justifier.
3. En déduire l'équation de sa réaction avec l'eau.

EXERCICE 5

Du lait contient de l'acide lactique, qui possède deux des groupes caractéristiques des fonctions organiques suivantes : aldéhyde ; alcool ; amine ; cétone ; acide carboxylique. Sa formule semi-développée est présentée ci-contre.

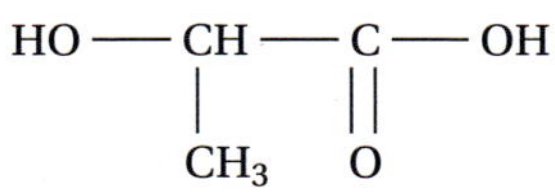

1. a. Recopier la formule semi-développée de l'acide lactique, entourer puis nommer les deux groupes caractéristiques présents.

b. Déterminer la formule brute de l'acide lactique et montrer que sa masse molaire moléculaire est égale à 90 g.mol^{-1}. Données : masses molaires atomiques en g.mol^{-1} : H : 1 ; C : 12 ; 0 : 16.

2. Cette molécule comporte-t-elle un carbone asymétrique ? Noter le * sur la représentation.

3. Écrire la formule chimique de sa base conjuguée l'ion lactate, puis la demi-équation protonique liant les deux membres du couple.

4. Une solution d'acide lactique de concentration c = 0,10 mol.L^{-1} a un pH = 2,5.

a. S'agit-il d'un acide fort ?

b. En déduire l'équation de la réaction de l'acide lactique avec l'eau.

5. On veut obtenir un volume V = 100 ml d'une solution diluée de concentration c′ = 0,010 mol.L^{-1}.

a. Détailler le mode opératoire permettant d'obtenir cette solution fille à partir de la solution mère.

b. Comment va évoluer le pH lors de la dilution ?

corrigés
foucherconnect.fr/19pbsti2d01

17 La cinétique chimique

De nombreuses réactions chimiques ou biochimiques se déroulent sur de longues périodes. Nous pouvons les réaliser plus rapidement ou plus lentement en modifiant les conditions expérimentales.

1 La vitesse d'apparition et de disparition

A La notion de réaction rapide ou lente

■ Une réaction est dite **rapide** lorsqu'elle se fait pendant un laps de **temps trop court pour que l'on puisse suivre l'évolution à l'œil nu** soit environ 0,1 seconde.

■ Une réaction est dite **lente** lorsqu'**on peut suivre son évolution à l'œil nu** ou avec des **méthodes physiques** (spectrophotomètre, conductimètre, capteur de pression...).

EXEMPLES
Les réactions acide/base, les réactions de précipitation ou les réactions explosives.

■ Il existe des réactions **infiniment lentes**, nécessitant plusieurs heures ; dans le cas où cette durée, atteint plusieurs jours, sans évolution notable, on considère que le système est cinétiquement inerte.

B La vitesse de formation d'un produit

■ On considère une réaction chimique lente dont l'équation est : $2\ I^- + S_2O_8^{2-} \rightarrow I_2 + 2\ SO_4^{2-}$

■ La **vitesse de formation d'un produit**, ici le diiode I_2 ou l'ion sulfate SO_4^{2-}, s'exprime par $v_{I_2} = \frac{d[I_2]}{dt}$ ou $v_{SO_4^{2-}} = \frac{d[SO_4^{2-}]}{dt}$.

■ La vitesse s'exprime en $mol.L^{-1}.s^{-1}$. C'est donc la dérivée de l'évolution de la concentration du diiode ou de l'ion sulfate par rapport au temps.

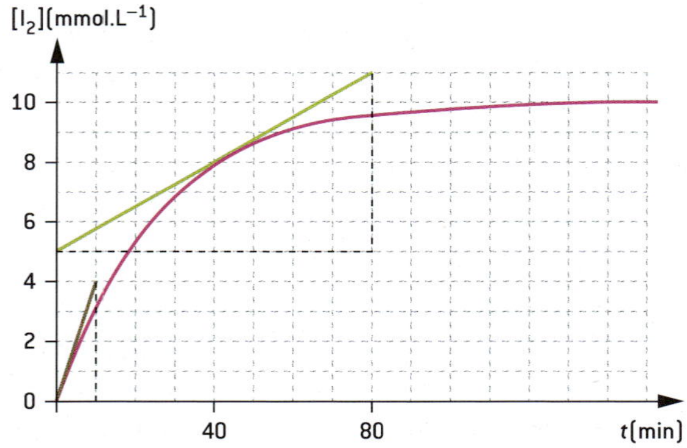

■ Il faut donc disposer d'une courbe d'évolution de la concentration d'un produit au cours du temps, obtenue par un suivi cinétique. Ici, le suivi de la concentration du diiode est facile car les solutions de diiode sont colorées. La vitesse de formation du diiode à un temps t, est alors obtenue en déterminant la pente de la tangente à la courbe $[I_2](t)$ au temps t.

■ Pour obtenir la vitesse initiale, on trace la tangente (rouge) à t = 0 et on détermine sa pente $v_{I_2} = \frac{4,0}{10} = 0,40\ mmol.L^{-1}.min^{-1}$. Pour obtenir la vitesse au bout de 40 minutes, on trace la tangente (bleue) à t = 40 et on détermine sa pente $v_{I_2} = \frac{6,0}{80} = 0,075\ mmol.L^{-1}.min^{-1}$.

- La **vitesse de formation** d'un produit **diminue au cours du temps** car il y a de moins en moins de réactifs et donc les réactions ont moins de chance de se produire.

C La vitesse de disparition d'un réactif

- On considère la même réaction chimique lente d'équation : $2\,I^- + S_2O_8^{2-} \rightarrow I_2 + 2\,SO_4^{2-}$
- La **vitesse de disparition d'un réactif**, ici l'ion iodure I^- ou l'ion peroxodisulfate $S_2O_8^{2-}$, s'exprime par $v_{I^-} = -\dfrac{d[I^-]}{dt}$ ou $v_{SO_8^{2-}} = -\dfrac{d[SO_8^{2-}]}{dt}$. Il y a un signe négatif devant la dérivée pour que la vitesse soit positive : en effet, comme les réactifs disparaissent, leurs concentrations diminuent et donc leurs dérivées par rapport au temps sont négatives. La vitesse de disparition d'un réactif s'exprime en $mol.L^{-1}.s^{-1}$. C'est donc la dérivée de l'évolution de la concentration en ion iodure ou en ion peroxodisulfate par rapport au temps.
- Il faut travailler à partir d'une courbe d'évolution de concentration au cours du temps et déterminer la pente de la tangente à la courbe au temps souhaité, puis prendre la valeur opposée puisque les pentes seront ici négatives.
- La vitesse de vitesse de disparition d'un réactif diminue en général au cours du temps.

D Le temps de demi-réaction

- Les réactions ne sont donc pas toutes rapides, ni totale. Ainsi, on ne laisse pas toujours la réaction se terminer ou bien elle ne va pas jusqu'à épuiser le réactif limitant dans le cas d'un équilibre.
- Le **temps de demi réaction, noté $t_{1/2}$,** est le temps nécessaire pour atteindre la moitié de la concentration finale en produit ou pour détruire la moitié de la concentration de réactif qui va disparaître.
- On détermine $t_{1/2}$ sur la courbe précédente $[I_2](t)$. La concentration maximale vaut $[I_2](t) = 10\ mmol.L^{-1}$, on cherche alors le temps nécessaire pour atteindre la moitié, soit $[I_2](t) = 5\ mmol.L^{-1}$. On détermine alors graphiquement $t_{1/2} = 17$ min.

REMARQUE

La connaissance du temps de demi-réaction permet de connaître la durée approximative de la réaction. On estime que la durée d'une réaction est environ égale à $5\ t_{1/2}$.

2 Les facteurs cinétiques

Un facteur cinétique intervient sur la vitesse de la réaction : elle nécessite alors plus ou moins de temps.

A La température

- Les aliments sont placés au réfrigérateur pour ralentir la vitesse de décomposition par les bactéries ; pour prolonger leur conservation, on utilise un congélateur dont la température intérieure est bien inférieure à celle du réfrigérateur.
- En général, plus la température du mélange réactionnel est élevée, plus la réaction se produira rapidement.

B La concentration en réactifs

Une concentration initiale en réactifs plus importante permet plus de rencontres entre ces réactifs et donc une réaction plus rapide de formation des produits et de disparition des réactifs.

3 Les catalyseurs

A Définition

Un **catalyseur** est une espèce chimique capable d'accélérer une réaction chimique thermodynamiquement possible (qui peut se produire). On le retrouve intact en fin de réaction. Il n'apparaît pas dans l'équation de la réaction.

B Les différentes catalyses

- Lorsque le catalyseur est dans la même phase que le système réactionnel, il s'agit d'une **catalyse homogène**. Sinon, c'est une **catalyse hétérogène**.

EXEMPLE

Si on introduit un fil de platine dans de l'eau oxygénée, on observe l'apparition de bulles sur le fil : le peroxyde d'hydrogène se décompose sur la surface métallique. On a ajouté une espèce solide qui a permis une réaction dans une solution : c'est une catalyse hétérogène.

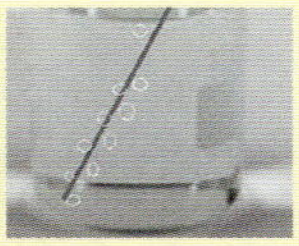

- Si le catalyseur est une enzyme, c'est une **catalyse enzymatique**.

EXEMPLES

- Un morceau de navet permet la décomposition de l'eau oxygénée à sa surface : il comporte une enzyme, la catalase, qui permet cette décomposition.
- Lorsque l'on soigne une plaie avec de l'eau oxygénée, on observe généralement une légère effervescence : celle-ci est due à la réaction de décomposition de l'eau oxygénée catalysée par les ions fer II (contenu dans le sang). Ainsi, on détruit l'eau oxygénée, toxique pour l'organisme.

OBJECTIF BAC

EXERCICE

On réalise une réaction entre l'acide méthanoïque HCOOH et l'éthanol $OHCH_2CH_3$ qui conduit à de l'eau H_2O et à du méthanoate d'éthyle $HCOOCH_2CH_3$, selon l'équation de la réaction :

$$HCOOH + OHCH_2CH_3 \rightleftarrows H_2O + HCOOCH_2CH_3$$

1. Indiquer les réactifs et les produits de cette réaction.
2. S'agit-il d'une réaction totale ? Rapide ?

On réalise quatre expériences avec des conditions initiales différentes. On suit l'évolution de la concentration C en ester, le méthanoate d'éthyle, au cours du temps et on obtient les courbes suivantes.

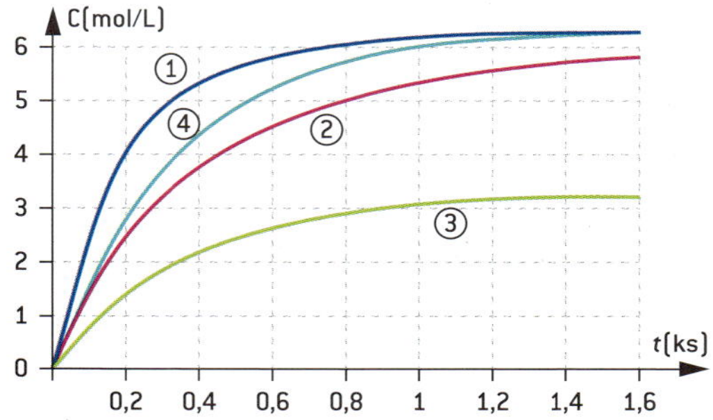

REMARQUE

L'acide sulfurique est un catalyseur de la réaction qui se mélange facilement aux réactifs.

3. Exprimer la vitesse de formation de l'ester. Pour la courbe (1), déterminer cette vitesse à t = 0 et à t = 0,40 ks. Comment évolue la vitesse de formation de l'ester au cours du temps ? Justifier cette évolution.

Les conditions initiales sont les suivantes (le numéro indiquant les conditions de la courbe correspondante).

Expérience	[HCOOH] (mol/L)	[$OHCH_2CH_3$] (mol/L)	Acide sulfurique (ml)	Température (°C)
①	10	10	10	80
②	10	10	10	60
③	10	5	10	80
④	10	10	5	80

4. Expliquer le rôle des différents facteurs intervenant dans cette réaction à l'aide du tableau et des courbes.
5. Déterminer le temps de demi-réaction pour les courbes 1 et 4.

corrigés
foucherconnect.fr/19pbsti2d01

18 La notion d'onde

Les ondes font partie de notre quotidien : sons, lumière… Elles peuvent aussi être utilisées, par exemple, en échographie pour montrer l'évolution du fœtus au cours de la grossesse, tandis que des ondes électromagnétiques comme les rayons X permettent de voir notre squelette.

1 La notion d'onde

A Définition d'une onde

a Généralités sur les ondes

■ Lorsque l'on tape dans les mains, un son est émis. Il sera entendu par les personnes se trouvant à proximité puisqu'il se propage dans l'air. Lorsque l'on lance un caillou dans une mare, des vaguelettes circulaires sont créées à partir du point d'impact du caillou dans l'eau et se déplacent en s'éloignant sous forme de cercles. La lumière du soleil nous parvient malgré la distance et le vide nous séparant de notre étoile. Tous ces phénomènes physiques correspondent à des **ondes**.

REMARQUE
Les ondes sismiques se propagent dans la terre et engendrent des destructions importantes.

■ Une onde progressive est la **propagation d'une perturbation de proche en proche** depuis la source dans toutes les directions possibles (souvent dans l'espace). Une onde **transfère de l'énergie sans déplacement de matière**.

EXEMPLE
Les vagues donnent un mouvement vertical à un bateau en pleine mer, il ne se déplace pas horizontalement : une onde ne transporte pas de matière.

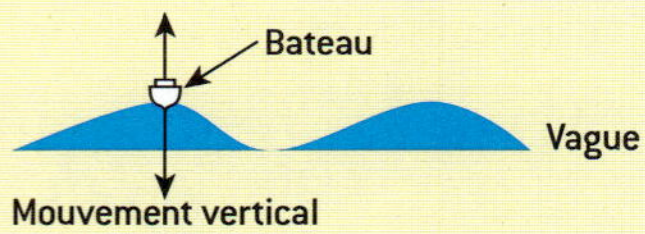

■ Une **onde mécanique** nécessite un milieu matériel pour se propager contrairement aux **ondes électromagnétiques** (comme la lumière, les ondes radars) qui peuvent se propager dans le vide.

■ Une **onde sonore** est une onde mécanique tout comme les ultrasons.

REMARQUE
Il est possible d'imposer une direction de propagation grâce à une fibre optique pour la lumière ou un guide d'onde pour les ondes hertziennes par exemple.

b Les ondes longitudinales

■ Dans le cas d'une **onde longitudinale**, la direction de la propagation de l'onde est la même que la direction de la perturbation.

EXEMPLE

Lorsque l'on comprime quelques spires d'un long ressort et qu'on lâche les spires comprimées, cette perturbation se propage le long du ressort : la compression du ressort est faite selon l'axe du ressort, comme la direction de propagation de cette perturbation :

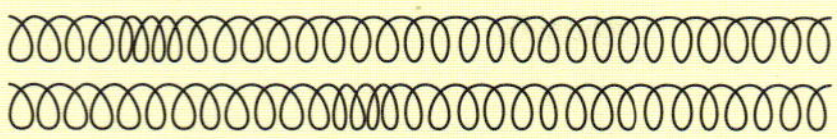

Direction de la propagation de l'onde et de la perturbation

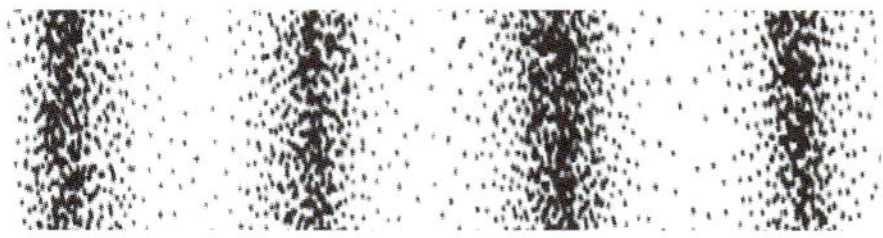

■ Les ondes sonores et ultrasonores sont des ondes longitudinales, elles procèdent par des **compressions** et des **dépressions** de l'air. Dans le cas précédent, ce sont les spires qui subissent les compressions et étirements.

REMARQUE

Dans certaines zones, les molécules d'air sont plus présentes (compressions) ou sont plus rares (dépressions). Les zones de compression sont régulièrement espacées.

C Les ondes transversales

Dans le cas d'une onde transversale, la direction de la propagation de l'onde est perpendiculaire à la direction de la perturbation.

EXEMPLE

Lorsque l'on secoue vers le haut une corde tendue horizontalement, à une extrémité, on observe le déplacement B de la perturbation horizontalement : les points de la corde se soulèvent au passage de l'onde.

Les ondes sismiques de cisaillement se propagent dans un sens et déforment le milieu de manière perpendiculaire à leur propagation.

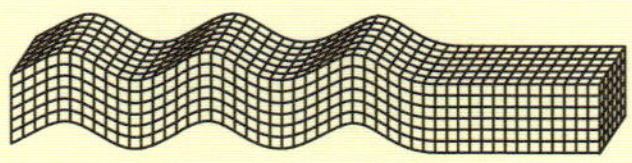

B La célérité

■ Une onde correspond au déplacement d'une perturbation dans un milieu. On utilise le terme « vitesse de propagation » ou « célérité », au lieu du terme « vitesse ».

■ La célérité s'exprime en mètre par seconde ($m.s^{-1}$) et se calcule comme la vitesse d'un solide ; c'est le rapport de la distance parcourue par la perturbation par la durée :

$$v = \frac{d}{\Delta t}$$

d : distance parcourue en mètre (m)
Δt : durée en seconde (s)
v : célérité ou vitesse de propagation en mètre par seconde ($m.s^{-1}$)

■ Dans le schéma précédent, l'onde arrive sur la corde au point A avant de se propager jusqu'au point B, avec un **retard** τ. La célérité peut donc s'exprimer par :

$$v = \frac{AB}{\tau}$$

AB : distance séparant les deux points A et B en mètre (m)
τ : retard en seconde (s)

C L'amplitude d'une onde

L'amplitude d'une onde mesure l'écart maximal d'une caractéristique du milieu dû à l'onde par rapport à la position de repos du milieu.

EXEMPLE

Dans le cas d'une corde tendue horizontalement et soumise à une perturbation verticale, l'amplitude est l'écart vertical par rapport à la corde au repos.

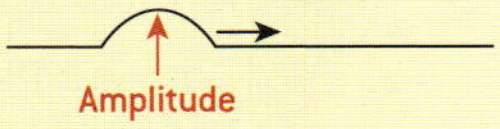

2 Les ondes périodiques

A La période et la fréquence

- Une **onde périodique** est créée par une source qui vibre de manière périodique. L'onde créée se reproduit alors identique à elle-même au bout d'une **période**, de symbole **T**. La période s'exprime en **seconde** (s).

EXEMPLE

Une onde sonore est générée par la membrane d'un haut-parleur qui vibre régulièrement. Si la membrane fait un aller-retour en 10 ms, alors la période vaut T = 10 ms. La période du son créé sera aussi T = 10 ms.

- La **fréquence**, de symbole **f**, est le nombre de fois que l'onde se reproduit à l'identique en une seconde. La fréquence s'exprime en **hertz** (Hz). C'est donc **l'inverse** de la période $f = \frac{1}{T}$.

- De même, la période est l'inverse de la fréquence $T = \frac{1}{f}$, avec T, la période en seconde et f, la fréquence en hertz.

EXEMPLE

La fréquence d'un signal utilisé en domotique est f = 866 MHz.
Sa période T vaut donc $\frac{1}{f} = \frac{1}{866 \times 10^6} = 1{,}15 \times 10^{-9}$ s = 1,15 ns.
Cette onde se trouve dans le domaine radiofréquence.

DÉFINITION

Domotique : ensemble des technologies de l'électronique de l'information et des télécommunications utilisées dans les domiciles.

B La longueur d'onde λ

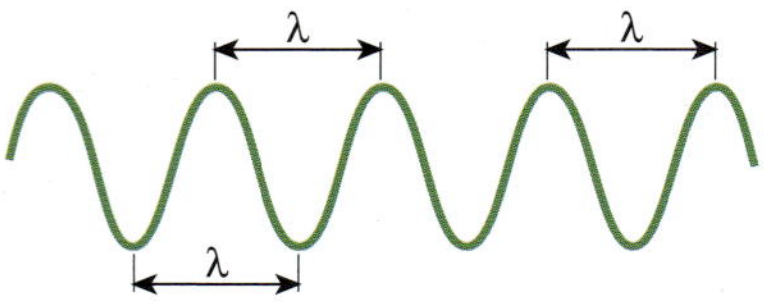

- Lorsqu'on impose une vibration périodique à une corde tendue horizontalement, on observe en éclairant la corde avec un stroboscope :

- La corde qui vibre régulièrement dans le temps a en plus une forme **régulière dans l'espace**. La forme de la corde se répète identique à elle-même dans l'espace.

- La **longueur d'onde**, de symbole λ, est la plus petite distance correspondant à un motif qui se reproduit identique à lui-même. La longueur d'onde est une distance, elle s'exprime en mètre (m).
- On peut déterminer la longueur d'onde à plusieurs endroits sur la corde. On peut aussi mesurer la distance correspondant à plusieurs longueurs d'onde, puis diviser cette mesure par le nombre de longueurs d'onde, afin d'obtenir un résultat plus précis.
- La corde vibre périodiquement dans le temps et dans l'espace. Une longueur d'onde λ correspond à la distance parcourue par l'onde en une période T avec une vitesse de propagation v. Par conséquent, on peut écrire :

$\lambda = v \times T$

v : vitesse de propagation en mètre par seconde ($m.s^{-1}$)
T : période en seconde (s)
λ : longueur d'onde en mètre (m)

- Comme la période est l'inverse de la fréquence, on peut aussi écrire :

$\lambda = \frac{v}{f}$

v : vitesse de propagation en mètre par seconde ($m.s^{-1}$)
f : fréquence en hertz (Hz)
λ : longueur d'onde en mètre (m)

EXEMPLE

Si l'on reprend le signal utilisé en domotique de fréquence f = 866 MHz, puisque sa vitesse de propagation est c dans l'air, sa longueur d'onde est $\lambda = \frac{c}{f} = \frac{3,00 \times 10^8}{866 \times 10^6} = 0,346$ m. Il s'agit d'une onde métrique puisqu'elle a une longueur d'onde proche du mètre.

3 Les ondes et le transport de l'information

Une onde correspond au déplacement d'une perturbation, dont les caractéristiques peuvent transporter des informations dans un milieu.

A L'onde modulée

Une onde peut être **modifiée pour transporter une information** : c'est alors une **onde porteuse**. L'émetteur va modifier l'onde à l'aide d'un **modem** (modulateur démodulateur) qui va la déformer soit en amplitude, soit en fréquence.

a La modulation d'amplitude

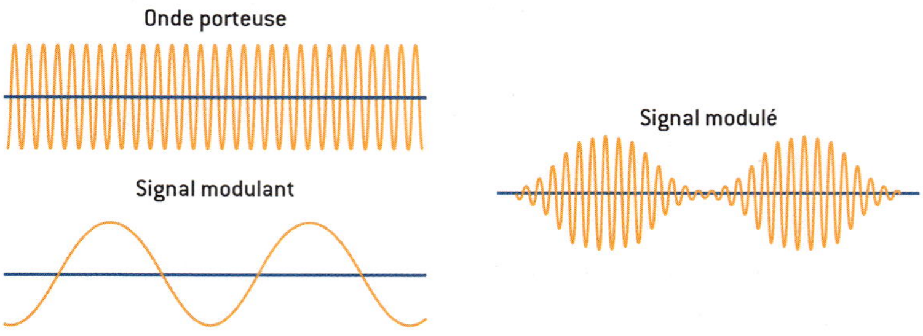

b La modulation de fréquence

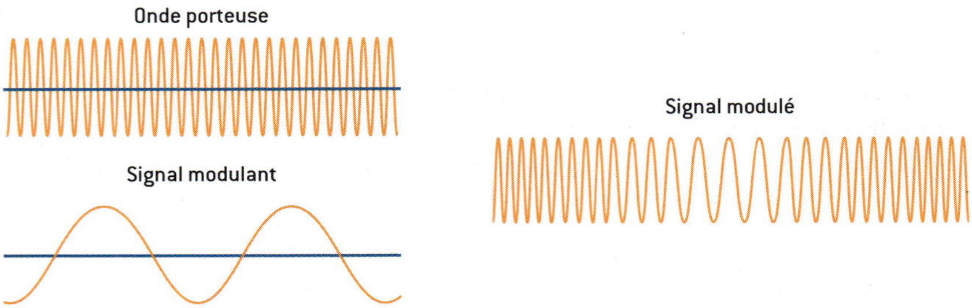

c Exemple : la modulation d'un signal électrique délivré par un microphone

Voici la chaîne complète depuis l'émetteur, modulant le signal électrique délivré par un microphone avant de l'émettre sous forme d'une onde radio qui est captée par un récepteur qui va démoduler le signal et le transmettre à un haut-parleur :

Utilisation des courants porteurs des prises électriques

B Exemple de la domotique

Une installation domotique peut fonctionner selon **2 systèmes** :

– un **pilotage utilisant le courant porteur en ligne** (CPL) permettant d'employer les circuits électriques existants. Avec des adaptateurs émetteurs et récepteurs, des prises enfichables, etc., il peut commander les équipements domestiques, informatiques et audiovisuels. Le CPL superpose, au courant électrique du secteur de 50 (phase et neutre), un signal de faible amplitude et de fréquence plus élevée (1,6 à 30 MHz). Propagé sur l'installation électrique du logement, le signal CPL est reçu et décodé à distance par les appareils dédiés branchés sur le réseau ;

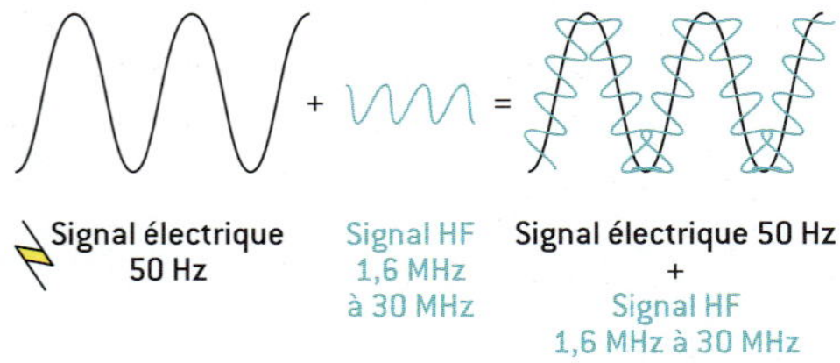

– un **pilotage sans fil**, avec des modems radio élaborés. Par exemple, les modules Xbee, proposés par la société DigiInternational, fonctionnent sur la bande ISM (Industrie Science et Médical) de fréquence 2,4 Ghz. Les modules Xbee permettent de constituer de véritables réseaux sans fil et supportent la notion d'adressage.

C La réflexion, la transmission et l'absorption

■ Les ondes sont transmises dans l'**air**. Leur **amplitude diminue avec la distance** par rapport à la source, car elles se répartissent sur une plus grande surface et de l'énergie est perdue par absorption (transfert sous forme thermique).

■ Lorsqu'une onde rencontre une surface, une partie de son énergie est **réfléchie**, une autre est **absorbée** et le reste de l'énergie est transmise à travers la surface.

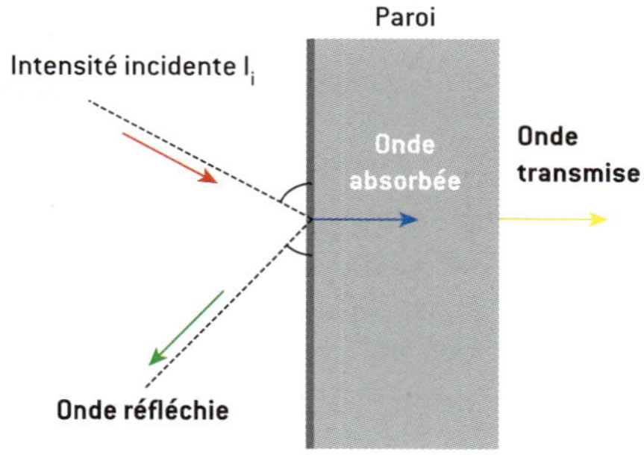

OBJECTIF BAC

EXERCICE 1

La lumière du soleil met 500 secondes pour nous parvenir. Notre étoile est située à une distance $d = 1{,}50 \times 10^8$ km.

Calculer la célérité c de la lumière dans le vide.

EXERCICE 2

La célérité des ondes sonores vaut $v = 340$ m.s^{-1} dans l'air. Calculer la longueur d'onde d'un son de fréquence $f_1 = 100$ Hz puis de fréquence $f_2 = 2{,}00$ Hz.

EXERCICE 3

La sonde d'un appareil d'échographie joue le rôle d'émetteur et de récepteur d'ondes ultrasonores : elle émet des salves d'ultrasons pendant des durées très courtes de l'ordre de la microseconde. 2 salves successives sont espacées d'une milliseconde. Pendant cet intervalle de temps, la sonde détecte la salve ultrasonore précédente qui s'est réfléchie sur la surface séparant 2 milieux différents : en effet, lorsqu'une salve rencontre une surface de séparation, un écho se forme, qui est capté et enregistré par les récepteurs ultrasonores. La durée correspondant à l'émission et à la réception d'une salve est ainsi déterminée, ce qui permet de construire une image.

La célérité des ultrasons dans le corps humain est $v = 1\,500$ m.s^{-1}.

1. Quelle distance parcourt une salve ultrasonore en une milliseconde dans un corps humain ?
2. Sachant que la salve est captée après un aller-retour (écho), trouver la distance maximale pouvant être mesurée depuis la sonde. Cette distance semble-t-elle suffisante dans le cas du corps humain ?
3. Un organe se trouve à 15 cm sous la peau. Quelle sera la durée de parcours d'une onde ultrasonore ?

 # corrigés foucherconnect.fr/19pbsti2d01

19 Les ondes sonores

Les êtres humains communiquent en parlant : la voix et son intensité sont porteuses d'informations. Le monde moderne nous envahit de sons divers, créant parfois une pollution sonore difficile à supporter.

1 Les ondes sonores

Une onde **sonore** ou **ultrasonore** est une **onde mécanique** : elle nécessite donc un milieu matériel pour se propager.

A La période et la fréquence

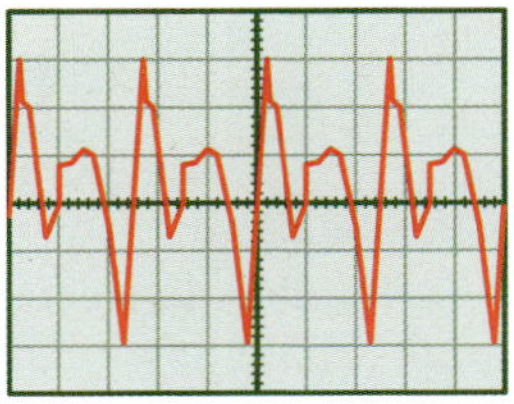

- Si on enregistre un son à l'aide d'un microphone, il est possible de visualiser un signal électrique représentant le son.
- La courbe ci-contre a été obtenue avec une vitesse de balayage V_B (ou sensibilité horizontale S_h) = 1,0 ms/div.
- Les signaux se reproduisent identiques à eux-mêmes au cours du temps : ils sont **périodiques**. Le signal de la figure est compliqué mais périodique, il représente un son complexe.
- La durée la plus petite d'un « motif » qui se reproduit au cours du temps est la **période T**. La période s'exprime en seconde (s).
- Pour déterminer la période T d'un signal sonore sur l'écran de l'oscilloscope, on procède comme pour les tensions sinusoïdales : on repère le nombre de divisions horizontales correspondant à une période et on multiplie ce nombre par la sensibilité horizontale S_h.

EXEMPLE
Pour le son précédent : la période s'étend sur 2,5 divisions, donc la période vaut $T = 2{,}5 \times 1{,}0 = 2{,}5$ ms $= 2{,}5 \times 10^{-3}$ s.

REMARQUE
Il faut exprimer la période en seconde pour pouvoir calculer la fréquence.

- La **fréquence f** est l'inverse de la période T. La fréquence est le nombre de périodes par seconde :

$$\mathbf{f} = \frac{\mathbf{1}}{\mathbf{T}}$$

T en seconde (s)
f en hertz (Hz)

- Dans le cas d'un son, la fréquence est appelée « hauteur ». Elle influence la perception sensorielle.

EXEMPLE
La fréquence du son précédent vaut $f = \frac{1}{T}$
soit $f = \frac{1}{2{,}5 \times 10^{-3}} = 4{,}0 \times 10^2$ Hz.

B La gamme d'audition

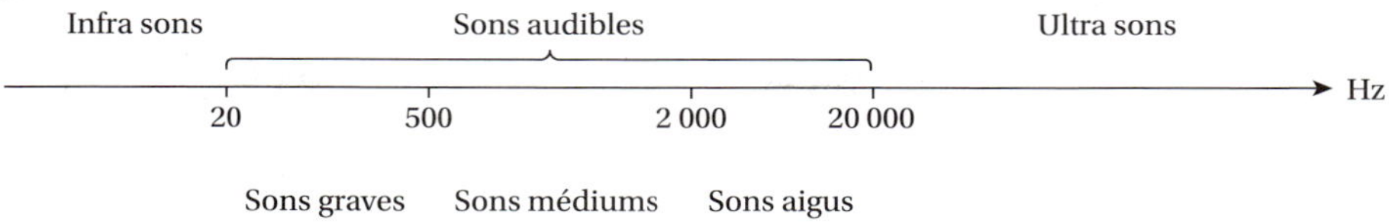

L'oreille humaine peut entendre les fréquences comprises entre 20 et 20 kHz. Les infrasons ont des fréquences inférieures à 20 Hz et les ultrasons ont des fréquences supérieures à 20 kHz. Les infrasons et les ultrasons sont inaudibles par les êtres humains.

C La célérité selon le milieu

a Les milieux de propagation

- La célérité est la vitesse de propagation de l'onde sonore. La célérité ne dépend pas de la fréquence mais du milieu de propagation.

Milieu	Air	Eau	Acier
Célérité ($m.s^{-1}$)	340	$1{,}5 \times 10^3$	$5{,}7 \times 10^3$

- La vitesse du son est d'autant plus importante que le milieu est dense.

- La célérité du son est beaucoup plus faible que la célérité de la lumière dans l'air $c = 3{,}0 \times 10^8$ $m.s^{-1}$.

b La détermination de la célérité des sons ou des ultrasons

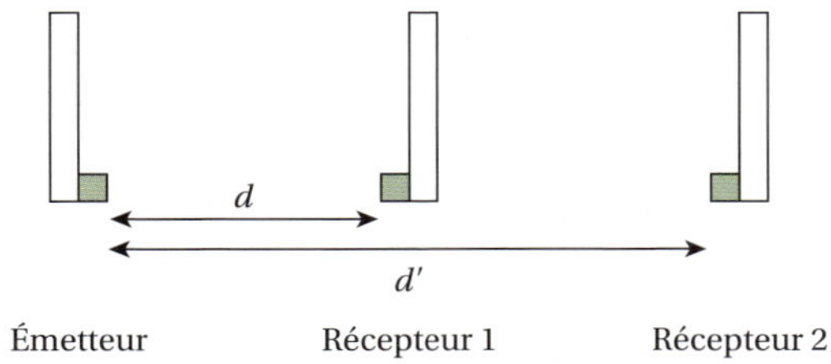

- On utilise un dispositif sonore ou ultrasonore qui émet des ondes sous forme de salves et 2 récepteurs décalés l'un par rapport à l'autre. Les 2 récepteurs sont connectés à un ordinateur ou un oscilloscope. Le récepteur 1, placé à une distance d de l'émetteur, donne le signal 1. Le récepteur 2, placé à une distance d de l'émetteur, donne le signal 2. Le signal envoyé par l'émetteur parvient plus tard au récepteur 2, qui est le plus éloigné, donc le signal 2 est décalé d'une durée Δt par rapport au signal 1.

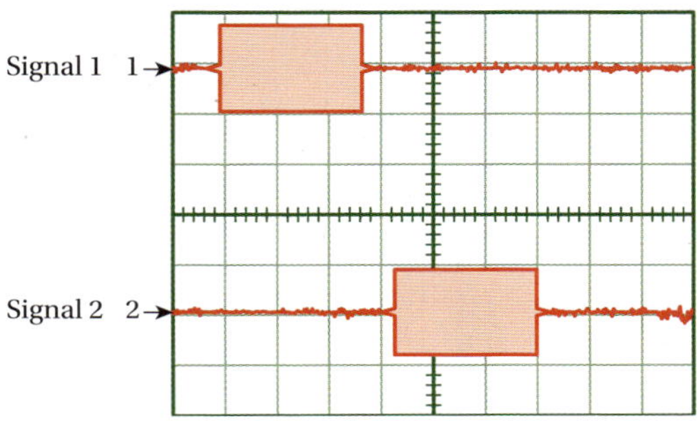

- Pour déterminer la vitesse de propagation des ondes ultrasonores, on doit mesurer la durée Δt à l'aide de l'écran de l'oscilloscope. La distance séparant les 2 récepteurs est égale à la différence d' – d.

■ On peut alors calculer la célérité des ondes sonores $v = \frac{d' - d}{\Delta t}$, les distances étant exprimées en mètre et la durée en seconde.

EXEMPLE

On se réfère à la figure précédente. Le récepteur 1 est placé à une distance d = 0,15 m et le récepteur 2 est placé à une distance d' = 1,30 m.
La vitesse de balayage est $V_B = 1{,}0$ ms/div.
1. Déterminer la durée Δt en utilisant l'écran de l'oscilloscope précédent.
2. Calculer alors la célérité des ondes ultrasonores.

Réponse :
1. Les 2 signaux sont séparés de 3,4 divisions à l'écran de l'oscilloscope, or la vitesse de balayage vaut $V_B = 1{,}0$ ms/div, donc la durée $\Delta t = 3{,}4 \times 1{,}0 = 3{,}4$ ms $= 3{,}4 \times 10^{-3}$ s.
2. La célérité des ondes ultrasonores est égale au rapport $v = \frac{d' - d}{\Delta t}$, avec

$d' - d = 1{,}30 - 0{,}15 = 1{,}15$ m et $\Delta t = 3{,}4 \times 10^{-3}$ s, soit $v = \frac{1{,}15}{3{,}4 \times 10^{-3}} = 340$ m.s^{-1}.
On retrouve la célérité des ondes sonores : les sons et les ultrasons se propagent à la même vitesse.

2 La perception sensorielle

A La pression acoustique

■ Le son correspond à une succession de compression et de dépression de l'air depuis l'émetteur jusqu'au récepteur.

■ La **pression acoustique**, exprimée en **pascal** (Pa), est la variation de pression moyenne par rapport à la pression à l'équilibre (pression atmosphérique). Elle est mesurée au niveau d'un récepteur lors de l'émission d'un son, par une source dans un milieu conducteur sonore.

■ La plus petite pression à laquelle l'oreille humaine est sensible est appelée « pression de référence ». Elle vaut : $P_0 = 2{,}0 \times 10^{-5}$ Pa.

■ Le seuil de douleur est atteint pour une pression de l'ordre de 20 Pa. Ces valeurs dépendent des personnes et de la fréquence du son.

B L'intensité et le niveau sonores

■ L'**intensité sonore** est mesurée en **watts par mètre carré** (W.m^{-2}), l'intensité de référence est $I_0 = 10^{-12}$ W.m^{-2}. C'est une grandeur influençant la perception sensorielle.

■ Le **niveau sonore** L (*level* en anglais) s'exprime en décibel (dB). C'est une échelle subjective, car elle ne prend pas en compte la sensibilité de l'oreille qui dépend de la fréquence. Le niveau sonore est défini par $L = 10 \log \frac{I}{I_0}$.

■ Lorsque l'intensité sonore est multipliée par 10, alors le niveau sonore augmente de 10 dB. Donc, lorsque l'on passe d'un niveau sonore de 50 dB à 70 dB, cela veut dire que l'intensité sonore a été multipliée par 100.

■ Le niveau sonore est aussi défini à partir de la pression acoustique : $L = 20 \log \frac{P}{P_0}$.

■ La valeur 0 dB correspond au **seuil d'audibilité**, c'est-à-dire la valeur la plus faible pouvant être perçue par une oreille humaine. Cette valeur a été définie en réalisant des expériences avec un son de fréquence 1 000 Hz. L'intensité sonore correspondante vaut 10^{-12} W.m^{-2}.

■ Le **seuil de douleur** est de 130 dB. Cependant, l'oreille peut subir des traumatismes à partir de 80 dB. La législation sur le bruit au travail impose l'utilisation de protections auditives ou limite l'exposition à des niveaux sonores pendant des durées déterminées.

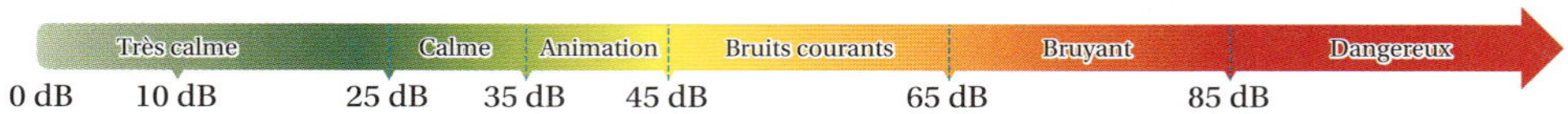

EXEMPLES

Ordres de grandeur

- 130 dB : avion au décollage
- 105 dB : concert, discothèques
- 90 dB : tondeuse à gazon
- 80 dB : rue à fort trafic
- 70 dB : salle de classe bruyante
- 60 dB : conversation normale
- 50 dB : pluie
- 40 dB : bureau tranquille
- 30 dB : conversation à voix basse
- 10 dB : studio d'enregistrement
- 0 dB : laboratoire d'acoustique

C Le risque auditif

REMARQUE

Cette partie concerne uniquement la filière STL.

■ La **perception** de l'oreille humaine **augmente avec la fréquence** pour être maximale vers **3 à 4 kHz.** Elle diminue ensuite rapidement. Avec l'âge, les sons ayant une fréquence supérieure à 12 kHz sont moins bien perçus et deviennent parfois inaudibles.

■ On peut faire un **bilan d'audition** et obtenir un **audiogramme** qui permet de mesurer la **capacité auditive** d'une personne. Il est basé sur des sons purs à fréquences choisies et on mesure le seuil de l'audition pour ces différentes fréquences. Le patient dispose d'un casque sur la tête et on adresse à une oreille les différentes fréquences en augmentant le niveau sonore : lorsque le patient entend un son, il prévient le médecin. Les différents résultats sont placés sur un graphique et comparés au seuil normal d'audition pour les mêmes fréquences afin de déterminer le déficit auditif du patient.

■ L'audiogramme à gauche correspond à une personne entendant normalement alors que celui de droite est celui d'une personne présentant une déficience auditive. La couleur rouge correspond à l'oreille gauche et la courbe bleue à l'oreille droite.

■ Une personne s'expose à un risque auditif en écoutant de la musique à un niveau sonore élevé, en étant à côté d'engins bruyants sans protection.

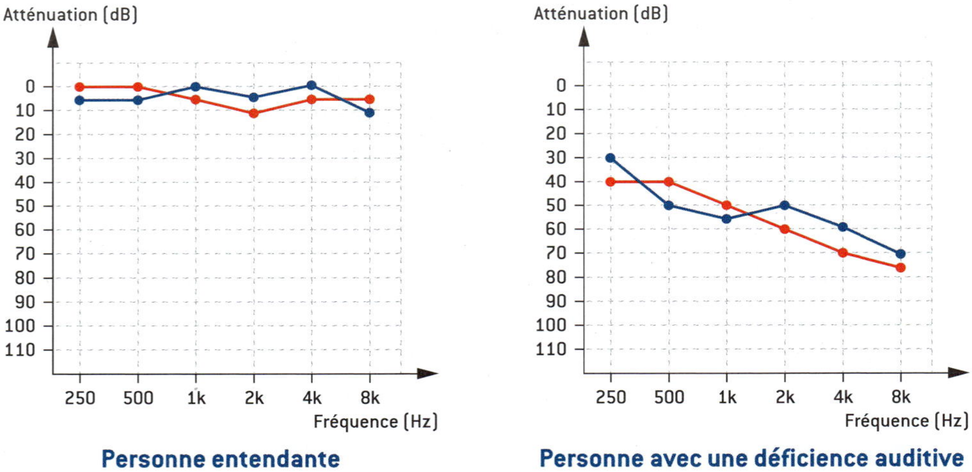

3 La réflexion, la transmission et l'absorption des ondes sonores et ultrasonores

■ Lorsqu'une onde sonore ou ultrasonore rencontre une paroi constituée d'un matériau différent, une partie de l'énergie est transmise, une partie est absorbée par le matériau et le reste est réfléchi.

■ Certains matériaux absorbent fortement les sons en ayant des coefficients de valeur d'absorption proches de 1.

■ Dans les immeubles, il faut surtout limiter la transmission et avoir des coefficients de transmission faibles, inférieurs à 10^{-3}.

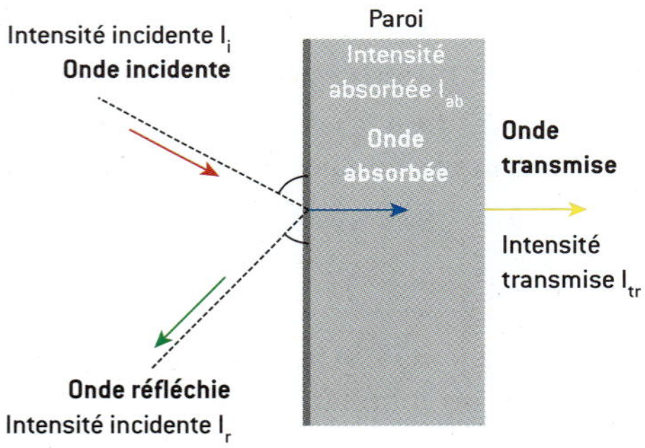

OBJECTIF BAC

EXERCICE 1

On tape sur l'extrémité d'une longue canalisation d'acier vide de longueur L d'un immeuble et on mesure le temps nécessaire pour entendre le son à l'autre extrémité. On remarque que deux sons parviennent à l'autre extrémité.

Données : célérité du son dans l'air $v_{air} = 340$ m.s^{-1}, dans l'acier $v_{acier} = 5{,}8 \times 10^3$ m.s^{-1}.

1. Pourquoi entend-on deux sons et non un seul ?
2. Exprimer le temps t_{air} pour que le son parcoure la longueur L dans l'air en fonction de L et v_{air}.
3. Exprimer le temps t_{acier} pour que le son parcoure la longueur L dans l'acier en fonction de L et v_{acier}.

4. Exprimer littéralement la durée Δt séparant les 2 temps en fonction de la longueur L et des célérités du son dans l'air et dans l'acier.

5. La durée Δt vaut 0,12 s, calculer la longueur L du tuyau.

EXERCICE 2

Un haut-parleur délivre un son enregistré par un microphone placé à 2,0 m et relié à un oscilloscope. Un sonomètre placé au niveau du microphone indique un niveau sonore L = 75 dB.
Le graphe visualisé à l'écran de l'oscilloscope est le suivant :

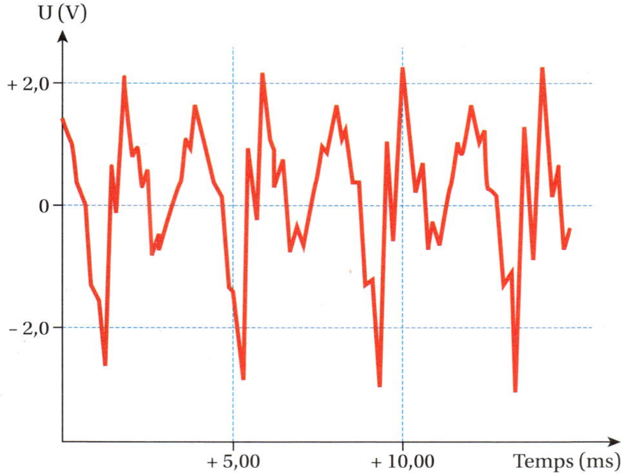

1. Déterminer la période puis la fréquence de ce son. En déduire s'il s'agit d'un son grave, médium ou aigu.

2. Calculer l'intensité sonore de ce son au niveau du microphone : $I_0 = 1,0 \times 10^{-12}$ W.m^{-2}.

3. Le son est amplifié et l'intensité sonore est multipliée par 50. Quel est le nouveau niveau sonore L_1 ? Est-il prudent de rester dans la pièce ?

EXERCICE 3

La célérité des ondes sonores vaut v = 340 m.s^{-1} dans l'air. Calculer la longueur d'onde d'un son :
- de fréquence f_1 = 100 Hz ;
- de fréquence f_2 = 2,00 Hz.

corrigés
foucherconnect.fr/19pbsti2d01

20 Les ondes électromagnétiques

Les ondes électromagnétiques sont importantes dans la vie quotidienne : les ondes radioélectriques sont utilisées pour les communications, la lumière visible nous permet de voir, etc. De plus, certaines ondes électromagnétiques sont employées dans le domaine médical : les rayons X pour radiographier le corps, les lasers pour la chirurgie…

1 Les ondes électromagnétiques

A Les différentes ondes électromagnétiques

- Une onde électromagnétique est un **phénomène vibratoire** qui peut se propager dans le vide à la vitesse de la lumière. On trouve parmi les ondes électromagnétiques : la lumière visible, les rayons ultraviolets, les infrarouges, les micro-ondes, les rayons X, les rayons gamma, ainsi que les ondes hertziennes.
- Toutes les ondes électromagnétiques se propagent à la vitesse $\mathbf{c = 3{,}00 \times 10^8\ m.s^{-1}}$ dans le vide. Il s'agit d'une **vitesse de propagation** ou **célérité**. Elle est aussi appelée « vitesse de la lumière dans le vide ».

B Les caractéristiques

- La **fréquence** d'une onde électromagnétique est **notée ν** (« nu ») : elle s'exprime en hertz (Hz). Elle est invariante.

REMARQUES

- Les fréquences des ondes électromagnétiques peuvent être très grandes. Ainsi, on a fréquemment des valeurs supérieures à 1015 Hz.
- On utilise donc des multiples pour les fréquences des ondes électromagnétiques : le kilohertz (1 kHz = 1×10^3 Hz), le mégahertz (1 MHz = 1×10^6 Hz), le gigahertz (1 GHz = 1×10^9 Hz).

- La **période T** exprimée en seconde (s) est l'inverse de la fréquence : $T = \frac{1}{\nu}$.

EXEMPLE

Une onde a une fréquence $\nu = 8{,}2 \times 10^{15}$ Hz. Sa période T vaudra alors $T = \frac{1}{8{,}2 \times 10^{15}}$.
On obtient par calcul $T = 1{,}2 \times 10^{-16}$ s.

- La **longueur d'onde** λ (lambda) est la distance parcourue par l'onde en une période T. Si l'onde se propage dans le vide, alors la longueur d'onde est notée λ_0. La longueur d'onde est ainsi liée à la célérité c et à la période T :

$$\lambda_0 = c \times T = \frac{c}{\nu}$$

λ_0 : la longueur d'onde dans le vide en mètre (m)
c = $3{,}0 \times 10^8$ m.s^{-1} : la célérité de la lumière dans le vide
T : la période en seconde (s)
ν : fréquence en hertz (Hz)

C Les domaines de fréquences

■ Une onde électromagnétique aura une appellation différente selon le domaine de fréquence auquel elle appartient.

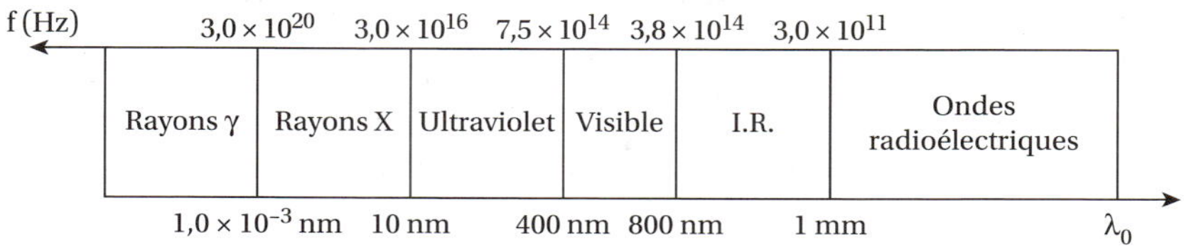

■ La lumière visible est comprise dans un domaine restreint de longueur d'onde : de 400 à 800 nm ; c'est le seul domaine vu directement par l'œil humain.

 # schéma
Les domaines de fréquence illustrés
foucherconnect.fr/19pbsti2d03

REMARQUE
Un nanomètre (nm) est un sous-multiple du mètre 1 nm = $1{,}0 \times 10^{-9}$ m. Cette unité est souvent utilisée pour les rayons γ, les rayons X ou la lumière visible.

D Les domaines d'utilisation

■ Les rayons γ sont employés pour la stérilisation de produits en détruisant tous les germes, virus. Ils servent aussi dans le traitement de certains cancers.

■ Les rayons X sont employés en médecine pour les radiographies et pour les scanners.

■ Les rayons ultraviolets sont employés pour bronzer et aussi pour décontaminer l'eau.

■ La lumière visible nous permet de voir.

■ Les rayons infrarouges permettent le chauffage par rayonnement et la vision nocturne.

■ Les rayonnements radiofréquence servent pour communiquer (Wi-Fi, Bluetooth, téléphonie mobile), pour la télévision, la radio et aussi pour chauffer les plats dans le four micro-ondes.

2 Les sources lumineuses

A Les différentes sources lumineuses

Les sources lumineuses sont de 2 types :

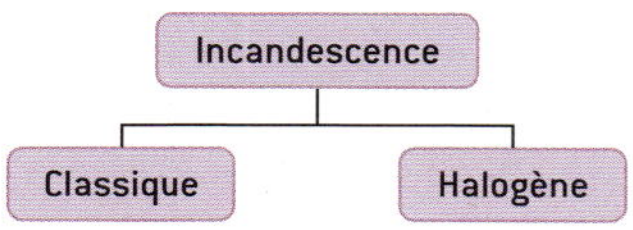

– **à incandescence** : la température du corps permet la production de lumière. On retrouve les étoiles comme notre Soleil ou les ampoules à filament. La lumière produite est de bonne qualité, cependant les performances énergétiques sont médiocres. Le spectre obtenu est continu.

– **à luminescence** : la lumière est créée par décharge électrique, électrochimique ou quantique. De nombreuses lampes appartiennent à cette catégorie (voir schéma ci-après). Le rendement énergétique est souvent très bon mais la lumière n'est pas toujours de bonne qualité. Les spectres obtenus peuvent être continus, polychromatique, monochromatiques, etc.

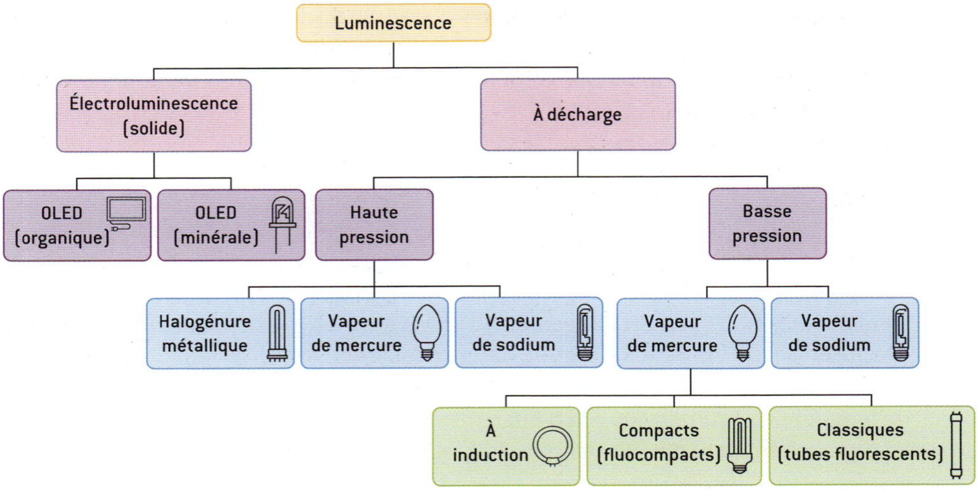

Exemple de spectres lumineux obtenus

Ampoule à filament		
Soleil		
Ampoule à décharge électrique		
Ampoule à diode électro-luminescente		
Ampoule à vapeur de sodium		
Laser		

B La dangerosité des sources de lumière

Ces sources de lumière peuvent être dangereuses pour les yeux, la peau et également pour du matériel exposé accidentellement :
– les **ampoules à filaments** sont souvent chaudes et on peut se brûler ;
– le **Soleil** ne doit pas être regardé directement et le port de lunettes de soleil est vivement conseillé lorsqu'il brille ainsi que des vêtements protecteurs ;

– les **ampoules à décharge** peuvent générer une partie de la lumière dans le domaine ultraviolet s'il n'y a pas de couche protectrice à l'intérieur de l'ampoule ;
– les **ampoules à LED** génèrent de la lumière bleue pouvant être néfaste pour la rétine : il est conseillé de ne pas les regarder et d'employer des lunettes filtrant la lumière bleue.
– selon le type d'**ampoule à vapeur atomique**, il faut prêter attention au risque d'émission d'ultraviolets. La vision directe est déconseillée ;
– les **faisceaux laser** peuvent être dangereux car leur puissance surfacique est élevée : ils peuvent détruire la rétine, brûler la peau, voire créer un incendie. Aussi l'accès aux lasers est réglementé. Des lunettes opaques et une attention aux réflexions sont nécessaires ;
– des **lampes ultraviolettes** sont disponibles à l'achat ou dans des centres de bronzage. La lumière invisible émise est dangereuse, à la fois pour les yeux et la peau. Il est déconseillé de s'exposer à cette lumière. Le port de lunettes opaques aux ultraviolets est conseillé.

C Des exemples de lasers

REMARQUE
Cette partie concerne uniquement la filière STI2D.

■ Les lasers sont utilisés dans de nombreux domaines. Dans l'industrie on utilise les lasers néodyme et grenat d'aluminium et d'yttrium (Nd – YAG) de longueur d'onde $\lambda = 1{,}06$ µm ou les lasers à CO_2 de longueur d'onde $\lambda = 10{,}6$ µm à faisceaux continus car grâce à leurs puissances de plusieurs kilowatts, ils permettent la découpe et le soudage de pièces métalliques. Ils sont aussi employés en chirurgie interne ou externe.

■ Dans le domaine de la dermatologie, les lasers servent pour l'épilation, la réduction d'angiomes ou la cicatrisation. Selon l'objectif souhaité, un laser pulsé à colorant ($\lambda = 595$ nm) ou un laser presque continu YAG sera employé. La cible traitée doit absorber le faisceau laser. Le graphique ci-dessous indique les zones d'absorption (mélanine, globules rouges, eau) en fonction de la longueur d'onde.

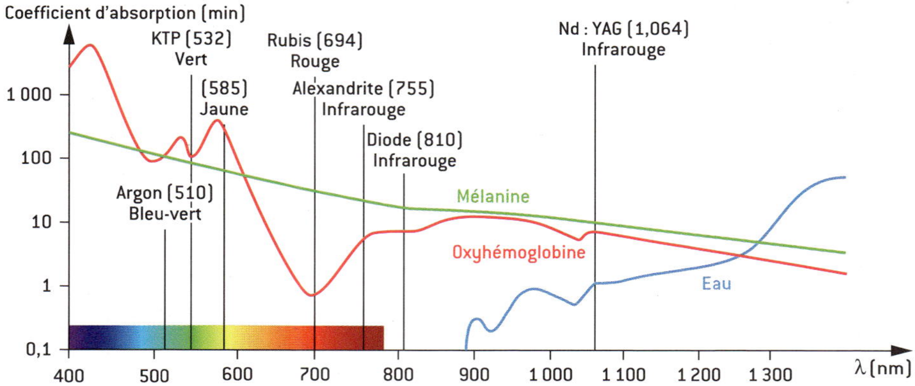

3 L'interaction lumière-matière

REMARQUE
Cette partie concerne uniquement la filière STL.

A Les différents types de spectres

a Les spectres d'émission

Il existe plusieurs types de spectres d'émission :
– le **spectre de raies** comporte une ou plusieurs raies claires verticales, il est **discontinu**. C'est par exemple le spectre du laser, celui de la lampe à vapeur de sodium (dans les deux cas, il n'y a qu'une seule raie donc monochromatique) et celui de la lampe à décharge (polychromatique) ;
– le **spectre** peut être **continu**, il y a alors des **bandes** comme pour celui de la lampe à incandescence ou de l'ampoule à diode électroluminescence. Le spectre du soleil est continu avec de nombreuses raies noires, correspondant à des radiations absorbées.

b Les spectres d'absorption

Les **spectres d'absorption** comportent un fond continu et des raies noires ou des bandes plus ou moins opaques. Ils sont complémentaires des spectres d'émission : en haut, un spectre d'absorption et en bas le spectre d'émission d'une ampoule à vapeur de sodium.

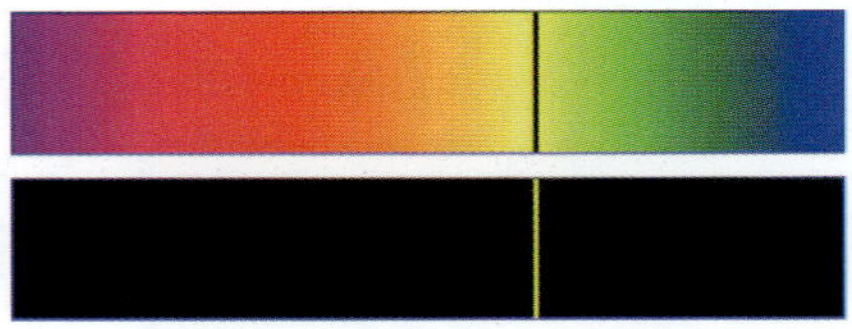

B Les photons

■ Les transferts d'énergie entre matière et lumière sont **discontinus et quantifiés**. Ils ne peuvent se faire que par « paquets » d'énergie contenant chacun une énergie bien déterminée. La plus petite énergie échangeable ΔE est transportée par un photon.

■ L'énergie transportée par un photon dépend de sa fréquence ν, elle est donnée par la formule de Planck :

$$\Delta E = h \times \nu$$

ΔE : énergie transportée en joule (J)
h $= 6{,}63 \times 10^{-34}$ J.s : constante de Planck en joule seconde (J.s)
ν : fréquence en hertz (Hz)

REMARQUE
L'énergie ΔE peut s'exprimer en électron-volt (eV) : 1 eV $= 1{,}6 \times 10^{-19}$ J.

■ On peut aussi écrire la formule de l'énergie $E = \frac{h \times c}{\lambda_0}$ puisque $\nu = \frac{c}{\lambda_0}$, avec λ_0 la longueur d'onde du photon dans le vide.

■ L'énergie est inversement proportionnelle à la longueur d'onde λ_0 du photon. Un photon γ transporte plus d'énergie qu'un photon X, qui est lui-même plus énergétique qu'un photon ultraviolet…

EXEMPLE
Un photon de fréquence $\nu = 2{,}5 \times 10^{20}$ Hz transporte une énergie
$\Delta E = 6{,}62 \times 10^{-34} \times 2{,}5 \times 10^{20} = 1{,}7 \times 10^{-13}$ J. Cette énergie est toute petite.

C Le diagramme de niveau d'énergie

■ La physique quantique a établi que la matière ne peut exister que dans certains états d'énergie déterminés, chaque état étant caractérisé par un niveau d'énergie. **L'énergie de la matière est donc quantifiée.**

■ Le **diagramme de niveaux d'énergie** d'un atome (ci-contre celui d'un atome de sodium) représente les niveaux possibles :
- l'état de **plus basse énergie** correspond à l'**état fondamental** où l'**atome est stable** ;
- les autres états, d'énergie supérieure, sont qualifiés d'**états excités** : il en existe une infinité.

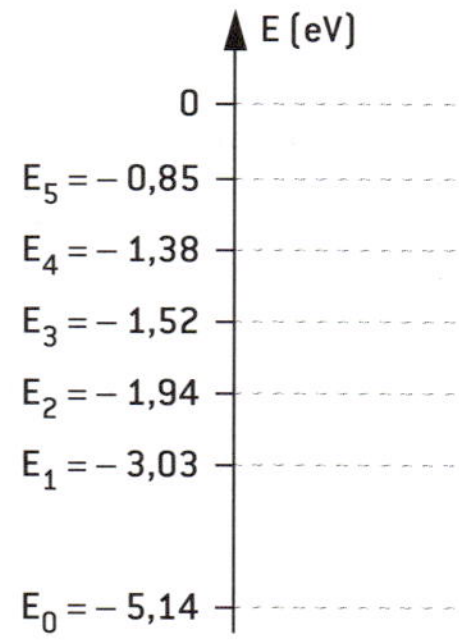

D L'émission et l'absorption de la lumière

La quantification des niveaux d'énergie rend compte du caractère discontinu des spectres d'émission et d'absorption atomiques.

a L'émission de lumière

En passant d'un état excité à un état d'énergie inférieure, l'énergie de l'atome diminue de **ΔE** et il se produit une **transition.** L'atome émet alors un photon de même énergie. Cela se traduit par l'émission d'une radiation de longueur d'onde dans le vide λ, visible dans le spectre, telle que : $\lambda = \frac{h \times c}{\Delta E}$ avec $\Delta E = E_s - E_i$.

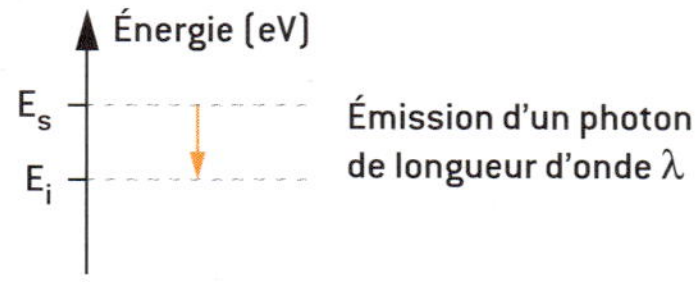

EXEMPLE

On retrouve la longueur d'onde d'une raie émise par un atome de sodium de niveau d'énergie E_2 retournant au niveau d'énergie E_1, tel que $\Delta E = E_2 - E_1 = 2,11$ eV $= 3,38 \times 10^{-19}$ J soit

$$\lambda_0 = \frac{h \times c}{\Delta E} = \frac{6,63 \times 10^{-34} \times 3,00 \times 10^{8}}{3,38 \times 10^{-19}} = 5,88 \times 10^{-7} \text{ m} = 588 \text{ nm}.$$

C'est une radiation jaune visible.

b L'absorption de lumière

Un atome dans un état d'énergie E_i peut absorber un photon d'énergie ΔE s'il possède un niveau d'énergie supérieure E_s, tel que $E_s - E_i = \Delta E$. Dans le spectre d'absorption de cet atome, une raie sombre de longueur d'onde λ sera observée telle que : $\lambda = \frac{h \times c}{\Delta E}$.

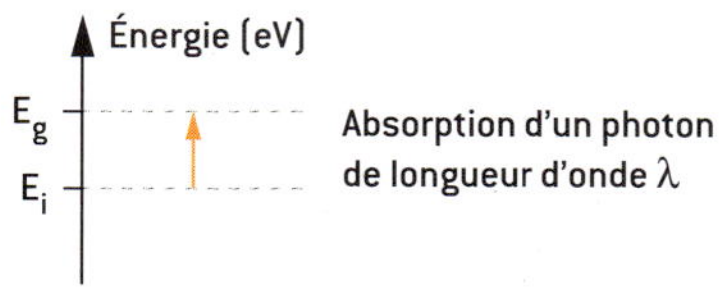

OBJECTIF BAC

EXERCICE 1

Une onde électromagnétique est caractérisée par sa longueur d'onde λ_0 (en m) ou sa fréquence ν (en Hz). Ces grandeurs sont reliées par la relation : $\lambda_0 = \frac{c}{\nu}$.

1. Que représente c dans cette relation ?
2. Montrer que la longueur d'onde λ_0 d'une radiation de fréquence $\nu = 1{,}50 \times 10^{12}$ Hz est $\lambda_0 = 2{,}00 \times 10^{-4}$ m.
3. Comment évolue la fréquence d'une radiation lorsque sa longueur d'onde λ diminue ?

EXERCICE 2

Un laser émet une radiation de longueur d'onde dans le vide $\lambda_0 = 656$ nm. Il a une puissance $P = 3{,}0$ mW.

1. Quel est le domaine d'ondes électromagnétiques correspondant à cette radiation ?
2. À quelle classe appartient ce laser ?
3. Nécessite-t-il des précautions particulières d'utilisation ?

EXERCICE 3

Indiquer si ces affirmations sont vraies ou fausses.

1. La lumière visible est une onde électromagnétique.
2. La lumière visible se propage dans le vide.
3. La fréquence d'une onde électromagnétique est l'inverse de la célérité c.
4. La longueur d'onde est la distance parcourue par une onde en 1 seconde.
5. Les rayons X ont des fréquences plus élevées que les infrarouges.

EXERCICE 4

Compléter le schéma ci-dessous en indiquant les domaines des rayonnements UV, IR, X.

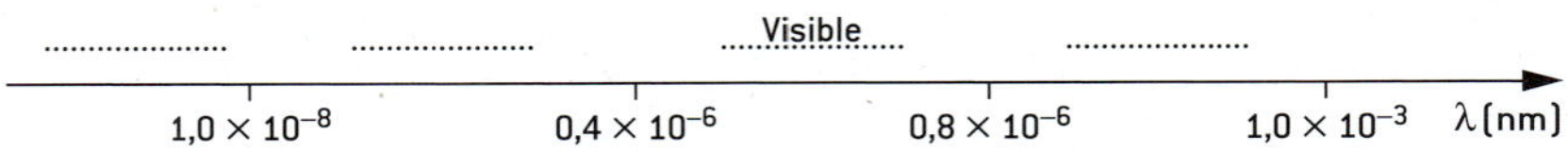

EXERCICE 5 (STL)

1. La fréquence des rayons X utilisés pour une radiographie est $\nu = 4{,}00 \times 10^{17}$ Hz.
Calculer l'énergie ΔE de cette radiation.
2. Quelle est l'unité d'énergie ΔE ? Calculer l'énergie d'un photon UV pour lequel $\lambda = 300$ nm (1 nm $= 1 \times 10^{-9}$ m)
3. Montrer que la longueur d'onde λ_0 d'une radiation de fréquence $\nu = 1{,}50 \times 10^{12}$ Hz est $\lambda_0 = 2{,}00 \times 10^{-4}$ m.

L'énergie ΔE des photons associés à une onde électromagnétique peut se calculer par les relations : $\Delta E = h \times \nu = h \times \frac{c}{\lambda_0}$. La constante de Planck h a pour valeur $h = 6{,}62 \times 10^{-34}$ J.s

4. Comment varie l'énergie des photons lorsque :
– la fréquence ν augmente ?
– la longueur d'onde λ_0 augmente ?
Justifier dans chaque cas en utilisant les relations précédentes.

 # corrigés
foucherconnect.fr/19pbsti2d01

MATHÉMATIQUES

MATHÉMATIQUES

ENSEIGNEMENT COMMUN

ENSEIGNEMENT DE SPÉCIALITÉ

Évaluation des Mathématiques en contrôle continu

1 Les modalités d'évaluation

■ Le contrôle continu pour l'enseignement de mathématiques en première technologique comporte deux épreuves écrites passées aux 2e et 3e trimestres de l'année de première.

■ Chaque épreuve dure 2 heures :
– la partie 1 est un test de maîtrise des automatismes, noté sur 5 points, durant 20 minutes, sans calculatrice. Les feuilles-réponses sont ramassées dès que le test est terminé ;
– la partie 2 est composée de trois exercices indépendants, chacun noté sur 5 points (d'une durée de 30 minutes environ).

■ Les épreuves communes de contrôle continu de mathématiques sont affectées d'un coefficient 5.

■ La partie mathématique de l'enseignement de spécialité « Physique-chimie et mathématiques » de STI2D/STL est évaluée en Terminale lors d'une épreuve finale écrite.

2 Dans cet ouvrage

■ À la fin de chacun des 6 chapitres de la 1re partie de cet ouvrage figurent des sujets d'entraînement corrigés pour chacune des deux parties des épreuves de contrôle continu (automatismes et exercices).

■ Accessibles par flashcode : des exercices supplémentaires, des documents sur la programmation et des fiches « Utilisation de la calculatrice », signalés par les pictos :

 # doc
Utilisation de la calculatrice pour les suites
foucherconnect.fr/19pbsti2d04

1 Suites numériques

Les suites permettent de modéliser des situations réelles discrètes simples choisies en lien avec les autres disciplines de 1re STI2D/STL et dans la vie quotidienne (évolution d'une production, de l'effectif d'une population, d'une colonie bactérienne, du prix d'un article...).

1 Suite arithmétique et suite géométrique

A Suites arithmétiques

DÉFINITION

Une **suite arithmétique** est une suite numérique dont chaque terme s'obtient en ajoutant au précédent un nombre réel constant ***r*** appelé **raison**.

■ Pour tout nombre entier naturel n, $\boldsymbol{u_{n+1} = u_n + r}$.

EXEMPLES

1° La suite (u_n) des nombres entiers naturels pairs est une suite arithmétique de premier terme $u_0 = 0$ de raison $r = 2$: pour tout entier naturel n, $u_{n+1} = u_n + 2$.

2° Soit (v_n) la suite arithmétique de premier terme $v_0 = 2$ et de raison $r = -1$;

$v_1 = v_0 + r$; $v_1 = 2 - 1$; $v_1 = 1$;

$v_2 = v_1 + r$; $v_2 = 1 - 1$; $v_2 = 0$;

$v_3 = v_2 + r$; $v_3 = -1$.

■ Une suite arithmétique de raison r est :

croissante, si $r > 0$; **décroissante**, si $r < 0$; **constante** si $r = 0$.

■ **La représentation graphique d'une suite arithmétique (u_n) dans un repère du plan est constituée de points alignés de coordonnées (n, u_n).**

B Suites géométriques

DÉFINITION

Une **suite géométrique** est une suite numérique dont chaque terme s'obtient en multipliant le précédent par une constante ***q*** appelé de **raison**.

En STI2D/STL, on prend $q > 0$.

■ Pour tout nombre entier naturel $\boldsymbol{u_{n+1} = qu_n}$.

EXEMPLE

On considère la suite géométrique (u_n) de premier terme $u_0 = 2$ et de raison $q = 0{,}9$.

$u_1 = qu_0$; $u_1 = 0{,}9 \times 2$; $u_1 = 1{,}8$;

$u_2 = qu_1$; $u_2 = 0{,}9 \times 1{,}8$; $u_2 = 1{,}62$;

$u_3 = qu_2$; $u_3 = 0{,}9 \times 1{,}62$; $u_3 = 1{,}458$...

■ Une suite géométrique de raison q strictement positive et de premier terme strictement positif est :

croissante, si $q > 1$; **décroissante**, si $0 < q < 1$; **constante**, si $q = 1$.

Exemple de représentation graphique d'une suite géométrique :

EXEMPLE

On considère la suite géométrique (u_n) de premier terme $u_0 = 1$ et de raison $q = 2$. $u_1 = 2u_0 = 2$; $u_2 = 2u_1 = 4$; $u_3 = 2u_2 = 8$. Sur la figure, on a placé les quatre premiers points de la représentation graphique de la suite (u_n). Ils sont situés sur une courbe qui n'a pas été étudiée en Seconde.

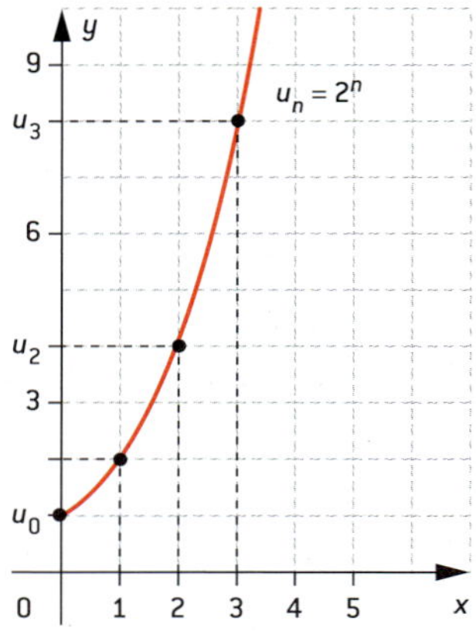

Augmentation ou diminution de x % par heure, par mois, par an

- Chaque fois qu'on est confronté à une situation du type « une population, un prix... augmente de x % tous les ans par mois, par heure », on peut définir une suite géométrique de raison $1+\dfrac{x}{100}$.
- S'il s'agit d'une diminution de x %, on peut définir une suite géométrique de raison $1-\dfrac{x}{100}$.

EXERCICE RÉSOLU

ÉNONCÉ

On prévoit que le nombre de malades atteints d'une certaine pathologie respiratoire, en France, augmente de 6 % par an à partir de 2018. On désigne par u_n le nombre de malades l'année $(2018 + n)$. On a $u_0 = 61\,353$.

Dans ce qui suit, tous les résultats sont à arrondir à l'unité.

1. Calculer le nombre de malades en 2019.
2. Calculer le nombre de malades prévisibles pour 2020 et 2021.
3. Démontrer que la suite (u_n) est une suite géométrique dont on précisera la raison.
4. Donner, en le justifiant, le sens de variation de la suite (u_n).

MÉTHODE

Déduire de $u_{n+1} = u_n + \dfrac{x}{100}u_n$ que : $u_{n+1} = qu_n$, où q est un nombre réel à déterminer.
q est la raison de la suite géométrique.

SOLUTION

1. Le nombre de malades en 2019 est : $61\,353+\dfrac{6}{100}\times 61\,353 \approx 65\,034$.

2. Le nombre de malades prévisibles pour 2020 est : $65\,034+\dfrac{6}{100}\times 65\,034 \approx 68\,936$.
Pour 2021 : $68\,936+\dfrac{6}{100}\times 68\,936 \approx 73\,072$.

3. Pour tout entier n, $u_{n+1} = u_n + \dfrac{6}{100}u_n$; $u_{n+1} = u_n + 0{,}06u_n$; $u_{n+1} = u_n(1+0{,}06)$; $u_{n+1} = 1{,}06u_n$.
La suite (u_n) est une suite géométrique de raison 1,06.

4. La raison est : $1{,}06 > 1$, la suite géométrique (u_n) est croissante.

 # doc
Utilisation de la calculatrice pour les suites
foucherconnect.fr/19pbsti2d04

2 Algorithme programmation et suites

A Notion de liste en informatique

DÉFINITION

Une **liste** en informatique est une collection **ordonnée** d'éléments (entiers, flottants, chaînes de caractères, booléens...) séparés par des virgules et mis entre crochets.

EXEMPLE

`L = [2, 3, 5, 8, 13]` est une liste de 5 entiers, distincte de la liste `[3, 2, 5, 8, 13]`.
`notes = ['1e3', 12, 9.5, 18]` est une liste de 4 éléments :
une chaîne de caractère (`1e3`), deux entiers (12 et 18) et un flottant (`9.5`).

REMARQUES

- Une liste d'entiers ou de flottants peut représenter une suite numérique comme la liste L.
- On peut visualiser une liste comme une série de « boîtes » dans lesquelles chaque élément de la liste est rangé. Les boîtes sont numérotées par un **indice**.
- **Attention : la numérotation commence à 0.**
`notes = ['1e3', 12, 9.5, 18]`

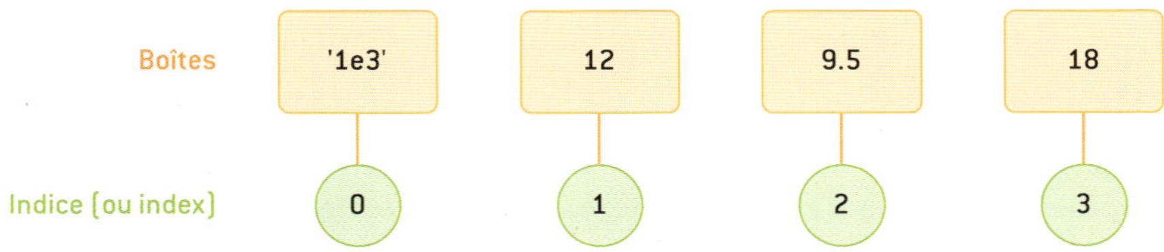

EXEMPLE

L'élément d'indice 0 de `L`, noté `L[0]`, a pour valeur `2` ; `L[1]` a pour valeur `3` ; `L[4]` a pour valeur `13`.
`notes[0]` a pour valeur `'1e3'`, `notes[1]` a pour valeur `12`, `notes[3]` a pour valeur `18`.

Générer une liste

• Voyons d'abord le cas particulier de la fonction **range**. L'instruction `range(6)` permet de générer la liste `[0, 1, 2, 3, 4, 5]` (faire `list(range(6))` pour afficher la liste) et `range(1, 6)` permet de générer la liste `[1, 2, 3, 4, 5]`.

Attention : range(n) correspond à la liste des entiers de 0 à $n - 1$ et range(n, m) à celle des entiers de n à $m - 1$.

• Une liste peut être générée « **en extension** », c'est-à-dire en écrivant l'ensemble de ses éléments.

EXEMPLE

`jours = ['lundi', 'mardi', 'mercredi', 'jeudi', 'vendredi']`

• On peut également générer une liste par **ajouts successifs** d'un élément. L'instruction `L.append(x)` ajoute `x` à la fin de la liste `L` (append signifie « ajouter » en anglais).

EXEMPLES

L'instruction `jours.append('samedi')` crée la liste :
`['lundi', 'mardi', 'mercredi', 'jeudi', 'vendredi', 'samedi']`.
Le programme suivant crée la liste `[2, 4, 6, 8, 10]`.

```
L = []
for   k in range(1, 6):
      L.append(2 * k)
```

• On peut aussi générer une liste « **en compréhension** », notamment par une formule définissant ses éléments.

EXEMPLES

L'instruction `L = [2 * n for n in range(1,6)]` crée la liste `[2, 4, 6, 8, 10]`.
On peut ajouter une condition dans laquelle `!=` signifie ≠.
L'instruction `L = [2 * n for n in range(1,6) if n !=3]` crée la liste `[2, 4, 8, 10]`.

Manipuler des éléments d'une liste et leur indice

Le tableau suivant résume les principales manipulations sur les éléments d'une liste.

On considère la liste `L = [2, 4, 6, 8, 10]`.

Objectif	Instruction	Résultat
Obtenir le 3e élément de la liste, d'indice 2.	`L[2]`	`6`
Donner le nombre d'éléments de la liste.	`len(L)`	`5`
Rechercher l'indice d'un élément de la liste.	`L.index(8)`	`3`
Ajouter le nombre 12 à la liste.	`L.append(12)`	`[2, 4, 6, 8, 10, 12]`
Supprimer l'élément d'indice 2.	`del L[2]`	`[2, 4, 8, 10, 12]`

Parcourir les éléments d'une liste

Pour parcourir un à un les éléments x d'une liste `L`, on utilise `for x in L:`.

EXEMPLE

Le programme suivant calcule la somme des nombres de la liste `pairs`.

```
pairs = [2, 4, 6, 8, 10]
somme = 0
for i in pairs:
    somme = somme + i
```

La valeur de la variable `somme` en fin d'exécution est 30.

B Suites et situations algorithmiques

Calculer un terme de rang donné d'une suite définie par récurrence

On considère la suite (u_n) définie par $u_0 = 1$ et, pour tout entier naturel n, $u_{n+1} = 2u_n + 3$. On souhaite calculer u_{20}.

• **Avec un tableur**

Comme ci-contre, on entre en B2 la valeur de u_0 et en B3 la formule =2*B2+3 correspondant à la relation de récurrence. On recopie la cellule B3 vers le bas jusqu'en B22. La cellule B22 affiche la valeur de $u_{20} = 4\,194\,301$.

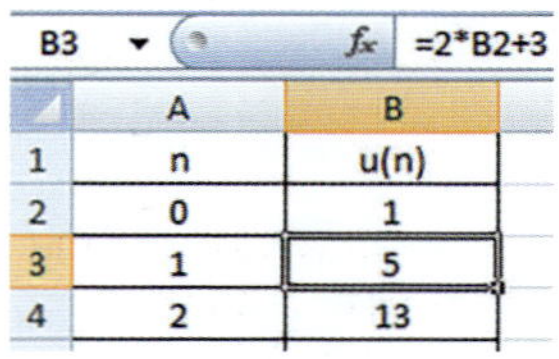

• **Avec Python**

Langage naturel	Python

$u \leftarrow 1$
Pour k de 1 à 20
$\quad u \leftarrow 2u + 3$
Fin Pour
	`u = 1`
	`for k in range(1, 21):`
	`    u = 2 * u + 3`

En fin d'algorithme, la variable u contient la valeur de u_{20}. Le programme Python fournit la valeur 4 194 301.

Attention, en Python `range(1, 21)` correspond à la liste des entiers consécutifs de 1 à 20. Pour que la boucle `for` s'exécute 20 fois, il faut donc indiquer `range(1, 21)`.

Déterminer et représenter une liste de termes

• Cas d'une suite définie par son terme général

EXEMPLE

On considère la suite (u_n) définie, pour tout entier naturel n, par $u_n = n^2$. On souhaite calculer et représenter avec Python les termes de u_0 à u_{10}.
On exécute le programme suivant qui utilise le module `pyplot` de représentation graphique.

```
import matplotlib.pyplot as plt
L = [n**2 for n in range(11)]
plt.scatter(range(11), L)
plt.show()
```

Ce programme est présenté ici pour introduire de façon progressive l'utilisation du langage Python dans l'étude des suites.
Le programme commence par dresser la liste de toutes les ordonnées des points à tracer.
La liste L est : `[0, 1, 4, 9, 16, 25, 36, 49, 64, 81, 100]`.
Les points sont ensuite représentés. L'instruction `plt.scatter(range(11), L)` représente le « nuage de points » dont les abscisses sont données par la liste `range(11)` et les ordonnées par la liste `L`. Le mot « scatter » signifie dispersion en anglais.
C'est ce programme que nous utiliserons désormais pour faciliter l'appropriation de la notion de liste en informatique.

Voir la figure 1 page suivante.

• Cas d'une suite définie par récurrence

EXEMPLE

On considère la suite (u_n) définie par $u_0 = \frac{3}{4}$ et, pour tout entier naturel n, $u_{n+1} = {u_n}^2$.
On souhaite calculer et représenter avec Python les termes de u_0 à u_5.
On exécute le programme suivant.

Programme

```
import matplotlib.pyplot as plt
u = 3/4
L = [u]
for   k in range(1, 6):
      u = u ** 2
      L.append(u)
plt.scatter(range(6), L)
plt.show()
```

La liste `L` est : `[0.75, 0.5625, 0.31640625, 0.1001129150390625, 0.010022595757618546, 0.00010045242572063329]`.

REMARQUE

On rappelle que l'instruction `'L.append(u)'` ajoute u à la fin de la liste L.

Voir la figure 2 page suivante.

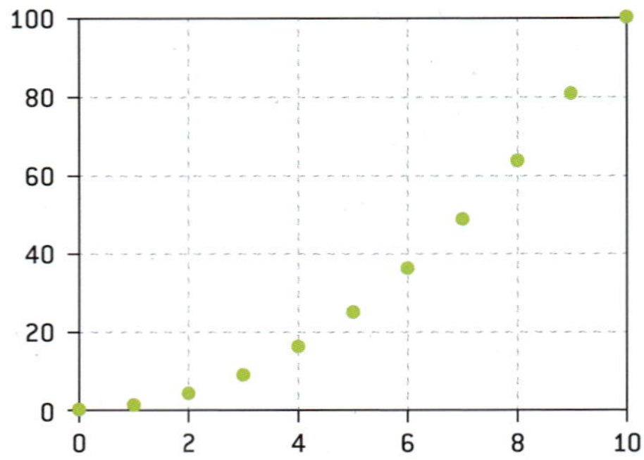

Figure 1

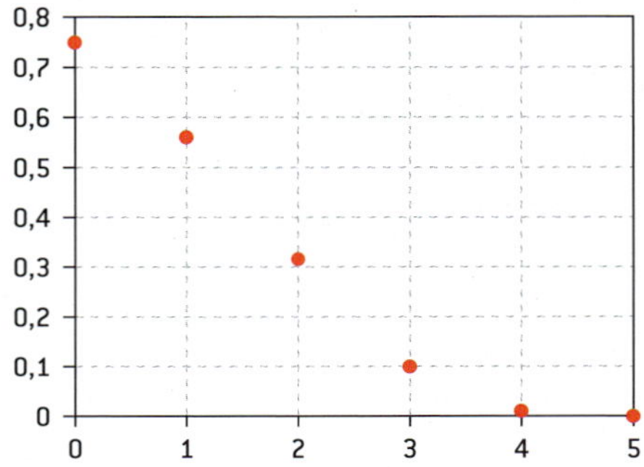

Figure 2

Algorithme de seuil

EXEMPLE

On considère la suite (u_n) définie pour tout entier naturel n par $u_n = 0{,}9^n$.
On admet que (u_n) est décroissante et on recherche le plus petit entier n pour lequel $u_n \leq 0{,}5$.
On ne sait pas combien d'itérations seront nécessaires, on utilise donc une boucle `while` avec un compteur qui s'incrémente tant que u_n est supérieur à 0,5.

Langage naturel	Python

$n \leftarrow 0$
Tant que $0{,}9^n > 0{,}5$
    $n \leftarrow n+1$
Fin Tant que
	`n = 0`
	`while 0.9 ** n > 0.5:`
	`    n = n + 1`

La valeur de la variable `n` en fin de programme est 7. On en déduit que $0{,}9^7$ est la plus petite puissance de 0,9 inférieure ou égale à 0,5.

 # doc
Memento Python
foucherconnect.fr/19pbsti2d05

PREMIER EXERCICE

Partie I : Automatismes ***Sans calculatrice (20 minutes, 5 points)***

Aucune justification n'est demandée.

1. **Passer d'une formulation additive à une formulation multiplicative et réciproquement** *(2 points)*

Recopier et compléter les phrases suivantes.

a. Augmenter de 30 %, c'est multiplier par... ;

b. Diminuer de 40 %, c'est multiplier par... ;

c. Multiplier par 2, c'est augmenter de ...% ;

d. Multiplier par 0,75, c'est diminuer de ...%.

2. Appliquer un taux d'évolution pour calculer une valeur initiale ou une valeur finale *(2 points)*

a. **QCM**

Entre le 31 décembre 2015 et le 31 décembre 2016, le nombre d'immatriculations de véhicules électriques, en France est passé de 65 793 à 93 100, arrondi à l'unité, cela représente une augmentation de :

• 62 % ; • 42 % ; • 32 %.

b. **QCM**

En 2018, le montant des importations de jouets, en France, s'est élevé à 2 425 millions d'euros, en hausse de 8,8 % par rapport à 2017. En, 2017, le montant des importations en millions d'euros s'est élevé à :

• 2 416 ; • 2 337 ; • 2 229.

c. **Vrai/faux**

Prendre 4 % de 50 est équivalent à prendre 50 % de 4.

3. **Évolutions successives** *(1,5 point)*

a. Un prix augmente de 30 % puis baisse de 30 %. Le prix est-il revenu à sa valeur initiale ?

b. Une baisse de 20 % suivie d'une baisse de 10 % est-elle équivalente à une baisse de 30 % ?

CORRIGÉ

1. a. $1+\frac{30}{100}=1,3$; b. 0,6 ; c. $2=1+\frac{100}{100}$.
Donc : 100 % ; d. 25 %.

2. a. 42 %. b. 2 229 millions.
c. $0,04\times 50=0,5\times 4=2$, c'est vrai.

3. a. Le coefficient multiplicateur correspondant aux deux évolutions est : $\left(1+\frac{30}{100}\right)\left(1-\frac{30}{100}\right)=1,3\times 0,7=0,91$.
$0,91=1-\frac{9}{100}$. Le prix a baissé de 9 %.
b. Non, à une baisse de 27 %.

À SAVOIR

Taux d'évolution et coefficient multiplicateur (rappel)

▶ Si t est le **taux d'évolution** de y_1 à y_2, alors $y_2=(1+t)y_1$.
$c=\frac{y_1}{y_2}=1+t$ est le **coefficient multiplicateur** de y_1 à y_2.

Exemples

1. Une hausse de 10 % pour une quantité passant de y_1 à y_2 se traduit par :
$y_2=y_1+\frac{10}{100}y_1=\left(1+\frac{10}{100}\right)y_1=1,1\,y_1$. Le coefficient multiplicateur est $c=1,1$.

2. Une baisse de 10 % se traduit par :
$y_2=y_1-\frac{10}{100}y_1=\left(1-\frac{10}{100}\right)y_1=0,9\,y_1$. Le coefficient multiplicateur est $c=0,9$.

▶ Deux évolutions (hausses ou baisses) successives, de coefficients multiplicateurs c et c', correspondent à une évolution globale (hausse ou baisse) de coefficient multiplicateur $c.c'$ (Ou : **pour deux évolutions successives, on multiplie les coefficients multiplicateurs**).

▶ Deux évolutions (hausse et baisse) sont **réciproques** si et seulement si leurs coefficients multiplicateurs c et c' sont tels que $c.c'=1$.

MATHÉMATIQUES ENSEIGNEMENT COMMUN

Partie II *Avec la calculatrice et le tableur (5 points)*

L'emploi de travailleurs handicapés

Suite à la loi de 2005 relative au handicap, tout employeur de plus de 20 salariés est soumis à l'obligation d'emploi de travailleurs handicapés : il est tenu d'employer des travailleurs handicapés dans une proportion d'au moins 6 % de l'effectif total du personnel.

Le tableau ci-dessous donne, de 2016 à 2018, le nombre total de salariés ainsi que le nombre de salariés handicapés d'une entreprise du secteur de l'industrie.

Année	**2016**	**2017**	**2018**
Nombre total de salariés	1 764	1 771	1 805
Nombre de salariés handicapés	60	62	65

1. Calculer le taux d'évolution de 2017 à 2018 du nombre de salariés handicapés dans cette entreprise. Arrondir à 0,1 %.

2. On suppose qu'à partir de 2018, le nombre de salariés handicapés augmente de 5 % chaque année dans cette entreprise, et on en modélise l'évolution à l'aide d'une suite. Ainsi, pour tout entier naturel n, on note u_n une estimation du nombre de salariés handicapés pour l'année $(2018+n)$. On a donc : $u_0 = 65$.

Indiquer sans justification la nature de la suite (u_n). Préciser sa raison.

3. On utilise une feuille de calcul automatisé pour obtenir les termes de la suite (u_n).

Quelle formule peut-on saisir dans la cellule C2 qui, recopiée vers la droite, permet de remplir ce tableau ?

	A	B	C	D	E
1	Année	2018	2019	2020	2021
2	Nombre de salariés handicapés	65			

4. a. Calculer u_3 (arrondir le résultat à l'unité). Interpréter le résultat.

b. Selon ce modèle, sachant que l'entreprise s'est fixée comme perspective d'employer au total 1 850 salariés en 2021, peut-on penser que l'obligation d'emploi des travailleurs handicapés y sera respectée en 2021 ?

CORRIGÉ

1. Le coefficient multiplicateur est : $\dfrac{65}{62} \approx 1{,}048 = 1 + 0{,}048$.

Le taux d'évolution est donc $t \approx 4{,}8\,\%$.

2. La suite (u_n) est une suite géométrique de raison 1,05.

3. =B2*1,05.

4. a. $u_3 = 1{,}05u_2$, $u_2 = 1{,}05u_1$, $u_1 = 1{,}05u_0$, d'où : $u_3 = (1{,}05)^3 u_0 = 65 \times (1{,}05)^3 \approx 75$.

u_3 est le nombre de salariés handicapés employés dans l'entreprise en 2021.

b. $\dfrac{75}{1850} \approx 0{,}041 = 4{,}1\,\%$. L'obligation d'emploi n'est pas respectée.

TROISIÈME EXERCICE

Partie II ***Avec la calculatrice et de l'algorithmique (5 points)***

Production de voitures électriques

L'efficacité énergétique (valorisation des déchets, efficacité des éclairages, domotique dans les habitations...) devient une priorité pour les industriels, les collectivités locales et les usagers.

À l'échelle européenne, le marché des services énergétiques devrait croître de 5 % par an. En 2018, le fournisseur d'énergie Energia a réalisé un chiffre d'affaires de 920 millions d'euros dans les services énergétiques.

Les résultats seront arrondis au million d'euros.

1. Déterminer le chiffre d'affaires que devrait réaliser le fournisseur Energia dans les services énergétiques pour l'année 2019.

2. On suppose que dans les prochaines années, la tendance va se poursuivre.

On note C_n le chiffre d'affaires, en millions d'euros, réalisé par le fournisseur Energia dans les services énergétiques pour l'année $2018 + n$.

a. Exprimer C_{n+1} en fonction de C_n.

b. En déduire la nature de la suite (C_n) et donner ses éléments caractéristiques.

3. a. Calculer la valeur du chiffre d'affaires en 2021.

b. Quel est le pourcentage d'augmentation du chiffre d'affaires de 2018 à 2021 ? On donnera le résultat sous forme p %, où p est arrondi à 10^{-1}.

4. On veut déterminer à partir de quelle année le chiffre d'affaires du fournisseur Energia réalisé dans les services énergétiques va doubler. On considère l'algorithme ci-dessous. Recopier et compléter la ligne 3 afin que cet algorithme réponde à la question posée.

```
1 N ← 0
2 C ← 920
3 Tant que...
4       N ← N + 1
5       C ← C × 1,05
6 Fin Tant que
```

CORRIGÉ

1. $920+\dfrac{5}{100}\times 920=966$

2. a. $C_{n+1}=C_n+\dfrac{5}{100}C_n=\left(1+\dfrac{5}{100}\right)C_n=1{,}05\ C_n$; $C_{n+1}=1{,}05\ C_n$.

b. La suite (C_n) est une suite géométrique de premier terme $C_0 = 920$ et de raison $q = 1{,}05$.

3. a. Le chiffre d'affaires pour 2021 est C_3. $C_3 = 1{,}05\ C_2$; $C_2 = 1{,}05\ C_1$; $C_1 = 1{,}05\ C_0$. D'où : $C_3 = (1{,}05)^3\ C_0$; $C_3 \approx 1\ 065$.

b. $\dfrac{1\ 065}{920}\approx 1{,}158$. D'où $p = 15{,}8$ %

4. Tant que $C < 920 \times 2$.

 # exo
foucherconnect.fr/19pbsti2d06

2 Fonctions de la variable réelle

Les fonctions permettent de modéliser des situations d'évolutions continues et d'étendre le champ des présentations graphiques rencontrées en mathématiques, dans la vie courante, en physique-chimie, en technologie, en économie...

1 Fonctions de référence

Fonction carré

- C'est la fonction définie pour tout x par : $f(x) = x^2$.
- Son tableau de variation est :

x	$-\infty$	0	$+\infty$
Variation de f	↘	0	↗

- Sa courbe représentative, qui est une **parabole**, est donnée ci-dessous.

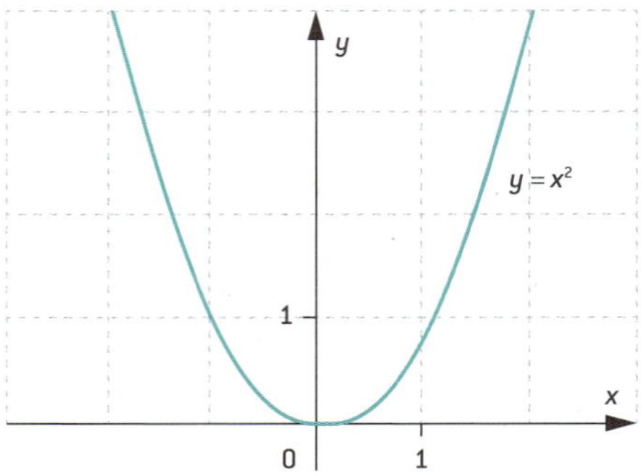

Fonction cube

- C'est la fonction définie pour tout x par : $f(x) = x^3$.
- Son tableau de variation est :

x	$-\infty$	$+\infty$
Variation de f	↗	

- Sa courbe représentative est :

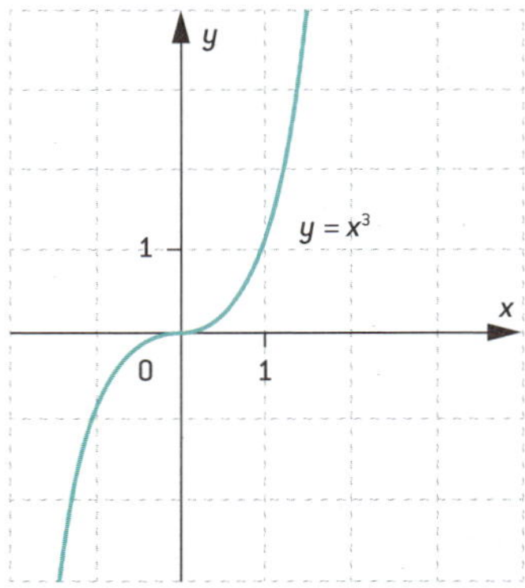

Fonction racine carrée

- C'est la fonction définie sur l'intervalle $[0, +\infty[$ par $f(x) = \sqrt{x}$.
- Son tableau de variation est :

x	0	$+\infty$
Variation de f	0 ↗	

- Pour tout $x \geq 0$, $f(x) \geq 0$.

- Sa courbe représentative est :

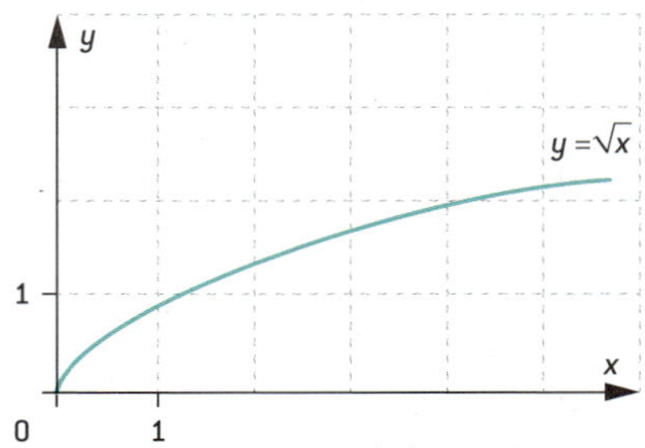

Fonction inverse

• C'est la fonction définie sur $]-\infty, 0[$ ou sur $]0, +\infty[$ par : $f(x) = \frac{1}{x}$.

• f est décroissante sur $]-\infty, 0[$ et f est décroissante sur $]0, +\infty[$; son tableau de variation est :

x	$-\infty$	0	$+\infty$
Variation de f	↘	‖	↘

• Sa courbe représentative, qui est une **hyperbole**, est constituée par deux branches :

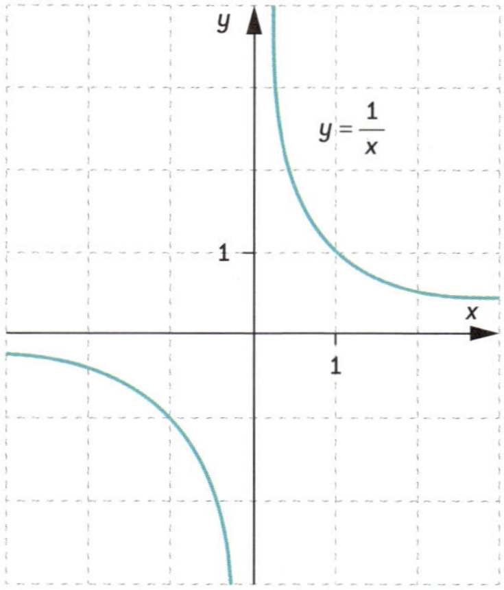

2 Fonctions polynômes de degré 2

Dans tout ce qui suit, a et b sont des constantes réelles avec $a \neq 0$.

■ La représentation graphique d'une fonction polynôme de degré 2 est une **parabole**.

A Fonctions $x \mapsto ax^2$

■ Le sens de variation des fonctions $f : x \mapsto ax^2$ est donné par les tableaux suivants :

Cas où $a > 0$			
x	$-\infty$	0	$+\infty$
$f(x) = ax^2$	↘	0	↗

f admet pour **minimum** $f(0) = 0$.

Cas où $a < 0$			
x	$-\infty$	0	$+\infty$
$f(x) = ax^2$	↗	0	↘

f admet pour **maximum** $f(0) = 0$.

■ La représentation graphique d'une fonction $x \mapsto ax^2$ admet l'axe des ordonnées pour axe de symétrie.

■ Les représentations graphiques des fonctions $f : x \mapsto ax^2$ et $g : x \mapsto -ax^2$ sont symétriques par rapport à l'axe des abscisses.

EXEMPLE

Sur la figure ci-contre, figurent les représentations graphiques des fonctions $f : x \mapsto ax^2$, avec : $a = -2$, $a = -1$, $a = -\frac{1}{4}$, $a = \frac{1}{4}$, $a = 1$, $a = 2$.

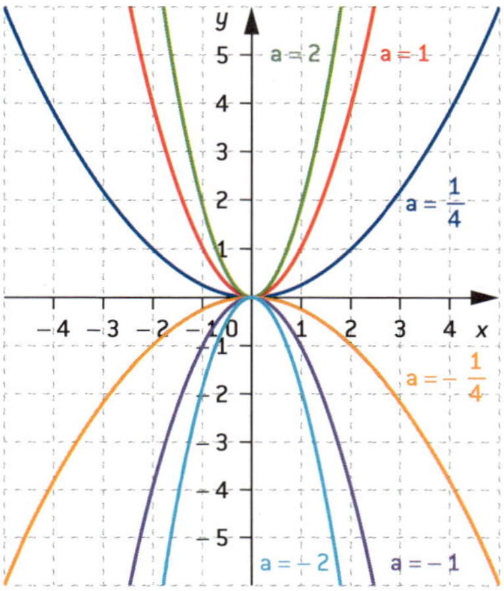

B Fonctions $x \mapsto ax^2 + b$

Dans un repère $(O;\vec{i},\vec{j})$, la représentation graphique de la fonction $x \mapsto ax^2 + b$ est la transformée par la translation de vecteur $b\vec{j}$ de la représentation graphique de la fonction $x \mapsto ax^2$.

EXEMPLE

Sur la figure ci-contre, les représentations graphiques d'équations $y = 1{,}2x^2 + 1{,}5$ et $y = 1{,}2x^2 - 2$ sont respectivement les transformées par les translations de vecteur $1{,}5\vec{j}$ et $-2\vec{j}$ de la représentation graphique d'équation $y = 1{,}2x^2$.

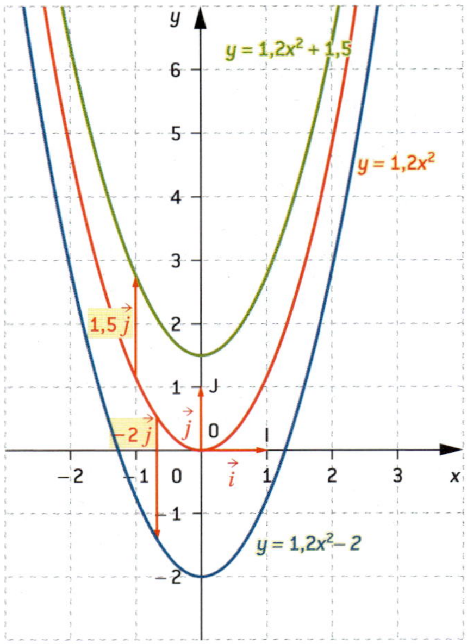

C Fonctions $x \mapsto a(x - x_1)(x - x_2)$

- La représentation graphique de la fonction $x \mapsto a(x - x_1)(x - x_2)$ est une parabole ayant pour **axe de symétrie** la parallèle à l'axe des ordonnées coupant l'axe des abscisses au point d'abscisse $\dfrac{x_1 + x_2}{2}$.
- Le **sommet** de cette parabole est le point (de la parabole) d'abscisse $\dfrac{\boldsymbol{x_1 + x_2}}{\boldsymbol{2}}$.

EXERCICE RÉSOLU

ÉNONCÉ

Soit f la fonction définie sur $[-2, 4]$ par $f(x) = (x+1)(x-3)$ et P sa représentation graphique dans un repère orthonormé, donnée ci-contre.

1. Déterminer les points d'intersections de la courbe P et de l'une des abscisses.

2. Déterminer une équation de l'axe de symétrie de la parabole P.

3. Déterminer les coordonnées du sommet S de P.

4. Donner le tableau de variation de la fonction f.

5. a. Déterminer graphiquement le signe de $f(x)$.

b. Déterminer par un tableau de signes le signe de $f(x)$.

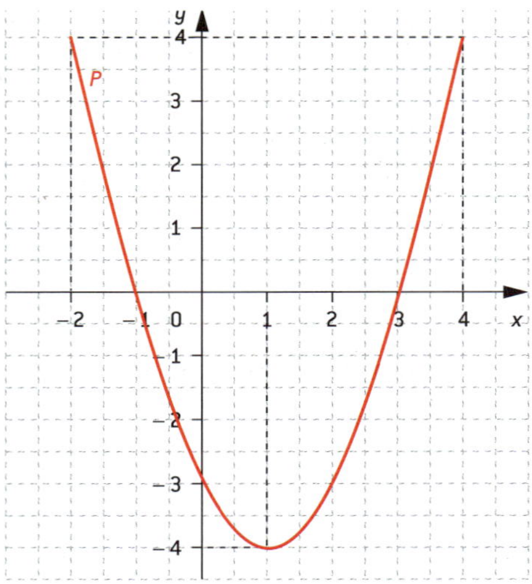

SOLUTION

1. Les coordonnées des points cherchés ont des coordonnées $(x,\ y)$ qui vérifient $f'(x)=3x^2-7,5$ et $y=0$. Donc $(x+1)(x-3)=0$, c'est-à-dire $x=-1$ ou $x=3$. Les points cherchés ont pour coordonnées $(-1, 0)$ et $(3, 0)$.

2. L'axe de symétrie de la parabole P a pour abscisse : $\dfrac{-1+3}{2}=1$. L'équation de cet axe est $x=1$.

3. Le sommet S étant sur l'axe de symétrie de P, son abscisse est 1 et son ordonnée est : $f(1)=-4$.

4.

x	-2		1		4
$f(x)=(x+1)(x-3)$	4	↘	-4	↗	4

5. a. Sur la figure, on lit que les points de P d'ordonnée négative ont une abscisse comprise entre -1 et 3. D'où le tableau de signes :

x	-2		-1		3		4
Signe de $f(x)$		$+$	0	$-$	0	$+$	

b. $x+1\geq 0$ équivaut à $x\geq -1$; $x-3\geq 0$ équivaut à $x\geq 3$. On remplit le tableau de signes suivant :

x	-2		-1		3		4
$x+1$		$-$	0	$+$		$+$	
$x-3$		$-$		$-$	0	$+$	
$(x+1)(x-3)$		$+$	0	$-$	0	$+$	

3 Fonctions polynômes de degré 3

■ Les fonctions $f: x \mapsto ax^3$ sont :
- strictement croissantes sur $\mathbb{R}$ dans le cas où $a>0$;
- strictement décroissantes sur $\mathbb{R}$ dans le cas où $a<0$.

■ La représentation d'une fonction $x \mapsto ax^3$ est symétrique par rapport à l'origine du repère.

■ Les représentations graphiques des fonctions $f: x \mapsto ax^3$ et $g: x \mapsto -ax^3$ sont symétriques par rapport à l'axe des abscisses et l'axe des ordonnées.

■ Dans un repère $\left(O;\vec{i},\vec{j}\right)$, la représentation graphique de la fonction $x \mapsto ax^3+b$ est la transformée par la translation de vecteur $b\vec{j}$ de la représentation graphique de la fonction $x \mapsto ax^3$.

■ La **racine cubique** d'un nombre réel c est la solution unique de l'équation $x^3=c$, notée $c^{\frac{1}{3}}$ ou $\sqrt[3]{c}$.

4 Programmation et fonctions

A Fonctions en informatique

■ La syntaxe d'une fonction en langage Python est :

```
def nom(paramètre1, paramètre2):
    Instructions
    return résultats
```

ATTENTION
- À ne pas oublier les deux points en fin de première ligne.
- À respecter l'indentation, c'est-à-dire le décalage à droite après la première ligne.
- À utiliser le mot-clé return pour renvoyer des résultats.

■ Une fonction peut avoir aucun, un ou plusieurs paramètres.

EXEMPLE

Exemple de fonction avec un paramètre
On peut définir en langage Python une fonction mathématique d'une variable réelle comme la fonction f définie par $x \mapsto x^3 - x$ de la façon suivante.

Fonction	Exécution : calcul de $f(-1)$
`def f(x):` `    return x ** 3 - x`	`>>> f(-1)` `0`

■ Le résultat éventuel d'une fonction, renvoyé par le mot-clé `return` est utilisable dans un programme ou une autre fonction.

B Résolution approchée d'une équation par balayage

■ On suppose que l'équation $f(x) = k$ admet une unique solution dans l'intervalle $[a, b]$ et que la fonction f est dérivable et strictement monotone sur cet intervalle. La fonction Python suivante fournit un encadrement de la solution obtenu par un balayage dont le pas figure en paramètre.

Cas où f est croissante sur $[a, b]$	Cas où f est décroissante sur $[a, b]$

`def balayage(pas):`
`    x = a`
`    while f(x) < k:`
`        x = x + pas`
`    return(x - pas, x)`
	`def balayage(pas):`
	`    x = a`
	`    while f(x) > k:`
	`        x = x + pas`
	`    return(x - pas, x)`

doc
Compléments en algorithmique
foucherconnect.fr/19pbsti2d07

PREMIER EXERCICE

Partie I : Automatismes ***Sans calculatrice (20 minutes, 5 points)***

Aucune justification n'est demandée.

1. Proportion d'une proportion *(1,5 point)*

Un institut de santé publique réalise une étude sur l'efficacité de deux médicaments A et B soignant une même forme de migraine, auprès d'une population de patients prenant l'un de ces deux médicaments. En cas de migraine, 60 % des patients interrogés prennent le médicament A, les autres prennent le médicament B.

70 % des patients qui prennent le médicament A se déclarent soulagés.

90 % des patients qui prennent le médicament B se déclarent soulagés.

a. Quelle proportion, en pourcentage, de la population des patients interrogés, représente l'ensemble des patients qui prennent le médicament A et se déclarent soulagés ?

b. Même question qu'au a. en remplaçant A par B.

c. Quelle est la proportion de patients de la population interrogée qui se déclarent soulagés après avoir pris l'un des deux médicaments ?

2. Passer d'une écriture d'un nombre à un autre *(1 point)*

a. Écrire sous forme décimale chacun des nombres suivants : $E = 1,44 \times 10^4$; $F = 20,8 \times 10^{-3}$.

b. Écrire sous forme décimale, puis sous forme scientifique le nombre suivant :
$G = 3 \times 10^3 + 10^{-1} + 10^{-2}$.

3. Effectuer des conversions d'unités *(2 points)*

Pour exprimer des durées, on peut utiliser heures (h), minutes (min) et secondes (s).
1 h = 60 min = 3 600 s.

a. Un véhicule parcourt 25 mètres en une seconde. Combien parcourt-il en une minute ? en une heure ?

b. Recopier et compléter la phrase suivante : le véhicule de l'exemple précédent a une vitesse de … m/s, c'est-à-dire de … km/h.

c. Convertir 72 km/h en m/s.

d. Convertir 20 m/s en km/h.

4. Isoler une variable dans une égalité qui en comporte plusieurs *(0,5 point)*

V est la vitesse en $m \cdot s^{-1}$, g = 9,81 et h est la hauteur de chute en mètres. On donne : $V = \sqrt{2gh}$.

Exprimer h en fonction de V.

CORRIGÉ

1. Proportion d'une proportion

Si p est la proportion de A dans E et p′ la proportion de E dans F, alors la proportion de A dans F est pp′.

a. $0,6 \times 0,7 = 0,42$; b. $0,4 \times 0,9 = 0,36$; c. $0,36 \times 0,42 = 0,78$.

2. a. $E = 1,44 \times 10\,000 = 14\,400$; $F = 20,8 \times 0,001 = 0,0208$.

b. **Écriture scientifique**

La notation $a \times 10^n$ s'appelle l'écriture scientifique.

$G = 3 \times 0,001 + 0,1 + 0,01 = 0,113 = 133 \times 10^{-3}$.

3. a. En une minute : 60 × 25 = 1 500 ; en une heure : 60 × 1 500 = 90 000 m. b. 25 m/s c'est-à-dire 90 km/h. c. $\frac{72}{60} = 1,2$ km par minute, 1 200 m par minute, 20 m/seconde. d. 20 m/s équivaut donc à 72 km/h.

4. $V = \sqrt{2gh}$, d'où $V^2 = 2gh$ donc $h = \frac{V^2}{2g}$.

DEUXIÈME EXERCICE

Partie II ***(5 points)***

Lectures graphiques

Soit f la fonction définie sur l'intervalle $\left[-\frac{3}{2}, 3\right]$ par : $f(x)=(x+1)(x-2)^2$. La courbe représentative $\mathscr{C}$ de f est donnée ci-contre.

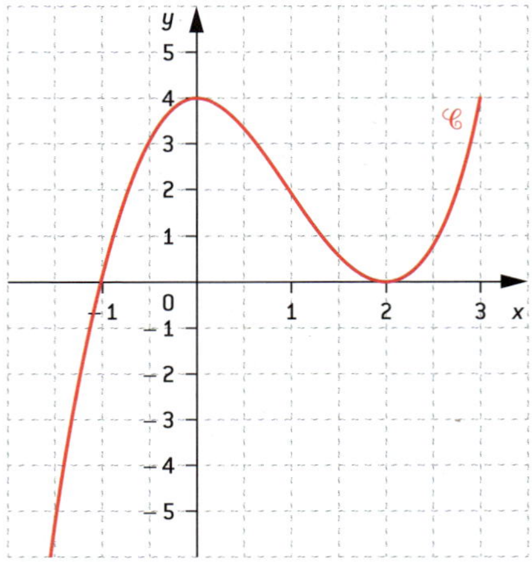

1. Résoudre graphiquement, ou par le calcul, l'équation $f(x)=0$.
2. Déterminer graphiquement l'abscisse du ou des points de $\mathscr{C}$ dont l'ordonnée est 4.
3. Résoudre graphiquement l'équation $f(x)=2$.
4. Donner dans un tableau le signe de $f(x)$ lorsque x varie dans $\left[-\frac{3}{2}, 3\right]$.
5. Proposer un tableau de variation pour la fonction f.

CORRIGÉ

1. L'équation $f(x)=0$ équivaut à : $(x+1)(x-2)^2=0$, donc à $x+1=0$ ou $(x-2)^2=0$, $x=-1$ ou $x=2$.
2. Il y a deux points dont l'ordonnée est 4. Leurs abscisses sont 0 et 3.
3. Les solutions de l'équation $f(x)=2$ sont les abscisses des points de la courbe C dont l'ordonnée est 2. On trouve trois solutions : $x_1 \approx -0{,}75$; $x_2=1$; $x_3 \approx 2{,}75$.
4. On peut obtenir graphiquement le signe de $f(x)$.

x	$-\frac{3}{2}$		-1		2		3
Signe de $f(x)$		$-$	0	$+$	0	$+$	

On peut aussi étudier (dans un tableau) le signe de $(x+1)(x-2)^2$.

5. $f\left(-\frac{3}{2}\right)=\left(-\frac{1}{2}\right)\times\left(-\frac{7}{2}\right)^2=-\frac{49}{8}$ et $f(3)=4$.

D'où le tableau de variation suivant.

x	$-\frac{3}{2}$		0		2		3
$f(x)$	$-\frac{49}{8}$	↗	4	↘	0	↗	4

TROISIÈME EXERCICE

Partie II : Étude d'une fonction, programmation avec Python *(5 points)*

Les deux parties A et B de cet exercice sont indépendantes.

A. Étude d'une fonction de la forme $x \mapsto a(x-x_1)(x-x_2)$ *(3 points)*

Soit f la fonction définie sur $[0, 4]$ par $f(x)=-(x-1)(x-3)$.

La courbe représentative $\mathcal{P}$ de f est donnée par la figure.

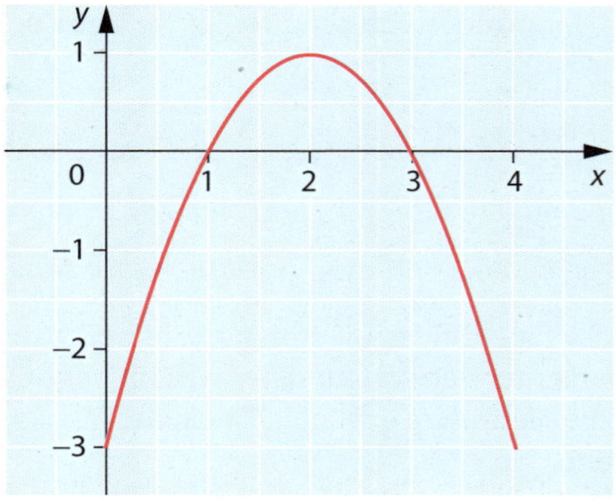

1. Déterminer graphiquement les solutions dans $[0, 4]$ de l'équation $-(x-1)(x-3)=0$.
2. En admettant que $\mathcal{P}$ est une parabole ayant un axe de symétrie parallèle à l'axe des ordonnées, déterminer une équation de cet axe de symétrie.
3. Déterminer les coordonnées du sommet S de $\mathcal{P}$.
4. Proposer un tableau de variation de f.

B. Déterminer une valeur approchée d'une équation *(2 points)*

On donne la fonction f définie sur [2 , 3] par $f(x) = x^3 - 2x - 5$ dont le tableau de variation est donné ci-dessous.

x	2	x_0	3
$f(x)$	−1 ↗	0	↗ 16

On cherche à déterminer une valeur approchée de la solution x_0 de l'équation $f(x) = 0$ et, pour cela, on considère la fonction Python suivante.

```
def balayage(epsilon):
    x = 2
    while x ** 3 - 2 * x - 5 < 0:
        x = x + epsilon
    return(x - epsilon, x)
```

1. Expliquer la condition de la boucle while.
2. Expliquer le rôle du paramètre epsilon de cette fonction.
3. Une exécution de l'instruction `balayage(0.0001)` conduit au résultat suivant :
`(2.0945000000001994, 2.0946000000001996)`
Interpréter ce résultat.

CORRIGÉ

A. 1. Les solutions de l'équation $-(x - 1)(x - 3) = 0$, équivalente à : $f(x) =0$, sont les abscisses des points où la courbe $\mathcal{P}$ coupe l'axe des abscisses. Les solutions sont donc : 1 et 3.

2. Une équation de l'axe de symétrie est $x=\dfrac{1+3}{2}=2$.

Voir le paragraphe ② C du cours.

3. Le sommet S est le point d'abscisse 2 de la parabole $\mathcal{P}$. D'où S a pour coordonnées $(2, 1)$.

4.

x	-3	2	4
Variation de f	-3 ↗	1 ↘	-3

5. Déterminons graphiquement le signe de $f(x)$.

x	-3		1		3		4
Signe de $f(x)$		$-$	0	$+$	0	$-$	

On peut aussi remplir le tableau de signes ci-dessus après avoir résolu les inéquations $-(x - 1) \geq 0$ et $x - 3 \geq 0$.

B.

1. La fonction f étant croissante et négative au début de l'algorithme, la condition permet de trouver la première valeur de x, avec un pas de epsilon, pour laquelle $f(x)$ est positif.
2. Le paramètre epsilon correspond au pas de balayage c'est-à-dire à l'ordre d'approximation souhaité.
3. La solution x_0 de l'équation est telle que : $2{,}0945 \leq x_0 \leq 2{,}0946$.

3 Dérivation

Cette étude donne notamment des outils pour minimiser des coûts dans le cadre des politiques pour la santé et le développement durable.

1 Approche graphique du nombre dérivé

A Sécante et tangente

Sécante à une courbe en un point

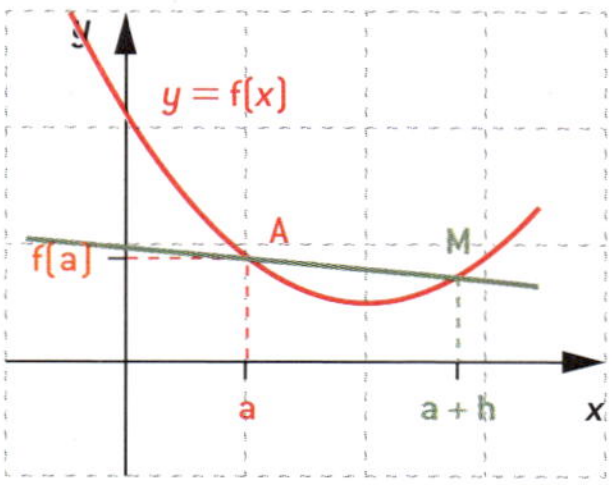

- La courbe $\mathscr{C}$ est la représentation graphique d'une fonction f. A est un point **fixe** d'abscisse a et d'ordonnée $f(a)$.
- On considère le point M de la courbe $\mathscr{C}$ d'abscisse $a + h$ et d'ordonnée $f(a + h)$.
- La droite (AM) est **sécante** à la courbe $\mathscr{C}$.

- Le **taux d'accroissement** de la fonction f entre les valeurs a et $a + h$ est : $\dfrac{f(a+h)-f(a)}{(a+h)-a} = \dfrac{f(a+h)-f(a)}{h}$.
- Le taux d'accroissement $\dfrac{f(a+h)-f(a)}{h}$ est le **coefficient directeur** de la sécante (AM).

À SAVOIR

- Le **taux d'accroissement** d'une fonction f entre les valeurs distinctes x_1 et x_2 est : $\dfrac{f(x_2)-f(x_1)}{x_2-x_1}$.
- Le **coefficient directeur** de la droite (AB) qui passe par les points $A(x_A, y_A)$ et $B(x_B, y_B)$ est : $m = \dfrac{y_B - y_A}{x_B - x_A}$.

Tangente à une courbe en un point

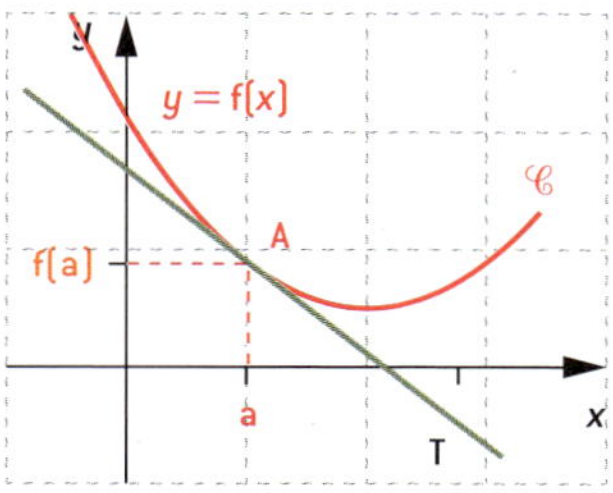

On imagine que le point M se déplace sur la courbe $\mathscr{C}$. En se rapprochant de A. L'abscisse $a + h$ de M se rapproche de l'abscisse a de A, c'est-à-dire que h se rapproche de 0. Lorsque h tend vers 0, les sécantes (AM) tendent vers une position limite représentée par la droite (AT) sur la figure, appelée **tangente à la courbe au point A**.

B Nombre dérivé en un point

DÉFINITION

- Soit f une fonction définie sur un intervalle et soit a un nombre fixé de cet intervalle.

Le **nombre dérivé** de la fonction f en a, **noté $f'(a)$**, est, si elle existe, la limite finie quand h tend vers 0 du taux de variation $\dfrac{f(a+h)-f(a)}{h}$ de la fonction f au point a.

- **Si $f'(a)$ existe**, la fonction f **est dérivable en a**.

2 Fonction dérivée

A Définition

DÉFINITION

Soit f une fonction définie et dérivable sur un intervalle I.
La **fonction dérivée** de f est la fonction qui à tout x de I associe le nombre dérivé $f'(x)$ de f en x.

$$f' : x \to f'(x)$$

B Opérations sur les fonctions dérivables

Dans ce qui suit, f et g sont deux fonctions définies et dérivables sur un même intervalle I.
k est une constante réelle quelconque.

$$(f+g)'(x) = f'(x) + g'(x) \qquad (kf)'(x) = kf'(x)$$

C Dérivée d'un polynôme de degré inférieur ou égal à 3

Le tableau suivant, dans lequel la variable est x, donne les résultats « à savoir ».

$f(x)$	$f'(x)$	Intervalle de validité
k	0	$]-\infty ; +\infty[$
x	1	$]-\infty ; +\infty[$
$mx+p$	m	$]-\infty ; +\infty[$
$f(x) = ax^2+bx+c$	$f'(x) = 2ax+b$	$]-\infty ; +\infty[$
$f(x) = ax^3+bx^2+cx+d$	$f'(x) = 3ax^2+2bx+c$	$]-\infty ; +\infty[$

EXEMPLE

• Soit f la fonction définie sur $\mathbb{R}$ pour : $f(x) = 3x+2$.
Pour tout x de $\mathbb{R}$, $f'(x) = 3$.
• Soit f la fonction définie sur $\mathbb{R}$ pour : $f(x) = -3x^2+4x-1$.
Pour tout x de $\mathbb{R}$, $f'(x) = 2(-3)x+4 = -6x+4$.
• Soit f la fonction définie sur $\mathbb{R}$ par $f(x) = -2x^3-6x^2+3x+4$.
Pour tout x de $\mathbb{R}$, $f'(x) = 3(-2)x^2+2(-6)x+3 = -6x^2-12x+3$.

3 Construction et équation réduite d'une tangente

A Tracer une droite donnée par un point et son coefficient directeur (rappel)

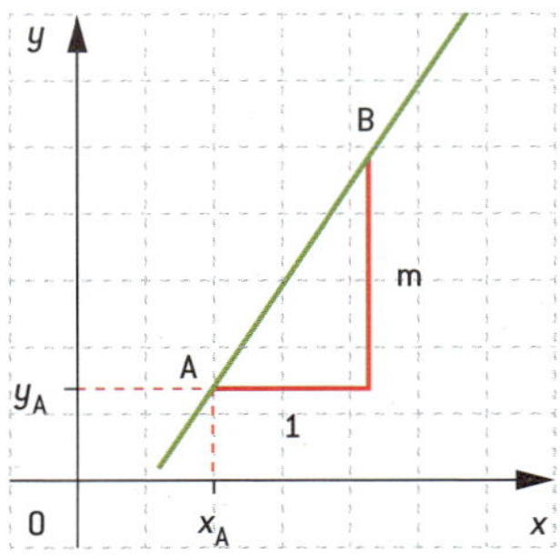

Coefficient directeur

Soit $\mathcal{D}$ la droite d'équation $y = mx+p$ dans un repère $(O ; \vec{i}, \vec{j})$, m est le **coefficient directeur** de $\mathcal{D}$ et p est l'ordonnée à l'origine de $\mathcal{D}$.

Expression du coefficient directeur m d'une droite passant par deux points donnés.

Soit $M_1(x_1, y_1)$ et $M_2(x_2, y_2)$ deux points de $\mathscr{D}$ d'abscisses différentes : alors $m = \dfrac{y_2 - y_1}{x_2 - x_1}$.

Une méthode pour construire une droite passant par un point donné A et dont le coefficient directeur m est donné. À partir du point $A(x_A, y_A)$ de la droite $\mathscr{D}$, d'équation $y = mx + p$, on obtient un deuxième point B de la droite $\mathscr{D}$ en ajoutant 1 à l'abscisse A et m à l'ordonnée de A : $x_B = x_A + 1$ et $y_B = y_A + m$.

B Construire la tangente à une courbe en un point

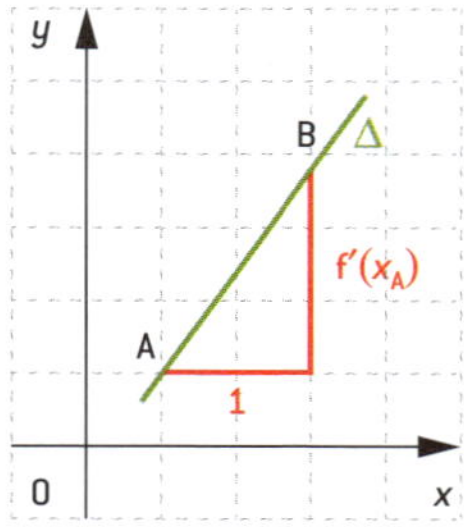

On remplace dans la méthode du **A** m par $f'(a)$ le coefficient directeur de la tangente.

À partir du point donné $A(x_A, y_A)$ où $y_A = f(x_A)$, on obtient un deuxième point B de la tangente $\mathscr{D}$ en ajoutant 1 à l'abscisse de A et $f'(x_A)$ à l'ordonnée de A : $x_B = x_A + 1$ et $y_B = y_A + f'(x_A)$.

C Équation de la tangente en un point à la courbe représentative de f

Équation de la tangente à la courbe représentative d'une fonction au point d'abscisse a

$\boldsymbol{y = f'(a)(x - a) + f(a)}$.

EXEMPLE

Soit f la fonction définie sur $\mathbb{R}$ par $f(x) = 2x^2 - x - 1$.
On se propose de déterminer une équation de la tangente à la courbe $\mathscr{C}$ au point d'abscisse $a = 1$. Une équation de la tangente est donc : $y = f'(1)(x - 1) + f(1)$.
$f(1) = 2 - 1 - 1 = 0$.
Pour calculer $f'(1)$ il faut d'abord déterminer $f'(x)$.
Pour tout x de $\mathbb{R}$, $f'(x) = 2(2x) - 1$, $f'(x) = 4x - 1$. D'où $f'(1) = 3$.
L'équation de la tangente est donc : $y = 3(x - 1) + 0$; $y = 3x - 3$.

4 Sens de variation d'une fonction

Le signe de la dérivée comme conséquence du sens de variation de la fonction

THÉORÈME

Soit f une fonction dérivable sur un intervalle I.
- Si f est croissante sur I, alors $f'(x) \geq 0$ pour tout x de I.
- Si f est décroissante sur I, alors $f'(x) \leq 0$ pour tout x de I.
- Si f est constante sur I, alors $f'(x) = 0$ pour tout x de I.

Le sens de variation d'une fonction comme conséquence du signe de la dérivée

THÉORÈME

Soit f une fonction dérivable sur un intervalle I.
- Si $f'(x) > 0$ pour tout x de I, alors f est strictement croissante sur I.

• Si $f'(x)<0$ pour tout x de I, alors f est strictement décroissante sur I.
• Si $f'(x)=0$ pour tout x de I, alors f est constante sur I.

EXEMPLE

On considère la fonction f définie sur [–2, 3] par :
$f(x) = x^3 - 3x^2 + 1$.
• Pour tout x appartenant à [0, 3], $f'(x) = 3x^2 - 3(2x) + 0$, $f'(x) = 3x^2 - 6x$, $f'(x) = 3x(x - 2)$.
• Les solutions de l'équation $f'(x) = 0$ sont 0 et 2. $x - 2 \geq 0$ équivaut à $x \geq 2$.
Lorsque x varie dans [0, 3], le signe de $f'(x) = 3x(x - 2)$ est donné par le tableau :

x	–2		0		2		3
$3x$		–	0	+		+	
$x - 2$		–		–	0	+	
Signe de $f'(x) = 3x(x-2)$		+	0	–	0	+	

On peut alors remplir le tableau de variation suivant :

x	–2		0		2		3
Signe de $f'(x)$	0	+	0	–	0	+	
Variation de f	–19	↗	1	↘	–3	↗	1

Minimums et maximums

La **lecture du tableau de variation** ou l'**observation de la représentation graphique** d'une fonction f permet de déterminer ses éventuels **extremums** (minimum m et maximum M) sur son intervalle de définition I. Si m et M existent, alors, **pour tout x de l'intervalle I, on a** : $m \leq f(x) \leq M$.

Théorème

Si f est dérivable sur l'intervalle I et admet un maximum (ou un minimum) en un point a distinct des extrémités de I, alors $f'(a) = 0$.

 # doc
Utilisation de la calculatrice pour les fonctions
foucherconnect.fr/19pbsti2d08

PREMIER EXERCICE

Partie I : Automatismes ***Sans calculatrice (20 minutes, 5 points)***

Aucune justification n'est demandée.

Le jour de l'épreuve d'évaluation, une feuille réponse (avec les tableaux et figures à compléter) est fournie.

1. **Déterminer le signe d'une expression factorisée du second degré** *(1 point)*

Compléter, après l'avoir reproduit, le tableau de signes suivant qui donne le signe de $(-x+3)(2x+1)$.

x	$-\infty$		…		…		$+\infty$
Signe de $(-x+3)$		…				…	
Signe de $(2x+1)$		…				…	
Signe de $(-x+3)(2x+1)$		…				…	

2. Lire graphiquement l'équation réduite d'une droite : QCM *(1 point)*

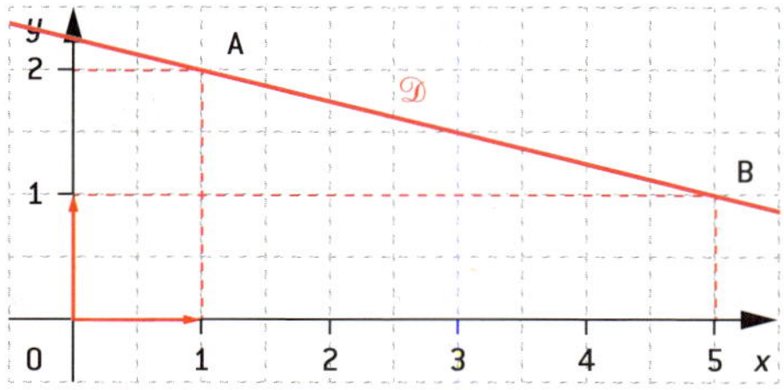

La droite 𝒟 de la figure passe par les points A et B. Pour chacune des questions suivantes trouver la bonne réponse parmi les réponses proposées.

a. Le coefficient directeur de la droite 𝒟 est :
0,25 ? ; 4 ? ; -4 ? ; $-0{,}25$?

b. Une équation de 𝒟 est : $y = 0{,}25x - 2{,}25$?
$y = x - 9$? $y = -\frac{1}{4}(x - 9)$? $y = 0{,}25x - 225$?

3. Déterminer graphiquement le signe d'une fonction ou son tableau de variation *(1 point)*

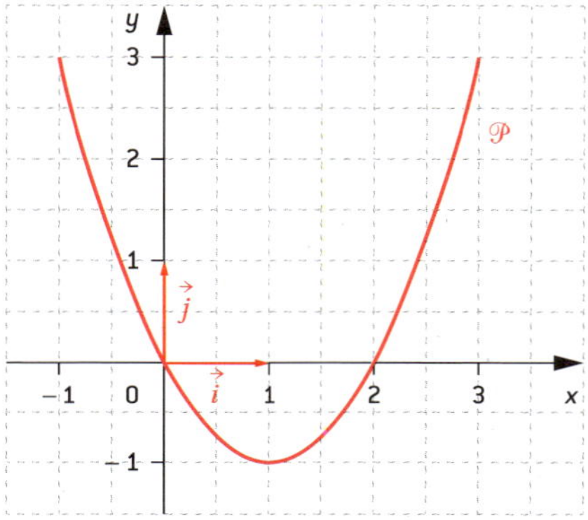

Le plan est muni du repère orthonormé $(O ; \vec{i}, \vec{j})$ (unité : 1 cm). Soit f la fonction polynôme du second degré définie sur l'intervalle $[-1, 3]$ dont on donne la courbe représentative 𝒫 sur la figure sur la figure suivante.

a. Donner, dans un tableau, le signe $f(x)$ lorsque varie dans l'intervalle $[-1, 3]$.

b. Proposer un tableau de variation pour la fonction f.

4. Lire graphiquement l'équation réduite d'une droite *(2 points)*

Les quatre figures ci-dessous donnent la représentation graphique de fonctions avec leur tangente au point A.

Figure 1

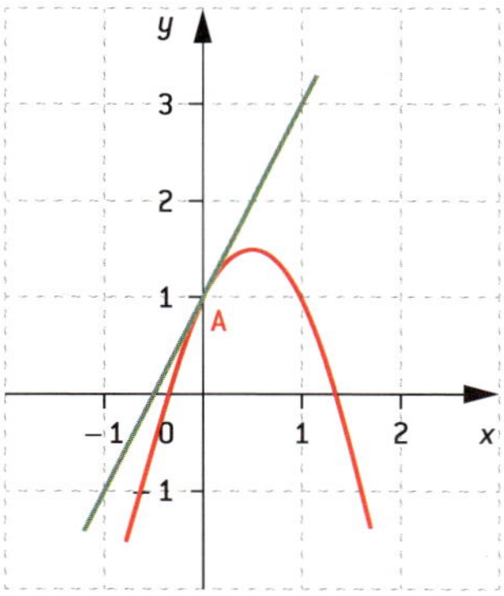

Figure 2

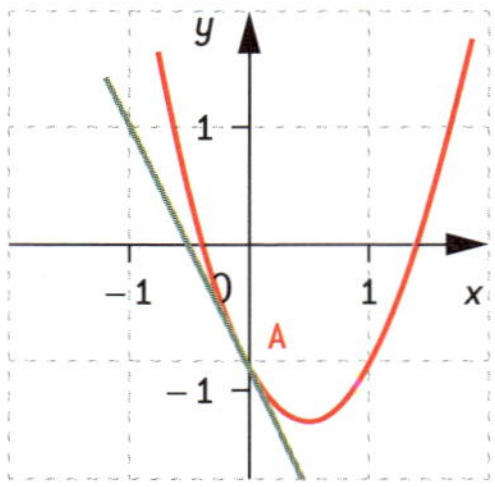

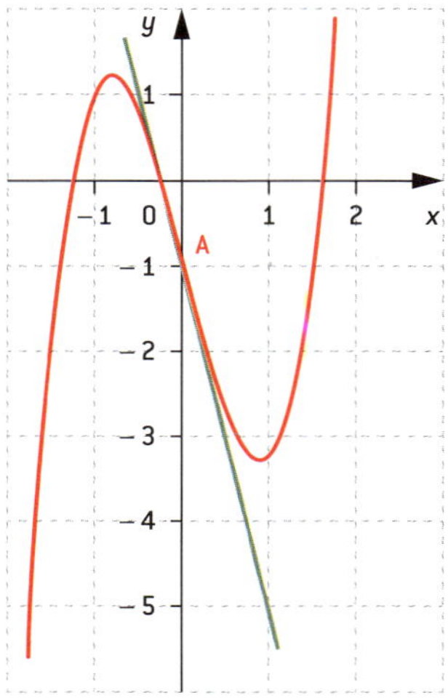

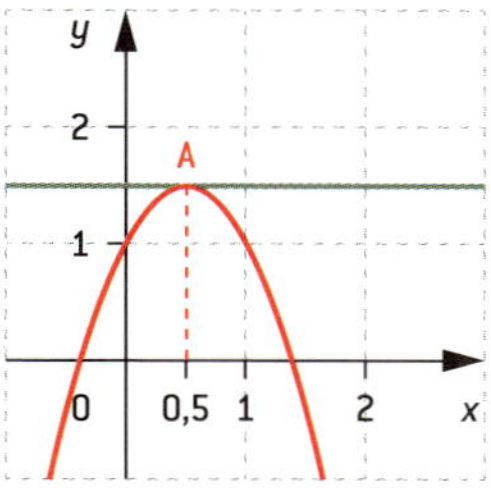

Figure 3

Figure 4

Pour chaque figure, indiquer sans explication l'équation réduite de la tangente en A à choisir parmi les huit équations suivantes :
$E_1 : y = 4x + 1$; $E_2 : y = 2x + 1$; $E_3 : y = -4x - 1$; $E_4 : x = 0,5$;
$E_5 : y = -2x - 1$; $E_6 : y = 1,5$; $E_7 : y = 2x - 1$; $E_8 : y = 4x - 1$.

CORRIGÉ

1. $-x+3 \geq 0$ équivaut à : $x \leq 3$; $2x+1 \geq 0$ équivaut à : $x \geq -\frac{1}{2}$. D'où le tableau ci-contre.

x	$-\infty$		$-\frac{1}{2}$		3		$+\infty$
Signe de $(-x+3)$		+		+	0	–	
Signe de $(2x+1)$		–	0	+		+	
Signe de $(-x+3)(2x+1)$		–	0	+	0	–	

2. a. On utilise le résultat rappelé au ③ **A** de ce chapitre.

Le coefficient directeur de $\mathcal{D}$ est : $m = \frac{y_B - y_A}{x_B - x_A} = \frac{1-2}{5-1} = -\frac{1}{4}$. La réponse est : – 0,25.

b. L'équation de $\mathcal{D}$ ne peut être que : $y = -\frac{1}{4}(x-9)$.

3. a.

x	-1		0		2		3
Signe de $f(x)$		+	0	–	0	+	

b.

x	-1		1		3
$f(x)$	3	↘	–1	↗	3

4. • Figure 1 : la tangente passe par les points A(0, 1) et B(1, 3). Son coefficient directeur est donc : $m = \frac{y_B - y_A}{x_B - x_A} = \frac{3-1}{1-0} = 2$. Une seule équation convient : E_7.

• Figure 2 : la tangente passe par les points A(0, –1) et B(–1, 1). Son coefficient directeur est donc : $m = \frac{1-(-1)}{-1-0}$, $m = -2$. Une seule équation convient : E_5.

• Figure 3 : la tangente est horizontale. Son équation est donc de la forme : $y = k$. Une seule équation convient : E_6.

• Figure 4 : la tangente passe par les points A(0,–1) et B(1,–5). Son coefficient directeur est donc : $m = \frac{-5-(-1)}{1-0}$, $m = -4$. Une seule équation convient : E_3.

DEUXIÈME EXERCICE

Partie II *(5 points)*

Lectures graphiques, à propos de sécurité routière

Lors d'une ingestion d'alcool à jeun, le taux d'alcool présent dans le sang en grammes par litre, en fonction du temps x exprimé en heures, est donné par $f(x)$ où f est une fonction définie sur [0, 5] dont la courbe $\mathscr{C}$ représentative est donnée ci-contre. I est le point de la courbe $\mathscr{C}$ de coordonnées (2 ; 1,35), J est le point de la courbe $\mathscr{C}$ de coordonnées (4, 0) et K est le point de la courbe $\mathscr{C}$ de coordonnées (0,25 ; 1,4). La droite (OK) est tangente à la courbe $\mathscr{C}$ au point O et la droite (IJ) est tangente à la courbe $\mathscr{C}$ au point I.

La tangente à la courbe $\mathscr{C}$ au point S de coordonnées (1 ; 1,84) est parallèle à l'axe des abscisses.

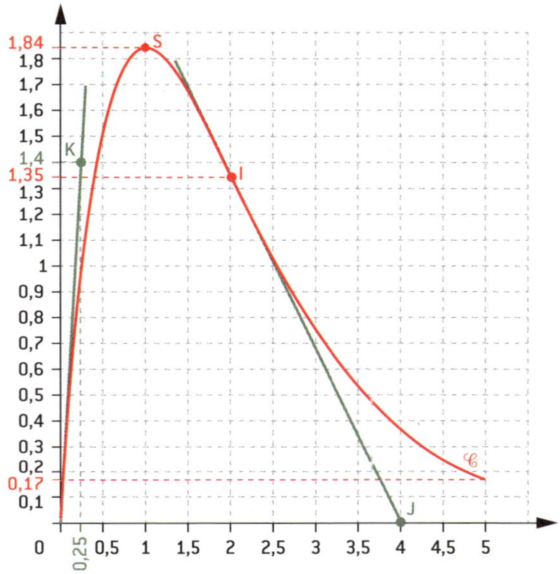

1. Établir le tableau de variation de la fonction f sur l'intervalle [0, 5].
2. Déterminer le taux d'alcool maximal atteint.
3. On désigne par $f'(x)$ le nombre dérivé de la fonction f pour tout x de [0, 5].

On admet que, pour tout x de [0, 5], $f'(x)$ est la vitesse d'évolution du taux d'alcool présent dans le sang.

a. Déterminer graphiquement $f'(0)$.

b. Déterminer graphiquement $f'(2)$.

c. Interpréter en termes de vitesse d'évolution le résultat obtenu au b.

4. Sachant que pour conduire une voiture le taux d'alcool doit être inférieur à 0,5 gramme par litre, au bout de combien de temps après une telle ingestion d'alcool peut-on reprendre le volant ?

CORRIGÉ

1.

x	0	1	5
Variation de f	1 ↗	1,84	↘ 0,17

2. Le taux maximal atteint est : 1,84 gramme par litre.

3. a. $f'(0)$ est le coefficient directeur de la tangente (OK) (Voir le paragraphe ① **A** du cours).

D'où, $f'(0)=\dfrac{1,4-0}{0,25-0}$, $f'(0)=5,6$.

> Le coefficient directeur de la droite (AB) avec $A(x_A, y_A)$ et $B(x_B, y_B)$ est $m=\dfrac{y_B-y_A}{x_B-x_A}$.

b. $f'(2)$ est le coefficient directeur de la tangente (IJ).

D'où : $f'(2)=\dfrac{0-1,35}{4-2}=-0,675$; $f'(2)=-0,675$.

c. Au bout de deux heures, la vitesse d'évolution est négative, le taux d'alcool présent dans le sang diminue.

4. On lit sur le graphique que $f(3{,}6) \approx 0{,}5$. On peut reprendre le volant au bout de 3,6 heures, c'est-à-dire : $3 + 0{,}6 \times 60$, environ 3 heures et 36 minutes.

TROISIÈME EXERCICE

Partie II *(5 points)*

Fonction polynôme de degré 3 : un QCM

On considère une fonction f définie et dérivable sur l'intervalle $[-2{,}5 ; 3]$. On note f' la fonction dérivée de f. On donne ci-dessous la courbe $\mathscr{C}$ représentative de la fonction f dans un repère du plan. La courbe $\mathscr{C}$ passe par le point A(1 , −4). La droite T est tangente à la courbe $\mathscr{C}$ au point A et passe par le point B(0 , 2).

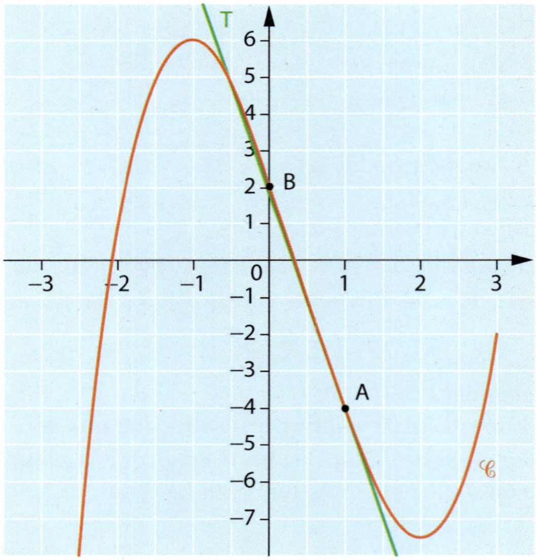

Les parties A et B sont indépendantes.

A. *Cette partie est un questionnaire à choix multiples* **(QCM)**.

Dans cette partie, pour chaque question, trois réponses sont proposées, une seule est correcte. Aucune justification n'est demandée.

Pour chaque question, indiquer le numéro de la question et la réponse choisie.

1. a. $f'(1) = -4$; b. $f(1) = 4$; c. $f'(1) = -6$.

2. L'équation $f(x) = 0$ admet une seule solution dans l'intervalle :

a. $[-2{,}5 ; 3]$; b. $[-1 , 3]$; c. $[1 , 3]$.

3. Sur l'intervalle $[-2{,}5 ; 3]$, l'équation $f'(x) = 0$:

a. admet une seule solution ; b. admet deux solutions ;

c. n'admet pas de solution.

4. On a :

a. $f'(x) < 0$ sur l'intervalle $[-2{,}5 ; 0]$;

b. $f'(x) < 0$ sur l'intervalle [2 , 3] ;
c. $f'(x) > 0$ sur l'intervalle [2 , 3].
B. La fonction f dont on connaît la courbe $\mathscr{C}$ est définie sur l'intervalle [–2,5 ; 3] par :
$f(x) = x^3 - 1{,}5x^2 - 6x + 2{,}5$.
1. Calculer $f(-1)$.
2. a. Calculer $f'(x)$.
b. Vérifier que $f'(x) = 3(x+1)(x-2)$.
c. Étudier le signe de $f'(x)$ sur l'intervalle [–2,5 ; 3] à l'aide d'un tableau de signes.
3. En déduire le tableau de variation complet de la fonction f sur l'intervalle [–2,5 ; 3].

CORRIGÉ

A. 1. La tangente T passe par les points A(1 , –4) et B(0 , 2). Son coefficient directeur est : $m = \frac{2-(-4)}{0-1} = \frac{6}{-1} = -6$.
$f'(1) = m = -6$. D'où la réponse a.

On peut se reporter au paragraphe ③ **A** du cours.

2. Réponse b.
3. Il y a deux points tels que $f'(x) = 0$: pour $x = -1$ et $x = 2$.
4. Réponse c.
B. 1. $f'(-1) = 6$.
2. a. Pour tout x de [–2,5 ; 3], $f'(x) = 3x^2 + 2\,(-1{,}5)x - 6$, $f'(x) = 3x^2 - 3x - 6$.
b. Pour tout x de [–2,5 ; 3], $3(x+1)(x-2) = 3(x^2 - 2x + x - 2)$
$3(x+1)(x-2) = 3(x^2 - x - 2) = 3x^2 - 3x - 6 = f'(x)$.
c. $3(x+1) \geq 0$ équivaut à : $x + 1 \geq 0$, donc à $x \geq -1$. $x - 2 \geq 0$ équivaut à $x \geq 2$. D'où le tableau de signe :

x	–2,5		–1		2		3
$x+1$		–	0	+		+	
$x-2$		–		–	0	+	
Signe de $3(x+1)(x-2)$		+	0	–	0	+	

3.

x	–2,5		–1		2		3
Signe de $f'(x)$		+	0	–	0		
Variation de f	–7,5	↗	6	↘	–7,5	↗	–2

4 Statistique

Dans cette étude, il s'agit de travailler avec des données réelles dans des domaines variés (santé, démographie, économie, sécurité routière, énergie…).

1 Tableaux croisés d'effectifs

EXEMPLE

On a relevé à un moment donné le taux de cholestérol (exprimé en grammes par litre de sang) et l'âge (en années) d'un échantillon de la population d'une région.
Les résultats sont consignés dans le tableau d'effectifs à double entrée suivant.
On peut lire, par exemple, que dans l'échantillon considéré il y a 8 individus entre 50 et 60 ans qui ont un taux de cholestérol compris entre 2,0 et 2,2.

Âge / Taux	[20, 30[	[30, 40[	[40, 50[	[50, 60[	[60, 70[	[70, 80[	Total
[1,6 ; 1,8[	23	15	12	9	5	4	68
[1,8 ; 2,0[	14	13	11	9	7	5	59
[2,0 ; 2,2[	4	9	7	8	10	7	45
[2,2 ; 2,4[	0	3	5	5	8	9	30
[2,4 ; 2,6[	1	2	3	3	4	5	18
Total	42	42	38	34	34	30	220

- Notons A l'ensemble des personnes de la tranche d'âge [40, 50[.
- Notons B l'ensemble des personnes dont le taux de cholestérol est dans l'intervalle [2,0 ; 2,2[.
- La sous-population **A** $\cap$ **B** est l'ensemble des personnes qui possèdent conjointement les deux propriétés suivantes :

- leur âge appartient à l'intervalle [40, 50[;
- leur taux de cholestérol appartient à l'intervalle [2,0 ; 2,2[.

2 Calculs de fréquence

A Fréquence d'une sous-population

DÉFINITION

La **fréquence** d'une sous-population A dans une population E est le rapport des effectifs : $f = \dfrac{n_A}{n_E}$.

EXEMPLE

On reprend l'exemple du paragraphe ①.

• La **fréquence** f_A de la sous-population A dans l'ensemble E des 220 personnes est $f_A = \frac{38}{220} \approx 0{,}17$. De même la fréquence f_B de la sous-population B dans l'ensemble E est $f_B = \frac{45}{220} \approx 0{,}20$.

• La fréquence de $A \cap B$ est appelée **fréquence conjointe** de A et B, $f_{A \cap B} = \frac{7}{220} \approx 0{,}03$.

B Fréquence marginale

Dans les tableaux croisés d'effectifs, en plus des résultats proprement dits, une colonne à droite et une ligne en bas donnent les totaux correspondant à chaque ligne et à chaque colonne de données : ce sont les **marges** du tableau, la case en bas à droite donnant l'effectif total.

DÉFINITION

Dans un **tableau croisé d'effectifs**, une sous-population dont l'effectif figure dans une marge ne dépend que d'une seule variable et sa fréquence est qualifiée de **fréquence marginale**.

EXEMPLE

Dans l'exemple du ② **A**, f_A et f_B sont des **fréquences marginales**.

C Fréquence conditionnelle

DÉFINITION

Pour toutes sous-populations A et B d'effectifs non nuls d'une population E,

la fréquence de B sachant A est $\boldsymbol{f_A(B) = \frac{n_{A \cap B}}{n_A}}$.

EXEMPLE

On reprend l'exemple précédent.

$n_{A \cap B} = 7$ et $n_A = 38$, d'où $f_A(B) = \frac{7}{38} \approx 0{,}18$.

■ **Propriété**

La fréquence de B sachant A est $\boldsymbol{f_A(B) = \frac{f_{A \cap B}}{f_A}}$.

3 Algorithmique et croisement de variables catégorielles

A Sous-ensemble de données selon un critère

■ **Avec un tableur**

Des données figurent dans une feuille de tableur avec les variables en colonne.
Après sélection des données, la commande « Filtrer » du tableur permet de sélectionner les lignes correspondant à certains critères sur les variables.

EXEMPLE

Un tableau comprend les trois notes des élèves Alice, Bob et Ève. Après sélection des données, un clic sur l'icône « Filtrer » crée une petite flèche à droite du nom de chaque variable (colonne). En cliquant sur cette flèche, il est possible de choisir un filtre numérique personnalisé par exemple pour n'afficher que les lignes pour lesquelles la note 1 est supérieure à 10.

	A	B	C	D
1	Nom	Note 1	Note 2	Note 3
2	Alice	12	8	15
3	Bob	9	11	13
4	Eve	14	12	18
5				
6				
7				
8				
9				
10				
11				
12				

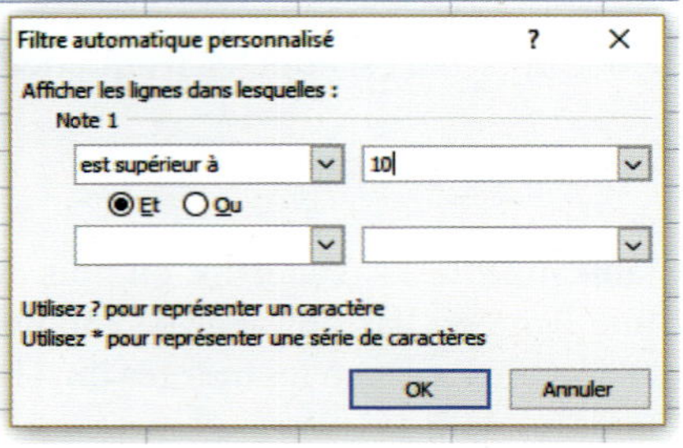

EXERCICE RÉSOLU

ÉNONCÉ

Deux filtres avancés ont été effectués ci-dessous sur un fichier tableur « employes ».

	A	B	C	D	E	F	G	H
1	NOM	Prénom	Sexe	Fonction	Echelon	Secteur	Lieu	Salaire
2			=F	=Cadre				>=2000
3								
4								
5	NOM	Prénom	Sexe	Fonction	Echelon	Secteur	Lieu	Salaire
6	BENNANI	Nadia	F	Cadre	1	Vente	Marseille	2 100,00 €
9	DUPONT	Nathalie	F	Cadre	3	Production	Marseille	3 622,33 €
17	MARTIN	Catherine	F	Cadre	1	Comptabilité	Paris	2 500,00 €
21	ROSSI	Maria	F	Cadre	2	Vente	Marseille	2 165,23 €

	A	B	C	D	E	F	G	H
1	NOM	Prénom	Sexe	Fonction	Echelon	Secteur	Lieu	Salaire
2			=F					>=2000
3			=F	=Cadre				
4								
5	NOM	Prénom	Sexe	Fonction	Echelon	Secteur	Lieu	Salaire
6	BENNANI	Nadia	F	Cadre	1	Vente	Marseille	2 100,00 €
9	DUPONT	Nathalie	F	Cadre	3	Production	Marseille	3 622,33 €
16	LEROY	Sylvie	F	Secrétaire	2	Comptabilité	Nantes	2 196,47 €
17	MARTIN	Catherine	F	Cadre	1	Comptabilité	Paris	2 500,00 €
21	ROSSI	Maria	F	Cadre	2	Vente	Marseille	2 165,23 €

MÉTHODE

Pour filtrer selon des critères complexes, on utilise une boîte de dialogue figurant dans l'onglet « Données » / « Avancé » avec Excel :

Avancé

« Plus de filtres / Filtre spécial » avec LibreOffice :

Filtre spécial...

Expliquer la nature des critères de ces filtres, figurant dans les lignes 1, 2 et 3.

SOLUTION

Dans le premier filtre, le critère est :
(Sexe=F) ET (Fonction=Cadre) ET (Salaire>=2000).
Dans le second filtre, le critère est :
(Sexe=F ET Salaire>=2000) OU (Sexe=F ET Fonction=Cadre).

B Tableau croisé de variables catégorielles

Avec un tableur

Le tableur permet de créer des tableaux croisés dynamiques regroupant les données selon certaines catégories et effectuant les calculs demandés correspondants (sommes, moyennes, effectifs...).

EXEMPLE

On considère les deux variables « Nom » et « Ville » ayant chacune 6 valeurs. On souhaite regrouper les données par « Ville » et compter le nombre de noms pour chaque ville.

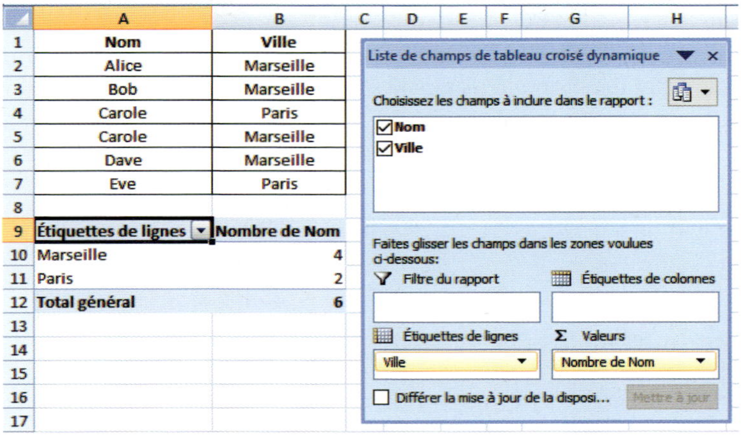

Avec Excel, cliquer dans le tableau de données et faire
Insertion / Tableau croisé dynamique. Choisir les champs (c'est-à-dire les variables) à inclure dans le rapport, en « glisser » le cas échéant en colonne ou en ligne pour améliorer la lisibilité du tableau.

Avec OpenOffice ou LibreOffice, faire Données / Tableau croisé / Créer...

EXERCICE RÉSOLU

ÉNONCÉ

Le tableau croisé dynamique ci-dessous, indiquant des moyennes de salaires, a été produit à partir d'un fichier tableur « employes ».

Moyenne de Salaire	Étiquettes de col				
Étiquettes de ligne	Cadre	Ouvrier	Secrétaire	Vendeur	Total général
⊟F	**2596,89**	**1851,015**	**2196,47**	**1634,11667**	**2118,841** ←
Comptabilité	2500		2196,47		2348,235
Production	3622,33	1851,015			2441,453333
Vente	2132,615 ←			1634,11667	1833,516
⊟M	**2882,155**	**1833,038**	**1805,42**	**2328,415**	**2139,175**
Production	2882,155	1833,038	1805,42		2091,865
Vente				2328,415	2328,415
Total général	**2691,978333**	**1838,17429**	**2000,945**	**1911,836**	**2129,008** ←

Interpréter les trois résultats indiqués par une flèche.

SOLUTION

Le salaire moyen des femmes est 2 118,84 €. Le salaire moyen des femmes cadres dans la vente est 2 132,61 €. Le salaire moyen dans l'entreprise est 2 129 008,00 €.

 # doc
Exemples module Pandas de Python
foucherconnect.fr/19pbsti2d09

EXERCICE

Partie II ***(5 points)***

Calculer et interpréter des fréquences conditionnelles

Le statut et les conditions d'emploi d'une population P constituée des femmes et des hommes salariés de 15 ans et plus d'une métropole régionale sont regroupés pour une année donnée dans le tableau suivant.

	F : femmes	**H : hommes**	**Total**
A : titulaires de la fonction publique et CDI	101 208	98 751	199 959
B : contrat à durée déterminée (CDD)	13 999	9 185	23 184
C : intérim	1 398	4 254	5 652
D : emplois aidés	1 125	878	2 003
E : apprentissage – stage	3 379	4 709	8 088
Total	121 109	117 777	238 886

Toutes les fréquences sont à arrondir au millième.

1\. a. Indiquer à quoi correspondent $A \cap F$ et $A \cap H$, puis calculer leurs fréquences dans la population P.

b. Calculer les fréquences de A sachant F et de A sachant H. Expliquer à quoi correspond chacune de ces fréquences conditionnelles.

c. Pourquoi les fréquences calculées aux a. et b. pour les femmes et pour les hommes ne sont pas dans le même ordre ?

2\. a. Indiquer à quoi correspond $\overline{A}$, puis calculer l'effectif de $\overline{A}$.

b. Calculer la fréquence de B sachant $\overline{A}$. Indiquer à quoi correspond cette fréquence conditionnelle.

CORRIGÉ

1\. a. $A \cap F$ est la sous-population de P constituée des femmes titulaires de la fonction publique ou d'un CDI. Pour $A \cap H$, remplacer femmes par hommes.

$f_{A\cap F} = \dfrac{n_{A\cap F}}{n_p} = \dfrac{101\,208}{238\,886} \approx 0{,}424$ et $f_{A\cap F} = \dfrac{n_{A\cap H}}{n_p} = \dfrac{98\,751}{238\,886} \approx 0{,}413$

b. $f_F(A) = \dfrac{n_{A\cap F}}{n_F} \approx 0{,}836$. C'est la fréquence des titulaires de la fonction publique ou d'un CDI parmi les femmes. $f_H(A) = \dfrac{n_{A\cap H}}{n_H} \approx 0{,}838$. C'est la fréquence des titulaires de la fonction publique ou d'un CDI parmi les hommes.

c. $f_{A\cap F} < f_{A\cap H}$ et $f_F(A) > f_H(A)$. L'ordre est différent car les populations de référence ne sont pas les mêmes.

2\. a. $\overline{A}$ est l'ensemble des personnes de P ni titulaires de la fonction publique ni en CDI. $n_{\overline{A}} = 238\,886 - 199\,959 = 38\,927$.

b. $f_{\overline{A}}(B) = \dfrac{n_{A\cap F}}{n_{\overline{A}}} \approx 0{,}596$. C'est la fréquence des titulaires d'un CDD parmi les non titulaires de la fonction publiques ou d'un CDI.

5 Probabilités conditionnelles

1 Vocabulaire, calcul des probabilités

A Vocabulaire

■ Dans une **expérience aléatoire**, Ω est l'ensemble (ou **univers**) de tous les résultats (ou **issues**) possibles.

REMARQUE

Une expérience est **aléatoire** lorsque son résultat (ou issue) ne peut être prévu et lorsque, renouvelée dans les mêmes conditions, elle ne donne pas nécessairement le même résultat.

■ Un **événement** est une partie de Ω.

■ Un **événement élémentaire** est un événement possédant un seul élément.

■ Deux événements A, B sont **disjoints** ou **incompatibles** si et seulement si $\boldsymbol{A \cap B = \varnothing}$.

■ L'**événement contraire** d'un événement A est l'**événement** $\overline{\mathbf{A}}$ constitué des éléments de Ω n'appartenant pas à A.

EXEMPLES

On prélève au hasard une carte dans un jeu de 32 cartes.
- L'**univers Ω** est l'ensemble des 32 cartes.
- Il y a 32 **issues** possibles.
- « La carte tirée est un valet » est **un événement** que nous pouvons noter A.
- « La carte tirée est un cœur » est **un événement** que nous pouvons noter B.
- $A \cap B$ désigne l'événement : « La carte tirée est un valet et la carte tirée est un cœur » c'est-à-dire : « la carte tirée est le valet de cœur ».

L'événement $A \cap B \neq \varnothing$, c'est-à-dire l'événement $A \cap B$ n'est pas « **impossible** », donc les événements A et B ne sont pas **disjoints** (ou **incompatibles**).
- $A \cup B$ désigne l'événement : « La carte tirée est un valet ou un cœur ». Il y a 11 éléments dans $A \cup B$ (les 8 cœurs et les 3 valets autres que le valet de cœur).
- L'**événement contraire** de l'événement A est l'événement :

$\overline{\mathbf{A}}$: « la carte tirée n'est pas un cœur ».

B Calcul des probabilités

■ La **probabilité d'un événement** A d'un univers fini Ω est la somme des probabilités des événements élémentaires qui constituent A. La probabilité de Ω est 1.

■ Pour tout événement A, $\mathbf{0 \leq \boldsymbol{P(A)} \leq 1}$.

■ L'**équiprobabilité** correspond au cas où tous les événements élémentaires ont la même probabilité.

Dans ce cas, la probabilité d'un événement élémentaire est : $\dfrac{\mathbf{1}}{\textbf{nombre d'éléments de } \Omega}$

et pour tout événement A,

$$\boldsymbol{P(A)} = \frac{\textbf{nombre d'éléments de } \boldsymbol{A}}{\textbf{nombre d'éléments de } \Omega} = \frac{\textbf{nombre de cas favorables}}{\textbf{nombre de cas possibles}}.$$

MATHÉMATIQUES ENSEIGNEMENT COMMUN

- Pour tous événements **disjoints** A, B, $\mathbf{P(A \cup B) = P(A) + P(B)}$.
- Pour tout événement A, $\mathbf{P(\overline{A}) = 1 - P(A)}$. En particulier $\mathbf{P(\emptyset) = 0}$.
- Pour tous événements A, B, $\mathbf{P(A \cup B) = P(A) + P(B) - P(A \cap B)}$.

EXEMPLE

Une enquête, concernant l'hygiène alimentaire, a été réalisée sur un échantillon de 800 personnes. Les personnes sont réparties en trois groupes.
Type 1 : les végétariens ; type 2 : les végétariens qui mangent néanmoins du poisson ; type 3 : les non-végétariens. La répartition des personnes est donnée dans le tableau suivant.

	Type 1	Type 2	Type 3	Total
Femmes	22	105	313	440
Hommes	12	27	321	360
Total	34	132	634	800

On choisit, au hasard, une des 800 personnes de l'échantillon, chacune ayant la même probabilité d'être choisie. On définit les événements suivants :
A : « La personne choisie est non végétarienne » ;
B : « La personne choisie est un homme ».

Il y a équiprobabilité des tirages donc, d'après un résultat rappelé ci-dessus, $P(A) = \frac{634}{800}$; $P(A) = 0{,}7925$; $P(B) = \frac{360}{800}$; $P(B) = 0{,}45$.
$A \cap B$ est l'événement : « La personne choisie est un homme non végétarien ».
$P(A \cap B) = \frac{321}{800} = 0{,}40125$.
$A \cup B$ est l'événement : « La personne choisie est non végétarienne ou est un homme ».
$P(A \cup B) = P(A) + P(B) - P(A \cap B)$; $P(A \cup B) = 0{,}79250 + 0{,}45000 - 0{,}40125$;
$P(A \cup B) = 0{,}84125$.

2 Probabilités conditionnelles

A Exemple

Dans un lycée, cette année, au baccalauréat, on a relevé les résultats suivants.

Élèves de terminale	Garçons	Filles	TOTAL
Réussite au baccalauréat	138	205	343
Échec au baccalauréat	33	24	57
TOTAL	171	229	400

Après la publication des résultats, on rencontre au hasard un élève parmi l'ensemble des élèves de terminale. Tous les élèves ont la même probabilité d'être rencontrés. On considère les événements suivants :
G : « L'élève est un garçon » ; A : « L'élève a obtenu son baccalauréat ».
On a $P(A \cap G) = \frac{138}{400} = 0{,}345$ et $P(G) = \frac{171}{400} = 0{,}4275$.
Cherchons maintenant la probabilité de rencontrer une personne admise au baccalauréat **sachant que** c'est un garçon.

La probabilité de rencontrer une personne admise au baccalauréat **sachant que** c'est un garçon est :
$\frac{138}{171} \approx 0,807$ (résultat arrondi à 10^{-3}).
Cette probabilité est appelée **probabilité de *A* sachant *G*.**
C'est une **probabilité conditionnelle**. On note **$P_G(A)$ la probabilité de *A* sachant *G*.**
On a $P_G(A) = \frac{138}{171} \approx 0,81$.
Les nombres 138 et 171 sont respectivement $\text{Card}(G \cap A)$ et $\text{Card}(G)$. Nous constatons alors que, dans le cas de ces deux éléments G et A, que : $P_G(A) = \frac{\text{Card}(G \cap A)}{\text{Card}(G)}$.

REMARQUE

On peut remarquer que : $P_G(A) = \frac{138}{171} = \frac{\frac{138}{400}}{\frac{171}{400}} = \frac{P(G \cap A)}{P(G)}$.

B Cas général

D'une manière générale, lorsque les issues sont équiprobables, une probabilité conditionnelle est définie par l'égalité obtenue ci-dessus dans un cas particulier.

DÉFINITION

Lorsque les issues de l'univers Ω sont **équiprobables**, pour tous événements *A* et *B* de cardinaux non nuls, **la probabilité de *B* sachant *A* est $P_A(B) = \frac{\text{Card}(A \cap B)}{\text{Card}(A)}$.**

Propriété

La probabilité de *B* sachant *A* est $P_A(B) = \frac{P(A \cap B)}{P(A)}$.

PREMIER EXERCICE

Partie II *(5 points)*

Test de dépistage

Un laboratoire pharmaceutique élabore un nouveau test de dépistage pour une maladie. Les essais sur un groupe de 10 000 personnes ont donné les résultats suivants :
- 4 % des individus du groupe sont atteints par la maladie ;
- 85 % des personnes atteintes par la maladie réagissent positivement au test ;
- 99 % des personnes non atteintes par la maladie réagissent négativement au test.

1. Compléter, après l'avoir reproduit, le tableau suivant.

Le jour de l'épreuve, une feuille réponse avec le tableau est fournie.

	Personnes malades	Personnes non malades	Total
Personnes testées « négatif »			
Personnes testées « positif »			
Total			10 000

2. On choisit au hasard un individu dans le groupe témoin ; on admet que chaque individu a la même probabilité d'être choisi.

Pour tout évènement E, on note $\overline{E}$ l'évènement contraire de E.

Si F est un évènement de probabilité non nulle, la probabilité de E sachant F est notée $P_F(E)$.

On note les évènements suivants :

- M : « l'individu choisi est atteint par la maladie » ;
- T : « l'individu choisi réagit positivement au test » ;

a. Déterminer les probabilités $P(M)$ et $P(T)$.

b. Déterminer la probabilité qu'un individu réagisse positivement au test sachant qu'il est atteint par la maladie.

c. Calculer la probabilité qu'un individu ne soit pas atteint par la maladie sachant qu'il réagit positivement au test.

Arrondir le résultat au centième.

d. Certains organismes de santé autorisent la commercialisation d'un test de dépistage lorsque la probabilité de ne pas être atteint par la maladie, sachant que la réaction au test est positive et inférieure à 20 %.

Le laboratoire pharmaceutique peut-il espérer, selon ce critère, une commercialisation de son test ?

CORRIGÉ

1.

	Malades	Non malades	Total
Négatif	60	9 504	9 564
Positif	340	96	436
Total	400	9 600	10 000

2. a. $P(M)=\dfrac{400}{10\,000}=0{,}04$; $P(T)=\dfrac{436}{10\,000}=0{,}0436$.

b. $P_M(T)=\dfrac{340}{400}=0{,}85$.

c. $P_T(\overline{M})=\dfrac{96}{436}\approx 0{,}22$.

d. La probabilité est de 22 %, ce qui est supérieur à 20 %. Le laboratoire ne peut pas espérer commercialiser le test.

DEUXIÈME EXERCICE

Partie II *(5 points)*

Le tableau ci-dessous résume une partie des informations concernant les pratiques artistiques et sportives de 400 élèves d'un lycée.

Nombre d'élèves...	Pratiquant une activité artistique	Ne pratiquant pas d'activité artistique	Total
Pratiquant un sport			240
Ne pratiquant pas un sport	224	70	
Total	180		400

1. Complèter ce tableau.

On choisit un élève de ce lycée au hasard. Tous les élèves ont la même probabilité d'être choisis.

2. La probabilité que l'élève choisi pratique un sport et une activité artistique est :

a. 90 ; b. 0,175 ; c. 0,225 ; d. 0,825.

3. Sachant qu'un élève pratique un sport, la probabilité qu'il pratique une activité artistique est :

a. 0,375 ; b. 0,45 ; c. 0,225 ; d. 0,825.

4. La probabilité qu'un élève de ce lycée choisi au hasard pratique un sport ou une activité artistique est :

a. 0,375 ; b. 0,175 ; c. 0,325 ; d. 0,825.

CORRIGÉ

1.

Nombre d'élèves...	Pratiquant une activité artistique	Ne pratiquant pas d'activité artistique	Total
Pratiquant un sport	90	150	240
Ne pratiquant pas un sport	224	70	160
Total	180	220	400

2. $p_2 \dfrac{90}{400} = 0{,}225.$

3. $p_3 = \dfrac{90}{240} = 0{,}375.$

4. $p_4 = \dfrac{240}{400} + \dfrac{180}{400} - \dfrac{90}{400}$;

$p_4 = \dfrac{330}{400} = 0{,}825.$

6 Épreuves de Bernoulli Variables aléatoires

Il s'agit de reconnaître une situation aléatoire modélisable par une loi de Bernouilli, de calculer et d'interpréter dans différents contextes l'espérance d'une variable aléatoire.

1 Probabilité associée à la répétition d'épreuves aléatoires identiques et indépendantes de Bernoulli

A Épreuve de Bernoulli

■ Une **épreuve de Bernoulli de paramètre *p*** (nombre réel compris entre 0 et 1) est une épreuve aléatoire comportant deux issues :

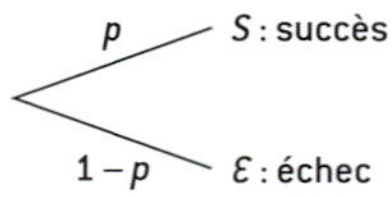

■ Le **paramètre** p est la probabilité de l'évènement « succès », $1 - p$ la probabilité de l'évènement « échec ».

EXEMPLE

Une urne contient dix boules indissociables au toucher : sept rouges et trois vertes. On prélève au hasard une boule dans l'urne, on note sa couleur. Toutes les boules ont la même probabilité d'être prélevées.
Le tirage d'une boule de l'urne est *une épreuve de Bernoulli* de paramètre $p = 0{,}7$, si on appelle « succès » obtenir une boule rouge. Si on appelle « succès » obtenir une boule verte, $p = 0{,}3$.

B Répétition d'épreuves aléatoires identiques et indépendantes de Bernoulli

■ On considère une épreuve aléatoire consistant à répéter n fois, de façon identique et indépendante, une épreuve de Bernoulli de paramètre p.

EXEMPLE

On reprend l'exemple du paragraphe **A**.
On note R l'événement : « la boule prélevée est rouge » ; on note V l'événement : « la boule prélevée est verte ». On remet la boule prélevée dans l'urne et on recommence l'expérience une seconde fois. Un résultat possible est noté par un couple, par exemple (R, R), la première boule est rouge et la seconde est rouge.
Il s'agit de la répétition de deux épreuves de Bernoulli identiques et indépendantes.

On peut construire *l'arbre pondéré* ci-dessous.

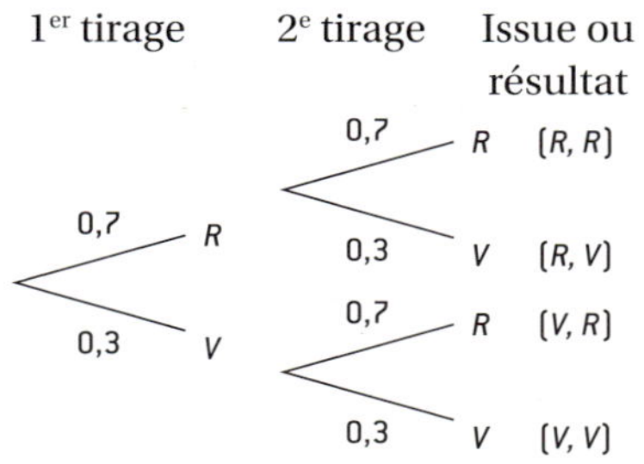

On admet la propriété suivante.

Propriété

Dans un **arbre des probabilités** associé à une répétition d'épreuves aléatoires identiques et indépendantes de Bernoulli, la probabilité d'obtenir un résultat est égale au **produit** des probabilités figurant sur le chemin conduisant à ce résultat.

On a donc : $P(\text{R,R}) = 0{,}7 \times 0{,}7 = 0{,}49$; $P(\text{R,V}) = 0{,}7 \times 0{,}3 = 0{,}21$; $P(\text{V,R}) = 0{,}3 \times 0{,}7 = 0{,}21$; $P(\text{V,V}) = 0{,}3 \times 0{,}3 = 0{,}09$.

2 Variables aléatoires

A Variable aléatoire discrète

EXEMPLE

Une urne contient 10 boules indiscernables au toucher.
Sur chacune d'elles est inscrit un nombre comme l'indique le tableau ci-dessous :

Nombre inscrit	1	2	5	10
Nombre de boules	4	3	2	1

Un joueur mise 4 €, tire une boule au hasard. Chaque boule a la même probabilité d'être tirée. Il reçoit le montant (en euros) inscrit sur la boule.

On peut rajouter une ligne « gain », au tableau de l'énoncé, dont les nombres sont obtenus en retirant la mise de 4 euros dans chaque cas.

Nombre inscrit	1	2	5	10
Nombre de boules	4	3	2	1
Gain en euros	–3	–2	1	6

Nous sommes donc amenés à introduire X qui associe à chaque tirage d'une boule le gain en euros susceptible d'être obtenu.

Chaque valeur possible du gain X, k, a une probabilité notée p_k.

On dit que X est une **variable aléatoire**.

L'ensemble des valeurs prises par la variable aléatoire X est $\{-3, -2, 1, 6\}$.

REMARQUES

- X est une variable aléatoire **discrète**, car elle prend des valeurs isolées (ici : -3, -2, 1, 6).
- On note $\{X=-3\}$, l'événement « obtenir un "gain" de -3 euros ». On note $P(X=-3)$ la probabilité de cet événement.
- $\{X \leq 1\}$ est l'événement « obtenir un gain inférieur ou égal à 1 euro ». On note $P(X \leq 1)$ la possibilité de cet événement.

À RETENIR

Une **variable aléatoire discrète *X*** prend, lors d'une expérience aléatoire, des valeurs $x_1, x_2 ..., x_n$ avec des probabilités $p_1, p_2, ..., p_n$.

B Loi de probabilité

EXEMPLE

On reprend l'exemple du **A**.
À l'aide du deuxième tableau de l'exemple du **A**, on obtient :

$P(X=-3)=\frac{4}{10}=0{,}4$; $P(X=-2)=\frac{3}{10}=0{,}3$; $P(X=1)=\frac{2}{10}=0{,}2$; $P(X=6)=\frac{1}{10}=0{,}1$.

On peut alors remplir le tableau suivant.

$\boldsymbol{k}$	-3	-2	1	6
$\boldsymbol{P(X=k)}$	0,4	0,3	0,2	0,1

Ce tableau définit une fonction $f : k \mapsto f(k) = P(X=k)$ appelée **loi de probabilité associée à la variable aléatoire *X***.

DÉFINITION

Soit X une variable aléatoire discrète prenant, lors d'une expérience aléatoire, des valeurs $x_1, x_2, ..., x_i, ..., x_n$ avec des probabilités $p_1, p_2, ..., p_i, ..., p_n$.

La **loi de probabilité associée à *X*** est la fonction f qui à tout x_i associe $f(x_i) = P(X=x_i) = p_i$.

À RETENIR

En notant $p_i = P(x = x_i)$, on vérifie que la somme des p_i est égale à 1, ce que l'on note : $\boldsymbol{\Sigma p_i = 1}$.

C Espérance

DÉFINITION

L'**espérance d'une variable aléatoire *X*** prenant m valeurs x_i avec les probabilités $p_i = P(X=x_i)$ est $\boldsymbol{E(X) = p_1x_1 + p_2x_2 + ... + p_mx_m}$.

EXEMPLE

On reprend l'exemple du **A** et **B**.
L'espérance $E(X)$ de la variable aléatoire X est : $E(X)=\sum p_i x_i$, c'est-à-dire :

$E(X)=-3\times0{,}4-2\times0{,}3+1\times0{,}2+6\times0{,}1$,

$E(X)=-1$.

On peut interpréter l'espérance comme une « moyenne » des valeurs de la variable aléatoire.

D Loi de Bernoulli (0, 1) de paramètre *p*

DÉFINITION

La **loi de Bernoulli de paramètre *p*** est la loi de la variable aléatoire discrète X qui code le résultat d'une épreuve de Bernoulli : 1 pour « succès », 0 pour « échec » :

$$P(X=1)=p \qquad P(X=0)=1-p.$$

3 Algorithmique, programmation et variables aléatoires

A Simuler une réalisation selon une loi de probabilité donnée

On considère la variable aléatoire X dont la loi de probabilité est donnée dans le tableau ci-contre.

x_i	-1	2	4
p_i	2/3	1/6	1/6

Pour simuler une réalisation de la variable aléatoire X, on peut utiliser le générateur de nombres pseudo-aléatoires du tableur, ALEA(), ou de Python, random(), qui produit un nombre au hasard dans [0, 1[. Il suffit de partager l'intervalle [0, 1[en trois parties de longueurs égales à chaque valeur p_i comme sur la figure ci-contre.

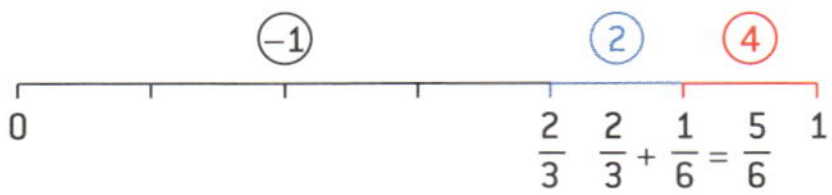

La simulation consiste alors à tirer un nombre au hasard entre 0 et 1 et à renvoyer la réalisation de X correspondant à la zone dans laquelle se situe le nombre tiré.

Simulation avec un tableur	Simulation avec Python

En cellule A1, on entre la formule :
=ALEA()
En cellule B1, on entre la formule :
=SI(A1<2/3;-1;SI(A1<5/6;2;4))
La valeur affichée en B1 est une réalisation de X.
	`from random import random`
	`def simulX():`
	`    u = random()`
	`    if u < 2 / 3:`
	`        return(-1)`
	`    elif u < 5 / 6:`
	`        return(2)`
	`    return(4)`

REMARQUE

Avec Python, on peut directement utiliser la fonction choices du module random pour obtenir une liste de *n* réalisations de la variable aléatoire *X* par :
`choices([-1, 2, 4], [2/3, 1/6, 1/6], k = n).`

B Simuler une réalisation selon une loi de Bernoulli

Il s'agit d'un cas particulier du cas précédent. La variable aléatoire X prend la valeur 1 (« succès ») avec la probabilité p et la valeur 0 avec la probabilité $1-p$.

On partage l'intervalle [0, 1[en deux parties de longueurs p et $1 - p$.

La simulation consiste alors à tirer un nombre au hasard entre 0 et 1 et à renvoyer 1 si le nombre tiré est dans l'intervalle [0, p[et 0 si le nombre tiré est dans [p, 1[.

Simulation avec un tableur	Simulation avec Python

En cellule A1, on entre la valeur de p.
En cellule A2, on entre la formule :
=SI(ALEA()<A1;1;0)
La valeur affichée en A2 est une réalisation de X.
	`from random import random`
	`def bernoulli(p):`
	`    if random() < p:`
	`        return 1`
	`else:`
	`        return 0`

PREMIER EXERCICE

Partie I : Automatismes *Sans calculatrice (20 minutes, 5 points)*

1. Effectuer des conversions d'unités *(1 point)*

Le pouce est une unité de longueur anglo-saxonne utilisée notamment pour le matériel informatique. Le pouce vaut environ 2,54 cm.

a. Un écran de 17 pouces est un écran dont la diagonale mesure, en cm, environ :

• 34 ; • 43 ; • 51.

b. Vrai/faux

Un logiciel de photo permet d'obtenir des clichés de 4×6 pouces, c'est-à-dire, arrondis au cm, de 10×15 cm.

2. Isoler une variable dans une inégalité qui en comporte plusieurs *(0,5 point)*

F, a, ℓ, R et α sont des variables prenant des valeurs strictement positives intervenant dans un calcul en mécanique.

Démontrer que la condition $\dfrac{\mathrm{F}}{a \times \ell} \leq \dfrac{\mathrm{R}}{2 \times \alpha}$ est équivalente à : $\ell \geq \dfrac{2\alpha \times \mathrm{F}}{a \times \mathrm{R}}$.

3. Effectuer une application numérique d'une formule *(1,5 point)*

On donne $a = 2$; $b = -\dfrac{1}{4}$ et $c = -3$. Calculer mentalement la valeur numérique de chacune des expressions suivantes.

a. $\mathrm{A} = abc$; b. $\mathrm{B} = a^2bc$; c. $\mathrm{C} = ab^2c$.

4. Lire un graphique (échantillonage) *(2 points)*

Dans une entreprise du secteur de l'automobile on affirme que 20 % des pièces d'un certain type sont défectueuses. On effectue à l'aide d'un tableur une simulation. Le graphique ci-contre donne l'évolution de la fréquence des pièces défectueuses de ce type dans un échantillon en fonction de la taille de l'échantillon.

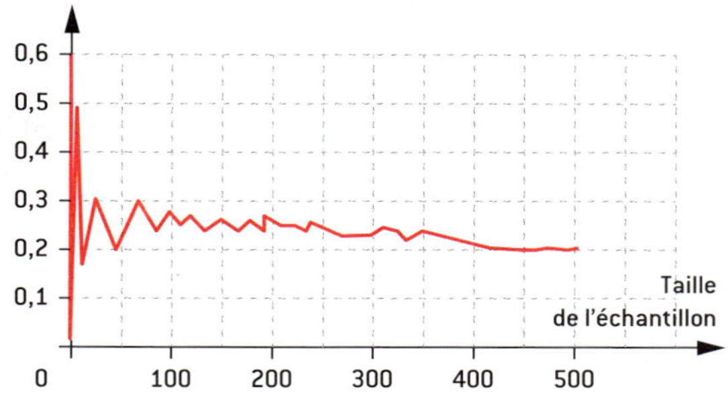

A. **Vrai/Faux.** Lorsque la taille de l'échantillon augmente :

a. La fréquence des pièces défectueuses augmente.

b. La fréquence des pièces défectueuses diminue.

c. La fréquence des pièces défectueuses a tendance à se stabiliser.

B. **QCM.** La probabilité de l'événement A « une pièce prélevée au hasard dans un lot important est défectueuse » est :

a. $P(A) = 0{,}3$ b. $P(A) = 0{,}02$ c. $P(A) = 0{,}2$

CORRIGÉ

1. a. 43 cm. b. Vrai.

2. Si a, b, c, d sont des nombres réels strictement positifs, $\frac{a}{b} \leq \frac{c}{d}$ équivaut à : $\frac{b}{a} \geq \frac{d}{c}$, donc $\frac{\text{F}}{a \times \ell} \leq \frac{\text{R}}{2 \times \alpha}$ équivaut à : $\frac{a \times \ell}{\text{F}} \geq \frac{2 \times \alpha}{\text{R}}$; en multipliant les deux membres par F, on obtient ; $a \times \ell \geq \frac{2\alpha \times \text{F}}{\text{R}}$; en divisant les deux membres par a, on obtient : $\ell \geq \frac{2\alpha \times \text{F}}{a \times \text{R}}$.

3. a. $\text{A} = 2 \times \left(-\frac{1}{4}\right) \times (-3) = \frac{6}{4} = \frac{3}{2} = 1{,}5$; b. $\text{B} = 4\left(-\frac{1}{4}\right)(-3) = 3$.

c. $\text{C} = 2 \times \left(\frac{1}{16}\right)(-3) = \frac{-6}{16} = -\frac{3}{8}(= -0{,}375)$.

4. A. La réponse c. est vraie. Les réponses a. et b. sont fausses. B. La réponse a.

DEUXIÈME EXERCICE

Partie II *(6 points)*

Arbre et variable aléatoire

Une urne contient quatre boules, indiscernables au toucher, numérotées de 1 à 4.

Une expérience aléatoire se déroule de la manière suivante :

On tire au hasard une première boule de l'urne et on note son numéro. Après avoir remis cette boule dans l'urne, on en tire au hasard une seconde dont on note aussi le numéro.

À l'issue de cette expérience, on obtient un couple de nombres (on rappelle que, par exemple, le couple (2, 3) est différent du couple (3, 2)).

1. À l'aide d'un arbre ou d'un tableau, établir la liste des 16 couples possibles.

2. Dans cette question, on donnera les probabilités sous la forme de fractions de dénominateur 16.

a. On note A l'événement « obtenir un couple de nombres pairs ».

Montrer que la probabilité de l'événement A est $\frac{4}{16}$.

b. On note B l'événement « obtenir un couple de nombres impairs ».

Calculer la probabilité de l'événement B.

c. On note C l'événement « obtenir un couple de nombres de parité différente » ; calculer la probabilité de l'événement C.

3. On organise un jeu.

Un joueur mise 2 € et réalise ensuite l'expérience aléatoire décrite ci-dessus.

- Si l'événement A est réalisé, le joueur reçoit 8 € de l'organisateur du jeu ;
- Si l'événement B est réalisé, le joueur reçoit 4 € de l'organisateur du jeu ;
- Si l'événement C est réalisé, le joueur reçoit 4 € de l'organisateur du jeu.

On désigne par X la variable aléatoire qui à chaque expérience associe le gain algébrique (positif ou négatif) du joueur.

Par exemple, s'il obtient le couple (2, 2), son gain est 6 €.

a. Déterminer les valeurs prises par la variable aléatoire X.

b. Donner la loi de probabilité de la variable aléatoire X.

c. Calculer l'espérance $E(X)$ de la variable aléatoire X.

CORRIGÉ

1. On peut réaliser l'arbre suivant :

Résultat du premier tirage	**Résultat du second tirage**	**Résultat**	**Gain**
1	1	(1,1)	2
	2	(1,2)	– 6
	3	(1,3)	2
	4	(1,4)	– 6
2	1	(2,1)	– 6
	2	(2,2)	6
	3	(2,3)	– 6
	4	(2,4)	6
3	1	(3,1)	2
	2	(3,2)	– 6
	3	(3,3)	2
	4	(3,4)	– 6
4	1	(4,1)	– 6
	2	(4,2)	6
	3	(4,3)	2
	4	(4,4)	6

Il y a 16 couples possibles.

2. a. Il y a quatre couples de nombres pairs : (2, 2) ; (2, 4) ; (4, 2) ; (4, 4).

Tous les tirages sont équiprobables, donc : $P(A)=\frac{4}{16}$.

b. Il y a quatre couples de nombres impairs : (1, 1) ; (1, 3) ; (3, 1) ; (3, 3).

Tous les tirages sont équiprobables, donc : $P(B)=\frac{4}{16}=\frac{1}{4}$.

c. Il y a huit couples de nombres de parité différente. (16 – (4 + 4) = 8).

Donc, $P(C)=\frac{8}{16}=\frac{1}{2}$.

3. a. Rajoutons une colonne « gain » à l'arbre réalisé dans la question 1.

Les valeurs prises par la variable aléatoire *X* sont : – 6, 2, 6.

b. Il y a 8 tirages correspondant à un « gain » de – 6, donc : $P(X=-6)=\frac{8}{16}$.

Il y a 4 tirages correspondant à un gain de 2, donc : $P(X=2)=\frac{4}{16}$.

Il y a 4 tirages correspondant à un gain de 6, donc : $P(X=6)=\frac{4}{16}$.

La loi de probabilité de la variable aléatoire *X* est donc donnée par :

REMARQUE

On vérifie que $p_1+p_2+p_3=1$. $\left(\sum p_i=1\right)$.

Valeurs de $X : x_i$	– 6	2	6
$P(X=x_i)=p_i$	$\frac{8}{16}$	$\frac{4}{16}$	$\frac{4}{16}$

c. L'espérance de la variable aléatoire *X* est :

$E(X)=\sum p_i x_i=\frac{8}{16}(-6)+\frac{4}{16}(2)+\frac{4}{16}(6)$;

$E(X)=-\frac{16}{16}$; $\mathbf{E(X)=-1}$.

TROISIÈME EXERCICE

Partie II *(5 points)*

Le jour de l'épreuve d'évaluation, une feuille réponse (avec les tableaux à compléter) est fournie. Il n'y a donc pas à les reproduire...

Tableau croisé d'effectif, probabilités conditionnelles, variable aléatoire

Dans une usine, deux chaînes de montage A et B fabriquent le même type de pièces pour l'industrie automobile. La chaîne A en fabrique trois fois plus que la chaîne B. 7 % de la production de la chaîne A est défectueuse contre 2 % pour la chaîne B.

A. 1. On considère une production de 1 200 pièces. Reproduire et compléter le tableau suivant. *Le jour de l'épreuve, une feuille réponse avec le tableau est fournie.*

	Chaîne A	Chaîne B	Total
Nombre de pièces défectueuses	63		
Nombre de pièces non défectueuses			
Total			1 200

2. On prélève au hasard une pièce dans la production totale de l'usine et on admet que les prélèvements sont équiprobables.

a. Déterminer la probabilité que la pièce prélevée soit à la fois défectueuse et produite par la chaîne A.

b. Déterminer la probabilité que la pièce prélevée ne soit pas défectueuse.

c. Quelle est la probabilité, arrondie au millième, que la pièce prélevée provienne de la chaîne A sachant qu'elle est non défectueuse.

B. Une pièce défectueuse peut présenter 1, 2 ou 3 défauts. Soit X la variable aléatoire qui, à une pièce prélevée au hasard dans la production, associe le nombre de défauts que cette pièce présente.

La loi de probabilité de X est donnée par le tableau suivant.

x	0	1	2	3
$P(X=x)$	0,942 5	0,031 8	...	0,006

1. Reproduire sur la copie puis compléter le tableau précédent.
2. Le prix de vente d'une pièce dépend du nombre de défauts qu'elle présente.

Nombre de défauts	0	1	2	3
Prix de vente en euros	56	15	10	1

Soit Y la variable aléatoire qui, à une pièce prélevée au hasard dans la production, fait correspondre son prix de vente noté y.

a. Déterminer la loi de probabilité de Y.

b. Calculer l'espérance de Y. Interpréter le résultat obtenu.

CORRIGÉ

A. 1.

	Chaîne A	Chaîne B	Total
Nombre de pièces défectueuses	63	6	69
Nombre de pièces non défectueuses	837	294	1 131
Total	900	300	1 200

2. a. $p_1 = \frac{63}{1\,200} = 0,0525.$

b. $p_2 = \frac{294}{1\,200} = 0,0245.$

c. $p_3 = \frac{837}{1131} \approx 0,740.$

B. 1. $P(X=2)=1-[P(X=0)+P(X=1)+P(X=3)]$. $P(X=2)=0,0197$.

2. a.

y_i	56	15
$p_i = P(Y=y)$	0,9425	0,0318
y	10	1
$p_i = P(Y=y)$	0,0197	0,006

b. $E(Y) = \Sigma p_i y_i$.

$E(Y) = 53,46$.

En moyenne, une pièce est vendue 53,46 euros.

7 Compléments sur la dérivation, primitives

Après avoir dérivé de nouvelles fonctions, nous nous intéressons à l'opération inverse de la dérivation ; c'est ainsi qu'en mécanique, on est conduit à s'intéresser au lien entre nombre dérivé et vitesse, entre vitesse et accélération…

1 Nombre dérivé ; fonction dérivée

A Définitions (rappels)

Définition et notation du nombre dérivé

Soit f une fonction dont la courbe représentative a une tangente au point d'abscisse a.

- Le **nombre dérivé de f en a** est le coefficient directeur de cette tangente.
- Le nombre dérivé de f en a est noté $f'(a)$.

On peut se reporter aux paragraphes ① et ② du chapitre **3**.

Définition de fonction dérivable et de fonction dérivée

- Une fonction f **est dérivable sur un intervalle I** si, et seulement si f admet un nombre dérivé en tout point de I.
- La fonction qui, à tout x de I, associe le nombre dérivé de f en x s'appelle **fonction dérivée de f** et se note f'.

B Dérivées des fonctions usuelles (rappels)

Le tableau suivant, dans lequel la variable est x, donne les résultats « à savoir ».

	$f(x)$	$f'(x)$	Intervalle de validité
①	$f(x) = k$	$f'(x) = 0$	$]-\infty, +\infty[$
②	$f(x) = x$	$f'(x) = 1$	$]-\infty, +\infty[$
③	$f(x) = mx + p$	$f'(x) = m$	$]-\infty, +\infty[$
④	$f(x) = x^n \ (n \in \mathbb{N}^*)$	$f'(x) = nx^{n-1}$	$]-\infty, +\infty[$
⑤	$f(x) = \frac{1}{x}$	$f'(x) = -\frac{1}{x^2}$	$]-\infty, 0[$ ou $]0, +\infty[$
⑥	$f(x) = \sin x$	$f'(x) = \cos x$	$]-\infty, +\infty[$
⑦	$f(x) = \cos x$	$f'(x) = -\sin x$	$]-\infty, +\infty[$
⑧	$f(t) = \sin(\omega t + \varphi)$	$f'(t) = \omega \cos(\omega t + \varphi)$	$]-\infty, +\infty[$
⑨	$f(t) = \cos(\omega t + \varphi)$	$f'(t) = -\omega \sin(\omega t + \varphi)$	$]-\infty, +\infty[$

$\mathbb{N}^*$ est l'ensemble des nombres entiers strictement positifs.

C Opérations sur les fonctions dérivables (rappels et compléments)

Dans ce qui suit, u et v sont deux fonctions définies et dérivables sur un même intervalle I.

⑩ $(u+v)' = u' + v'$	⑬ $\left(\frac{1}{v}\right)' = -\frac{v'}{v^2}$, où $v(x) \neq 0$ pour tout x de I
⑪ $(ku)' = ku'$, où k est une constante réelle	⑭ $\left(\frac{u}{v}\right)' = \frac{u'v - uv'}{v^2}$, où $v(x) \neq 0$ pour tout x de I
⑫ $(uv)' = u'v + uv'$	

EXEMPLES

1. Soit f la fonction définie sur $[1, 10]$ par : $f(x) = x + \frac{1}{x}$;
pour tout x de $[1, 10]$, $f'(x) = 1 - \frac{1}{x^2}$.

2. Soit f la fonction définie sur $]0, +\infty[$ par : $g(x) = \frac{3}{4}\left(x + \frac{1}{x}\right)$;
pour tout x de $]0, +\infty[$, $g'(x) = \frac{3}{4}\left(1 - \frac{1}{x^2}\right)$.

On utilise ⑪, et le 1°.

3. Soit h la fonction définie sur $\mathbb{R}$ par : $h(x) = (3x+1)(-x+2)$;
pour tout x de $\mathbb{R}$, $h'(x) = 3(-x+2) + (3x+1)(-1)$; $h'(x) = -6x + 5$.

On utilise ③ et ⑫.

4. Soit i la fonction définie sur $\mathbb{R}$ par : $i(x) = 4x^3 - 7x^2 + 2x + 7$;
pour tout x de $\mathbb{R}$, $i'(x) = 4(3x^2) - 7(2x) + 2$; $i'(x) = 12x^2 - 14x + 2$.

On utilise ④, ⑪ et ⑩.

5. Soit j la fonction définie sur $\mathbb{R}$ par : $j(x) = (7x+1)^2$;
pour tout x de $\mathbb{R}$, $j'(x) = 2(7)(7x+1)^{2-1} = 14(7x+1)$.

On utilise ⑬ et ③.

6. Soit k la fonction définie sur $[0, 10]$ par : $k(x) = \frac{2x+1}{3x+4}$.

On utilise ③ et ⑭.

Pour tout x de $[0, 10]$, $k'(x) = \frac{(2)(3x+4) - (2x+1)(3)}{(3x+4)^2}$; $k'(x) = \frac{5}{(3x+4)^2}$.

7. Soit i la fonction définie sur $\mathbb{R}$ par : $i(t) = \sin\left(3t + \frac{\pi}{4}\right) + \cos\left(2t + \frac{\pi}{6}\right)$.

Pour tout t de $\mathbb{R}$, $i'(t) = 3\cos\left(3t + \frac{\pi}{4}\right) - 2\sin\left(2t + \frac{\pi}{6}\right)$.

On utilise ⑧, ⑩ et ⑨.

2 Approximation de $\frac{\Delta f}{\Delta x}$ par $\frac{df}{dx}$

- En physique (et en mécanique) on utilise la **notation différentielle de la fonction dérivée $\frac{df}{dx}$**, au lieu de f'.
- On a vu au **B** du ① du chapitre **3** que la limite finie quand h tend vers 0 du taux de variation $\frac{f(a+h) - f(a)}{h}$ est le nombre dérivé $f'(a)$.

Ce que l'on peut noter :

$\dfrac{f(a+h)-f(a)}{h}=f'(a)+\varepsilon(h)$ ①, avec la limite de $\varepsilon(h)$ quand h tend vers 0 égale à 0.

En notant $\dfrac{f(a+h)-f(a)}{h}=\Delta f$, $h=\Delta x$ et $f'(a)=\dfrac{df}{dx}$ la relation ① devient :

$\dfrac{\Delta f}{\Delta x}=\dfrac{df}{dx}+\varepsilon(\Delta x)$, avec la limite de $\varepsilon(\Delta x)$ quand Δx tend vers 0 égale à 0.

■ **Approximation de $\dfrac{\Delta f}{\Delta x}$ par $\dfrac{df}{dx}=f'(x)$**

En physique on utilise souvent $\dfrac{df}{dx}$ comme approximation de $\dfrac{\Delta f}{\Delta x}$, c'est-à-dire qu'on prend, au voisinage de x_0 : $\Delta f=f'(x_0)\Delta x$ (encore noté $\Delta y=f'(x_0)\Delta x$).

EXERCICE RÉSOLU

ÉNONCÉ

On augmente de 2 centimètres la longueur de chaque arête d'un cube qui mesurait initialement 5 mètres. Utiliser ce qui précède pour déterminer une valeur approchée de l'augmentation du volume du cube obtenu.

SOLUTION

Soit V le volume d'un cube d'arête x, $V=x^3$ et $\dfrac{dV}{dx}=3x^2$. Prenons $\dfrac{dV}{dx}$ comme approximation de $\dfrac{\Delta V}{\Delta x}$, c'est-à-dire $\dfrac{\Delta V}{\Delta x}\approx 3x^2$, d'où $\Delta V\approx 3x^2\Delta x$.

D'où : $\Delta V\approx 3(5)^2(0{,}02)$, $\Delta V\approx 1{,}5\ m^3$.

REMARQUES

Lorsque la longueur de l'arête du cube passe de 5 m à 5,02 m, le volume du cube, V, passe de $5^3=125$ à $(5{,}02)^3=126{,}506\,008$. La valeur exacte de ΔV est : $\Delta V=1{,}506\,008$.
En prenant $\Delta V\approx 1{,}5$, l'erreur commise est de $0{,}006\,008\ m^3$.

3 Primitives d'une fonction dérivable sur un intervalle

A Ensemble des primitives d'une fonction dérivable sur un intervalle

■ Soit f une fonction définie et dérivable sur un intervalle I. Une fonction F définie sur I est une ***primitive*** de f sur I lorsqu'elle est dérivable sur I et que $\boldsymbol{F'=f}$.

■ Soit f une fonction dérivable sur un intervalle I et soit F une primitive de f.
Toutes les primitives de *f* sont les fonctions définies sur I par $x\mapsto F(x)+C$, où C est une constante réelle.

EXEMPLE

Soit f une fonction définie sur $\mathbb{R}$ par $f(x)=3x^2-2$.
Une primitive de f est définie sur $\mathbb{R}$ par $g(x)=x^3-2x$.
Toutes les primitives de *f* sont définies sur $\mathbb{R}$ par $F(x)=x^3-2x+C$ où C est une constante réelle quelconque.

Vérifier que, pour tout x de $\mathbb{R}$, $g'(x)=f(x)$.

B Primitives des fonctions usuelles

F donne la forme générale des primitives sur un intervalle I de la fonction f. C est une constante réelle quelconque.

$f(x)$	$F(x)$	Intervalle de validité
① $f(x) = a$	$F(x) = ax + C$	$\mathbb{R}$
② $f(x) = x$	$F(x) = \frac{1}{2}x^2 + C$	$\mathbb{R}$
③ $f(x) = x^n$ n entier non nul positif ou négatif ($n \neq -1$)	$F(x) = \frac{1}{n+1}x^{n+1} + C$	• si $n > 0$, $\mathbb{R}$ • si $n < 0$, $]-\infty, 0[$ ou $]0, +\infty[$
④ $f(x) = \cos x$	$F(x) = \sin x + C$	$\mathbb{R}$
⑤ $f(x) = \sin x$	$F(x) = -\cos x + C$	$\mathbb{R}$
⑥ $f(t) = \sin(\omega t + \varphi)$	$F(t) = -\frac{1}{\omega}\cos(\omega t + \varphi) + C$	$\mathbb{R}$
⑦ $f(t) = \cos(\omega t + \varphi)$	$F(t) = \frac{1}{\omega}\sin(\omega t + \varphi) + C$	$\mathbb{R}$

C Primitives d'une somme de fonctions, d'un produit d'une fonction par un nombre réel

■ Si F est une primitive de f sur un intervalle I et si G une primitive de g sur I, alors $F + G$ est une primitive de $f + g$ sur I. ⑧

■ Si F est une primitive de f sur un intervalle I, et si a est un nombre réel, alors aF est une primitive de af sur I. ⑨

D Primitives des fonctions polynômes

■ Les résultats ③, ⑧ et ⑨ permettent d'obtenir les primitives des fonctions polynômes.

EXEMPLES

1. Soit f la fonction définie sur $\mathbb{R}$ par : $f(x) = -3$.
Toutes les primitives de f sont définies sur $\mathbb{R}$ par :
$F(x) = -3x$, où C est une constante réelle quelconque.

> On utilise ①.

2. Soit f la fonction définie sur $\mathbb{R}$ par : $f(x) = -3t + 2$.
Toutes les primitives de f sont définies sur $\mathbb{R}$ par :
$F(t) = -3\left(\frac{1}{2}t^2\right) + 2t + C$, $F(t) = -\frac{3}{2}t^2 + 2t + C$, où C est une constante réelle quelconque.

> • La variable est t.
> • On utilise ①, ②, ⑧ et ⑨.

3. Soit f la fonction définie sur $\mathbb{R}$ par : $f(x) = -2x^2 + 4x + 5$.
Toutes les primitives de f sont définies sur $\mathbb{R}$ par :
$F(x) = -2\left(\frac{1}{3}x^3\right) + 4\left(\frac{1}{2}x^2\right) + 5x + C$, $F(x) = -\frac{2}{3}x^3 + 2x^2 + 5x + C$,
où C est une constante réelle quelconque.

> On utilise ③, ⑧ et ⑨.

4. Soit f la fonction définie sur $\mathbb{R}$ par : $f(x) = -t^3 + 2t^2 + 3t - 4$.
Toutes les primitives de f sont définie sur $\mathbb{R}$ par :
$F(t) = -1\left(\frac{1}{4}t^4\right) + 2\left(\frac{1}{3}t^3\right) + 3\left(\frac{1}{2}t^2\right) - 4t + C$
où C est une constante réelle quelconque.
$F(t) = -\frac{1}{4}t^4 + \frac{2}{3}t^3 + \frac{3}{2}t^2 - 4t + C.$

On utilise ③, ⑧ et ⑨.

5. Soit i la fonction définie sur $\mathbb{R}$ par : $i(x) = 2\sin 3x - \cos 4x$.
Toutes les primitives de i sont définies sur $\mathbb{R}$ par :
$i(x) = 2\left(-\frac{1}{3}\cos 3x\right) - \left(\frac{1}{4}\sin 4x\right) + C$, où C est une constante réelle quelconque ; $i(x) = -\frac{2}{3}\cos 3x - \frac{1}{4}\sin 4x + C.$

On utilise ⑥ et ⑦.

REMARQUE

Lorsqu'on dispose d'une calculatrice équipée d'un logiciel de calcul formel, on peut vérifier les calculs de primitives et de dérivées.

PREMIER EXERCICE

Recherche d'un minimum

On se propose de construire un réservoir en tôle en forme de parallélépipède rectangle dont le volume intérieur est 4 m³ (voir la figure).

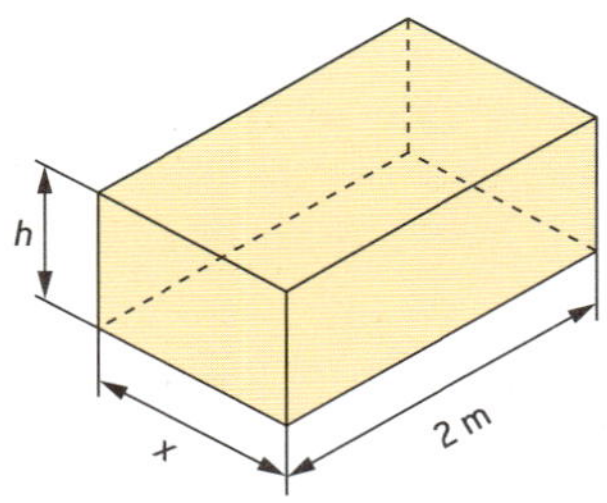

1. Déduire de l'information relative au volume une relation entre h et x.
2. Montrer que la somme des aires des faces intérieures (sans couvercle) s'écrit en fonction de x :

$$S(x) = 2x + 4 + \frac{8}{x}.$$

3. Étudier les variations de la fonction S définie sur $[0{,}5\,;\,4]$ par $S(x) = 2x + 4 + \frac{8}{x}$. En déduire les valeurs de x et de h correspondant à une aire minimale.

CORRIGÉ

1. $V = 4$ donc $h \times 2 \times x = 4$, $h = \frac{2}{x}$.
2. $S(x) = 2 \times h \times x + 2 \times h \times 2 + 2x$, $S(x) = 2hx + 4h + 2x$,
$S(x) = 2x\left(\frac{2}{x}\right) + 4\left(\frac{2}{x}\right) + 2x$, $S(x) = 4 + \frac{8}{x} + 2x = 2x + 4 + \frac{8}{x}$.
3. Pour tout x de $[0{,}5\,;\,4]$, $S'(x) = 2 - \frac{8}{x^2} = 2\left(1 - \frac{4}{x^2}\right)$,
$S'(x) = 2\left(\frac{x^2-4}{x^2}\right) = \frac{2(x-2)(x+2)}{x^2}$.
Pour tout x de $[0{,}5\,;\,4]$, $\frac{2(x+2)}{x^2} > 0$, donc $S'(x)$ a même signe que $x - 2$.

On utilise les formules ③, ⑤ et ⑩ du paragraphe ①.

Pour tout x de $[0{,}5\ ;\ 4]$, $S'(x) \geq 0$, équivaut à $x - 2 \geq 0$, $x \geq 2$. D'où le tableau de variation de S :

x	0,5		2		4
Signe de $S'(x)$		–	0	+	
Variation de S	↘		12		↗

L'aire est minimale pour $x = 2$, $h = \dfrac{2}{2} = 1$.

DEUXIÈME EXERCICE

A. Un QCM

Aucune justification n'est demandée.

B est une fonction définie et dérivable sur $\mathbb{R}$ et F est une primitive de f.

	f est définie sur I par :	Alors une primitive F de f est définie par :		
		a	**b**	**c**
1	$f(x) = -2x + 1$	$F(x) = -2$	$F(x) = -x^2 + x$	$F(x) = -x^2 + x + 1$
2	$f(x) = -x^2 - 2x + 1$	$F(x) = -\frac{1}{3}x^3 - x^2$	$F(x) = -\frac{1}{3}x^3 - x^2 + 1$	$F(x) = -\frac{1}{3}x^3 - x^2 + x + 1$
3	$f(x) = -x^3 + 3x^2 - x$	$F(x) = -x^4 + 3x^3 - x^2$	$F(x) = -\frac{1}{4}x^4 + 3x^3 - 1$	$F(x) = -\frac{1}{4}x^4 + x^3 - \frac{1}{2}x^2$
4	$f(t) = 2\sin\left(2t + \frac{\pi}{6}\right)$	$F(t) = 2\cos\left(2t + \frac{\pi}{6}\right)$	$F(t) = -\cos\left(2t + \frac{\pi}{6}\right)$	$F(t) = \cos\left(2t + \frac{\pi}{6}\right)$
5	$f(x) = \cos 2x$	$F(x) = -\sin 2x$	$F(x) = \frac{1}{2}\sin 2x$	$F(x) = -\frac{1}{2}\sin 2x$
6	$f(x) = \sin x + \sin 2x$	$F(x) = \cos x + \cos 2x$	$F(x) = -\cos x - \cos 2x$	$F(x) = -\cos x - \frac{1}{2}\cos 2x$

B. Utiliser un logiciel de calcul formel

Soit f la fonction définie sur $]2, +\infty[$ par $f(x) = \dfrac{2x^2 - 8x}{(x-2)^2}$.

Pour déterminer une primitive de f sur $]2, +\infty[$ on utilise un logiciel de calcul formel.

1. Vérifier que l'expression du dernier affichage donne une primitive de f.
2. En déduire la primitive F de f sur $]2, +\infty[$ telle que $F(3) = 1$.

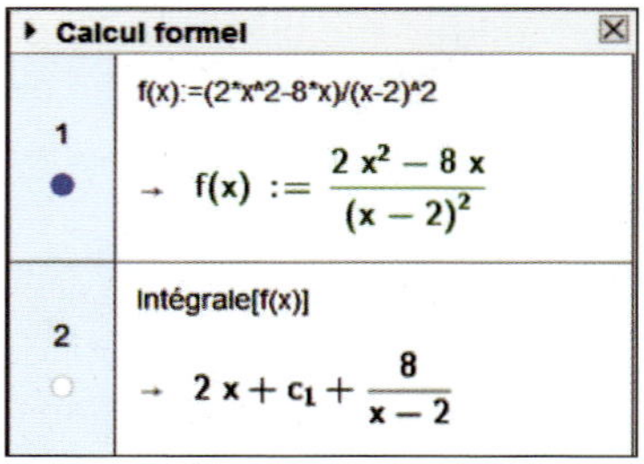

CORRIGÉ

A. 1. Réponse **b**. 2. réponse **c**. 3. réponse **c**. 4. Réponse **a**. 5. réponse **c**. 6. Réponse **c**.

B. 1. Pour tout x de $]2, +\infty[$, on calcule :

$$F'(x) = 2 - \frac{8}{(x-2)^2} = \frac{2(x-2)^2 - 8}{(x-2)^2} = \frac{2(x^2 - 4x + 4) - 8}{(x-2)^2},$$

On utilise les formules ③, ⑩ et ⑬ du paragraphe ① c.

$$F'(x) = \frac{2x^2 - 8x}{(x-2)^2} = f(x).$$ F est une primitive de f.

2. Pour tout x de $]2, +\infty[$, $F(x) = 2x + \dfrac{8}{x-2} + c_1$; $F(3) = 1$ équivaut à : $6 + 8 + c_1 = 1$; $14 + c_1 = 1$; $c_1 = -13$.

D'où, pour tout x de $]2, +\infty[$, $F(x) = 2x + \dfrac{8}{x-2} - 13$.

8 Trigonométrie

Les fonctions circulaires interviennent en électricité et en électronique dans l'étude des signaux et en mécanique pour les mouvements oscillatoires.

1 Définitions

A Mesure d'un angle géométrique

Lors de l'étude de figures géométriques, les angles géométriques jouent un rôle très important.

Unités de mesure

Les deux principales unités de mesure sont :

- le **degré** (un angle plat a pour mesure 180 degrés) ;
- le **radian** (un arc de cercle de mesure un radian a même longueur que le rayon du cercle et un angle plat a pour mesure π radians).

En topographie, pour les plans de terrain, les cartes, on utilise le **grade** (un angle plat a pour mesure 200 grades).

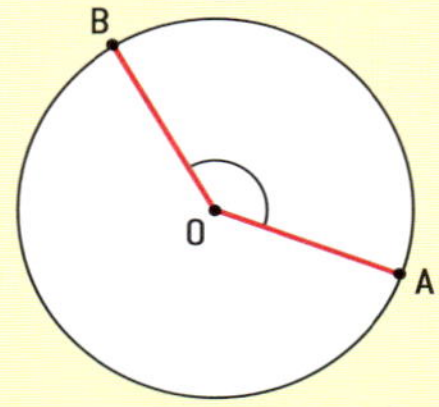

L'angle géométrique $\widehat{AOB}$ peut permettre de définir l'arc AB intercepté sur un cercle de centre O.

Conversion

Si les mesures en radians, degrés, grades d'un même angle (ou d'un même arc) sont respectivement a, b, c, elles se déduisent les unes des autres par les relations :

$\frac{a}{\pi}=\frac{b}{180}=\frac{c}{200}$. En particulier, on a :

Mesure en radians : a	0	$\frac{\pi}{6}$	$\frac{\pi}{4}$	$\frac{\pi}{3}$	$\frac{\pi}{2}$
Mesure en degrés : b	0	30	45	60	90

B Mesure d'un angle (d'un arc) orienté

La notion d'angle géométrique est insuffisante pour étudier certains phénomènes comme la rotation d'un arbre moteur en mécanique : d'une part, on doit considérer des angles correspondant à plusieurs tours, donc supérieurs à 2π radians ou 360° et, d'autre part, on doit distinguer les deux sens possibles de rotation (marche avant, marche arrière). Aussi est-on amené à considérer des angles orientés.

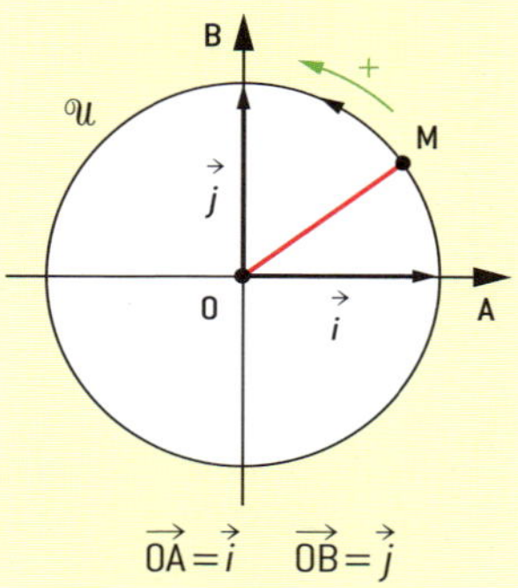

Cercle trigonométrique $\mathcal{U}$

On appelle **cercle trigonométrique** $\mathcal{U}$ dans le plan muni du repère orthonormé $(O;\vec{i},\vec{j})$ le cercle de centre O, de rayon 1, pour lequel on choisit pour sens direct le sens inverse des aiguilles d'une montre.

Tout point M de cercle $\mathcal{U}$ définit donc un **angle orienté** noté $(\overrightarrow{OA}, \overrightarrow{OM})$ et un **arc orienté** : AM.

Correspondance entre les nombres réels et les points du cercle $\mathcal{U}$

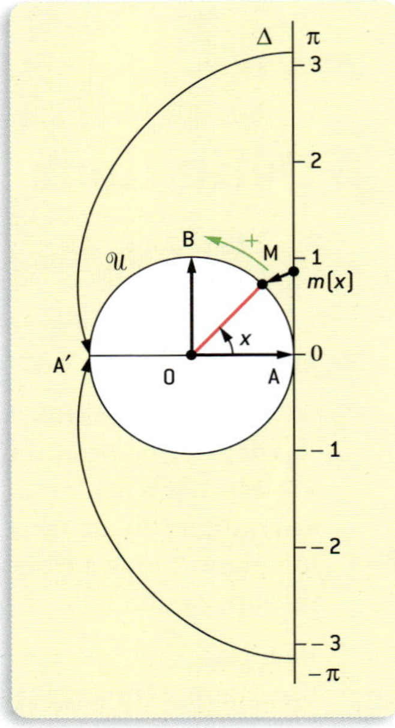

À tout point m de l'axe du repère $(A, \overrightarrow{OB})$ est associé un nombre réel x (l'abscisse de m). Le point m est l'image du réel x.

On matérialise la droite Δ par une ficelle. Si on enroule cette ficelle autour du cercle $\mathcal{U}$ en respectant les sens positifs sur l'axe Δ et le cercle trigonométrique $\mathcal{U}$, l'image de tout nombre réel vient coïncider avec un point du cercle.

L'image du nombre 0 coïncide avec le point A, l'image du nombre π avec le point A′... Les images de $\pi + 2\pi$, $\pi + 4\pi$, ... $\pi + k2\pi$ (k entier relatif quelconque) viennent coïncider avec A′, puisque la longueur du cercle $\mathcal{U}$ est 2π.

Plus généralement si le nombre réel x est associé au point M du cercle $\mathcal{U}$, les réels $x + 2\pi$, ... $x + k2\pi$ (k nombre entier relatif quelconque) sont associés au même point M dans l'enroulement.

On établit ainsi une correspondance entre les nombres réels et les points du cercle trigonométrique $\mathcal{U}$.

Mesures d'un angle orienté (d'un arc orienté)

On appelle mesure de l'angle orienté $(\overrightarrow{OA}, \overrightarrow{OM})$ (de l'arc orienté AM) l'un quelconque des nombres réels associés au point M dans « l'enroulement ».

Un angle, un arc, possèdent une infinité de mesures : si x est l'une d'entre elles, les autres sont de la forme : $x + k2\pi$ (k nombre entier relatif quelconque).

Mesure principale

Parmi les mesures d'un angle orienté (ou d'un arc orienté) il en existe une, et une seule, appelée **mesure principale** appartenant à l'intervalle $]-\pi, \pi]$.

2 Les fonctions sinus et cosinus

A Définitions

Le point M définit l'angle de vecteurs $(\overrightarrow{OA}, \overrightarrow{OM})$ et le nombre réel x est une mesure de cet angle.

Dans l'enroulement précédent, tout nombre réel x est associé à un point unique M du cercle trigonométrique $\mathcal{U}$.

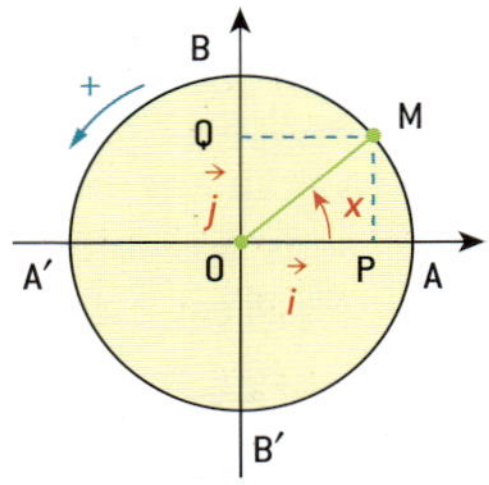

$\vec{i} = \overrightarrow{OA}$ et $\vec{j} = \overrightarrow{OB}$.

- Pour tout nombre réel x, $\cos x$ et $\sin x$ sont les coordonnées du point M image du nombre réel x sur le cercle trigonométrique $\mathcal{U}$.
- Par définition, M a pour coordonnées $(\cos x, \sin x)$ dans le repère orthonormé $(O\,; \overrightarrow{OA}, \overrightarrow{OB})$.

Des valeurs remarquables

x	$-\pi$	$-\frac{\pi}{2}$	0	$\frac{\pi}{6}$	$\frac{\pi}{4}$	$\frac{\pi}{3}$	$\frac{\pi}{2}$	π
$\sin x$	0	-1	0	$\frac{1}{2}$	$\frac{\sqrt{2}}{2}$	$\frac{\sqrt{3}}{2}$	1	0
$\cos x$	-1	0	1	$\frac{\sqrt{3}}{2}$	$\frac{\sqrt{2}}{2}$	$\frac{1}{2}$	0	-1

Conséquences de la définition

Pour tout nombre réel x :

$\mathbf{-1 \leq \cos x \leq 1\ ;\ -1 \leq \sin x \leq 1\ ;\ \cos^2 x + \sin^2 x = 1}$.

Pour obtenir des valeurs approchées de cos x et sin x

Pour obtenir avec une calculatrice les valeurs de $\cos x$ et de $\sin x$, il faut se mettre en « **mode radian** » et utiliser les touches [cos] et [sin]. En effet, en considérant « l'enroulement » précédent, on constate que le cosinus (ou le sinus) du réel x est le cosinus (ou le sinus) de x radians.

Ainsi, $\cos 1 \approx 0{,}54$ et $\sin 1 \approx 0{,}84$.

Pour tout nombre réel k, $-1 \leq k \leq 1$, trouver x tel que $\cos x = k$ ou $\sin x = k$

EXEMPLES

- On cherche x, $0 \leq x \leq \pi$, tel que $\cos x = -0{,}98$.

La calculatrice est en « mode radian ».

Avec, INV cos (– 0,98), ou 2nde cos (– 0,98) ou $\cos^{-1}$ (– 0,98), ou Arc cos (– 0,98)..., on obtient : $x \approx 2{,}94$.

Vérifiez-le !

- On cherche x, $-\frac{\pi}{2} \leq x \leq \frac{\pi}{2}$, tel que $\sin x = -0{,}37$.

Avec, INV sin (– 0,37), ou 2nde sin (– 0,37) ou $\sin^{-1}$ (– 0,37), ou Arc sin (– 0,37)..., on obtient : $x \approx -0{,}38$.

Vérifiez-le !

REMARQUES

- Quand on cherche un nombre réel x tel que $\cos x = k$, avec $-1 \leq k \leq 1$, la calculatrice, à l'aide de la touche, INV cos ou 2nde cos ou $\cos^{-1}$ ou Arcos, donne une valeur telle que : $0 \leq x \leq \pi$. La valeur obtenue est **en radians**.
- Quand on cherche un nombre réel x tel que $\sin x = k$, avec $-1 \leq k \leq 1$, la calculatrice, à l'aide de la touche INV sin ou 2nde sin ou $\sin^{-1}$ ou Arc sin, donne une valeur telle que : $-\frac{\pi}{2} \leq x \leq \frac{\pi}{2}$. La valeur obtenue est **en radians**.

Une équation de la forme $\cos x = a$ avec $a > 1$ ou $a < -1$ n'a pas de solution.

À retenir

Pour tout nombre réel x : **cos x = cos (x radians) ; sin x = sin (x radians)**.

Effectuer des conversions de degré en radian, de radian en degré

On a π radians = 180 degrés donc :

- 1 radian $= \frac{180}{\pi}$ degrés (α radians $= \frac{180 \times \alpha}{\pi}$ degrés) ;
- 1 degré $= \frac{\pi}{180}$ radian (n degrés $= \frac{n \times \pi}{180}$ radians).

EXAMPLES

Abréviations usuelles :
- degré : ° ;
- radian : rad.

- 2,5 radians $= \dfrac{180 \times 2{,}5}{\pi} \approx 143{,}24°$.
- 87 degrés $= \dfrac{87 \times \pi}{180} \approx 1{,}52$ rad.

B Périodicité

■ Les nombres réels x, et $x + k2\pi$ ($k \in \mathbb{Z}$) sont des mesures d'un même angle orienté (ou d'un même arc orienté) ; ils sont associés au même point M, d'où :
pour tout x de $\mathbb{R}$, $\cos(x + k2\pi) = \cos x$ et $\sin(x + k2\pi) = \sin x$.

En particulier, pour $k = 1$ (la plus petite valeur strictement positive) : pour tout x de $\mathbb{R}$, $\cos(x + 2\pi) = \cos x$ et $\sin(x + 2\pi) = \sin x$.

■ On en déduit la propriété suivante :
- **Les fonctions sinus et cosinus sont périodiques de période 2π.**
- En physique, on utilise des fonctions de la forme :
$f : t \mapsto \cos(\omega t + \varphi)$ et $f : t \mapsto \sin(\omega t + \varphi)$.
L'expression de $(\omega t + \varphi)$ est appelée **phase instantanée** et le paramètre φ, **phase à l'origine**.

■ Ces fonctions ont pour **période** : $T = \dfrac{2\pi}{\omega}$.

C Parité

■ Les points M et M′ de la figure étant symétriques par rapport à l'axe des abscisses, on a, pour tout x de $\mathbb{R}$:
$\cos(-x) = \cos x$ et $\sin(-x) = -\sin x$.

■ **La fonction cosinus est paire, la fonction sinus est impaire.**

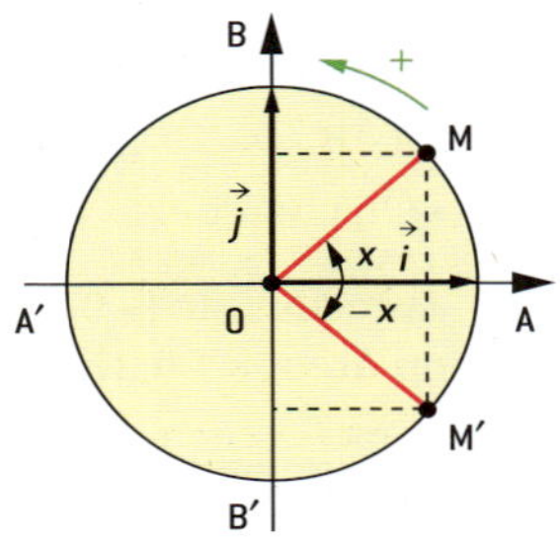

D Dérivation

■ **Théorème 1**
Les fonctions sinus et cosinus sont dérivables sur $\mathbb{R}$ et on a :

$f(x)$	$f'(x)$	
$f(x) = \sin x$	$f'(x) = \cos x$	①
$f(x) = \cos x$	$f'(x) = -\sin x$	②

Ces résultats ont été donnés au paragraphe ① B du chapitre **7**.

■ **Théorème 2**

Les fonctions $t \mapsto \sin(\omega t + \varphi)$ et $t \mapsto \cos(\omega t + \varphi)$, où ω et φ sont des nombres réels, sont dérivables sur $\mathbb{R}$ et on a :

$f(t)$	$f'(t)$	
$f(t) = \sin(\omega t + \varphi)$	$f'(t) = \omega \cos(\omega t + \varphi)$	③
$f(t) = \cos(\omega t + \varphi)$	$f'(t) = -\omega \sin(\omega t + \varphi)$	④

EXEMPLES

• Soit f la fonction définie sur $\mathbb{R}$ par :

$f(t) = \sin\left(3t + \frac{\pi}{4}\right)$. Pour dériver f, on utilise le résultat ③ avec $\omega = 3$ et $\varphi = \frac{\pi}{4}$.

Donc, pour tout t de $\mathbb{R}$, $f'(t) = 3\cos\left(3t + \frac{\pi}{4}\right)$.

• Soit g la fonction définie sur $\mathbb{R}$ par :

$g(t) = \cos\left(2t + \frac{\pi}{6}\right)$. Pour dériver g, on utilise le résultat ④ avec $\omega = 2$ et $\varphi = \frac{\pi}{6}$.

Donc, pour tout t de $\mathbb{R}$, $g'(t) = -2\sin\left(2t + \frac{\pi}{6}\right)$.

E Variation et représentation graphique de la fonction sinus

Variation et représentation graphique de la fonction définie sur [0, π] par $x \mapsto \sin x$

Tableau de variation

x	0		$\frac{\pi}{2}$		π
Signe de cos x	1	+	0	–	– 1
Variation de sin	0	↗	1	↘	0

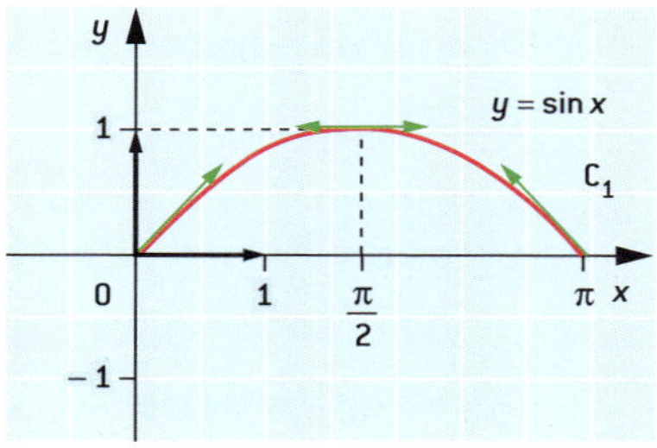

Courbe représentative de la fonction définie sur [– π, π] par $x \mapsto \sin x$

La fonction définie sur [– π, π] par $x \mapsto \sin x$ étant impaire, la courbe C_2 s'obtient à partir de C_1 par symétrie de centre 0.

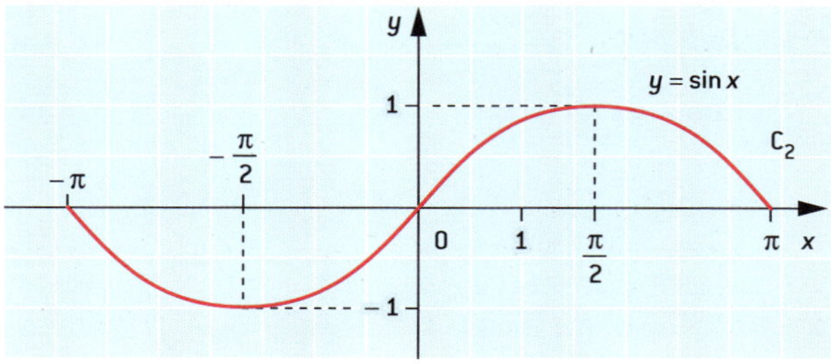

Courbe représentative de la fonction définie sur [– π, π] par $x \mapsto \sin x$

La fonction définie sur IR par $x \mapsto \sin x$ étant périodique de période 2 π, la courbe C_3 s'obtient à partir de C_2 par translations successives de vecteur $2\pi\vec{i}$ ou $-2\pi\vec{i}$.

Observez sur la figure que : sin (x + 2π) = sin x.

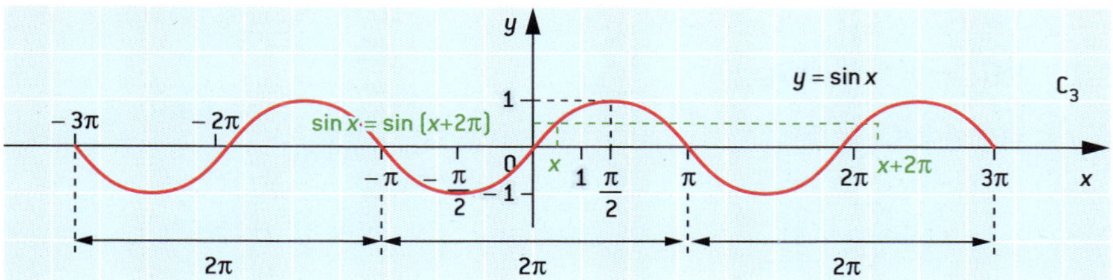

La courbe obtenue est appelée **sinusoïde**.

F Courbe représentative de la fonction cosinus

On déduit la courbe représentative C_2 de la fonction définie sur $\mathbb{R}$ par $x \mapsto \cos x$ de la courbe représentative C_1 de la fonction définie sur $[-\pi, \pi]$ par $x \mapsto \cos x$ par translations successives de vecteur $2\pi\vec{i}$ ou $-2\pi\vec{i}$.

On étudie d'abord $x \mapsto \cos x$ sur $[0, \pi]$

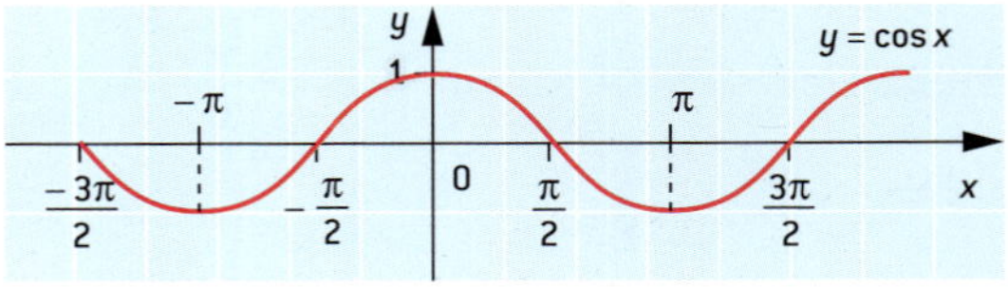

On démontre que la courbe obtenue est la sinusoïde « translatée » de $-\frac{\pi}{2}\vec{i}$.

G Angles associés

Plutôt que de chercher à retenir directement les formules suivantes, il vaut mieux apprendre à les retrouver sur une figure.

Sur les quatre figures suivantes :

$\cos a = \overline{OP}$, $\sin a = \overline{OQ}$,

$\overline{OP}$ se lit « mesure algébrique de OP ». C'est la distance OP affectée du signe + ou du signe –, suivant la position de P par rapport à O.

$\overline{OP'}$ et $\overline{OQ'}$ sont respectivement les cosinus et sinus des angles associés.

Réels opposés : a et $-a$

Pour tout nombre réel a :

$\sin(-a) = -\sin a$;

$\cos(-a) = \cos a$.

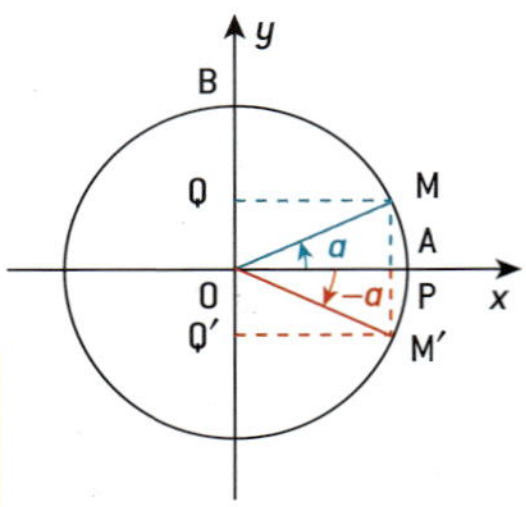

On peut retenir que la fonction sinus est impaire et que la fonction cosinus est paire.

Réels dont la somme est π : a et $\pi - a$

Pour tout nombre réel a :

$\sin(\pi - a) = \sin a$;

$\cos(\pi - a) = -\cos a$.

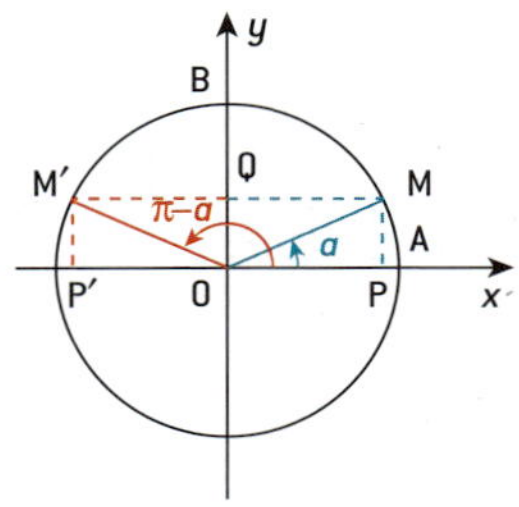

Réels dont la différence est π : a et $\pi + a$

Pour tout nombre réel a :

$\sin(\pi + a) = -\sin a$;

$\cos(\pi + a) = -\cos a$.

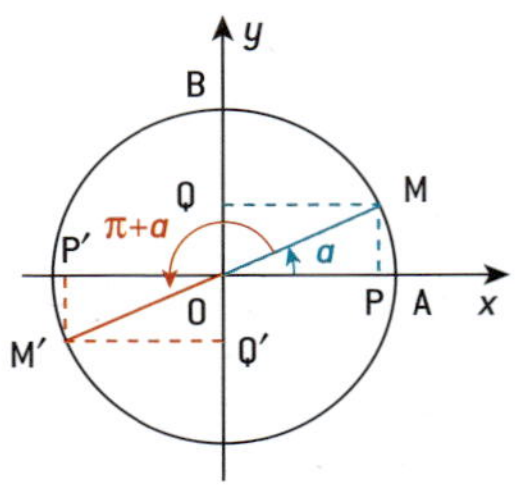

Réels dont la somme est $\frac{\pi}{2}$: a et $\frac{\pi}{2} - a$

Le cosinus de l'un est le sinus de l'autre.

Pour tout nombre réel a :

$\sin\left(\frac{\pi}{2} - a\right) = \cos a$

$\cos\left(\frac{\pi}{2} - a\right) = \sin a$

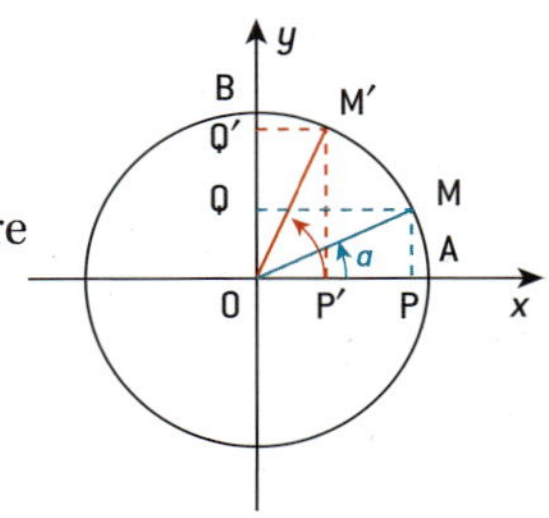

EXEMPLES

• $\cos\left(-\frac{\pi}{3}\right)=\cos\frac{\pi}{3}=\frac{1}{2}$. • $\sin\frac{5\pi}{6}=\sin\left(\pi-\frac{\pi}{6}\right)=\sin\frac{\pi}{6}=\frac{1}{2}$. • $\cos\frac{2\pi}{3}=\cos\left(\pi-\frac{\pi}{3}\right)=-\cos\frac{\pi}{3}=-\frac{1}{2}$.

• $\sin\frac{5\pi}{4}=\sin\left(\pi+\frac{\pi}{4}\right)=-\sin\frac{\pi}{4}=-\frac{\sqrt{2}}{2}$. • $\sin\frac{\pi}{6}=\sin\left(\frac{\pi}{2}-\frac{\pi}{3}\right)=\cos\frac{\pi}{3}$.

3 Résolution d'équations trigonométriques

Théorèmes

• **Équation $\cos x = \cos \alpha$.**	• **Équation $\sin x = \sin \alpha$.**
Les solutions de l'équation $\cos x = \cos \alpha$ sont : (1) $x = \alpha + k2\pi$ (2) $x = -\alpha + k2\pi$ ($k \in \mathbb{Z}$). 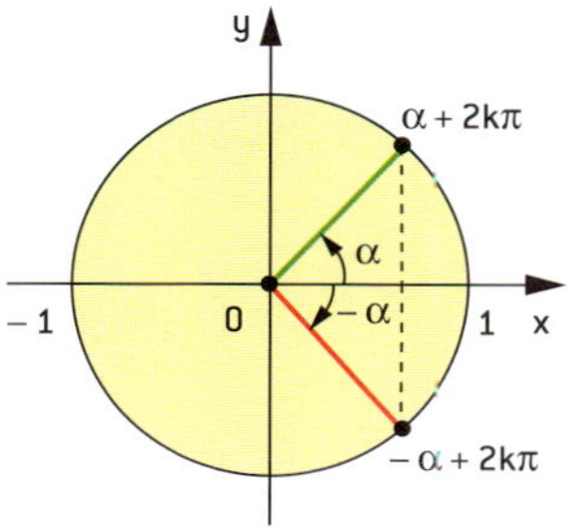 	Les solutions de l'équation $\sin x = \sin \alpha$ sont : (1) $x = \alpha + k2\pi$ (2) $x = \pi - \alpha + k2\pi$ ($k \in \mathbb{Z}$) 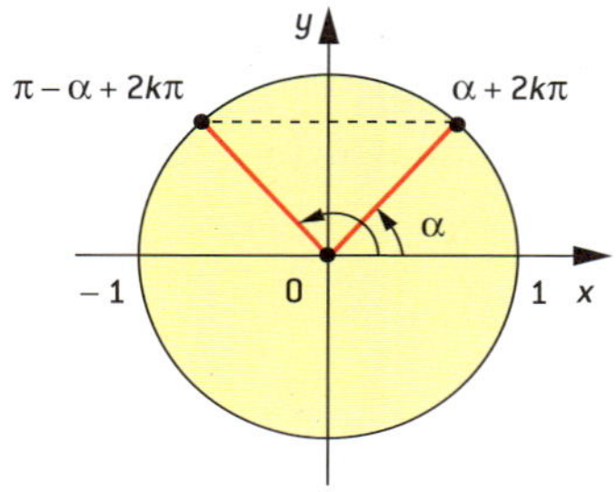

Résolution d'équations de la forme $\cos x = a$

On cherche α tel que $a = \cos \alpha$ (ou $a = \sin \alpha$) et on résout, à l'aide d'un des deux théorèmes ci-dessus, l'équation $\cos x = \cos \alpha$ (ou $\sin x = \sin \alpha$).

EXERCICE RÉSOLU

ÉNONCÉ

On se propose de résoudre dans $\mathbb{R}$ l'équation $\cos t = -\frac{1}{2}$.

1. Vérifier que $-\frac{1}{2}=\cos\frac{2\pi}{3}$.

2. Résoudre dans $\mathbb{R}$ l'équation $\cos t = \cos\frac{2\pi}{3}$.

3. Représenter les solutions de l'équation précédente par des points du cercle trigonométrique.

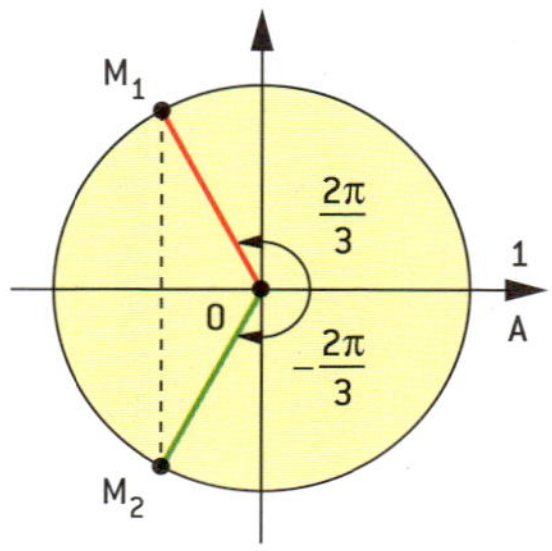

SOLUTION

1. $\cos\frac{2\pi}{3}=\cos\left(\pi-\frac{\pi}{3}\right)=-\cos\frac{\pi}{3}=-\frac{1}{2}$.*

2. L'équation admet deux types de solutions :

(1) $t=\frac{2\pi}{3}+k2\pi$ ($k \in \mathbb{Z}$). (2) $t=-\frac{2\pi}{3}+k2\pi$ ($k \in \mathbb{Z}$).

3. On place M_1 tel que $(\overrightarrow{OA}, \overrightarrow{OM_1})=\frac{2\pi}{3}$ et M_2 tel que $(\overrightarrow{OA}, \overrightarrow{OM_2})=-\frac{2\pi}{3}$.

** On peut se reporter au paragraphe ② G.*

9 Produit scalaire dans le plan

La pratique de l'outil vectoriel est importante en mécanique et en physique.

1 Rappels et compléments

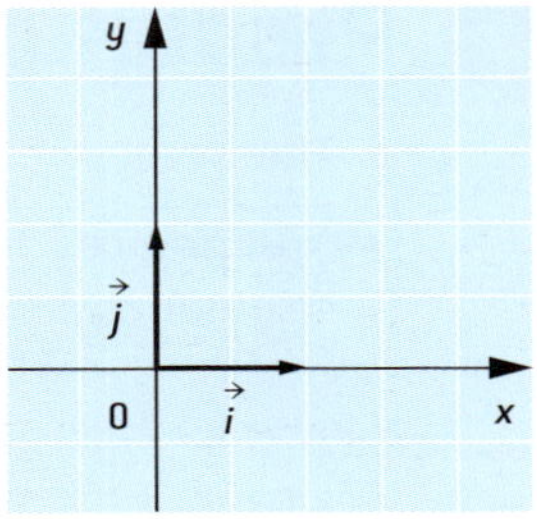

Repère orthonormé

Le repère $(O ; \vec{i} ; \vec{j})$ est **orthonormé** si : $\|\vec{i}\| = \|\vec{j}\| = 1$ et $\vec{i}$ et $\vec{j}$ sont **orthogonaux**.

Égalité de vecteurs

Deux vecteurs $\overrightarrow{AB}$ et $\overrightarrow{CD}$ sont égaux si et seulement si ABDC est un parallélogramme (fig. 1), éventuellement aplati (fig. 2).

Attention à l'ordre des points.

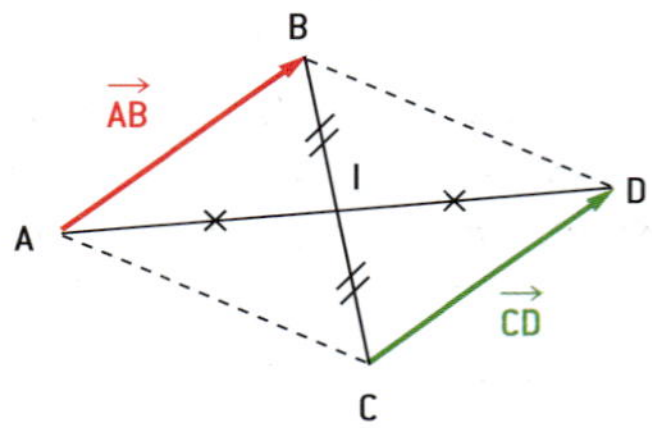

Figure 1

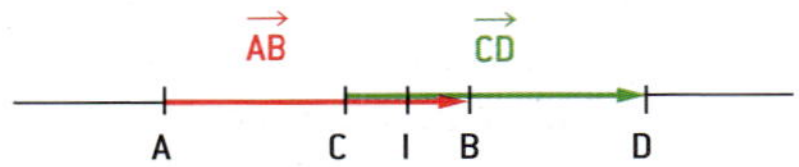

Figure 2

Coordonnées d'un vecteur défini par deux points

Soit $A(x_A, y_A)$ et $B(x_B, y_B)$ alors :

$\overrightarrow{AB}\begin{pmatrix} x_B - x_A \\ y_B - y_A \end{pmatrix}$, aussi noté : $\overrightarrow{AB}(x_B - x_A, y_B - y_A)$,

ou $\overrightarrow{AB}\left| \begin{matrix} x_B - x_A \\ y_B - y_A \end{matrix} \right.$.

EXEMPLE

Sur la figure 3, on a : $\overrightarrow{AB} = \overrightarrow{CD}$ et $\overrightarrow{AB}(2, 1)$.

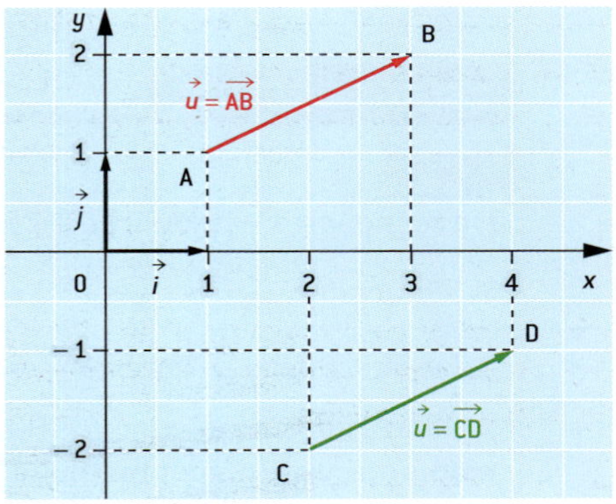

Figure 3

Coordonnées du milieu I du segment [AB]

$$I\left(\frac{x_A + x_B}{2}, \frac{y_A + y_B}{2}\right).$$

Norme d'un vecteur dans un repère orthonormé

La **norme** de $\vec{u}\begin{pmatrix} x \\ y \end{pmatrix}$ est : $\|\vec{u}\| = \sqrt{x^2 + y^2}$.

Distance de A à B dans un repère orthonormé

Dans P muni du repère $(O;\vec{i},\vec{j})$ orthonormé :

si $A(x_A, y_A)$ et $B(x_B, y_B)$, alors :
$AB=\sqrt{(x_B-x_A)^2+(y_B-y_A)^2}$.

EXEMPLE

Sur la figure 4, $AB=\sqrt{5}$.

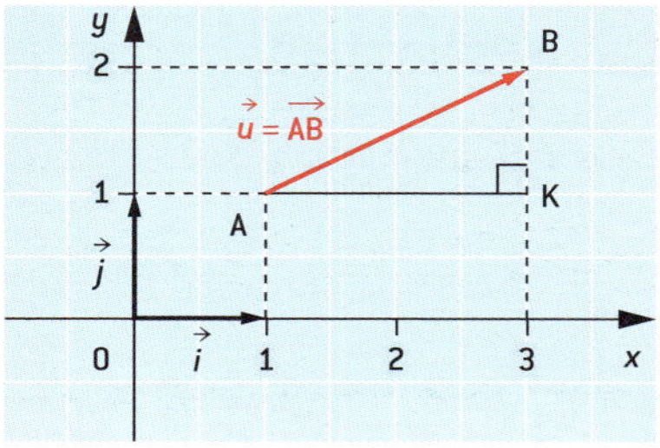

Figure 4

2 Produit scalaire de $\vec{u}$ par $\vec{v}$

Définition du produit scalaire

- Si $\vec{u}$ et $\vec{v}$ sont deux vecteurs non nuls, le **produit scalaire** de $\vec{u}$ par $\vec{v}$ est le nombre réel, noté $\vec{u}\cdot\vec{v}$, tel que : $\boldsymbol{\vec{u}\cdot\vec{v}}=\|\vec{u}\|\times\|\vec{v}\|\times\cos\theta$, où θ est une mesure de l'angle $(\vec{u},\vec{v})$.
- Si $\vec{u}=\vec{0}$ ou $\vec{v}=\vec{0}$, alors $\vec{u}\cdot\vec{v}=0$.

EXEMPLES

- Avec $\|\vec{u}\|=2$, $\|\vec{v}\|=3$ et $\theta=\frac{\pi}{6}$, on a $\vec{u}\cdot\vec{v}=2\times3\times\frac{\sqrt{3}}{2}=3\sqrt{3}$.
- Avec $\|\vec{u}\|=2$, $\|\vec{v}\|=3$ et $\theta=\frac{2\pi}{3}$, on a $\vec{u}\cdot\vec{v}=2\times3\times\left(-\frac{1}{2}\right)=-3$.
- Avec $\|\vec{u}\|=2$, $\|\vec{v}\|=3$ et $\theta=-\frac{\pi}{4}$, on a $\vec{u}\cdot\vec{v}=2\times3\times\frac{\sqrt{2}}{2}=3\sqrt{2}$.

Carré scalaire du vecteur $\vec{u}$

- Par définition, $\vec{u}\cdot\vec{u}$ est le **carré scalaire** du vecteur $\vec{u}$. On note ce nombre $\vec{u}^2$.
- Pour tout vecteur $\vec{u}$, $\vec{u}^2=\|\vec{u}\|^2$.

Expression analytique du produit scalaire de deux vecteurs $\vec{u}$ et $\vec{v}$

$(O;\vec{i},\vec{j})$ est un repère orthonormé.

Le produit scalaire du vecteur $\vec{u}\begin{pmatrix}x\\y\end{pmatrix}$ par le vecteur $\vec{v}\begin{pmatrix}x'\\y'\end{pmatrix}$ est : $\vec{u}\cdot\vec{v}=xx'+yy'$.

EXEMPLE

Avec $\vec{u}(1, 2)$ et $\vec{v}(2, 3)$, $\vec{u}\cdot\vec{v}=(1\times2)+(2\times3)=8$.

Propriétés

Pour tous vecteurs $\vec{u}$, $\vec{v}$, $\vec{w}$ du plan et tout nombre réel a :
$\vec{v}\cdot\vec{u}=\vec{u}\cdot\vec{v}$; $\vec{u}\cdot(\vec{v}+\vec{w})=\vec{u}\cdot\vec{v}+\vec{u}\cdot\vec{w}$; $\vec{u}\cdot(a\vec{v})=a(\vec{u}\cdot\vec{v})=(a\vec{u})\cdot\vec{v}$,

Vecteurs orthogonaux

Deux vecteurs $\vec{u}$ et $\vec{v}$ sont orthogonaux si et seulement si leur produit scalaire est nul :

$$\vec{u}\perp\vec{v} \text{ si et seulement si } \vec{u}\cdot\vec{v}=0.$$

EXEMPLE

Soit $\vec{u}\,(-1, 3)$ et $\vec{v}\,(3, 1)$. $\vec{u}\cdot\vec{v}=(-1)(3)+(3)(1)=0$.
$\vec{u}$ et $\vec{v}$ sont orthogonaux.

3 Applications du produit scalaire

A Calcul du cosinus et d'une mesure d'un angle

Soit θ une mesure d'un angle $(\vec{u}, \vec{v})$. Par définition du produit scalaire, $\cos\theta = \dfrac{\vec{u}\cdot\vec{v}}{\|\vec{u}\|\|\vec{v}\|}$.

On en déduit la valeur de cos θ si on connaît $\vec{u}\cdot\vec{v}$, $\|\vec{u}\|$ et $\|\vec{v}\|$. C'est le cas, en particulier, lorsque les coordonnées de $\vec{u}$ et de $\vec{v}$ dans un repère orthonormé sont données :

Pour $\vec{u}(x, y)$ et $\vec{v}(x', y')$, $\cos\theta = \dfrac{xx' + yy'}{\sqrt{x^2+y^2}\times\sqrt{x'^2+y'^2}}$.

EXEMPLE

On donne les vecteurs $\vec{u}\,(2, -1)$ et $\vec{v}\,(1, 3)$.

$\cos\theta = \dfrac{\vec{u}\cdot\vec{v}}{\|\vec{u}\|\|\vec{v}\|}$. $\vec{u}\cdot\vec{v} = 2\times 1 + (-1)\times 3 = -1$.

$\|\vec{u}\| = \sqrt{2^2+(-1)^2} = \sqrt{5}$. $\|\vec{v}\| = \sqrt{1^2+3^2} = \sqrt{10}$. D'où $\cos\theta = \dfrac{-1}{\sqrt{5}\times\sqrt{10}} = -\dfrac{1}{\sqrt{50}}$.

$(\vec{u}, \vec{v}) = \cos^{-1}\left(-\dfrac{1}{\sqrt{50}}\right) \approx 1{,}71$ radian ou 98,13°.

B Autres formules

Avec les notations de la figure, on a les formules suivantes.

- $\dfrac{a}{\sin A} = \dfrac{b}{\sin B} = \dfrac{c}{\sin C}$.
- L'aire du triangle quelconque est : $S = \dfrac{1}{2}bc\sin A$.
- Par permutation, on a aussi : $S = \dfrac{1}{2}ac\sin B = \dfrac{1}{2}ab\sin C$.

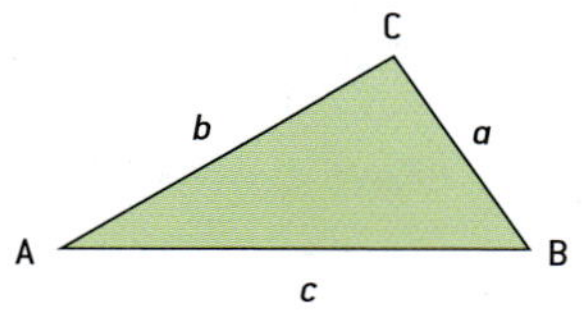

EXERCICE

QCM

Aucune justification n'est demandée.

Le plan est muni d'un repère orthonormé $(O\,;\vec{i}, \vec{j})$. On donne les points A, B, C de coordonnées respectives (1, 1) ; (3, 2) et (5, 1).

1. Les coordonnées du vecteur $\overrightarrow{AB}$ sont : a. (2, 1) ; b. (3, 4) ; c. (1, 2).
2. Le produit scalaire $\overrightarrow{AB}\cdot\overrightarrow{AC}$ est égal à : a. 4 ; b. 6 ; c. 8.
3. La distance AB est égale à : a. 2 ; b. $\sqrt{5}$; c. 3.
4. Une valeur approchée, en degrés, arrondie à 10^{-1}, de la mesure de l'angle $\widehat{BAC}$ est : a. 0,5 ; b. 26,6 ; c. 153,4.

RÉPONSES

1. Réponse a. 2. Réponse c. 3. Réponse b. 4. Réponse b.

10 Nombres complexes

Les nombres complexes sont introduits pour être utilisés en électricité et en électronique.

1 L'ensemble des nombres complexes

A Forme algébrique d'un nombre complexe

■ En Première, nous admettons l'existence d'un nouvel ensemble des nombres, noté $\mathbb{C}$, appelé **ensemble des nombres complexes**.

■ $z = a + b\text{i}$, où a et b sont deux nombres réels et i tel que $\text{i}^2 = -1$, est la **forme algébrique** du nombre complexe z.

REMARQUE

Les nombres complexes sont très utilisés en électricité ; afin d'éviter des confusions avec l'intensité i d'un courant électrique, un nombre complexe est alors noté $a + b\text{j}$ au lieu de $a + b\text{i}$ qui demeure l'écriture utilisée habituellement en mathématiques.

B Opérations sur les nombres complexes

■ On peut définir dans $\mathbb{C}$ une addition et une multiplication pour lesquelles les règles de calcul sont les mêmes que dans $\mathbb{R}$, avec $\text{i}^2 = -1$.

EXERCICE RÉSOLU

ÉNONCÉ

Soit les deux nombres complexes $z_1 = 3 + 2\text{i}$ et $z_2 = -1 - 4\text{i}$. On se propose de mettre sous la forme $a + b\text{i}$:

- La somme $z_1 + z_2$;
- Le produit z_1z_2 ;
- Le carré z_1^2.

SOLUTION

- $z_1 + z_2 = (3 + 2\text{i}) + (-1 - 4\text{i})$,
  $z_1 + z_2 = (3 - 1) + (2 - 4)\text{i}$,
  $z_1 + z_2 = 2 - 2\text{i}$.

Calculer comme avec des nombres réels bien que i n'en soit pas un.

- $z_1z_2 = (3 + 2\text{i})(-1 - 4\text{i})$,
  $z_1z_2 = -3 - 12\text{i} - 2\text{i} - 8\text{i}^2$,
  $z_1z_2 = -3 - 14\text{i} - 8 \times (-1)$,
  $z_1z_2 = 8 - 3 - 14\text{i}$,
  $z_1z_2 = 5 - 14\text{i}$.

Calculer comme avec des nombres réels. Remplacer i^2 par -1.

- $z_1^2 = (3 + 2\text{i})^2$
  $z_1^2 = 9 + 12\text{i} + 4\text{i}^2$,
  $z_1^2 = 9 + 12\text{i} - 4$,
  $z_1^2 = 5 + 12\text{i}$.

Utiliser les mêmes identités remarquables que dans $\mathbb{R}$. Remplacer i^2 par -1.

C Opérations sur les nombres complexes

■ $\overline{z} = a - bi$ est le **nombre complexe conjugué** de $z = a + bi$.

EXEMPLE

Le nombre complexe conjugué de $z = 6 + 2\sqrt{3}i$ est $\overline{z} = 6 - 2\sqrt{3}i$.

■ Mettre sous la forme $a + bi$ l'inverse d'un nombre complexe.

EXEMPLES

• On se propose de mettre sous la forme $a + bi$ le nombre complexe $z_3 = \dfrac{1}{3+2i}$, inverse de $z_1 = 3 + 2i$.

$z_3 = \dfrac{3-2i}{(3+2i)(3-2i)}$, $z_3 = \dfrac{3-2i}{9-4i^2}$, $z_3 = \dfrac{3-2i}{9+4}$, $z_3 = \dfrac{3}{13} - \dfrac{2}{13}i$.

• En procédant comme pour z_3, démontrer que :

$\dfrac{2-3i}{-4-i} = \dfrac{5}{17} + \dfrac{14}{17}i$

▶ On multiplie numérateur et dénominateur par le conjugué du dénominateur.
▶ On utilise les mêmes identités remarquables que dans $\mathbb{R}$. Remplacer i^2 par – 1.

■ **Propriétés**

Pour tous nombres complexes z_1 et z_2 :

• $\overline{z_1 + z_2} = \overline{z_1} + \overline{z_2}$; • $\overline{z_1 \times z_2} = \overline{z_1} \times \overline{z_2}$; • $z_1 \neq 0, \overline{\left(\dfrac{1}{z_1}\right)} = \dfrac{1}{\overline{z_1}}$; • $z_2 \neq 0, \overline{\left(\dfrac{z_1}{z_2}\right)} = \dfrac{\overline{z_1}}{\overline{z_2}}$.

2 Représentation géométrique d'un nombre complexe

Le plan est muni du repère orthonormé direct $(O\,;\vec{u},\vec{v})$.

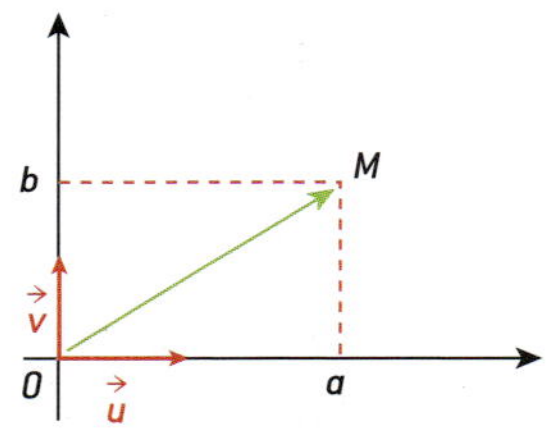

■ L'**image** du nombre complexe $z = a + bi$ est le point M de coordonnées (a, b).

■ L'**affixe** du point M de coordonnées (a, b) est le nombre complexe $z = a + bi$.

■ Le **vecteur image** du nombre complexe $z = a + bi$ est le vecteur $\vec{w} = a\vec{u} + b\vec{v}$.

■ L'**affixe du vecteur** $\vec{w} = a\vec{u} + b\vec{v}$ est le nombre complexe $z = a + bi$.

■ Si A et B sont deux points d'affixes respectives z_A et z_B, l'affixe du vecteur $\overrightarrow{AB}$ est : $z_B - z_A$.

EXEMPLE

Soit les points A et B d'affixes $z_A = 3 + i$ et $z_B = 5 + 2i$. A et B sont donc les points de coordonnées $(3, 1)$ et $(5, 2)$.

L'affixe du milieu I du segment $[AB]$ est $z_I = \dfrac{z_A + z_B}{2}$.

$z_I = \dfrac{3+i+5+2i}{2} = \dfrac{8+3i}{2} = \dfrac{8}{2} + \dfrac{3}{2}i = 4 + \dfrac{3}{2}i$. Donc I a pour coordonnées $\left(4, \dfrac{3}{2}\right)$. L'affixe du vecteur $\overrightarrow{AB}$ est $z_{\overrightarrow{AB}} = z_B - z_A = 2 + i$.

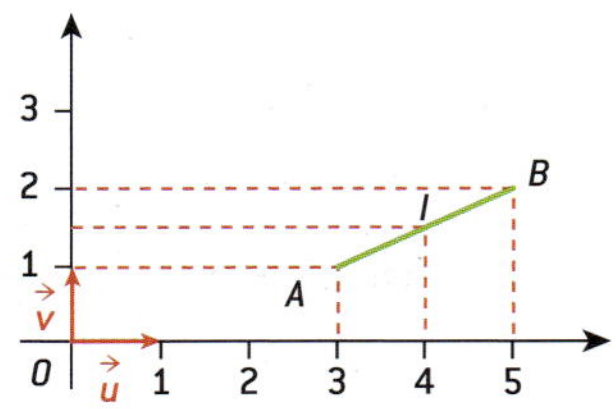

3 Module et argument d'un nombre complexe

A Forme algébrique d'un nombre complexe

- Le **module** du nombre complexe $z = a + bi$ est le nombre $|\mathbf{z}| = \sqrt{\mathbf{a}^2 + \mathbf{b}^2}$.

EXEMPLES

- Le module de $1 + 2i$ est : $\sqrt{1^2 + 2^2} = \sqrt{5}$.
- Le module de $-3i$ est : $\sqrt{0^2 + (-3)^2} = 3$.
- Le module de $-3 + j$ est : $\sqrt{10}$.
- Le module de $-\frac{1}{2}$ est : $\frac{1}{2}$.

- Si M est l'image de z, $|z| = OM$.
- Pour tous points A et B d'affixes z_A et z_B, $\mathbf{AB} = |\mathbf{z_B} - \mathbf{z_A}|$.
- **Le module d'un produit est le produit des modules.**
- **Si $|z'| \neq 0$, le module du quotient $\frac{z}{z'}$ est le quotient des modules.**
- **Un argument** d'un nombre complexe non nul $z = a + bi$ est un nombre réel θ tel que : $\begin{cases} \cos\theta = \dfrac{a}{\sqrt{a^2+b^2}} = \dfrac{a}{|z|}. \\ \sin\theta = \dfrac{b}{\sqrt{a^2+b^2}} = \dfrac{b}{|z|}.. \end{cases}$

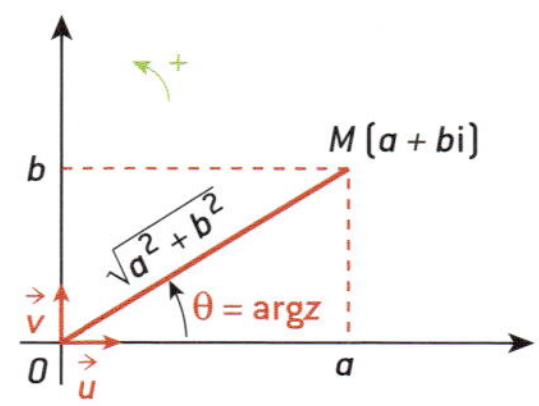

- **Notation** : un argument de z se note : arg$z$.
- Un argument de z est une mesure de l'angle orienté $(\vec{u}, \overrightarrow{OM})$.
- Pour tous points distincts M_1 et M_2, $\arg(z_2 - z_1)$ est une mesure de l'angle orienté $(\vec{u}, \overrightarrow{M_1M_2})$.
- $\arg \frac{z_3 - z_1}{z_2 - z_1}$ est une mesure de l'angle orienté $(\overrightarrow{M_1M_2}, \overrightarrow{M_1M_3})$.

EXEMPLE

On considère le nombre complexe $z = \sqrt{2} + i\sqrt{6}$.

Le module de z est $|z| = \sqrt{\left(\sqrt{2}\right)^2 + \left(\sqrt{6}\right)^2}$, $|z| = \sqrt{8}$, $|z| = \sqrt{2} \times \sqrt{4}$, $|z| = 2\sqrt{2}$.

Notons θ un argument de z.

$\cos\theta = \frac{\sqrt{2}}{|z|} = \frac{\sqrt{2}}{2\sqrt{2}}$, $\cos\theta = \frac{1}{2}$; $\sin\theta = \frac{\sqrt{6}}{|z|} = \frac{\sqrt{3} \times \sqrt{2}}{2\sqrt{2}}$, $\sin\theta = \frac{\sqrt{3}}{2}$.

On lit dans le tableau des valeurs remarquables du paragraphe ② **A** du chapitre **4** que $\theta = \frac{\pi}{3}$ $(+ k2\pi)$. Un argument de z est $\frac{\pi}{3}$.

> Il faut savoir retrouver rapidement ces valeurs remarquables avec la calculatrice.

B Forme trigonométrique

Soit $z = a + bi$ un nombre complexe non nul, avec $|z| = r$ et $\arg z = \theta$.

- **Une forme trigonométrique de z est : $z = r(\cos\theta + i\sin\theta)$.**

EXEMPLE

On considère le nombre complexe $z = 6 + 2\sqrt{3}i$. On a : $|z| = 4\sqrt{3}$ et $\arg z = \frac{\pi}{6}$.

> Vérifiez-le !

Une *forme trigonométrique* de z est $z = 4\sqrt{3}\left(\cos\frac{\pi}{6} + i\sin\frac{\pi}{6}\right)$.

EXERCICE DE TYPE BAC

QCM

Aucune justification n'est demandée.

A. On considère les deux nombres complexes $z_1 = -2 + 3i$ et $z_2 = 1 - i$, alors :

		a	b	c
1	$z_1 z_2$ est égal à :	1	5 + 5i	1 + 5i
2	z_1^2 est égal à :	– 2i	13	– 5 – 12i
3	z_2^3 est égal à :	– 2 – 2i	1 + i	2 – 2i

B. Soit les nombres complexes $z_1 = -2 + 3i$ et $z_2 = -2 + i$, alors :

		a	b	c
1	$\frac{1}{z_1}$ est égal à :	$\frac{1}{2}+\frac{3}{2}i$	$-\frac{2}{13}-\frac{3}{13}i$	$-\frac{1}{2}+\frac{1}{3}i$
2	$\frac{z_2}{z_1}$ est égal à :	$-1+3i$	$\frac{7}{13}+\frac{4}{13}i$	$\frac{1}{5}+\frac{8}{5}i$

C. On considère les deux nombres complexes $z_1 = -1 + i\sqrt{3}$ et $z_2 = 1 - i$, alors :

		a	b	c
1	$\lvert z_1 \rvert$ est égal à :	2	$\sqrt{2}$	$1+\sqrt{3}$
2	$\lvert z_2 \rvert$ est égal à :	$\sqrt{2}$	2	$\sqrt{3}$
3	Un argument de z_1 est :	$\frac{4\pi}{3}$	$\frac{2\pi}{3}$	$-\frac{\pi}{3}$
4	Un argument de z_2 est :	$\frac{5\pi}{4}$	$-\frac{\pi}{4}$	$\frac{3\pi}{4}$

D. z est le nombre complexe ayant pour forme algébrique $z = -\frac{1}{2} - i\frac{\sqrt{3}}{2}$, alors :

	a	b	c
La forme trigonométrique de z est :	$\cos\left(-\frac{\pi}{3}\right)+i\sin\left(-\frac{\pi}{3}\right)$	$\cos\frac{2\pi}{3}+i\sin\frac{2\pi}{3}$	$\cos\frac{4\pi}{3}+i\sin\frac{4\pi}{3}$

E. z est le nombre complexe ayant pour forme trigonométrique $z = 2\left(\cos\frac{5\pi}{4}+i\sin\frac{5\pi}{4}\right)$, alors :

	a	b	c
La forme algébrique de z est :	$\frac{\sqrt{2}}{2}+i\frac{\sqrt{2}}{2}$	$-\sqrt{2}-i\sqrt{2}$	$-\sqrt{2}+i\sqrt{2}$

RÉPONSES

A. **1.** Réponse **c.** **2.** Réponse **c.** **3.** Réponse **a.**
B. **1.** Réponse **b.** **2.** Réponse **b.**
C. **1.** Réponse **a.** **2.** Réponse **a.** **3.** Réponse **b.** **4.** Réponse **b.**
D. Réponse **c.**
E. Réponse **b.**

FRANÇAIS

Évaluation du Français au bac

Le Français est évalué à l'écrit et à l'oral à la fin de l'année de Première. Les compétences et connaissances évaluées sont la maîtrise de la langue et l'expression, l'aptitude à lire, à analyser et à interpréter des textes. On attend que vous mobilisiez une culture littéraire fondée sur les travaux faits en classe, ainsi que sur votre culture et vos lectures personnelles.

1 Le programme

4 objets d'étude sont étudiés au cours de l'année de Première, la poésie du XIXe au XXIe siècle, la littérature d'idées du XVIe siècle au XVIIIe siècle, le roman et le récit du Moyen Âge au XXIe siècle et le théâtre du XVIIe siècle ou XXIe siècle. **12 œuvres**, renouvelées par moitié tous les ans, sont inscrites au programme.

2 Les modalités d'évaluation

A L'épreuve écrite

- L'épreuve écrite dure **4 heures** et est dotée d'un **coefficient 5**. Le sujet repose sur un **corpus de 1 à 5 documents**, et vous avez le choix entre deux travaux d'écriture : un **commentaire** <u>ou</u> une **contraction de texte suivie d'un essai**.

- Le **commentaire** (noté sur **20 points**) porte sur un texte littéraire en lien avec les objets d'étude (sauf celui portant sur la littérature d'idées) et n'est pas extrait d'une des douze œuvres au programme. Le sujet est formulé de manière à vous guider dans votre travail.

- La **contraction de texte** (notée sur **10 points**) **suivie d'un essai** (noté sur **10 points**) permet d'évaluer votre aptitude à reformuler une argumentation de manière précise, en respectant les idées de l'auteur. Le texte étudié comporte 1 000 mots environ et doit être contracté au quart (soit 250 mots environ). Le nombre de mots utilisés pour la contraction de texte doit être inscrit dans le devoir. Le sujet de l'essai est inscrit dans le cadre de l'objet d'étude sur la littérature d'idées.

B L'épreuve orale

- L'épreuve orale dure **20 minutes**, précédée d'une préparation de 30 minutes, et est dotée d'un **coefficient 5**. La qualité d'expression est évaluée, ainsi que sa capacité à développer un propos et dialoguer avec l'examinateur.

- La première partie de l'épreuve dure 12 minutes environ, et est notée sur 12 points. L'élève lit à voix haute le texte retenu et situe brièvement l'œuvre (2 points). Puis, il explique le passage sélectionné (8 points). Une question de grammaire portant sur une courte phrase ou quelques phrases du texte est ensuite posée (2 points).

- Lors de la seconde partie de l'épreuve, notée sur 8 points, l'élève présente une œuvre qu'il a choisie parmi celles étudiées en classe. Une discussion avec l'examinateur s'ensuit.

1 L'écriture poétique

Le terme poésie vient du grec *poiêsis*, qui signifie « création ». Platon rapproche ainsi le poète d'un dieu car il est capable de créer. La poésie classique, fondée sur la répétition rythmique et sonore, est dite « lyrique » (du grec λυρα qui désigne un instrument de musique) car elle emprunte à la musique la répétition et l'harmonie des sons. Connaître les règles de la poésie versifiée permet de commenter au mieux les textes à l'examen.

1 Le rythme

La poésie classique naît au XVIIe siècle de l'agrégation de nombreuses règles utilisées précédemment. Nicolas Boileau est le premier à fixer dans son *Art poétique* un grand nombre de règles, fondées sur la **répétition rythmique et sonore**.

A Les différents types de vers

Le rythme de lecture d'un vers ainsi que son appellation sont dictés par le **nombre de syllabes** (pieds). Les vers les plus courants sont les suivants.

- **L'octosyllabe (8 pieds) :**
  « Il n'y a pas d'amour heureux,
  Mais c'est notre amour à tous deux »
  Louis Aragon, « Il n'y a pas d'amour heureux », *La Diane française* (1946)
- **Le décasyllabe (10 pieds) :**
  « Déjà la nuit en son parc amassait
  Un grand troupeau d'étoiles vagabondes »
  Joachim Du Bellay, *L'Olive* (1549)
- **L'alexandrin (12 pieds) :**
  « Salut ! Bois couronnés d'un reste de verdure ! »
  Alphonse de Lamartine, « L'automne », *Méditations poétiques* (1820)

REMARQUE

Si vous devez nommer un vers comportant un nombre de syllabes différent, nul besoin de connaître leur nom savant. Dites simplement qu'il s'agit d'un vers de x syllabes. Personne ne vous reprochera de ne pas connaître le terme « hendécasyllabe ».

ZOOM SUR…

L'alexandrin et le décasyllabe

L'alexandrin (considéré comme le vers le plus noble en poésie) et le décasyllabe ont un statut spécial. De par leur longueur, ils sont difficiles à prononcer d'une seule traite et exigent, en poésie classique, que l'on sépare le vers en deux parties, appelées **hémistiches** (nom masculin), à l'aide d'une pause que l'on nomme la **césure** (matérialisée comme ceci : //).

Dans le **décasyllabe**, on peut trouver la césure :
- après la 4e syllabe, créant deux hémistiches que l'on peut symboliser ainsi : 4/6 :

« Ma vie à peine // a commencé d'éclore »
Jean Racine, *Esther* (1689)

- après la 5e syllabe (5/5), ce qui crée une certaine **monotonie** :

« Ainsi partagés, // boiteux et mal faits,
Ces vers languissants // ne plairaient jamais. »
Voltaire, *Dictionnaire philosophique*, Quatrième Volume (1764)

Dans l'**alexandrin**, la césure doit traditionnellement couper le vers en **deux hémistiches égaux** (6/6) :

« Moi qui passais par là, // je crus voir une fée »
Victor Hugo, poème XXI, *Les Contemplations*, livre premier (1856)

Cette pause ne doit jamais couper un mot en deux et les poètes s'en servent parfois pour mettre en avant le mot final du premier hémistiche, ou pour créer des **rimes internes**.

« Au commencement, **Dieu** // vit un jour dans l'espace
Iblis venir à lui ; // **Dieu** dit : "Veux-tu ta grâce ?" »
Victor Hugo, « Puissance égale bonté », *La Légende des siècles* (1859)

Dans ces vers, le même mot est répété avant et après la césure, créant une répétition et un parallélisme.

B La règle du « e » muet

Le « e » ne compte pas comme une syllabe lorsqu'il est placé à certains endroits, on dit alors qu'il est **muet**. Ainsi, le « e » est muet :
- quand il est situé **en fin de vers**, car il n'est jamais prononcé de manière accentuée ;
- dans un mot qui se termine par un « e » et si la première lettre du mot suivant est une voyelle ou un « h » non-aspiré.

« Que me font ces vallons, ces palais, ces chaumièr**(es)** ?
1 2 3 4 5 6 7 8 9 10 11 12
[…] Un seul êtr**e** vous manqu**(e)**, et tout est dépeuplé. »
1 2 3 4 5 6 7 8 9 10 11 12

Alphonse de Lamartine, « L'isolement », *Méditations poétiques* (1820)

ATTENTION

Dans le cas d'un mot suivi par une voyelle, si ce mot est terminé par -es ou -ent, on fait la liaison avec la voyelle suivante, ce qui signifie que le « e » ainsi suivi d'un -s ou de -nt ne peut pas être muet, sauf s'il est en fin de vers.

« Jusqu**es** aux pièg**es** mal tendus »
1 2 3 4 5 6 7 8

Paul Verlaine, « Jusques aux pervers nonchaloirs », *Chansons pour elle* (1891)

REMARQUE

Par convention, lorsque vous scandez un vers (ou comptez le nombre de syllabes), le « e » muet est indiqué entre parenthèses. Si vous désignez la lettre « e » dans votre devoir, mettez-la entre guillemets. Si vous voulez évoquer le son du « e » muet, indiquez-le comme ceci : [ə].

C Les accents toniques

■ Ils sont essentiels au **rythme de prononciation** (ce que l'on appelle la **prosodie**). Un mot possède un accent tonique, c'est-à-dire une **syllabe sur laquelle la voix s'élève**. En français, il s'agit de la dernière voyelle non-muette d'un mot (voir la règle du « e » muet). En poésie classique, l'accent le plus important est celui de la **rime**.

DÉFINITION

La **prosodie** désigne la tonalité et l'inflexion donnée à la voix lorsque nous parlons. Dans le cas de la poésie, la prosodie se rapporte à la **musicalité des vers** ainsi qu'à leur **rythme** (accents toniques, césures, montée et descente de la voix…).

■ Dans le cas des **alexandrins** et des **décasyllabes**, un autre accent est à respecter : celui de la **dernière syllabe avant la césure** (en poésie classique, il ne faut pas terminer un hémistiche par une syllabe muette pour cette raison).

■ L'harmonie rythmique de ces vers dépend du bon placement de ces accents. D'autres accents servent à créer des subdivisions à l'intérieur d'un hémistiche et permettent de nombreuses **variations de rythme** qu'il faut savoir analyser. La **ponctuation** est d'une grande aide pour décomposer un vers.

■ Ces règles très contraignantes furent parmi les premières à être **négligées par les auteurs les plus modernes du XIXe siècle**, qui utilisèrent l'effet de **déséquilibre** ainsi créé.

« Quand le **ciel** bas et **lourd** // **pè**se comm(e) un cou**ver**(cle) »
1 2 3 / 1 2 3 // 1 2 3 4 5 6
Charles Baudelaire, « Spleen LXXVIII », *Les Fleurs du Mal* (1857)

ANALYSE GUIDÉE

Ici, le poème installe dès le premier vers une ambiance pesante et oppressante. Baudelaire pose un accent irrégulier sur « pèse » pour mettre en avant ce mot et mimer le mal-être de la dépression (« spleen » définit justement un sentiment de malaise dont on ne parvient pas à cerner l'origine). L'accent est irrégulier car il est placé directement après la césure. Deux accents successifs sont considérés comme inharmonieux, ce qui est le but du poète qui s'exprime sur la dépression et la perte de repères. Notez l'accent régulier sur « lourd », dernière voyelle de l'hémistiche, ainsi que sur « ciel ». Ces deux accents séparent l'hémistiche en deux parties égales de 3 syllabes chacune, créant ce qu'on appelle un rythme ternaire qui, comme dans la musique, donne une impression de rapidité.

D La diérèse et la synérèse

■ Un poète peut choisir de **séparer deux voyelles consécutives en deux syllabes différentes** afin d'obtenir le nombre de pieds souhaité : il s'agit d'une **diérèse**, comme le montrent les vers suivants, extraits du *Misanthrope* de Molière :

« Et je ne hais rien tant, que les contor**sions**
De tous ces grands faiseurs de protesta**tions** »

Les deux termes placés à la rime (en fin de vers) présentent une diérèse sans laquelle on ne pourrait pas avoir d'alexandrins.

FRANÇAIS

- Si le nombre de pieds souhaité est atteint sans diérèse, deux voyelles consécutives sont considérées comme une seule syllabe. Il s'agit d'une **synérèse** :

  « Vous serez au foyer une vieille accroupie,
  Regrettant mon amour et votre fier dédain. »
  Pierre de Ronsard, « Quand vous serez bien vieille », *Sonnets pour Hélène* (1578)

Le terme « fier » qui comprend pourtant deux sons, est considéré et prononcé comme une seule syllabe afin de préserver les douze syllabes de l'alexandrin.

E Les différents types de strophes

- Équivalent poétique du paragraphe, la strophe est définie par **le nombre de vers qu'elle contient**. Les strophes les plus courantes sont le **distique** ou couplet (2 vers) ; le **tercet** (3 vers) ; le **quatrain** (4 vers) ; le **quintil** (5 vers) ; le **sizain** (6 vers) ; le **huitain** (8 vers).

- Il est possible de trouver un **vers solitaire** dans un poème. Portez une attention toute particulière à ce vers et à sa relation au reste du poème.

2 Les jeux sonores

Ils sont primordiaux dans la poésie classique. Des sons se répètent en fin de vers (rimes), mais aussi au milieu des vers. C'est ce que l'on appelle les **assonances** et les **allitérations**, présents dans d'autres formes littéraires.

A L'assonance est la répétition d'une même voyelle

« Je fais souvent // ce rêv(e) étrang(e) et pénétrant », Verlaine, « Mon rêve familier », *Poèmes saturniens* (1866) : l'assonance en « en » accentue ici la douceur du rêve dont parle le poème.

B L'allitération est la répétition d'une même consonne

- « Tout en faisant trotter ses petites bottines », Rimbaud, « Roman » *Cahiers de Douai* (1919) : l'allitération en « t » traduit ici la démarche coquette de la jeune fille.

- Ces répétitions sont souvent utilisées pour **renforcer le sens du texte en imitant des sons** : « Pour qui sont ces serpents qui sifflent sur vos têtes ? », Racine, *Andromaque* (1667). L'allitération en « s » imite le son produit par les serpents.

C La richesse et les types de rimes

a La richesse des rimes

Vous devez être capables d'analyser les rimes. Elles peuvent être **pauvres**, **suffisantes** ou **riches**. Ces appellations correspondent au **nombre de sons répétés en fin de vers**. C'est ce qu'on appelle la **richesse des rimes** :

ATTENTION

Un son est différent d'une syllabe. Un minimum d'**une voyelle commune** (a, e, i, o, u, y) est nécessaire pour qu'il y ait rime. Cependant une consonne répétée correspond à un son lorsqu'on cherche à déterminer la richesse des rimes.

- **1 son** (obligatoirement une voyelle) = **rime pauvre**
  « Se trouva fort dépourv**u**e
  Quand la bise fut ven**u**e. »
- **2 sons** (voyelle(s) et/ou consonne) = **rime suffisante**
  « La Cigale, ayant chan**té**
  Tout l'é**té**, »

(2 sons : [t] + [e])

- **3 sons ou plus** (voyelles et consonnes) = **rime riche**
  « La Fourmi n'est pas prê**teuse** :
  C'est là son moindre défaut.
  Que faisiez-vous au temps chaud ?
  Dit-elle à cette emprun**teuse**. »

(3 sons : [t] + [Ø] « eu » + [z])

La Fontaine, « La Cigale et la Fourmi », *Fables* (1694)

b Les types de rimes

Les rimes peuvent également être **suivies** (ou plates), **croisées** ou **embrassées**. C'est ce qu'on appelle les **types de rimes** :

- **rimes suivies (ou plates) : aabb...**
  « Que savons-nous de plus ?... et la sagesse hum**aine**,
  Qu'a-t-elle découvert de plus en son dom**aine** ?
  Sur ce large univers elle a, dit-on, ma**rché** ;
  Et voilà cinq mille ans qu'elle a toujours che**rché** ! »
  Alfred de Musset, « Rêverie », *Poésies posthumes* (1888)
- **rimes croisées : abab**
  « Aimons toujours ! Aimons enc**ore** !
  Quand l'amour s'en va, l'espoir f**uit**.
  L'amour c'est le cri de l'aur**ore**,
  L'amour c'est l'hymne de la n**uit**. »
  Victor Hugo, « Aimons toujours ! Aimons encore ! », *Les Contemplations* (1859)
- **rimes embrassées : abba**
  « C'est le règne du rire amer et de la **rage**
  De se savoir poète et objet du mé**pris**,
  De se savoir un cœur et de n'être com**pris**
  Que par le clair de lune et les grands soirs d'o**rage** ! »
  Émile Nelligan, « La romance du vin », *Poésies complètes* (1899)

D La syntaxe

■ La syntaxe de la poésie versifiée n'est pas la même que celle du roman ou de la littérature d'idées. En effet, même si la poésie classique préfère les phrases qui se terminent à la fin d'un vers, il est fréquent au XIXe siècle de voir **des phrases qui n'épousent pas exactement le vers**.

■ On parle d'**enjambement** lorsque la phrase commencée au premier vers se termine au début du second. On appelle les éléments mis en valeur au début du second vers un **rejet**, tandis que les éléments accentués à la fin du premier vers portent le nom de **contre-rejet**. L'enjambement crée une sensation d'allongement du vers.

« Demain, dès l'aube, à l'heure où **blanchit la campagne**,
Je partirai. Vois-tu, je sais que tu m'attends. »
Victor Hugo, « Demain, dès l'aube... », *Les Contemplations* (1856)

FRANÇAIS

ANALYSE GUIDÉE

◗ Ici, le poète utilise l'enjambement pour insister sur la sensation que le temps est arrêté au petit matin, quand le soleil n'est pas encore levé. Le groupe verbal « où blanchit la campagne » en position de contre-rejet au vers 1 pose l'atmosphère particulière de ce poème et constitue une image que le lecteur visualise instantanément. Le second groupe verbal mis en avant est « Je partirai », en rejet au début du vers 2. Il fait écho au thème du poème, révélé dans les deux derniers vers (« Et quand j'arriverai, je mettrai sur ta tombe/Un bouquet de houx vert et de bruyère en fleurs »). L'auteur décrit le cheminement matinal vers la tombe de sa fille Léopoldine, décédée quatre ans plus tôt. Ce « Je partirai » renvoie peut-être à sa propre mort inéluctable, par laquelle il pourra rejoindre sa fille. La phrase « je sais que tu m'attends », au vers 2, peut signifier que Léopoldine attend la visite de son père vivant sur sa tombe, ou bien une fois mort, dans l'au-delà.

◗ Il est possible de faire ces remarques, même si vous ignorez la vie de l'auteur. Cependant, l'examinateur aura un avis positif s'il voit que vous connaissez le recueil *Les Contemplations* et la signification du quatrième livre intitulé *Pauca Meae (Quelques vers pour ma fille)*. Étant donné l'omniprésence de Victor Hugo dans la littérature française et aux épreuves du bac, nous ne saurions trop vous conseiller de mémoriser ces informations.

3 L'écriture poétique ou la langue des images

A La forme est indissociable du fond

■ La poésie requiert une compréhension fine de la **forme** du texte, c'est-à-dire la syntaxe, la prosodie, les aspects sonores et visuels du texte. L'**analyse de la forme** doit toujours amener à parler du **sens du texte**, c'est-à-dire le **fond**. Si l'écrivain a choisi telle façon de s'exprimer, c'est parce que le poème veut dire telle chose.

■ Le **style** correspond à la manière d'écrire d'un écrivain, à sa façon singulière de trouver les mots qui parlent à tous, les formules et les tournures adéquates. Les figures de style utilisées font partie du style de l'auteur. Elles sont facilement repérables car elles s'éloignent de l'usage ordinaire de la langue, et donnent souvent un caractère **figuré** à l'écriture, sorte de « boîte à outils » de l'écrivain. La manière très personnelle dont il choisit, combine et place ces outils définit son style.

B Les figures de style les plus courantes

Sans être exhaustive, voici une liste de procédés stylistiques les plus courants en poésie utiles pour comprendre le sens du texte et se donner les moyens d'en analyser la forme.

■ L'**anaphore** et la **répétition** consistent à répéter un mot ou un groupe de mots en début de vers ou de phrase. Elles créent un effet d'insistance : « **Mon bras** qu'avec respect toute l'Espagne admire/**Mon bras**, qui tant de fois a sauvé cet empire » Corneille, *Le Cid,* I, 4.

■ La **métaphore** met en relation deux éléments, un comparé et un comparant, mais sans outil de comparaison. Elle s'appuie sur un point commun qui peut être sous-entendu : « La jeunesse est le printemps de la vie » (**comparé** : la jeunesse ; **comparant** : le printemps ; **point commun sous-entendu** : le commencement).

■ L'**hyperbole** consiste à exagérer fortement la réalité, de façon à frapper l'imagination : « Mon nom sert de rempart à toute la Castille » Corneille, *Le Cid*, I, 6. Ici, le personnage se glorifie et montre sa force et sa notoriété. Il est connu dans toute la Castille et l'évocation de son nom suffit à en défendre les frontières.

■ L'**oxymore** est l'association dans le même groupe syntaxique de deux termes de sens opposés : « un clair-obscur », une « souffrance joyeuse », etc.

ATTENTION
Oxymore est un nom masculin : on écrit **un** oxymore.

■ L'**allégorie** consiste à personnifier une réalité abstraite, comme le fait le tableau de Delacroix *La Liberté guidant le peuple*, représentant une jeune femme qui incarne la révolte et la victoire de la liberté.

■ La **métonymie** consiste à remplacer un terme par un autre, auquel le premier mot est lié par un rapport de sens : le contenu pour le contenant (boire une **tasse** de café = boire le contenu de la tasse) ; la matière pour l'objet (croiser le **fer** = croiser l'épée) ; la partie pour le tout (une **voile** à l'horizon = un bateau à l'horizon).

■ L'**hypallage** consiste à rapprocher deux termes qui n'ont *a priori* pas de rapport entre eux. On s'attend à ce que l'un des deux mots soit rattaché à un troisième : « La chambre est **veuve** », Guillaume Apollinaire, « Hôtels », *Alcools* (1913).

4 En bref

REMARQUE
Dès la première lecture du texte, vous pouvez extraire beaucoup d'informations en procédant systématiquement de la façon suivante : posez-vous toutes les questions appropriées et notez les réponses au brouillon en quelques mots.

Analyser un poème

- Période ?
- Siècle ?
- Mouvement littéraire ?
- Événements socio-culturels liés au poème ?

- Quels sont les liens entre le fond et la forme du texte ?
- Quels sont les procédés utilisés pour transmettre l'émotion, le message ?

Quels sont les liens avec les autres auteurs, œuvres et courants artistiques ?

- Poème en prose ?
- Poème en vers ?
- Quels types de vers ou de rimes ?
- Respect des règles classiques ?

FRANÇAIS

2 L'histoire de la poésie du Moyen Âge à nos jours

Jusqu'à la fin du XVIIIe siècle, la poésie s'identifie au vers et se contente de quelques formes fixes telles que la ballade, le lai, le rondeau, la chanson de geste, l'ode ou encore le sonnet. À partir du XIXe siècle, les poètes commencent à enfreindre les règles très contraignantes de la poésie classique. Peu à peu, les limites du genre deviennent poreuses et la poésie s'ouvre au vers libre, à la prose et aux formes plus originales comme les calligrammes.

1 Les formes fixes de la poésie

A Les formes médiévales

Ces formes issues du Moyen Âge ont des fonctions et des aspects très différents.

- La **chanson de geste** (du latin gesta : « actions »), comme l'épopée, relate les faits d'armes d'un chevalier. Elle est chantée sur un léger accompagnement musical et repose sur une succession de strophes inégales appelées des laisses. Elle est bâtie sur une assonance (une seule voyelle). La plus célèbre est la *Chanson de Roland*, qui est aussi un des tout premiers textes narratifs en ancien français.

- La **ballade** est un poème lyrique (le poète y exprime toutes sortes de sentiments, notamment amoureux) de 3 strophes identiques terminées par un refrain et d'une demi-strophe appelée l'envoi, qui reprend les dernières rimes et le refrain. Les strophes sont généralement composées de 8 à 10 vers et les rimes suivent la structure ABABBCBC ou ABABBCCDCD. Cette forme est réservée aux poètes virtuoses car elle est très contraignante. L'une des plus célèbres est la « Ballade des dames du temps jadis » de François Villon.

- Le **lai** est un poème narratif. Il est souvent rédigé en octosyllabes et exprime la mélancolie et la sensibilité du poète. Marie de France est l'auteure la plus prolifique de cette forme, à tel point que l'on parle des Lais de Marie de France. L'histoire de Tristan et Iseult a été racontée plusieurs fois sous forme de lai.

- Le **rondeau** est un poème de 3 strophes (5/3/5 ou 4/2/4 vers) contenant seulement 2 rimes. Le premier hémistiche du vers 1 est repris comme un refrain à la fin des strophes 2 et 3.

B L'ode, le sonnet et le haïku (XVIe siècle)

- L'**ode** est un **poème lyrique** contenant 3 strophes appelées respectivement la strophe, l'antistrophe et l'épode. Elles comportent généralement le même nombre de vers. Il s'agit d'un poème énergique et enthousiaste où l'auteur exprime ses sentiments de manière **joyeuse**.

- Le **sonnet** est composé de 4 strophes : deux quatrains et deux tercets en alexandrins. Les rimes des quatrains sont traditionnellement embrassées. C'est une forme particulièrement répandue : Ronsard est célèbre pour ses *Sonnets pour Hélène*, Baudelaire l'utilise beaucoup dans *Les Fleurs du mal*, comme le « Sonnet d'automne ».

■ D'origine japonaise, le **haïku** est un poème très bref, un tercet habituellement de 17 syllabes. Il fait référence à un élément naturel pour parler du monde sans nécessairement faire intervenir l'humain. Sa forme lui confère un aspect fulgurant et interdit l'usage des artifices littéraires utilisés dans la poésie lyrique occidentale. Voici un haïku très célèbre, écrit par Bashô, un des principaux auteurs de haïkus japonais :

« Un vieil étang
Une grenouille qui plonge,
Le bruit de l'eau. »

2 La libération de la forme

A Le vers libre

Même si La Fontaine utilisait déjà le vers libre au XVIIe siècle, c'est surtout dès le XIXe siècle que les poètes s'éloignent petit à petit des formes classiques. Les poèmes en vers libres sont constitués de **strophes inégales** et de **vers de longueur variable**, **avec ou sans rimes**. Le poème « Marine » d'Arthur Rimbaud est un exemple de poème en vers libre.

B Les formes poétiques typographiques

■ Si l'on ne peut pas reconnaître une forme fixe, il n'est pas rare d'identifier un **motif** qui se répète dans la succession des vers, comme dans les poèmes en avalanche ou « boule de neige », dans lesquels chaque vers ou strophe comprend une syllabe de plus que le vers précédent. « Les Djinns » de Victor Hugo est un poème en avalanche où chaque strophe contient une syllabe de plus que la précédente.

> **DÉFINITION**
> La **typographie** définit les différentes façons d'utiliser et de combiner des lettres, des caractères et des formes en relief.

■ Dans les poèmes en **acrostiche**, les premières lettres de chaque vers constituent un mot ou une phrase « cachés ». Apollinaire joue ainsi avec le prénom Lou dans « Adieu », *Poèmes à Lou* :

[...]
Lentement la nuit noire est tombée à présent
On va rentrer après avoir acquis du zan
Une deux trois A toi ma vie A toi mon sang

La nuit mon cœur la nuit est très douce et très blonde
OLou le ciel est pur aujourd'hui comme une onde
Un cœur le mien te suit jusques au bout du monde

L'heure est venue Adieu l'heure de ton départ
On va rentrer Il est neuf heures moins le quart
Une deux trois Adieu de Nîmes dans le Gard

Guillaume Apollinaire, « Adieu » recueilli dans *Poème à Lou* © Éditions Gallimard

■ Les **calligrammes** sont des poèmes dont les lettres, les mots et les vers forment un dessin en lien direct avec le contenu du poème. Le mot « Calligrammes » a d'ailleurs été employé pour la première fois par Apollinaire en 1918.

FRANÇAIS

C La poésie en prose

- La poésie en prose se caractérise par l'**absence de vers et de rimes**. Cependant, on peut y retrouver certains des **thèmes chers à la poésie classique ou engagée** (l'amour, la mort, le temps qui passe, la tyrannie, l'horreur de la guerre).

- On retrouve dans la poésie en prose le goût des **jeux avec les sons** grâce aux assonances et allitérations qui fonctionnent comme des **rimes internes**. La poésie en prose utilise aussi les mêmes figures de style que la poésie versifiée (métaphores, métonymie, etc. Voir fiche 1).

- La démarche du poète est identique à celle des poètes « classiques » : il souhaite montrer un certain point de vue sur le monde, unique et furtif. Un poème en prose est rarement narratif, car son but n'est pas de raconter une histoire. La poésie en prose est donc souvent un texte **descriptif** et n'est narratif que s'il s'agit de raconter un évènement isolé, comme un instant éphémère pris sur le vif.

3 La mission du poète

A Le poète donne le monde à voir

- Le poète est un écrivain particulier : il se donne une fonction dans la société. Pour la plupart des hommes, le monde est banal, monotone, répétitif. Le poète, lui, cherche à **retrouver l'émerveillement du premier regard** : il veut faire comprendre aux hommes qu'à force de regarder leur quotidien, ils ne le voient plus. Le poète a donc pour fonction de « réveiller » les hommes et de rendre au monde ce qu'il a de merveilleux, d'extraordinaire, de magique, d'effrayant, d'injuste…

- Le poète peut revêtir d'autres rôles selon les courants littéraires : le **poète lyrique** et le **poète romantique** utilisent les émotions et le pouvoir de l'imaginaire pour transformer la réalité, le **poète engagé** montre davantage la réalité dans son aspect le plus injuste afin d'inciter les gens à agir.

B Les moyens utilisés

Les poètes **jouent sur la forme dans le but de nourrir le fond du texte**, de créer du sens (ou de jouer sur son absence et sur l'absurdité des choses).

REMARQUES

- Il faut toujours percevoir le sens du texte puis étayer votre propos par des remarques formelles et/ou contextuelles (en lien avec le mouvement dont l'auteur se revendique ou s'éloigne, les conditions sociales, historiques et littéraires dans lesquelles l'œuvre a été produite). Ces deux types d'approches sont indissociables et doivent être abordées dans cet ordre. Le même conseil s'applique aux autres formes littéraires et aux autres parties du programme.
- Au bac, l'on attend de vous que vous maîtrisiez **l'évolution des mouvements poétiques du XIXe au XXIe siècle**, et que vous soyez capable de reconnaître un auteur qui s'éloigne de ces derniers. Attention, les barrières des siècles sont purement conventionnelles : certains textes publiés au XIXe siècle sont bien plus proches de la modernité des surréalistes du XXe siècle que du romantisme.

POUR ALLER PLUS LOIN

Art et poésie

L'art pictural est sans doute le plus proche de la poésie car les tableaux, sculptures, photographies et films donnent à voir des images et des moments, tout comme la poésie. Certains mouvements littéraires (romantisme, surréalisme...) sont aussi des mouvements artistiques et de nombreux peintres s'en revendiquent. Faites appel à vos connaissances dans ces domaines, à condition que cela soit cohérent et que le sujet s'y prête. Voici quelques œuvres en lien avec cette partie du programme, présumées connues en classe de Première. Toute référence culturelle bien argumentée, citée de manière claire (ne parlez pas d'une œuvre sans en connaître le titre) et qui reste dans les limites du bon goût sera la bienvenue dans votre copie, dans une dissertation notamment.

Romantisme

- Gustave Courbet, *Le Désespéré* (1843-1845)
- Eugène Delacroix, *Jeune orpheline au cimetière* (vers 1824), *La Liberté guidant le peuple* (1830)
- Pierre de Franqueville, *Orphée charmant les animaux* (1598)
- Caspar David Friedrich, *Ruines du monastère d'Oybin* (Le Rêveur), *Falaises de craie à Rügen* (1818-1819), *Voyageur contemplant une mer de nuages* (1818)
- Johann Heinrich Füssli, *Le Cauchemar* (1781)
- Francisco de Goya, *Tres De Mayo* (1814), *Saturne dévorant un de ses fils* (1819-1823)
- William Turner, *Paysage avec une rivière et une baie dans le lointain* (vers 1845)

Füssli, *Le cauchemar*, 1781

Symbolisme

- Arnold Böcklin, *L'île des morts* (1886, série de 5 tableaux)
- Gustav Klimt, *Le Baiser* (1908-1909)
- Gustave Moreau, *Œdipe et le Sphinx* (1864), *Hercule et l'Hydre de Lerne* (1876)
- Edvard Munch, *Le Cri*, (1893)
- Pierre Puvis De Chavannes, *Marie-Madeleine au désert* (1869)

Klimt, *Le baiser*, 1909

Surréalisme

- Luis Buñuel, *Un Chien Andalou* (1929, court-métrage)
- Salvador Dali, *La persistance de la mémoire* (1931), *Montre molle au moment de la première explosion* (1954)
- René Magritte, *La trahison des images* (1928-1929), *Le château des Pyrénées* (1959)

FRANÇAIS

4 En bref

Contexte	Période	Mouvements, auteurs et œuvres
La **fin'amor** reprend la hiérarchie féodale (les rapports suzerain-vassal) et les transpose au couple amoureux en plaçant la dame au rang de seigneur et maître	Moyen Âge	• Chanson de geste • Ballade → VILLON « La Ballade des pendus » • Lai • Rondeau *Chanson de Roland*
Invention de l'imprimerie	XVIe siècle	**La Pléiade** : groupe de poètes lyriques et humanistes qui empruntent les codes des Anciens (auteurs latins et grecs de l'Antiquité) RONSARD *Sonnets pour Hélène* DU BELLAY *Défense et illustration de la langue française*
• Monarchie absolue	XVIIe siècle	**Poésie classique** : vise à plaire et à instruire. Les codes de la poésie classique sont repris dans les tragédies RACINE MALHERBE « Les larmes de Saint-Pierre » BOILEAU *Le Lutrin, L'Art poétique*
• **Siècle des Lumières** • Apogée du **commerce triangulaire** (tissus, armes à feu, coton, thé, épices, esclaves) • Période très rude pour le peuple français : hivers glacials, famine, misère et criminalité • **Révolution française** • Apparition d'une nouvelle classe sociale : la **bourgeoisie**	XVIIIe siècle	**Les Lumières** et la prose argumentative laissent peu de place à la poésie, si bien que celle-ci est très peu représentée à cette période VOLTAIRE « Poème sur le désastre de Lisbonne »
• **Alternance des régimes politiques** (république et empire) avec des répercussions sur le milieu culturel et littéraire • **Révolution industrielle** • Émergence de la classe sociale des **ouvriers**	XIXe siècle	**Poésie romantique** : expression des sentiments et épanouissement personnel, contre la vision matérialiste et rationaliste de l'époque **Le Parnasse** : en réaction à la « sensiblerie » romantique, accent sur la virtuosité technique au lieu des sentiments. Retour aux règles classiques **Poésie symboliste** : expression plus libre de la poésie LAMARTINE *Méditations poétiques* HUGO *Les Rayons et les Ombres, Les Châtiments, Les Contemplations* BAUDELAIRE *Les Fleurs du mal, Le Spleen de Paris* Hugo et Baudelaire ont refusé l'appartenance à un mouvement particulier
Les **deux guerres mondiales** changent radicalement la vision du monde et la place de l'homme et de la femme dans la société	XXe siècle	**Surréalisme** : l'imaginaire et l'absurde redonnent sens au monde et à la vie quotidienne **Poésie engagée, poésie des tranchées, poésie de la résistance** (entre 1914 et 1945) **Poésie contemporaine** (après 1945) **Renouveau lyrique** (1980) APOLLINAIRE « Zone », *Calligrammes* BRETON *Clair de terre* DESNOS QUENEAU *Oulipo*
Comme les **deux guerres mondiales**, les **attentats terroristes** de 2001 et du début du siècle ont transformé les modes de vie et les milieux culturels occidentaux	XXIe siècle	BONNEFOY • La poésie contemporaine échappe aux règles des mouvements littéraires, mais réunit certaines de leurs caractéristiques : **sobriété** et **simplicité** pour exprimer la beauté du monde quotidien • Expérimentation entre contraintes et liberté, rapprochement avec les **arts plastiques** • Utilisation des blogs, sites, vidéos…

SE TESTER ET S'ENTRAÎNER

EXERCICE 1

Cochez la ou les bonne(s) réponse(s) et répondez aux questions posées.

1. La poésie est un :
❑ mouvement littéraire
❑ genre littéraire
❑ registre de langue

2. La poésie est écrite :
❑ en vers uniquement
❑ en prose uniquement
❑ en vers ou en prose

3. Un alexandrin est :
❑ un vers de huit syllabes
❑ un vers de dix syllabes
❑ un vers de douze syllabes (ou pieds)
❑ un vers de quatorze syllabes

4. La pause au milieu d'un vers de plus de huit syllabes s'appelle :
❑ une respiration
❑ un hémistiche
❑ une césure
❑ une pause

5. Les deux parties d'un vers de plus de huit syllabes s'appellent :
❑ des césures
❑ des moitiés
❑ des hémistiches
❑ des hémivers

6. Les divisions possibles du décasyllabe sont :
❑ 6/4 ❑ 5/5 ❑ 2/8
❑ 4/6 ❑ 8/2 ❑ 9/1

7. L'accent tonique peut se situer :
❑ sur la dernière syllabe d'un mot
❑ sur la première syllabe d'un mot
❑ sur l'avant-dernière syllabe d'un mot si la dernière est muette (ou élidée)

8. Lorsqu'une phrase commence sur un vers et se termine au milieu du vers suivant, cela s'appelle :
❑ un contre-rejet ❑ un excès
❑ un rejet ❑ un enjambement
❑ un dépassement

9. Combien de syllabes possède le vers suivant ? « Pour qui sont ces serpents qui sifflent sur vos têtes ? »

10. Quelle est la figure de style utilisée dans le vers ci-dessus :
❑ une métaphore ❑ une amphore
❑ une assonance ❑ une allitération
❑ une anaphore ❑ une allégorie
❑ une répétition

11. À quoi sert la figure de style employée dans ce vers : « Pour qui sont ces serpents qui sifflent sur vos têtes ? » ?

EXERCICE 2

1. Scandez le poème suivant (comptez les syllabes et donnez le nom du vers si vous le connaissez).
2. Analysez ce poème en notant au brouillon l'étude que vous en aurez faite.

1 Emportez-moi dans une caravelle,
Dans une vieille et douce caravelle,
Dans l'étrave, ou si l'on veut, dans l'écume,
Et perdez-moi, au loin, au loin.

5 Dans l'attelage d'un autre âge.
Dans le velours trompeur de la neige.
Dans l'haleine de quelques chiens réunis.
Dans la troupe exténuée des feuilles mortes.

Emportez-moi sans me briser, dans les baisers,
Dans les poitrines qui se soulèvent et respirent,
Sur les tapis des paumes et leur sourire,
Dans les corridors des os longs et des articulations.

Emportez-moi, ou plutôt enfouissez-moi.

Henri Michaux, « Emportez-moi », in *Mes Propriétés* recueilli dans *L'Espace du dedans* © Éditions Gallimard

CORRIGÉ

Exercice 1

1. La poésie est un genre littéraire.
2. La poésie est écrite en vers ou en prose.
3. Un alexandrin est un vers de douze syllabes (ou pieds).
4. La pause au milieu d'un vers de plus de huit syllabes s'appelle une césure.
5. Les deux parties d'un vers de plus de huit syllabes s'appellent des hémistiches.
6. Les divisions possibles du décasyllabe sont 4/6 ou 5/5.
7. En français, l'accent tonique peut se situer sur la dernière syllabe d'un mot ou sur l'avant-dernière syllabe d'un mot si la dernière est muette (ou élidée).
8. Lorsqu'une phrase commence sur un vers et se termine au milieu du vers suivant, cela s'appelle un enjambement.
9. Le vers comporte 12 syllabes.
10. La figure de style utilisée est une allitération.
11. Ici, cette figure de style sert à imiter le son des serpents.

Exercice 2

1.

Emportez-moi // dans une caravell(e), 1 2 3 4 5 6 7 8 9 10	Décasyllabe régulier 4/6
Dans une vieill(e) // et douce caravell(e), 1 2 3 4 5 6 7 8 9 10	Décasyllabe régulier 4/6
Dans l'étrav(e), // ou si l'on veut, dans l'écum(e), 1 2 3 4 5 6 7 8 9 10	Décasyllabe 3/7 (irrégulier)
Et perdez-moi, // au loin, au loin. 1 2 3 4 5 6 7 8	Octosyllabe régulier 4/4
Dans l'attelag//e d'un autr(e) âg(e). 1 2 3 4 5 6 7 8	Octosyllabe irrégulier (soit la césure tombe 5/3, soit elle coupe le mot)
Dans le velours trompeur de la neig(e). 1 2 3 4 5 6 7 8 9	9 syllabes (on ne sait pas où placer la césure, peut-être 4/5 ?)
Dans l'haleine de quelques chiens réunis. 1 2 3 4 5 6 7 8 91011	11 syllabes (on pourrait faire la diérèse « chi-en » pour avoir un alexandrin mais la césure coupe un mot)
Dans la troup(e) exténuée des feuilles mort(es). 1 2 3 4 5 6 7 8 9 10 11	11 syllabes, même avec la diérèse « exténu-ée »
Emportez-moi sans me briser, dans les baisers, 1 2 3 4 5 6 7 8 9 10 11 12	Alexandrin inhabituel : on doit découper 4/4/4, mais la césure se trouve entre le verbe et le complément
Dans les poitrines qui se soulèv(ent) et respir(ent), 1 2 3 4 5 6 7 8 9 10 11 12	Alexandrin irrégulier, césure possible après « qui » mais coupe la subordonnée.
Sur les tapis // des paum(es) et leur sourir(e), 1 2 3 4 5 6 7 8 9 10	Décasyllabe régulier 4/6
Dans les corridors des os longs et des articulations. 1 2 3 4 5 6 7 8 9 10 11121314 15	15 syllabes, rythme perturbé (allongé)
Emportez-moi, ou plutôt enfouissez-moi. 1 2 3 4 5 6 7 8 9 10 11	11 syllabes. On pourrait faire la diérèse « enfou-issez » mais la césure coupe un mot dans tous les cas.

2.

MÉTHODE

Commencez par noter au brouillon ce qui vous semble intéressant pour comprendre le texte (tout ne vous servira pas forcément, mais cette démarche ne prend pas plus de 5-10 minutes). Voici un exemple de raisonnement possible à la première lecture du texte, puis un exemple de ce qui peut apparaître sur votre brouillon.

Raisonnement semi-rédigé

- Vers irréguliers : 1944, Seconde Guerre mondiale, époque moderne, non-respect des règles classiques.
- Titre et vers 1 : « Emportez-moi » → thème du voyage ? (caravelle = bateau)
- v. 3 : « étrave »/« écume » → bizarre. Volonté d'être sous le navire ? dans l'écume ? de se confondre avec la mer ?
- v. 4 : « perdez-moi » confirme que le poète veut s'égarer, s'évader. MAIS → impératif (comme dans le titre et le v. 1)→ bizarre (normalement, on se perd soi-même, on ne demande pas aux autres de nous perdre).
- v. 5 « dans » → anaphore (vers 2, 3, 5, 6, 7, 8, 10 et 12). v. 5 = phrase nominale, comme les autres vers du deuxième quatrain.
- v. 6 « dans le velours trompeur de la neige » → la douceur invite encore à se confondre avec la nature ? à disparaître ? mais invitation trompeuse. Pourquoi ?
- v. 7 « dans l'haleine de quelques chiens réunis » renvoie à « l'attelage » du v.5 et fait penser aux chiens de traîneau. L'haleine, la neige et l'écume → matières poreuses, on peut s'y perdre et s'y « mélanger ».
- v. 8 « troupe exténuée des feuilles mortes » → « troupe » désigne les chiens ? ou des soldats ? « feuilles mortes » fait penser à l'automne → contraste avec l'hiver évoqué par la neige au v. 6. L'automne peut être une métaphore de la fin de la vie ?
- v. 9 anaphore « emportez-moi » ; douceur « baisers », « sans me briser »
- v. 10 à 12 : lexique du corps et de la vie « poitrines qui se soulèvent et respirent », « paumes », « sourire », « os », « articulations »
- v. 13 : « enfouissez-moi » → retour de la volonté de disparaître (enterré ?). Union avec la nature. MAIS on ne sait pas quelle est la volonté exprimée par le poète. Cette union peut-elle avoir lieu de son vivant ? Désire-t-il/doit-il mourir ? Le thème de la mort apparaît clairement au v. 8 avec les « feuilles mortes ». Sont-elles l'engrais qui entraîne la renaissance au printemps ? Est-ce une métaphore de la condition humaine ?
- Titre du recueil = *L'Espace du dedans*. Michaux cherche-t-il à explorer ce qui se passe à l'intérieur de chacun ? Voyage intérieur ? Imaginaire ? Désir d'être ailleurs en restant à l'intérieur de soi ?

Votre brouillon

Poésie en vers, mais moderne (vers irrégulier) non-respect des règles classiques. Thème du voyage v. 1 et titre, « étrave »/ « écume » v. 3 → sous le navire. Se confondre avec la mer. Se perdre, s'égarer, s'évader. « perdez-moi » v. 4, emploi étrange de l'impératif, comme avec « emportez-moi ». « velours trompeur de la neige » pourquoi trompeur ? Se confondre avec la nature ? Disparaître ? Mourir ? 1er quatrain : champ lexical de la mer.
2e quatrain : chiens de traîneau. Haleine fait penser à neige et écume. « troupe exténuée des feuilles mortes » → automne, contraste avec hiver (« neige » v. 6) engrais pour la renaissance au printemps ? Métaphore du cycle de la vie ? de l'homme ? Champ lexical des saisons.

FRANÇAIS

3e quatrain : champs lexicaux du corps et de la vie (v. 9-12)
« enfouissez-moi » : volonté de disparaître (enterré ?) Recueil : espace du dedans → voyage intérieur ? Se connaître soi-même ? Être ailleurs tout en restant en soi ?

MÉTHODE

◗ Entraînez-vous à ce travail de première lecture sur des poèmes que vous aimez. Évidemment, ces notes doivent être remises en ordre : par exemple, il faut regrouper les différents passages où le besoin de se confondre avec la nature a été identifié. *Idem* avec les différents champs lexicaux. La première lecture est linéaire, mais dans votre réponse, vous devez faire des liens entre des endroits différents du texte lorsque c'est possible.

◗ Le résumé peut vous entraîner à parler des thèmes évoqués dans le corpus, des champs lexicaux, des points communs ou différences entre les textes, des courants littéraires. Entraînez-vous à repérer tous ces éléments le plus rapidement possible, y compris avec des textes difficiles comme celui de Michaux.

SUJET DE TYPE BAC

Objet d'étude : La poésie du XIXe au XXIe siècle

Document A : Henri Michaux, « Emportez-moi ! », *Espace du dedans*, 1944
Document B : Charles Baudelaire, « Un hémisphère dans une chevelure », *Spleen de Paris*, 1862
Document C : Arthur Rimbaud, « Ma bohème », *Poésies*, 1870
Document D : Jules Laforgue, « La Cigarette », *Le Sanglot de la Terre*, 1880

Commentaire

Vous commenterez le poème de Henri Michaux (document A).

Contraction de texte

Vous résumerez le document D en veillant à mettre l'accent sur les idées essentielles de l'auteur. Votre réponse comportera environ 250 mots.

Essai

Comment est-il possible de susciter le désir d'évasion chez un lecteur/une lectrice ?

DOCUMENT A

 # outil
Conseils pour réussir l'épreuve écrite et orale
foucherconnect.fr/19pbsti2d10

« Emportez-moi »

Emportez-moi dans une caravelle,
Dans une vieille et douce caravelle,
Dans l'étrave, ou si l'on veut dans l'écume,
Et perdez-moi, au loin, au loin.

Dans l'attelage d'un autre âge.
Dans le velours trompeur de la neige.
Dans l'haleine de quelques chiens réunis.
Dans la troupe exténuée de feuilles mortes.

Emportez-moi sans me briser, dans les baisers,
Dans les poitrines qui se soulèvent et respirent,
Sur les tapis des paumes et leur sourire,
Dans les corridors des os longs et des articulations.

Emportez-moi, ou plutôt enfouissez-moi.

Henri Michaux, « Emportez-moi », in *Mes Propriétés* recueilli dans *L'Espace du dedans* © Éditions Gallimard

DOCUMENT B

« Un hémisphère dans une chevelure »

Laisse-moi respirer longtemps, longtemps, l'odeur de tes cheveux, y plonger tout mon visage, comme un homme altéré dans l'eau d'une source, et les agiter avec ma main comme un mouchoir odorant, pour secouer des souvenirs dans l'air.

Si tu pouvais savoir tout ce que je vois ! tout ce que je sens ! tout ce que j'entends dans tes cheveux ! Mon âme voyage sur le parfum comme l'âme des autres hommes sur la musique.

Tes cheveux contiennent tout un rêve, plein de voilures et de mâtures ; ils contiennent de grandes mers dont les moussons me portent vers de charmants climats, où l'espace est plus bleu et plus profond, où l'atmosphère est parfumée par les fruits, par les feuilles et par la peau humaine.

Dans l'océan de ta chevelure, j'entrevois un port fourmillant de chants mélancoliques, d'hommes vigoureux de toutes nations et de navires de toutes formes découpant leurs architectures fines et compliquées sur un ciel immense où se prélasse l'éternelle chaleur.

Dans les caresses de ta chevelure, je retrouve les langueurs des longues heures passées sur un divan, dans la chambre d'un beau navire, bercées par le roulis imperceptible du port, entre les pots de fleurs et les gargoulettes rafraîchissantes.

Dans l'ardent foyer de ta chevelure, je respire l'odeur du tabac mêlé à l'opium et au sucre ; dans la nuit de ta chevelure, je vois resplendir l'infini de l'azur tropical ; sur les rivages duvetés de ta chevelure je m'enivre des odeurs combinées du goudron, du musc et de l'huile de coco.

Laisse-moi mordre longtemps tes tresses lourdes et noires. Quand je mordille tes cheveux élastiques et rebelles, il me semble que je mange des souvenirs.

Baudelaire, « Un hémisphère dans une chevelure », *Spleen de Paris*, 1862

DOCUMENT C

« Ma bohème »

Je m'en allais, les poings dans mes poches crevées ;
Mon paletot aussi devenait idéal ;
J'allais sous le ciel, Muse ! et j'étais ton féal ;
Oh ! là là ! que d'amours splendides j'ai rêvées !
Mon unique culotte avait un large trou.
- Petit-Poucet rêveur, j'égrenais dans ma course
Des rimes. Mon auberge était à la Grande Ourse.
- Mes étoiles au ciel avaient un doux frou-frou

Et je les écoutais, assis au bord des routes,
Ces bons soirs de septembre où je sentais des gouttes
De rosée à mon front, comme un vin de vigueur ;
Où, rimant au milieu des ombres fantastiques,
Comme des lyres, je tirais les élastiques
De mes souliers blessés, un pied près de mon cœur !

Rimbaud, « Ma Bohème », *Poésies*, 1870

DOCUMENT D

« La cigarette »

Oui, ce monde est bien plat ; quant à l'autre, sornettes.
Moi, je vais résigné, sans espoir, à mon sort,
Et pour tuer le temps, en attendant la mort,
Je fume au nez des dieux de fines cigarettes.
Allez, vivants, luttez, pauvres futurs squelettes,

FRANÇAIS

Moi, le méandre bleu qui vers le ciel se tord,
Me plonge en une extase infinie et m'endort
Comme aux parfums mourants de mille cassolettes.
Et j'entre au paradis, fleuri de rêves clairs
Où l'on voit se mêler en valses fantastiques
Des éléphants en rut à des chœurs de moustiques.
Et puis, quand je m'éveille en songeant à mes vers,
Je contemple, le cœur plein d'une douce joie,
Mon cher pouce rôti comme une cuisse d'oie.

Laforgue, « La Cigarette », *Le Sanglot de la Terre*, 1880

OBJECTIF BAC

Le commentaire de texte

▸ Le texte de Michaux peut être abordé sous de nombreux angles. Cependant, le sujet de l'exercice de contraction de texte donne une piste de départ. Ces textes ont été rassemblés à cause de leur thème commun, celui de l'évasion. Il est très nettement perceptible chez Michaux dès le titre et le premier vers. Votre commentaire doit donc parler de ce thème. En revanche, un commentaire doit avoir deux ou trois parties et suivre un schéma précis qui est le suivant :

- une **introduction** de quelques lignes où vous présentez le(s) thème(s), le contexte, puis le texte (auteur, titre du poème, titre du recueil). L'introduction doit se terminer par une présentation de votre plan : « Dans un premier temps, nous aborderons... Dans un second temps, il sera question de... » ;
- un **développement** de deux ou trois parties. À l'intérieur de chaque partie, plusieurs idées sont accompagnées par des arguments et des exemples (citations du texte). Vous devez rédiger de manière claire en mettant en avant l'analyse, en utilisant des connecteurs logiques, en sautant des lignes entre chaque partie, en créant un alinéa chaque fois que vous changez d'idée. Faites des transitions d'une phrase ou deux entre chaque partie (rédiger les transitions au brouillon peut vous aider à trouver l'ordre idéal des parties) ;
- une **conclusion** pour résumer l'intérêt du texte, ouvrir sur d'autres questions et mettre en avant des liens potentiels avec d'autres textes ou œuvres.

▸ Surtout**, ne paraphrasez jamais un texte**, mais reformulez-le toujours avec vos mots. Paraphraser n'apporte aucune valeur à votre travail, cela ne fait que persuader votre correcteur que vous ne savez pas ce que vous faites, voire que vous avez un niveau très mauvais. Citez le texte en utilisant des guillemets et en indiquant le numéro des lignes (ou des vers). Une citation doit toujours être accompagnée par une interprétation. À l'inverse, **n'avancez jamais une idée sans la justifier par une analyse**.

 # corrigés
foucherconnect.fr/ 19pbsti2d11

3 L'écriture argumentative

La littérature d'idées rassemble des œuvres qui appartiennent à des genres littéraires différents mais qui partagent une volonté d'instruire, de convaincre, de persuader ou de débattre. Sa vocation première n'est pas de raconter une histoire (comme le récit) ou de rechercher l'esthétisme pur (comme la poésie). Si elle utilise la narration ou la beauté du langage, c'est dans un but de transmission de messages et d'idées.

1 Les fonctions du texte argumentatif et la rhétorique

■ La littérature d'idées cherche à :
- **enseigner**, lorsqu'elle transmet des **faits** et des **savoirs avérés** ;
- **convaincre**, lorsqu'elle utilise des **arguments** ;
- ou **persuader**, lorsqu'elle joue sur les **émotions** pour changer le point de vue d'un interlocuteur.

 # vidéo
Le concours d'éloquence des avocats du Barreau de Paris
foucherconnect.fr/19pbsti2d12

■ Les moyens mis en œuvre pour enseigner, convaincre ou persuader forment un ensemble appelé la **rhétorique**. Aristote fait partie des premiers à avoir étudié l'art du discours dans la Grèce antique. Traditionnellement, la rhétorique comporte cinq parties :
- l'***inventio*** (invention) : l'art de trouver des arguments et des procédés pour convaincre ;
- la ***dispositio*** (disposition) : l'art d'organiser ses arguments ;
- l'***elocutio*** (élocution) : la capacité à trouver les mots justes qui mettent en valeur les arguments, c'est ce que l'on appelle le style ;
- l'***actio*** : la diction, les gestes de l'orateur, etc. ;
- la ***memoria*** : les procédés pour mémoriser le discours.

■ La **rhétorique** englobe aujourd'hui la communication écrite et désigne un ensemble de **règles destinées au discours** (au sens général, le discours regroupe tout ce qui utilise le langage pour convaincre, à l'écrit comme à l'oral).

2 Les différents types de textes argumentatifs

A Avant le XVIe siècle, une argumentation entre oral et écrit

■ Avant l'invention de l'imprimerie en 1451, **les livres sont rares et coûteux**. Seuls les ouvrages religieux et scientifiques font partie de la littérature d'idées, et peu de gens sont capables de les lire. Les **discours publics** et les **chansons** remplissent donc majoritairement ce rôle de transmission (beaucoup furent retranscrits par la suite).

■ Les **sermons**, dont l'origine est très ancienne, sont des discours religieux destinés à **guider les croyants** dans leur vie quotidienne. Au XVIIe siècle, Bossuet compte parmi les grands orateurs et auteurs de sermons.

■ L'**éloge** sort du cadre religieux. Il consiste à **dresser un portrait flatteur** d'un individu ou d'une institution. Certains éloges sont passés à l'écrit, comme l'*Éloge du parasite* de Lucien de Samosate (IIe siècle) ou, plus récemment, *L'Oraison funèbre à Jean Moulin* par André Malraux, prononcée en 1964.

■ Le **blâme** permet d'affirmer son engagement. La visée est de convaincre le lecteur de l'aspect néfaste d'une idée, d'une institution, d'un événement… Le blâme est le contraire de l'éloge et, à ce titre, il existe aussi dès l'Antiquité, mais revient sur la scène littéraire au XVIe siècle (certains auteurs mêlent éloge et blâme, comme Erasme dans *L'Éloge de la folie* en 1509). Un exemple plus récent est la critique du régime de Napoléon III faite par Victor Hugo dans ses *Châtiments*.

■ Le blâme se rapproche du **pamphlet**, qui focalise la critique sur une personnalité haut placée, souvent en la tournant en ridicule. L'un des pamphlets les plus connus est l'article publié à la fin du XIXe siècle par Emile Zola sous le titre « J'accuse ! », dans lequel il prend la défense du capitaine Dreyfus, injustement accusé de trahison, et dénonce le comportement de personnages de haut rang dans la société.

B Le XVIe siècle et l'apparition de l'essai

Montaigne contribue quant à lui à l'apparition d'un genre nouveau au XVIe siècle : l'**essai**. Dans les *Essais*, Montaigne utilise une approche peu usitée jusqu'alors : il y parle de nombreux sujets de manière personnelle, allant jusqu'à décrire ses propres sensations, sentiments et pensées, pour ensuite tirer des conclusions philosophiques qui s'appliqueraient à tous. Ce **passage du personnel à l'universel** a inspiré de nombreux philosophes et écrivains. Les thèmes abordés sont souvent liés à un **engagement** : politique, social, humaniste, existentiel.

C La transmission par la narration

■ L'**apologue** est l'un des genres les plus répandus et les plus populaires de la littérature d'idées car il prend la forme d'un **récit**. Il s'agit donc d'un texte à la fois narratif et démonstratif : par le biais des personnages et de leurs actions, on cherche à démontrer un point de vue, à transmettre un message ou des valeurs (humanisme, esprit critique, modération, prudence, etc.). Les *Fables* de Jean de La Fontaine illustrent clairement cette définition : les personnages y sont très bien caractérisés et une **morale** finale explicite le message de l'auteur. Toutefois, les apologues ne sont pas toujours aussi clairs sur leurs intentions et, dans certains cas, le message est **implicite**.

La Barbe Bleue, Gustave Doré, 1862

■ Plusieurs genres font partie des **apologues** :
– les **utopies** et les **dystopies**, qui montrent un futur imaginaire idéal dans le cas de l'utopie (*Gargantua* de Rabelais), catastrophique dans le cas de la dystopie (*1984* de George Orwell ou *Le Meilleur des Mondes* d'Aldous Huxley) ;
– les **contes philosophiques** comme *L'Ingénu* ou *Micromégas* de Voltaire, les **contes** de Perrault (*Peau d'Âne*), de Grimm (*Hansel et Gretel*) et d'Andersen (*La Reine des Neiges*) ;
– les **paraboles** (textes religieux racontant les aventures des saints et servant de supports aux enseignements de l'Église) ;
– les **fables** (Ésope, La Fontaine…) et **fabliaux** (récits animaliers du Moyen Âge, avec ou sans morale finale).

3 Les spécificités du texte argumentatif

A Les registres littéraires

Les meilleurs orateurs savent varier leur ton et susciter l'émotion qui guidera le mieux l'interlocuteur vers son idée. C'est pourquoi on peut trouver plusieurs registres dans un même texte. Voici les principaux registres employés dans la littérature d'idées.

RAPPEL

Un registre correspond à l'**intonation globale** d'un texte, d'un paragraphe ou d'une phrase. Il peut être utilisé dans n'importe quel genre (poésie, théâtre, roman, etc.).

a Le registre épidictique

■ Utilisé dans l'éloge et dans le blâme, il rassemble tous les procédés servant à provoquer soit l'admiration, soit le dégoût. Cela peut être par l'emploi de **superlatifs**, l'usage de **majuscules**, un **lexique mélioratif ou péjoratif**, l'**apostrophe**, etc.

■ Racine, dans la dédicace d'*Andromaque*, se sert du registre épidictique pour faire l'éloge d'Henriette d'Angleterre :

> « **MADAME,** Ce n'est pas sans sujet que je mets **votre illustre nom** à la tête de cet ouvrage. Et de quel autre nom pourrais-je **éblouir les yeux** de mes lecteurs, que de celui dont mes spectateurs ont été **si heureusement éblouis** ? On savait que **VOTRE ALTESSE ROYALE** avait **daigné** prendre soin de la conduite de ma tragédie. On savait que vous m'aviez prêté quelques-unes de **vos lumières** pour y ajouter de nouveaux ornements. On savait enfin que vous l'aviez **honorée de quelques larmes** dès la première lecture que je vous en fis [...]. »

b Le registre didactique

■ On présente des **faits** et des **connaissances**, on pose des questions et on y répond (ou on tente d'y répondre). Dans certains cas, on guide l'interlocuteur pour qu'il trouve lui-même la réponse à la question.

■ Dans *L'Écume des jours* de Boris Vian, Colin explique comment fonctionne son piano-cocktail. Les faits sont présentés par l'emploi des verbes que l'on pourrait appeler « univoques » : ils n'ont qu'un seul sens possible, sont clairs, mathématiques et l'apprentissage du fonctionnement de l'appareil est facile :

> « À chaque note, dit Colin, je fais correspondre un alcool, une liqueur ou un aromate. La pédale forte **correspond** à l'œuf battu et la pédale faible à la glace. Pour l'eau de Seltz, **il faut** un trille dans le registre aigu. Les quantités **sont en raison directe** de la durée : à la quadruple croche **équivaut** le seizième d'unité, à la noire l'unité, à la ronde la quadruple unité. »

c Le registre polémique

■ C'est une **critique virulente** de l'adversaire ou de l'interlocuteur **dans le but de convaincre d'autres personnes**. On cherche à provoquer un **débat** en portant des accusations et, de préférence, en apportant des preuves et des exemples pour étayer ce que l'on dit. À l'inverse du registre élogieux, on utilise des adjectifs, verbes et noms péjoratifs, des superlatifs et tout autre moyen de dénigrer ou affaiblir la parole de l'interlocuteur.

FRANÇAIS

- Zola emploie le registre polémique dans *Mes Haines* :
  « Je **hais** les **sots** qui font les **dédaigneux**, les **impuissants** qui crient que notre art et notre littérature meurent de leur belle mort. Ce sont les cerveaux **les plus vides**, les cœurs **les plus secs**, les gens enterrés dans le passé, qui feuillettent avec **mépris** les œuvres vivantes et tout enfiévrées de notre âge, et les déclarent nulles et étroites. »

d Le registre satirique

- La **satire** est une **moquerie par le ridicule**. Molière fait la satire des médecins dans *Le Médecin malgré lui*. Sganarelle fait semblant d'être médecin, et tous les autres personnages sont convaincus qu'il l'est réellement alors que ses questions et son diagnostic sont ridicules, inefficaces et n'ont rien à voir avec la maladie qu'on lui demande de soigner. Cela montre qu'à l'époque, la foi envers la médecine était aveugle et qu'on prêtait aux médecins des compétences qu'ils n'avaient qu'en apparence.

- Albert Cohen, dans *Belle du Seigneur*, emploie également le registre satirique : « Lisez les annonces de ces demoiselles de bonne famille, présentant bien, avec espérances directes et prochaines, comme elles disent. Lisez et vous verrez qu'elles veulent un monsieur non seulement aussi long que possible, mais encore énergique, ayant du caractère, et elles font des yeux émerveillés, comme si c'était beau et grand alors qu'en réalité c'est répugnant. Du caractère ! s'écria-t-il avec douleur. Du caractère, elles l'avouent ! Elles avouent, les angéliques effrontées, qu'il leur faut un cher fort et silencieux, avec chewing-gum et menton volontaire, un costaud, un viril, un coq prétentieux ayant toujours raison, un ferme en ses propos, un tenace et implacable sans cœur, un capable de nuire, en fin de compte un capable de meurtre ! Caractère n'étant ici que le substitut de force physique, et l'homme de caractère un produit de remplacement, l'ersatz civilisé du gorille. Le gorille, toujours le gorille ! ».

e Le registre ironique

REMARQUE

Les registres satirique et ironique font tous deux appel à l'ironie. On évoque un registre satirique ou ironique quand les procédés de l'un ou de l'autre sont majoritaires dans le texte, mais on parle simplement d'ironie ou de satire si l'on commente une phrase minoritaire dans un extrait.

- Avec le registre ironique, **on dit le contraire de ce qu'on veut dire**, on fait semblant de **défendre la thèse inverse de la nôtre pour la tourner en ridicule**, en donnant des arguments faux, erronés, hors sujet…

- Victor Hugo use de ce registre dans *Le Dernier Jour d'un condamné* :
  « Il ne croit pas, ce geôlier, que j'aie à me plaindre de lui et de ses sous geôliers. **Il a raison. Ce serait mal à moi de me plaindre** ; ils ont fait leur métier ; **ils m'ont bien gardé** ; et puis, ils ont été **polis** à l'arrivée et au départ. **Ne dois-je pas être content ?** »

B Les procédés de l'argumentation

Pour ne pas ennuyer l'interlocuteur, de nombreuses figures de style permettent d'utiliser des images (sens figuré et jeux sur les mots), des procédés d'**insistance**, d'**atténuation** ou d'**opposition** peuvent aussi être employés.

a Les figures d'animation, d'analogie, de substitution

■ La **comparaison** sert à décrire un objet, une personne ou une chose (le **comparé**) en utilisant une chose différente (le comparant) mais qui présente un ou plusieurs points communs avec l'objet décrit. Elle utilise un terme comparatif (comme, tel que, ainsi que, pareil à...) : « **Candide**, qui tremblait comme un philosophe... »

■ La **métaphore** est une comparaison plus frappante car elle n'utilise pas de terme comparatif et rapproche donc davantage les deux choses étrangères que l'on met en présence : « L'oeil de **faucon** de **Javert** » (Victor Hugo, *Les Misérables*), « **Vous** êtes **un beau ciel d'Automne**, clair et rose ! » (Baudelaire, « Causerie », *Les Fleurs du mal*).

■ La **métonymie** intervient lorsque l'on parle d'une partie d'un objet en désignant en réalité l'objet en entier, ou bien son contenu, comme dans les expressions « boire **un verre** d'eau » (= boire le contenu du verre), « croiser **le fer** » (= croiser l'épée), « **une voile** à l'horizon » (= un bateau au loin).

■ La **personnification** donne à une chose ou à un être vivant non-humain des caractéristiques humaines (sentiments, émotions, sensations, usage de la parole, pouvoir de décision et actions conscientes...) : « L'**habitude** venait me prendre dans ses bras et me portait jusque dans mon lit comme un petit enfant. » (Marcel Proust, *Du Côté de chez Swann*)

■ L'**antonomase** consiste à transformer un nom commun en nom propre et vice versa. Par exemple, on appelle « un **apollon** » un homme très attirant, un **Tartuffe** est un hypocrite (comme le personnage de la pièce éponyme de Molière).

b Les figures d'insistance

■ L'**hyperbole** regroupe tous les moyens par lesquels on peut exagérer et amplifier ce qu'on dit. Les comparatifs et superlatifs, ainsi que des termes au sens très fort peuvent être des procédés hyperboliques : « **Rien n'était si** beau... », « une harmonie **telle qu'**il n'y en eut jamais en enfer. », le « **meilleur** des mondes ».

■ L'**anaphore** est la répétition d'un même terme en début de phrase ou de groupe de mots : « Rien n'était **si** beau, **si** leste, **si** brillant, **si** bien ordonné que les deux armées. »

■ L'**accumulation** : souvent utilisée dans les descriptions, l'accumulation **renforce une impression** en enchaînant plusieurs éléments de même type. L'accumulation est similaire à l'énumération, mais elle s'applique à l'échelle d'une phrase ou d'un paragraphe, tandis que l'énumération est une suite de termes isolés. Dans les deux cas on utilise la ponctuation faible pour séparer chaque élément : virgule, point-virgule, etc. : « **Ici des vieillards** criblés de coups regardaient mourir leurs femmes égorgées, qui tenaient leurs à leurs mamelles sanglantes ; **là des filles** éventrées après avoir assouvi les besoins naturels de quelques héros rendaient les derniers soupirs ; **d'autres**, à demi brûlées, criaient qu'on achevât de leur donner la mort » Voltaire, *Candide.*

REMARQUE

On notera dans cet extrait l'usage des métaphores ironiques visant à accentuer l'immoralité de la guerre en présentant les faits comme héroïques. L'expression « après avoir assouvi les besoins naturels de quelques héros » signifie en réalité « après avoir été violées ».

■ Le **pléonasme** consiste à rassembler des termes qui ont un sens équivalent ou très proche, de sorte à former une répétition : « Les éclairs sont moins prompts, je l'ai **vu de mes yeux** » (Molière, *Mérope*).

FRANÇAIS

■ La **gradation** est une énumération dont chaque membre est plus grand que le précédent. Cela peut être une succession de nombres de plus en plus grands, de mots de plus en plus longs, comme dans cet extrait de *Candide* :

> « Les canons renversèrent d'abord à peu près **six mille hommes** de chaque côté ; ensuite la mousqueterie ôta du meilleur des mondes environ **neuf à dix mille coquins** qui en infectaient la surface. La baïonnette fut aussi la raison suffisante de la mort de **quelques milliers d'hommes** » [*quatorze à quinze mille hommes, si l'on fait l'addition*]. Le tout pouvait bien se monter à une **trentaine de mille âmes**. »

■ L'**apostrophe** est le fait de s'adresser directement à une personnalité (ou à une chose que l'on personnifie) dans un texte :

> « **Peuples** ! **écoutez** le poète !
> **Écoutez** le rêveur sacré !
> Dans votre nuit, sans lui complète,
> Lui seul a le front éclairé. »
> Victor Hugo, « Fonction du poète », *Les Rayons et les Ombres* (1840)

c Les figures d'opposition

■ L'**antithèse** consiste à opposer deux mots, deux expressions ou deux notions contraires : « Vous êtes **aujourd'hui** ce **qu'autrefois** je fus » (*Le Cid*, Pierre Corneille).

> ATTENTION
> Ne pas confondre l'antithèse avec l'oxymore.

■ L'**oxymore** est la combinaison de deux mots dont le sens est contraire, comme dans les expressions « **boucherie héroïque** » (dans *Candide* de Voltaire), « **clair-obscur** » (terme technique utilisé en peinture), « **souffrance céleste** » (dans *Les Misérables* de Victor Hugo).

d Les figures d'atténuation

■ L'**euphémisme** emploie une expression adoucie pour évoquer une idée désagréable, triste ou brutale, comme dans les expressions « elle nous a **quitté** » au lieu de « elle est **morte** », « J'ai été **remercié** » au lieu de « j'ai été **renvoyé** », « j'ai **deux mots** à lui dire » au lieu de « j'ai des **reproches** à lui faire ».

■ La **litote** consiste à dire peu pour suggérer beaucoup : « Ce n'est **pas mauvais du tout** ! » (pour dire que quelque chose est **très bon**). Lorsque Chimène dit à Rodrigue « Va, **je ne te hais point** ! » dans *Le Cid* de Pierre Corneille, cela signifie en réalité qu'elle est éperdument amoureuse de lui bien qu'il ait tué son père en duel.

4 En bref

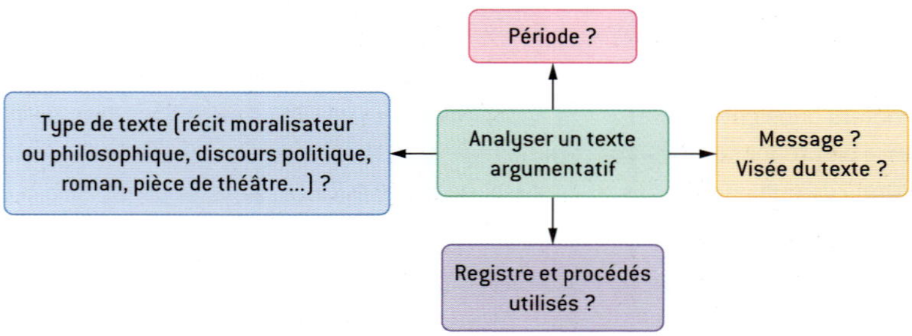

4 L'histoire de la littérature d'idées du XVIe au XVIIIe siècle

Dans chaque société, les progrès techniques et scientifiques changent profondément les modes de vie et les idées des populations ; c'est pourquoi le monde des idées est indissociable de l'état de la société et des savoirs.

1 Les XVIe et XVIIe siècles

- La **Renaissance** est une période de retour aux idées des auteurs grecs et latins antiques. Les deux changements majeurs d'alors, qui donnent à la littérature d'idées sa popularité sous forme écrite, sont l'**invention de l'imprimerie par Gutenberg**, et la **publication des *Essais* de Michel de Montaigne**. Le raisonnement de l'auteur (des questions personnelles permettant une réflexion universelle) marque le début d'une nouvelle façon de pratiquer la philosophie et de débattre des idées.

- De nombreux **contes** sont encore écrits à cette époque. Ils s'inspirent des fabliaux (petites fables) et des farces (petites comédies) du Moyen Âge pour aborder la question de la **morale**, de la **religion** ou du **savoir**. Marguerite de Navarre écrit ainsi *L'Heptaméron* et Boccace *Le Décaméron.*

- Le roman n'est pas un genre privilégié de la littérature d'idées, mais *Gargantua* et *Pantagruel* de Rabelais opposent les idées obscurantistes du Moyen Âge à celles de la Renaissance.

- Au XVIIe siècle, la **littérature morale** existe encore : Pascal marche sur les traces de Montaigne et La Boétie en écrivant ses *Pensées,* et Perrault écrit *Les Contes de ma mère l'Oye.* Cependant, la **satire sociale** semble prendre de plus en plus de place sur la scène littéraire (avec les pièces de Molière, par exemple). Les lettres, maximes et portraits apparaissent. *Les Caractères* de La Bruyère sont célèbres pour leurs portraits satiriques.

- De nombreux auteurs de l'époque sont reconnus aujourd'hui encore pour leurs idées : René Descartes (*Discours de la méthode, Méditations métaphysiques*), La Rochefoucauld (*Maximes*), Pascal, La Fontaine ou encore Molière.

2 La Querelle des Anciens et des Modernes

À la fin du XVIIe siècle, une dispute secoue le milieu artistique, appelée la **Querelle des Anciens et des Modernes**. Les **Anciens** (comprenant La Fontaine, Boileau, La Bruyère) prétendent que tout a déjà été inventé, et qu'il est inutile d'essayer d'écrire des choses nouvelles. Les **Modernes** (Charles Perrault notamment) pensent quant à eux qu'il faut changer les codes et que la littérature est en train de passer de mode. Des auteurs comme Fénelon préfigurent la remise en cause des idées anciennes qui caractérisera le siècle suivant (*Traité de l'éducation des filles, Les Aventures de Télémaque*).

3 Le XVIIIe siècle ou siècle des Lumières

A Le mythe du « bon sauvage »

■ Depuis le XVe siècle et la découverte du Nouveau Monde, l'Europe est confrontée à ceux qu'on appelle les Indiens d'Amérique. Cette rencontre pousse certains auteurs, philosophes et hommes politiques à **remettre en cause le bien-fondé de l'esclavage** en mettant en avant la figure du « bon sauvage ». Cela donne lieu à des réflexions sur les cultures non-européennes, la tolérance, la discrimination, la religion, etc. L'esclavage n'est cependant aboli en France qu'au XIXe siècle.

■ Le **mythe du « bon sauvage »** consiste à glorifier la vie naturelle des indigènes car ils semblent n'avoir aucune préoccupation superficielle. Bougainville, dans sa description des Tahitiens, note que le sens de la propriété n'existe pas. Les indigènes fascinent par leurs mœurs différentes. Souvent, les descriptions qui en sont faites sont déformées par le regard de l'écrivain ou de l'explorateur. En Europe, on croit facilement ce que les explorateurs rapportent car il n'y a guère d'autres moyens de vérifier ces informations (rapport à la nudité, animisme, cannibalisme...). Le mythe du « bon sauvage » est ambigu car il est **invoqué à la fois pour critiquer la société dite « civilisée »**, et pour **avancer des arguments raciaux** (les indigènes auraient plus d'instinct que d'intelligence, et se rapprocheraient des animaux, d'où leur apparente joie de vivre). C'est donc à la fois un **concept humaniste et discriminatoire**, selon le point de vue de celui qui le manie.

B Le renouveau des idées

■ Le XVIIIe siècle, appelé rétrospectivement **siècle des Lumières**, apporte un souffle nouveau sur l'art. Le gigantesque projet de *l'Encyclopédie* mené par Diderot et D'Alembert montre la volonté qu'avaient les auteurs et les scientifiques d'**éclairer les peuples**, de **leur inculquer un certain savoir** afin de les **guider vers une plus grande liberté**. Cette idée débouchera sur la **Révolution Française**, et jusqu'au XIXe siècle sur les nombreuses insurrections et révoltes visant à instaurer une république par opposition aux monarchies et empires.

■ D'autres idées émergentes de cette période sont l'**anti-cléricalisme** (rejet des institutions religieuses, mais pas de Dieu) et l'**athéisme** (rejet de l'idée religieuse), la **tolérance** (qui donnera lieu plus tard au concept de laïcité toujours en vigueur actuellement en France) ou encore la **transmission du savoir au plus grand nombre**. Le XVIIIe siècle est le plus dense en matière de littérature d'idées.

■ Les autres genres qui connaissent un franc succès sont la **vulgarisation scientifique** (Buffon et son *Histoire Naturelle* et, bien entendu, *L'encyclopédie*) et le **discours politique** (Danton, Robespierre ou Condorcet nous ont légué des transcriptions de discours vibrants de conviction et d'émotion).

■ L'aboutissement de ce siècle des idées est la **Révolution Française** et la rédaction de la ***Déclaration des droits de l'homme et du citoyen***, qui institue la liberté de la presse et la liberté d'expression, ainsi que l'égalité entre les hommes.

POUR ALLER PLUS LOIN

Voici un ensemble d'œuvres auxquelles vous pouvez faire référence dans vos travaux. Faites toutefois bien attention à leur date de création et de publication afin de ne pas faire de hors sujet dans votre devoir !

Sur la science

Littérature : Isaac Newton, *Traité d'optique*, 1666.

Peinture : *Philosophe faisant un exposé sur le planétaire*, de Joseph Wright Of Derby, 1766

Sur la justice sociale

Littérature :

- Fénelon, *Traité de l'éducation des filles,* 1687 ; *Lettre ouverte à Louis XIV*, env. 1693 ;
- Rousseau, *Discours sur l'origine et les fondements de l'inégalité parmi les hommes*, 1755 ; *Du Contrat social*, *1762 ;*
- Voltaire, *Traité sur la tolérance à l'occasion de la mort de Jean Calas,* 1763 (Voltaire y défend Jean Calas, condamné à mort et innocenté de manière posthume, grâce au travail de l'écrivain).

Peinture : Eugène Delacroix, *La liberté guidant le peuple,* huile sur toile, 1830.

Presse : Article « J'accuse ! » d'Émile Zola dans le journal *L'Aurore,* 1898.

Sur le mythe du « bon sauvage »

Littérature :

- Bougainville, *Voyage autour du monde,* notamment le chapitre sur Tahiti, 1771
- Superman, *Action Comics* n° 1, Jerry Siegel et Joe Shuster, 1938
- Le Surfeur d'Argent, Stan Lee et Jack Kirby, *Les Quatre fantastiques* n°48, 1966

Cinéma : *Pocahontas*, de Walt Disney, 1995 (basé sur une histoire vraie)

Sur la religion

Littérature : Denis Diderot, *Lettres sur les aveugles à l'usage de ceux qui voient*, 1749 ; *La Religieuse*, 1796

Chanson : Pierre-Antoine-Augustin de Piis, *L'inutilité des prêtres*, 1793. Bien d'autres plus tard par Georges Brassens (*Tempête dans un bénitier*), Léo Ferré (*Monsieur Tout-blanc*), Francis Blanche (*Sœur Marie-Louise*), Jean Ferrat (*Le sabre et le goupillon*)...

Sur la philosophie et la morale

Littérature :

- Rabelais, *Pantagruel*, 1532 ; *Gargantua*, 1534
- Marguerite de Navarre, *L'Heptaméron,* 1558
- Montaigne, *Essais, 1571 à 1580*
- Étienne de La Boétie, *Discours de la servitude volontaire,* 1576
- René Descartes, *Discours de la méthode*, 1637
- La Rochefoucauld, *Maximes,* 1665
- La Fontaine, *Fables*, de 1668 à 1694
- Blaise Pascal, *Les Pensées,* 1670
- Charles Perrault, *Les Contes de ma mère l'Oye*, 1697
- Montesquieu, *De l'esprit des lois*, 1748
- Diderot et D'Alembert, *L'Encyclopédie*, 1750 à 1772

FRANÇAIS

4 En bref

XVIe siècle

- Savoir transmis par les **moines** grâce aux manuscrits
- Accès au savoir révolutionné avec l'invention de l'**imprimerie** par Gutenberg

RABELAIS *Pantagruel et Gargantua*
MONTAIGNE *Les Essais*
MARGUERITE DE NAVARRE *L'Heptaméron*
LA BOETIE *Discours de la servitude volontaire*

XVIIe siècle

- Newton donne naissance à la **science moderne** en publiant son *Traité d'optique* en anglais et non plus en latin. Il définit la science comme un savoir accessible à tous et vérifié par des expériences reproductibles partout dans le monde
- Découverte de la gravitation universelle, qui contribue à **remettre en question l'ordre religieux et même social**

DESCARTES *Discours de la méthode*
LA ROCHEFOUCAULD *Maximes*
PASCAL *Les Pensées*
FENELON *Traité de l'éducation des filles*
LA BRUYERE *Les Caractères*
PERRAULT *Les Contes de ma mère l'Oye*

XVIIIe siècle

- Les anciens systèmes politiques et les classes sociales supérieures sont fragilisés
- La science et la philosophie affaiblissent la mainmise de l'Église sur le savoir
- Les **valeurs humanistes de tolérance** se répandent peu à peu
- Le mythe du « bon sauvage » inspire quantité d'œuvres
- **Révolution française** et rédaction de la **Déclaration des droits de l'homme et du citoyen** qui institue la liberté de la presse et la liberté d'expression

MONTESQUIEU *Les Lettres persanes, De l'esprit des lois*
MARIVAUX *L'Île des esclaves, Le Barbier de Séville*
VOLTAIRE *Zadig, Candide, Traité sur la tolérance*
DIDEROT ET D'ALEMBERT *L'Encyclopédie*
ROUSSEAU *Le Contrat social*

SE TESTER ET S'ENTRAÎNER

EXERCICE 1

Cochez la ou les bonne(s) réponse(s) et répondez aux questions posées.

1. Parmi les registres littéraires suivants, lesquels sont souvent employés à des fins de moquerie ?

❑ pathétique
❑ ironique
❑ didactique
❑ satirique
❑ polémique
❑ descriptif

2. Le blâme sert à :

❑ montrer son admiration
❑ montrer sa réprobation
❑ se moquer de ses contradicteurs

3. Le siècle des Lumières est le :

❑ XVIe siècle
❑ XVIIe siècle
❑ XVIIIe siècle
❑ XIXe siècle
❑ XXIe siècle

4. Quelles œuvres exploitent le mythe du « bon sauvage » afin de critiquer la société du XVIIIe siècle ?

❑ *Le discours sur l'origine et les fondements de l'inégalité parmi les hommes*, Rousseau
❑ *Les Lettres persanes*, Montesquieu
❑ *Le Barbier de Séville*, Marivaux
❑ *L'Ingénu*, Voltaire
❑ *Gargantua*, Rabelais

5. Rappelez les deux événements qui ont marqué la littérature d'idées au XVIe siècle.

6. Résumez en quelques phrases la pensée des philosophes et écrivains des Lumières.

EXERCICE 2

Lisez les 3 extraits ci-dessous et reformulez la (ou les) thèse(s) des auteurs en une phrase.

REMARQUE

Pour analyser un texte argumentatif, il est essentiel de savoir **reformuler en termes simples la thèse de l'auteur** (qui est le résultat d'une argumentation, alors que l'hypothèse est une spéculation manquant de preuves, au même titre qu'une opinion).

Extrait 1 : Rousseau, *Discours sur l'origine et les fondements de l'inégalité parmi les hommes*, 1755.
Dès qu'un homme eut besoin du secours d'un autre ; dès que l'on s'aperçut qu'il était utile à un seul d'avoir des provisions pour deux, l'égalité disparut, la propriété s'introduisit, le travail devint nécessaire, et les vastes forêts se changèrent en des campagnes riantes qu'il fallut arroser de la sueur des hommes, et dans lesquelles on vit bientôt l'esclavage et la misère germer et croître avec les moissons.

Extrait 2 : Condorcet, *Réflexions sur l'esclavage des nègres*, 1781.
Cette justice inflexible, à laquelle les rois et les nations sont assujettis comme les citoyens, exige la destruction de l'esclavage. Nous avons montré que cette destruction ne nuirait ni au commerce, ni à la richesse de chaque nation, puisqu'il n'en résulterait aucune diminution dans la culture. Nous avons montré que le maître n'avait aucun droit sur son esclave ; que l'action de le retenir en servitude n'est pas la jouissance d'une propriété mais un crime [...]. Le souverain ne doit donc aucun dédommagement au maître des esclaves, de même qu'il n'en doit pas à un voleur qu'un jugement a privé de la possession d'une chose volée.

Extrait 3 : *Déclaration des droits de l'homme et du citoyen* (extraits), 1789.
Les représentants du Peuple français, constitués en Assemblée nationale considérant que l'ignorance, l'oubli ou le mépris des droits de l'homme sont les seules causes des malheurs publics et de la corruption des Gouvernements, ont résolu d'exposer, dans une déclaration solennelle, les droits naturels, inaliénables et sacrés de l'homme.
Article premier
Les hommes naissent et demeurent libres et égaux en droits. [...]
Article IV
La liberté consiste à pouvoir faire tout ce qui ne nuit pas à autrui : ainsi l'exercice des droits naturels de chaque homme n'a de bornes que celles qui assurent aux autres Membres de la Société la jouissance de ces mêmes droits. Ces bornes ne peuvent être déterminées que par la Loi.
Article XI
La libre communication des pensées et des opinions est un des droits les plus précieux de l'Homme : tout Citoyen peut donc parler, écrire, imprimer librement, sauf à répondre de l'abus de cette liberté, dans les cas déterminés par la Loi.

EXERCICE 3

Analysez les procédés utilisés par Rousseau et Condorcet dans les extraits 1 et 2 précédents (champs lexicaux, registres, figures de style).

MÉTHODE

Après avoir défini le « **quoi** » (la thèse que l'auteur défend), il faut montrer que vous comprenez le « **comment** », c'est-à-dire les procédés utilisés par l'auteur et le « **pourquoi** » (qu'est-ce qui fait que ces procédés sont efficaces et quel but poursuit l'auteur).

EXERCICE 4

À partir des sujets de rédactions suivants, issus d'épreuves passées, entraînez-vous à la reformulation et à la rédaction d'un ou plusieurs paragraphes.
1. Par quels moyens est-il possible de changer la société aujourd'hui ?
2. Dans quelle mesure la littérature peut-elle conduire une génération à agir ? Vous appuierez votre réflexion sur les textes du corpus, sur ceux que vous avez étudiés et sur vos lectures personnelles. Vous pourrez avoir recours à tous les genres de l'argumentation.

OBJECTIF BAC

- Les mécanismes de la rhétorique sont complexes, mais il est possible de repérer les stratégies d'écriture qui fonctionnent dans un **contexte** donné et avec un **objectif** donné. Tout d'abord, il faut **sélectionner le registre le plus approprié à la situation et au public** :
  - si vous vous placez dans la posture d'un **enseignant transmettant des connaissances**, le **registre didactique** vous permet d'invoquer la logique comme fondement de votre propos, ce qui renforcera la force de l'argumentation ;
  - si vous êtes **indigné** et souhaitez mettre en avant les émotions de vos lecteurs, le **registre épidictique** est idéal. Si vous souhaitez faire appel à l'**humour** et à l'**esprit critique**, **les registres satiriques et ironiques** vous y aideront.
- L'essai est un exercice d'analyse où vous devez vous aussi convaincre un lecteur. Un des meilleurs entraînements pour cet exercice est de rédiger de courts paragraphes afin d'être capable, plus tard, d'écrire un essai complet (introduction, développement (paragraphe 1, 2, 3…), conclusion). Un paragraphe est toujours constitué d'**une idée** (argumentée) et d'**un exemple illustrant cette idée**. S'entraîner à rédiger seulement un ou deux paragraphes vous habitue à utiliser les connecteurs logiques, reformuler des thèses, analyser des procédés.
- Une bonne habitude est de **souligner les mots importants du sujet**.

CORRIGÉ

Exercice 1

1. Les registres littéraires utilisés à des fins de moquerie sont les registres ironique et satirique.
2. Le blâme sert à montrer sa réprobation.
3. Le siècle des Lumières est le XVIIIe siècle.
4. Les œuvres exploitant le mythe du « bon sauvage » afin de critiquer la société du XVIIIe siècle sont *Le discours sur l'origine et les fondements de l'inégalité parmi les hommes* de Rousseau et *L'Ingénu* de Voltaire.
5. Les deux événements ayant marqué la littérature d'idées au XVIe siècle sont l'invention de l'imprimerie et la publication des *Essais* de Montaigne.
6. Les philosophes et écrivains des Lumières cherchent à rendre la connaissance accessible à tous, luttent contre les injustices, l'ignorance, le fanatisme et l'intolérance religieuse. L'invention de la démarche scientifique et la publication de l'*Encyclopédie* montrent la volonté de transmettre le savoir non plus seulement à une élite parlant le latin, mais à une population tout entière. Le combat de Voltaire dans l'affaire Calas illustre la façon dont les philosophes et écrivains des Lumières s'inscrivaient dans la vie publique de leur pays malgré la censure (Diderot fut enfermé peu de temps après avoir commencé la rédaction de l'*Encyclopédie* et Voltaire dut s'exiler en Grande-Bretagne pour continuer à publier ses textes).

Exercice 2

Extrait 1 : Rousseau, dans son *Discours sur l'origine et les fondements de l'inégalité parmi les hommes*, oppose l'état naturel de l'homme à son état civilisé : dans cet extrait, il évoque le basculement d'un état à l'autre, l'émergence de la notion de propriété et la construction des hiérarchies sociales à travers le travail et l'asservissement.

Extrait 2 : Condorcet milite contre l'esclavage, qu'il considère comme contraire à la notion de justice qui doit gouverner tous les hommes ; les esclavagistes sont pour lui comme des voleurs, et on ne peut pas considérer qu'un tort leur est fait si leurs esclaves sont libérés, car des êtres humains ne peuvent appartenir à d'autres, pas plus qu'un objet volé n'appartient à son voleur.

Extrait 3 : La Déclaration des Droits de l'Homme et du Citoyen fixe les fondements de la loi : les hommes sont libres et égaux ; leur liberté s'arrête où celle des autres hommes commence et la limite en est déterminée par la loi ; on ne peut les empêcher de parler, écrire, imprimer librement ce qu'ils pensent, dans des limites fixées par la loi.

Exercice 3

Rousseau utilise en premier lieu le registre didactique en présentant des faits comme avérés (« Dès qu'un homme eut besoin du secours d'un autre », « L'égalité disparut », « la propriété s'introduisit »). Il fait intervenir le registre ironique lorsqu'il évoque des « campagnes riantes » alors que ces campagnes sont témoins de l'esclavage des hommes. Il utilise une métaphore végétale pour décrire le développement de la misère qui suit dans les champs le rythme des saisons (« on vit bientôt l'esclavage et la misère germer et croître avec les moissons »).

Condorcet utilise exclusivement le registre didactique (l'expression « Nous avons montré » est répétée deux fois), accompagné par un lexique de la justice qui donne une force logique et morale à son argumentation (« justice inflexible, assujettis, droit, crime »). Il compare l'esclavage à un vol.

Exercice 4

1. Par quels moyens est-il possible de changer la société aujourd'hui ?

MÉTHODE

Comment analyser ce sujet ? La question posée vous invite implicitement à recenser les différents moyens d'action dans la société actuelle. Ce sujet implique de réfléchir aux nouvelles formes de littérature d'idées, qu'elles soient destinées à être lues ou non. Par exemple, comme un discours oral ferait l'objet d'analyses dans les livres de français, un discours relayé par une vidéo hébergée sur Internet peut être considéré comme digne d'une lecture et d'une analyse approfondie. Voici quelques exemples de paragraphes citant des exemples actuels. Entraînez-vous à écrire vos propres paragraphes en remplaçant les exemples par ceux qui vous sont plus familiers.

À l'heure actuelle, la littérature d'idées prend des formes très variées afin de transmettre un savoir, dénoncer des injustices ou promouvoir des actions bénéfiques. Dans la droite ligne des philosophes des Lumières, les vulgarisateurs sont des personnes cherchant à rendre compréhensibles des domaines souvent pointus et réservés aux initiés. Cela est particulièrement vrai dans des disciplines scientifiques dites « dures » comme la physique ou les mathématiques, mais l'histoire, la géographie, la linguistique, la sociologie, la psychologie ou la philosophie donnent lieu à un répertoire important d'œuvres de vulgarisation sous des formes très diverses : livres, articles de journaux, documentaires, articles sur internet, vidéos, conférences, etc. La vulgarisation a le même objectif que Diderot lorsqu'il écrit l'*Encyclopédie :* redonner du pouvoir au peuple en leur donnant la connaissance. Les sciences ne sont pas le seul domaine concerné : l'artisanat par exemple tient une place considérable dans l'*Encyclopédie* parce qu'il utilise des savoir-faire qui se seraient probablement perdus avec le temps.

La dénonciation des injustices est toujours d'actualité et les Lumières n'ont fait que donner un élan à la liberté d'expression, sans cesse remise en question. Un exemple actuel de moyen nouveau mis en place pour dénoncer une injustice est la campagne dénommée « L'affaire du siècle » qui prend à partie l'appareil judiciaire français afin de contraindre le gouvernement à durcir sa politique en matière de défense environnementale. Cette campagne s'appuie sur le pouvoir de diffusion d'Internet et sur la popularité des personnalités sur la plateforme Youtube (Mcfly et Carlito, par exemple), lesquelles ont rédigé des discours en utilisant les ressources de la rhétorique. La pétition est ainsi un moyen d'action politique qui, avec Internet et la communication quasi-instantanée, n'existaient pas au siècle des Lumières.

ATTENTION

Ne citez jamais d'œuvres ou d'auteurs contemporains sans en avoir une bonne connaissance. Les examinateurs vérifient vos sources et vous sanctionneront si vous pariez sur le fait qu'ils ne connaissent pas les mêmes œuvres que vous.

Des manifestations de rue, susceptibles d'attirer les caméras de télévision et les journalistes sont un autre moyen efficace de faire parler d'un mouvement, d'une cause, d'une possibilité d'action. Ainsi, le groupe Femen attire l'attention sur le sexisme en remettant en question les normes morales appliquées aux femmes et l'orientation des critères de définition de la pudeur.

La promotion d'actes bénéfiques fait aussi partie des moyens mis régulièrement en place pour changer la société et les rapports entre les êtres humains. Internet est largement mis à contribution à travers des vidéos et des articles, mais la littérature physique est bien présente. De nombreux ouvrages font recette, décrivant des moyens de vivre mieux en accord avec ses convictions, son environnement, ses concitoyens. Ainsi, *Comment combattre un dictateur quand on est seul, tout petit et sans armes ?* de l'écrivain et militant serbe Srdja Popovic décrit son combat pacifique contre la dictature de Slobodan Milosevic en Serbie et les différentes étapes d'un tel combat. Il enseigne maintenant l'activisme politique non-violent à l'université de New York.

Un autre exemple de littérature qui suit l'orientation des mœurs des nouvelles générations qui souhaitent avoir un impact moins négatif sur leur environnement et sur la société mondialisée en général, est Adoptez *La Slow Cosmétique* de Julien Kaibeck, qui cherchent à pousser les grands producteurs de cosmétique à rendre plus sains leurs produits, tant en termes de santé humaine que d'exploitation de la faune et de la flore.

2. Dans quelle mesure la littérature peut-elle conduire une génération à agir ? Vous appuierez votre réflexion sur les textes du corpus, sur ceux que vous avez étudiés et sur vos lectures personnelles. Vous pourrez avoir recours à tous les genres de l'argumentation.

MÉTHODE

Comment analyser ce sujet ? Ici, il vous est fortement conseillé de citer au moins une œuvre de chaque genre de l'argumentation, même si cela n'est pas obligatoire pour réussir l'épreuve. Chaque génération se trouve investie d'une ou plusieurs causes qui la concerne(nt) particulièrement (l'action climatique, la justice sociale, la répartition des ressources...).
On vous demande de juger du rôle de la littérature (au sens large) dans la mobilisation des individus pour une cause donnée. C'est un sujet très vaste, et vous ne pourrez pas en couvrir tous les détails, mais c'est aussi un sujet ouvert. La majeure partie de votre devoir devra évoquer la littérature d'idée, mais vous pourrez aussi consacrer un paragraphe aux autres moyens de mobiliser une génération. La conclusion d'une telle réflexion doit être nuancée : la littérature joue un grand rôle, notamment à travers les genres comme la poésie, le discours, le conte philosophique, le pamphlet, les articles de journaux, mais d'autres moyens existent.

L'argumentation explicite et le registre didactique sont les voies les plus simples pour transmettre ses idées et inciter à agir. Ce sont souvent les intellectuels, qui savent manier la langue et les idées, qui utilisent ce genre d'argumentation. On peut penser aux *Lettres philosophiques* de Voltaire, qui ont un rôle capital depuis les Lumières et jusqu'à aujourd'hui.
L'argumentation peut passer par une voie détournée en empruntant les codes de la narration : c'est l'apologue (ou à la rigueur le roman d'apprentissage dans lequel un personnage

subit des transformations intellectuelles et morales qui peuvent être interprétées par le lecteur comme une leçon de vie). Les *Fables* de La Fontaine sont un exemple célèbre, mais *Candide* de Voltaire utilise également le récit à des fins argumentatives pour faire la satire de la guerre. On peut citer aussi *Le Petit Prince* d'Antoine de Saint-Exupéry.
Finalement l'argumentation peut s'en remettre aux émotions et sentiments, c'est ce qu'on appelle la persuasion. La colère, le lyrisme, l'expression des sentiments sont employés pour persuader alors que la logique, l'objectivité et la didactique ont pour but de convaincre. On s'exprime souvent à la première personne dans ce type d'écrit, en espérant toucher les lecteurs qui ressentiraient la même chose. Les discours politiques, la propagande, les pamphlets, les lettres ouvertes ont recours à la persuasion. *Les Châtiments* de Victor Hugo condamnent ainsi de manière virulente les injustices et le règne de Napoléon III.

SUJET DE TYPE BAC

Objet d'étude : La littérature d'idées du XVIe siècle au XVIIIe siècle
Document A : Voltaire, *L'Ingénu*, 1767
Document B : Louis de Jaucourt, *Encyclopédie*, article « Sauvages », 1751-1772
Document C : Jean-Jacques Rousseau, *Discours sur l'origine et les fondements de l'inégalité parmi les hommes*, 1755

Commentaire
Vous commenterez le document A en vous focalisant sur la critique de l'Église formulée par Voltaire.
Contraction de texte
Vous résumerez le document C en reformulant la thèse de l'auteur. Votre réponse comportera environ 250 mots.
Essai
Montrez comment l'homme sauvage est défini au XVIIIe siècle et comment cette étude de l'état naturel de l'homme affecte la façon dont les écrivains perçoivent la société civilisée. Vous vous appuierez sur des éléments précis des textes ainsi que sur les œuvres que vous avez étudiées en classe et sur vos connaissances personnelles.

#outil
Conseils pour réussir l'épreuve écrite et orale
foucherconnect.fr/19pbsti2d13

DOCUMENT A

L'Ingénu

L'Ingénu avait une mémoire excellente. La fermeté des organes de Basse-Bretagne, fortifiée par le climat du Canada, avait rendu sa tête si vigoureuse que, quand on frappait dessus, à peine le sentait-il ; et quand on gravait dedans, rien ne s'effaçait ; il n'avait jamais rien oublié. Sa conception était d'autant plus vive et plus nette que, son enfance n'ayant point été chargée des inutilités et des sottises qui accablent la nôtre, les choses entraient dans sa cervelle sans nuage. Le prieur résolut enfin de lui faire lire le Nouveau Testament. L'Ingénu le dévora avec beaucoup de plaisir ; mais, ne sachant ni dans quel temps ni dans quel pays toutes les aventures rapportées dans ce livre étaient arrivées, il ne douta point que le lieu de la scène ne fût en Basse-Bretagne ; et il jura qu'il couperait le nez et les oreilles à Caïphe et à Pilate[1] si jamais il rencontrait ces marauds-là. [...]
Il fallait auparavant se confesser ; et c'était là le plus difficile. L'Ingénu avait toujours en poche le livre que son oncle lui avait donné. Il n'y trouvait pas qu'un seul apôtre se fût confessé, et cela le rendait très rétif. Le prieur lui ferma la bouche en lui montrant, dans l'épître de saint Jacques le Mineur, ces mots qui font tant de peine aux hérétiques : *Confessez vos péchés les uns*

FRANÇAIS

aux autres. Le Huron se tut, et se confessa à un récollet[2]. Quand il eut fini, il tira le récollet du confessionnal, et, saisissant son homme d'un bras vigoureux, il se mit à sa place, et le fit mettre à genoux devant lui : « Allons, mon ami, il est dit : *Confessez-vous les uns aux autres :* je t'ai conté mes péchés, tu ne sortiras pas d'ici que tu ne m'aies conté les tiens. » En parlant ainsi, il appuyait son large genou contre la poitrine de son adverse partie. Le récollet pousse des hurlements qui font retentir l'église. On accourt au bruit, on voit le catéchumène[3] qui gourmait[4] le moine au nom de saint Jacques le Mineur. La joie de baptiser un Bas-Breton huron[5] et anglais était si grande qu'on passa par-dessus ces singularités.

1. Caïphe et Pilate font partie des hommes responsables de la crucifixion du Christ dans la religion catholique.
2. Récollet : membre de l'ordre religieux catholique des Franciscains (appelés aussi l'ordre des frères mineurs).
3. Catéchumène : personne non-baptisée.
4. Gourmait : battait.
5. Huron : sauvage.

Voltaire, *L'Ingénu*, 1767

DOCUMENT B

Encyclopédie

SAUVAGES, (Géog. Mod.) : on appelle sauvages tous les peuples indiens qui ne sont point soumis au joug du pays, et qui vivent à part.

Il y a cette différence entre les peuples sauvages et les peuples barbares, que les premiers sont de petites nations dispersées qui ne veulent point se réunir, au lieu que les barbares s'unissent souvent, et cela se fait lorsqu'un chef en a soumis d'autres.

La liberté naturelle est le seul objet de la police des sauvages ; avec cette liberté la nature et le climat dominent presque seuls chez eux. Occupés de la chasse ou de la vie pastorale, ils ne se chargent point de pratiques religieuses, et n'adoptent point de religion qui les ordonne.

Il se trouve plusieurs nations sauvages en Amérique, à cause des mauvais traitements qu'elles ont éprouvés, et qu'elles craignent encore des Espagnols. Retirées dans les forêts et dans les montagnes, elles maintiennent leur liberté, et y trouvent des fruits en abondance. Si elles cultivent autour de leurs cabanes un morceau de terre, le maïs y vient d'abord ; enfin la chasse et la pêche achèvent de les mettre en état de subsister.

Comme les peuples sauvages ne donnent point de cours aux eaux dans les lieux qu'ils habitent, ces lieux sont remplis de marécages où chaque troupe sauvage se cantonne, vit, multiplie et forme une petite nation.

Louis de Jaucourt, *Encyclopédie*, 1751-1772

DOCUMENT C

Discours sur l'origine et les fondements de l'inégalité parmi les hommes

Gardons-nous donc de confondre l'homme sauvage avec les hommes, que nous avons sous les yeux. La nature traite tous les animaux abandonnés à ses soins avec une prédilection, qui semble montrer combien elle est jalouse de ce droit. Le Cheval, le Chat, le Taureau, l'Âne même ont la plupart une taille plus haute, tous une constitution plus robuste, plus de vigueur, de force, et de courage dans les forêts que dans nos maisons ; ils perdent la moitié de ces avantages en devenant domestiques, et l'on dirait que tous nos soins à bien traiter et nourrir ces animaux n'aboutissent qu'à les abâtardir. Il en est ainsi de l'homme même : en devenant sociable et esclave, il devient faible, craintif, rampant, et sa manière de vivre molle et efféminée achève d'énerver à la fois sa force et son courage. Ajoutons qu'entre les conditions sauvage et domestique la différence d'homme à homme doit être plus grande encore que celle de bête à bête ; car l'animal et l'homme ayant été traités également par la nature, toutes les commodités que l'homme se donne de plus qu'aux animaux qu'il apprivoise sont autant de causes particulières qui le font dégénérer plus sensiblement.

Rousseau, *Discours sur l'origine et les fondements de l'inégalité parmi les hommes*, 1755

OBJECTIF BAC

L'essai

Découvrir le sujet

Le plus gros risque dans cet exercice est le **hors sujet**. Lisez l'énoncé plusieurs fois :

- deux ou trois fois avant la rédaction afin d'en comprendre toutes les parties. C'est le moment de **surligner les mots-clés** : « Montrez comment l'homme sauvage est défini au XVIIIe siècle et comment cette étude de l'état naturel de l'homme affecte la façon dont les écrivains perçoivent la société civilisée. » ;
- plusieurs fois pendant la rédaction pour vérifier que ce que vous dites est bien en relation avec le sujet et que vous n'avez pas oublié une partie du problème posé.

Reformuler

Reformulez si besoin le sujet au brouillon en vous aidant des mots-clés :

- je dois **résumer les différents points de vue des auteurs** du corpus sur l'homme sauvage (attention à intégrer toutes les nuances entre les propos de Jaucourt, Rousseau et Voltaire) ;
- je dois montrer que l'étude des hommes sauvages amène les auteurs à une comparaison entre l'état naturel et l'état « civilisé » de l'homme. Jaucourt critique les méfaits de la ruée vers l'or et la conquête du Nouveau Monde, Rousseau valorise l'état naturel en employant le registre didactique, Voltaire fait de même à l'aide du registre satirique ;
- je ne dois évoquer <u>que</u> le XVIIIe siècle. Si je vois des parallèles avec le monde actuel, je peux en parler dans ma conclusion, mais la majeure partie de mon travail doit s'appuyer sur ce que je sais du XVIIIe siècle.

Structurer son propos

On attend de vous que votre écrit soit structuré avec :

- une **introduction** où vous reformulez le problème, rappelez le titre et l'auteur des œuvres du corpus et annoncez ce que vous allez démontrer/expliquer ;
- un **développement** où vous devez séparer vos idées en paragraphes. Chaque paragraphe doit contenir **un argument** et **un exemple** tiré des textes, de vos lectures ou de vos connaissances personnelles. Il n'est pas interdit d'évoquer d'autres œuvres d'art du XVIIIe siècle.
- une **conclusion** où vous résumerez tout ce que vous avez écrit en quelques lignes. C'est uniquement après ce récapitulatif que vous pouvez parler des similitudes entre le XVIIIe siècle et aujourd'hui, et évoquer d'autres œuvres d'art ultérieures au XVIIIe siècle.

Respecter les règles d'écriture

En **introduction**, évitez les formules trop générales ou prétentieuses comme « depuis la nuit des temps, l'homme se pose une grande question… ». Commencez simplement. Rappelez par exemple ce que vous savez du XVIIIe siècle : le mythe du « bon sauvage » et comment il a pu voir le jour (les progrès scientifiques qui ont permis la navigation en haute mer, la découverte de l'Amérique en 1492, la rencontre avec les indigènes…).

Sur la copie, ne faites pas figurer les mentions « introduction, développement et conclusion ». Utilisez des **alinéas** en début de paragraphe. Faites une **phrase de transition** entre chaque paragraphe et employez des **connecteurs logiques** (mais, pourtant, cependant, toutefois, ensuite, par conséquent, donc, ainsi…). Le correcteur doit voir (alinéas) et sentir (changement d'idée, phrase de transition) le passage d'une partie ou d'un paragraphe à l'autre.

FRANÇAIS

 # corrigés
foucherconnect.fr/19pbsti2d11

5 L'écriture romanesque

Le genre romanesque est difficile à définir, car il a revêtu des formes très diverses au cours du temps. L'élément principal qui caractérise un roman ou un récit est la présence d'une narration : quelqu'un raconte une histoire qui est un enchaînement d'événements, et au cours de laquelle des personnages cherchent à accomplir une quête. Cette définition est valable pour la plupart des récits, malgré quelques exceptions, notamment à partir du XXe siècle.

1 Le rôle du récit et du roman

- Le récit permet le plus souvent de transmettre efficacement un enseignement grâce à une histoire qui donne envie aux lecteurs d'en connaître le dénouement. Le registre didactique est ainsi utilisé à travers les récits que l'on appelle les apologues : les fabliaux du Moyen Âge, les fables d'Ésope et de La Fontaine, les contes philosophiques, les paraboles de la Bible (voir fiche 3).

ANALYSE GUIDÉE

Jean Giono, dans la *Lettre aux paysans sur la pauvreté et la paix* (1938), use **du registre didactique** : « L'inutilité de toutes les guerres est évidente. Qu'elles soient défensives, offensives, civiles, pour la paix, le droit pour la liberté, toutes les guerres sont inutiles. La succession des guerres dans l'histoire prouve bien qu'elles n'ont jamais conclu puisqu'il a toujours fallu recommencer les guerres. » Ce registre didactique rassemble en effet les procédés utilisés afin d'enseigner des leçons au lecteur, à la manière des morales des fables de La Fontaine. Il s'agit de convaincre en utilisant des arguments et des exemples qui ont pour but de frapper l'imagination. Des figures de style comme l'**énumération**, l'**accumulation** ou l'**hyperbole** aident également à convaincre. Les **connecteurs logiques** jouent un grand rôle dans la cohérence du propos et rendent la lecture plus fluide.

- Même lorsque cette visée argumentative n'est pas immédiatement perceptible, le récit propose souvent une vision du monde dont on peut tirer un enseignement, ou une critique de la société de l'époque. C'est le cas avec beaucoup de romans des Lumières et du XIXe siècle, où la société française connaît d'énormes évolutions politiques, sociales, technologiques et philosophiques.

- Il ne faut pas non plus négliger l'aspect divertissant du récit ainsi que ses éventuelles vertus comiques, qui peuvent être commentées efficacement.

2 L'écriture romanesque

A Les types de narrateurs

- Il convient toujours de **distinguer l'écrivain du narrateur**. En dehors de l'**autobiographie** (l'auteur raconte une partie de sa vie) ou de l'**auto-fiction** (l'auteur raconte sa vie en y mêlant des éléments fictionnels), l'écrivain se « dédouble » pour raconter une histoire. Afin d'éviter les contresens :
  - parler de « **l'écrivain** » pour faire référence à la vie de l'auteur ou à ses intentions ;
  - parler du « **narrateur** » pour désigner la personne qui raconte l'histoire.

Il existe plusieurs types de narrateurs :
- **narrateur interne** : le narrateur est un personnage de l'histoire et parle à la première personne ;
- **narrateur externe** : le narrateur n'est pas directement impliqué dans l'histoire qu'il raconte, et parle à la troisième personne ;
- **narrateur omniscient** : ce n'est pas vraiment un troisième type de narrateur, car il est souvent associé au narrateur externe. Le narrateur omniscient connaît les pensées des personnages, et même la suite et la fin de l'histoire. Il peut ainsi distiller les informations au compte-gouttes pour susciter la curiosité du lecteur.

Un narrateur externe n'est pas toujours omniscient, de même qu'il peut arriver dans de rares cas qu'un narrateur interne soit omniscient : s'il raconte une histoire passée, certains détails qu'il a compris *a posteriori* viendront enrichir le récit, comme le ferait un narrateur omniscient. Il arrive aussi que le narrateur ait un statut divin ou similaire, qui lui confère une connaissance illimitée.

B Les points de vue et la focalisation interne

Même lorsque le narrateur est externe, celui-ci peut prendre le point de vue d'un personnage. Le récit est alors « contaminé » par le point de vue adopté. C'est ce que l'on appelle la **focalisation interne**. Un exemple très clair de « contamination » d'un récit est ce passage de *Germinal*, d'Émile Zola. À la fin de ce passage, le point de vue des bourgeois « contamine » le récit : la peur de ces derniers transforme les ouvriers en bêtes féroces.

Un groupe de bourgeois se retrouve face à une révolte d'ouvriers des mines (les houilleurs). Le début de l'extrait est raconté par le narrateur omniscient. Cependant le point de vue change à la fin de ce passage, quand on nous donne à voir l'émeute du point de vue des bourgeois épouvantés.

Les femmes avaient paru, près d'un millier de femmes, aux cheveux épars dépeignés par la course, aux guenilles montrant la peau nue, des nudités de femelles lasses d'enfanter des meurt-de-faim. Quelques-unes tenaient leur petit entre les bras, le soulevaient, l'agitaient, ainsi qu'un drapeau de deuil et de vengeance. D'autres, plus jeunes, avec des gorges gonflées de guerrières, brandissaient des bâtons ; tandis que les vieilles, affreuses, hurlaient si fort, que les cordes de leurs cous décharnés semblaient se rompre. Et les hommes déboulèrent ensuite [...] Au-dessus des têtes, parmi le hérissement des barres de fer, une hache passa, portée toute droite ; et cette hache unique, qui était comme l'étendard de la bande, avait, dans le ciel clair, le profil aigu d'un couperet de guillotine. « Quels visages atroces ! » balbutia Madame Hennebeau. Négrel dit entre ses dents : « Le diable m'emporte si j'en reconnais un seul ! D'où sortent-ils donc, ces bandits-là ? »

Et, en effet, la colère, la faim, ces deux mois de souffrances et cette débandade enragée au travers des fosses, avaient allongé en mâchoires de bêtes fauves les faces placides des houilleurs de Montsou. À ce moment, le soleil se couchait, les derniers rayons d'une pourpre sombre ensanglantaient la plaine. Alors, la route sembla charrier du sang, les femmes, les hommes continuaient à galoper, saignants comme des bouchers en pleine tuerie. « Oh ! superbe ! » dirent à demi-voix Lucie et Jeanne, remuées dans leur goût d'artistes par cette belle horreur.

Elles s'effrayaient pourtant, elles reculèrent près de Madame Hennebeau, qui s'était appuyée sur une auge. L'idée qu'il suffisait d'un regard entre les planches de cette porte disjointe, pour qu'on les massacrât, la glaçait. [...] C'était la vision rouge de la révolution qui les emporterait tous, fatalement, par une soirée sanglante de cette fin de siècle. Oui, un soir, le peuple lâché, débridé, galoperait ainsi sur les chemins ; et il ruissellerait du sang des bourgeois, il promènerait des têtes, il sèmerait l'or des coffres éventrés. Les femmes hurleraient, les hommes auraient ces mâchoires de loups, ouvertes pour mordre, Oui, ce seraient les mêmes guenilles, le même tonnerre de gros sabots, la même cohue effroyable, de peau sale, d'haleine empestée, balayant le vieux monde, sous leur poussée débordante de barbares. Des incendies flamberaient, on ne laisserait pas debout une pierre des villes, on retournerait à la vie sauvage dans les bois, après la grande ripaille, où les pauvres, en une nuit, videraient les caves des riches. Il n'y aurait plus rien, plus un sou des fortunes, plus un titre des situations acquises, jusqu'au jour où une nouvelle terre repousserait peut-être.

Zola, *Germinal*, Partie V, chapitre 5

ANALYSE GUIDÉE

- Pour aller plus loin dans l'analyse, il faut identifier les points de vue multiples à l'intérieur de cet extrait : **le narrateur externe et omniscient passe graduellement d'un point de vue neutre au point de vue des bourgeois**. Zola s'applique d'abord à donner une description précise des conditions de vie des mineurs dans *Germinal*, mais certains procédés peuvent surprendre dans un récit dit « réaliste ». C'est parce que le naturalisme inventé par Zola se différencie du réalisme : en effet, une description purement scientifique des choses est possible, mais elle ne crée pas nécessairement une émotion forte chez le lecteur. Or, **Zola se concentre justement sur les effets qu'il peut créer chez ses lecteurs**, et c'est pour cela que le récit transforme parfois la réalité pour la rendre « plus réaliste », comme avec la technique de la focalisation interne.
- L'auteur cherche avant tout à montrer la souffrance des familles de mineurs, d'où l'emploi d'un **registre pathétique** assez fréquent et fort : « un millier de femmes, aux cheveux épars dépeignés par la course, aux guenilles montrant la peau nue, des nudités de femelles lasses d'enfanter des meurt-de-faim. », « les cordes de leurs cous décharnés semblaient se rompre ».
- On voit que le point de vue des bourgeois est présent également au milieu du passage, lorsque la hache est comparée à une guillotine. L'imaginaire des bourgeois de l'époque est hanté par les souvenirs ou les récits des insurrections lors desquelles beaucoup furent décapités.

C Les types de discours

Pour faire parler ses personnages, l'écrivain procède de plusieurs manières. Ce sont les **types de discours**.

a Le discours direct

Le dialogue ordinaire fait appel au discours direct où **les paroles prononcées par le personnage sont retranscrites intégralement**. Les verbes sont généralement au présent et au passé composé. On utilise les types de phrases appropriés (interrogations, exclamations...). La ponctuation est spécifique : on emploie les **tirets**, qui signifient un changement d'interlocuteur, et les **guillemets**. Parfois, des incises permettent d'insérer des verbes de paroles dans le dialogue sans fermer les guillemets : (« Va-t'en, dit-il »).

EXEMPLE

Elle s'écria : « Non ! Je ne partirai pas demain ! »

b Le discours indirect

Le discours indirect consiste à utiliser les **verbes de paroles suivis d'une proposition subordonnée conjonctive**. Les paroles des personnages sont résumées et intégrées dans le récit. Les verbes conservent les mêmes temps que dans le reste du récit et les repères de lieu et de temps changent. On n'utilise pas de guillemets, de tirets, ou de verbes de parole et les types de phrases (interrogations, exclamations) ne sont pas retranscrits.

EXEMPLE
Elle lui dit qu'elle ne partirait pas le lendemain.

C Le discours indirect libre

Cette forme de discours emprunte des éléments du discours direct et du discours indirect.

Emprunts au discours direct	Emprunts au discours indirect
◗ Types de phrases ◗ Marques orales ◗ Marques de subjectivité (les manières de parler des personnages)	◗ Pas de tirets ni de guillemets ◗ Utilisation des mêmes pronoms ◗ Les repères de temps et de lieu changent ◗ Les temps verbaux changent ◗ La parole est résumée

EXEMPLE
Elle se fâcha. Non ! Elle ne partirait pas le lendemain !

D L'ancrage spatio-temporel

■ L'**ancrage spatio-temporel** est différent si l'on se trouve dans le discours direct (que l'on nomme l'énoncé ancré) ou dans les discours indirect et indirect libre (qu'on appelle l'énoncé coupé).

À SAVOIR
On parle d'« **énoncé coupé** » parce que **le moment où l'on parle n'est pas le même moment que celui de l'histoire**. À l'inverse, dans le discours direct, l'énoncé est « **ancré** » car **le moment où le personnage parle est le moment de l'histoire**.

■ Ainsi, on fait la distinction entre « demain », qui est un terme ancré (la date évoquée dépend du moment où le mot est prononcé) et « le lendemain » qui est un terme coupé, dépendant du temps de l'histoire, et non pas du moment où le narrateur/écrivain parle.

■ L'énoncé est souvent ancré dans le cas d'un narrateur interne, alors qu'il est coupé si le narrateur est externe.

3 Le récit romanesque

A Le schéma narratif

■ L'immense majorité des récits suivent la même structure :

Situation initiale → Élément déclencheur → Péripéties → Résolution (dénouement) → Situation finale

■ La chronologie peut être manipulée grâce au **retour en arrière** ou à l'**anticipation**, mais il est très rare qu'un récit échappe à ce schéma. *Molloy* de Samuel Beckett est un exemple de

FRANÇAIS

récit où l'action est cyclique et où l'histoire n'a ni réel début ni fin. Un autre exemple célèbre est *Ulysses* de James Joyce.

B Le schéma actanciel

Certains termes s'appliquent à tous types d'histoire pour caractériser les personnages. Soyez sûrs d'employer correctement les termes suivants :

> **ATTENTION**
> Évitez de parler de « héros », qui est un terme qui s'applique davantage au roman d'aventures et aux contes.

– **protagoniste** : le ou les personnages principaux (on les appelle parfois les sujets) ;
– **antagoniste/opposant** : le ou les personnages qui s'opposent aux protagonistes ;
– **adjuvant** : le ou les personnages qui aident les protagonistes dans leur quête ;

C Le rythme d'un récit

■ **Les procédés de l'accélération** : les plus simples sont les **compléments circonstanciels de temps** exprimant la rapidité, l'utilisation de nombreux **verbes d'action**, des **phrases plus courtes** (dans le récit comme dans le dialogue) et une ponctuation adaptée.

■ **Les procédés du ralentissement** : en inversant ces mêmes procédés, l'auteur peut facilement ralentir l'action afin de rendre le récit plus lourd, plus grave et solennel : les compléments circonstanciels de temps exprimant la lenteur et l'inaction, des verbes descriptifs, des verbes d'état, des verbes de pensées, des phrases longues avec des subordonnées et peu de ponctuation… Ces éléments paraissent évidents mais ne les négligez pas, car ils peuvent vous donner la clé de l'analyse d'un texte !

■ **Le retour en arrière** (ou **analepse**) : comme son nom l'indique, il s'agit d'un procédé qui permet à l'auteur de laisser le passé des personnages en suspens et d'y revenir ensuite. Cela peut être un levier très puissant du **suspense**.

> **CONSEIL**
> Évitez d'utiliser l'anglicisme « flashback », qui n'est pas véritablement un terme de l'analyse littéraire.

■ **L'anticipation** (ou **prolepse**) : il s'agit aussi d'un moyen de **créer une attente très forte chez le lecteur**. Le narrateur de Manon Lescaut est un maître dans l'art de la prolepse, comme quand il dit : « *Je n'eus pas le moindre soupçon du coup cruel qu'on se préparait à me porter* ». Dans ce roman, le narrateur est interne et raconte une histoire qu'il a déjà vécue, d'où sa connaissance des faits avant de les raconter. Ces prolepses interviennent de nombreuses fois dans le récit, alors que les personnages vont de désastres en catastrophes.

■ **L'ellipse narrative** : c'est un moyen de passer sous silence une période peu intéressante pour le lecteur, ou qu'on ne veut pas raconter (une nuit, un mois, plusieurs années, une génération…).

■ **Le rebondissement et le suspense** : le roman d'aventures, le roman policier et même le roman fantastique reposent sur le doute. Certaines informations sont cachées au lecteur afin de ménager le suspense et de maintenir l'attention du lecteur.

POUR ALLER PLUS LOIN

Voici quelques exemples de procédés de manipulation du rythme du récit.

◗ **Extrait 1** : « Il s'était douché, rasé, et avait mis le costume de tergal vert qu'il portait en arrivant à l'hôtel la veille au soir. La pensée que le jour était enfin arrivé avait fait trembler sa main et il s'était légèrement coupé la lèvre en se rasant. Il saignait encore un peu, le goût salé dans sa bouche lui donna un haut-le-cœur. Il avait horreur du sang. La nuit dernière, au bureau de réception de l'hôtel, il avait senti le regard du réceptionniste glisser sur ses vêtements. Il portait son pardessus sous le bras, pour dissimuler son aspect minable. Mais le costume était neuf. Il avait fait des économies pour ça. Et pourtant l'homme l'avait regardé comme un pauvre type et lui avait demandé s'il avait fait une réservation. » Mary Higgins Clark, *La Nuit du renard*

Nous avons plusieurs **retours en arrière** dont l'un est fort long puisqu'il occupe tout un paragraphe. Le retour en arrière est signalé par un groupe nominal complément circonstanciel de temps « la nuit dernière ». Les verbes sont alors au plus-que-parfait (« avait senti », « avait regardé »). Le **plus-que-parfait** s'emploie pour exprimer des **actions antérieures à d'autres** (actions à l'imparfait comme « il portait »). Ainsi, dans la phrase « Elle portait le collier qu'elle avait fait », le plus-que-parfait dit que la confection du collier (« avait fait ») a eu lieu avant qu'il ne soit porté (« portait »).

◗ **Extrait 2** : « [...] le sommeil s'empara de mes sens, et m'offrit les rêves les plus agréables, les plus propres à délasser mon âme des idées effrayantes et bizarres dont elle avait été fatiguée. Il fut, d'ailleurs, très long, et ma mère, par la suite, réfléchissant un jour sur mes aventures, prétendit que cet assoupissement n'avait pas été naturel. » Jacques Cazotte, *Le Diable amoureux*

Dans cet extrait, on peut identifier l'**anticipation** grâce au groupe prépositionnel complément circonstanciel de temps « par la suite » ou encore au groupe nominal complément circonstanciel de temps également « un jour ».

◗ **Extrait 3** : « Par une nuit de tempête, à l'époque orageuse de la Révolution française, un jeune Allemand s'en revenait à son domicile sur le tard, à travers les vieux quartiers de Paris. Les éclairs luisaient et de sourds grondements de tonnerre retentissaient dans les rues étroites. Mais il convient tout d'abord que je vous parle de ce jeune Allemand. Gottfried Wolfgang était un jeune homme de bonne famille. Il avait étudié à Goettingue pendant quelque temps [...] Tel était Gottfried Wolfgang, et tel son état, au moment où commence ce récit. » Washington Irving, « Aventure d'un étudiant allemand ».

Dans ce **début *in medias res*** (l'histoire commence par une action, sans aucune présentation des personnages), nous avons un retour en arrière que l'on trouve dans le deuxième paragraphe : « Il avait étudié à Goettingue pendant quelque temps ». Le plus-que-parfait est utilisé pour exprimer une action antérieure à une autre (« un jeune allemand s'en revenait à son domicile »).

4 En bref

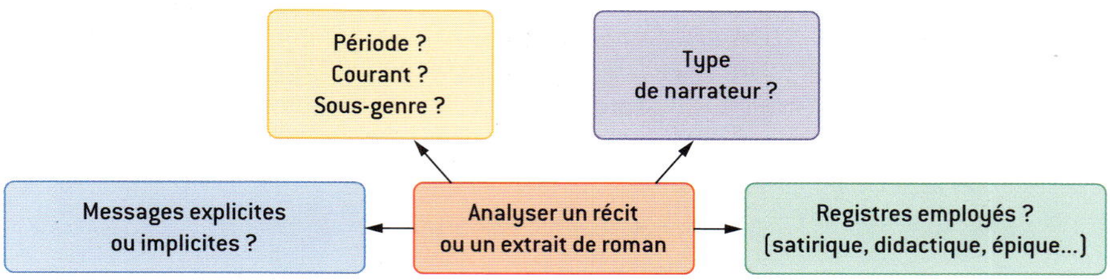

6 L'histoire du roman du Moyen Âge à nos jours

Le roman trouve son origine dans l'épopée antique, avec notamment les œuvres de l'Iliade et l'Odyssée, et a évolué jusqu'à devenir la forme hétéroclite que l'on connaît aujourd'hui.

1 Le roman avant le XVIIe siècle

■ L'Antiquité est l'époque des **grands récits épiques** : les **épopées**. Elles racontent les prouesses de héros surhumains, voire semi-divins (Ulysse, Hercule, Énée...).

■ Au Moyen Âge, les **chansons de geste** prennent le relais de l'épopée en racontant les **exploits des chevaliers** : elles utilisent le registre épique, que l'on trouve également dans le roman moderne. Les registres narratif et descriptif sont employés, communs à tous les récits. C'est au Moyen Âge que se développent les fabliaux, ancêtres des fables de La Fontaine, qui mettent en scène des animaux et des humains en employant le registre didactique.

À SAVOIR

- **Registre épique** : récit des exploits d'un personnage dont on exagère les capacités (notamment grâce à l'hyperbole).
- **Registre narratif** : permet de raconter un récit, une histoire.
- **Registre descriptif** : permet au lecteur de mieux imaginer le récit (notamment de manière visuelle).
- **Registre didactique** : a pour vocation d'enseigner tout en divertissant (d'où la morale des fables).

■ Rabelais, écrivain de la Renaissance, est considéré comme le père du roman. Il a écrit des récits qui se rapprochent du roman dans sa forme actuelle et a contribué énormément à la diversification de la langue française en inventant des centaines de mots nouveaux. La Renaissance est marquée par ses œuvres comme *Gargantua* et *Pantagruel.*

2 Le roman au XVIIe siècle

■ Au XVIIe siècle, quelques auteurs comme Honoré d'Urfé proposent des **récits merveilleux**, à la manière de l'épopée, dans lesquels des personnages mythologiques vivent des aventures dont les péripéties n'ont aucun lien apparent. Ces romans sont très longs, et leur popularité décroît rapidement. Les détracteurs du roman affirment qu'il s'agit d'un genre réservé à un public féminin sous prétexte qu'il met en scène des personnages amoureux dont on détaille les pensées et la psychologie, et qu'il ne montre pas d'exploits physiques ni guerriers.

EXEMPLE

Honoré d'Urfé écrit *L'astrée*, dans lequel des bergers et bergères, séparés dès le début du récit, cherchent à retrouver la personne qui hante leurs pensées. Le roman (environ 450 pages en format poche) est extrêmement long pour l'époque. Les lecteurs sont découragés par ce genre de récits, que l'on appelle le roman pastoral.

■ Ces **romans héroïques** très longs laissent la place à des **romans plus courts et plus ancrés dans la réalité** comme *La Princesse de Clèves* de Madame de Lafayette. Son héroïne, mariée et néanmoins amoureuse d'un autre homme, résiste à son désir y compris après la mort de son mari. La force avec laquelle l'auteur décrit ce destin tragique et les émotions conflictuelles de l'héroïne lui valent d'être toujours lu aujourd'hui.

■ Le **roman épistolaire** naît également à cette époque avec des œuvres comme *Les Liaisons dangereuses* de Choderlos de Laclos.

3 Le roman au XVIIIe siècle

■ Le XVIIIe siècle voit le roman se diversifier et les limites de genres se troubler : en effet, les personnages ainsi que les thèmes abordés se multiplient. On ne peut plus définir le roman par des exploits guerriers, par l'exploration des sentiments ou par des personnages de la haute société :

– le **roman picaresque** (de l'espagnol « picaro : misérable, futé ») met en scène des personnages issus du peuple, aventuriers, volontiers voleurs, mendiants ou vagabonds. Ce personnage est un antihéros, il s'oppose aux figures telles que le chevalier ou le demi-dieu. *Gil Blas de Santillane*, de Lesage, ou encore *Le Paysan parvenu* de Marivaux sont des exemples français de ce genre né en Espagne ;

– le **roman sentimental** véhicule la sensibilité. Il raconte une histoire d'amour et se concentre sur la psychologie des personnages. Dans *La Nouvelle Héloïse*, de Jean-Jacques Rousseau, les sentiments des personnages sont beaucoup plus importants que leurs aventures ;

– les **dialogues philosophiques** sont l'occasion pour des écrivains comme Diderot d'énoncer leur vision du monde, de la société ou des hommes à travers une histoire, moins austère qu'un essai (*Le Neveu de Rameau, Jacques le Fataliste* sont des exemples de dialogues philosophiques de Denis Diderot) ;

– le **roman noir** est un genre populaire qui propose des scénarios mélodramatiques. Aussi appelé **roman gothique**, il est originaire d'Angleterre et se propage en Europe. *Le château d'Otrante,* d'Horace Walpole en est un des premiers représentants. Les écrivains français s'en empareront avec un léger retard et écriront *Une ténébreuse affaire* (Balzac), *Les Mystères de Paris* (Eugène Sue).

■ Mais de nombreux romans échappent à un classement fiable : *Les Lettres persanes* de Montesquieu changent de ton régulièrement et oscillent entre la nouvelle et le conte. Des œuvres comme *Candide, L'ingénu* de Voltaire ou *La Nouvelle Héloïse* de Rousseau ne rentrent pas dans une seule catégorie. On trouve dans ce dernier les premiers accents de ce qui deviendra le romantisme au siècle suivant.

4 Le roman au XIXe siècle

■ Les genres évoqués précédemment continuent d'être en vogue, mais le XIXe siècle marque le succès du **roman historique,** qui reprend un événement, parfois majeur de l'Histoire et y ajoute des personnages ou éléments fictifs. *Une nuit de Cléopâtre* est une nouvelle de Théophile Gautier qui s'inscrit dans ce genre, de même que *Les Martyrs* de Chateaubriand.

■ Balzac laisse sa marque comme le **romancier des mœurs**. Il étudie la vie des familles de son époque en détail et montre les effets sociaux et leurs causes. C'est son œuvre qui servira de base au **roman réaliste**.

FRANÇAIS

■ L'extension du roman réaliste se trouve dans le **roman naturaliste**, que Zola popularise dès 1865. Le **naturalisme** cherche à étudier le monde de manière scientifique pour le restituer du mieux possible. Le romancier prend pour modèle la **démarche scientifique** de la documentation, de la théorie et de l'expérimentation. Ce qui diffère entre le réalisme et le naturalisme, c'est la faculté qu'a Zola à transformer le réel pour le rendre plus vivant dans l'esprit du lecteur (voir fiche 5).

■ S'opposant au naturalisme, le **roman fantastique** met en scène des événements inexplicables et pour lesquels plusieurs explications cohabitent : l'une, rationnelle et logique, l'autre irrationnelle et surnaturelle.

■ Certains romans de Jules Verne se démarquent par leurs thèmes futuristes, jusqu'à donner naissance à un genre à part entière : la **littérature d'anticipation**. Celle-ci prend appui sur les dernières avancées scientifiques, voire sur des prototypes et des théories qui n'ont pas encore été testées scientifiquement, mais que Verne imagine dans des romans comme *De la Terre à la lune*, ou *Vingt mille lieues sous les mers.*

5 Le roman au XXe siècle

■ Au XXe siècle, l'**autobiographie** et l'**auto-fiction** émergent ainsi que le **Nouveau Roman**, qui veut donner un souffle moderne à la forme romanesque. Il remet en cause la nécessité pour un roman de raconter une histoire, et même d'avoir des personnages. Cela donne des récits dans lesquels les personnages et l'intrigue sont au second plan. Le narrateur, pour ces auteurs, ne peut pas être omniscient. Il est souvent multiple et indiscernable. Le réalisme est rejeté sous toutes ses formes.

■ La **science-fiction** et l'anticipation, longtemps considérées comme des sous-genres, deviennent peu à peu des sujets d'étude et des genres à part entière.

POUR ALLER PLUS LOIN

Les lectures essentielles

Moyen Âge

La chanson de Roland (fin du XIe siècle)

Yvain ou Le Chevalier au lion, de Chrétien de Troyes, 1177

Perceval ou le Conte du Graal, de Chrétien de Troyes, 1180 (inachevé)

Le Roman de Renart, 1170-1250

Renaissance

Pantagruel et *Gargantua*, Rabelais, 1532 et 1534

XVIIe siècle

Fables, de Jean de La Fontaine, 1668-1694

La Princesse de Clèves, Madame de La Fayette, 1678

Les Aventures de Télémaque, Fénelon, 1699

XVIIIe siècle

Les Lettres persanes, Montesquieu, 1721

Le Jeu de l'amour et du hasard, Marivaux, 1730

Manon Lescaut, L'Abbé Prévost, 1731

Julie ou la Nouvelle Héloïse, Jean-Jacques Rousseau, 1761

Le Neveu de Rameau, Denis Diderot, 1762-1773
Jacques le Fataliste et son maître, Denis Diderot, 1778
Les Liaisons dangereuses, Choderlos de Laclos, 1782
Les Confessions, Jean-Jacques Rousseau, 1782 et 1789

XIXe siècle

Mémoires d'Outre-Tombe, Chateaubriand, 1803-1841
Le Rouge et le Noir, Stendhal, 1830
Notre-Dame de Paris, Victor Hugo, 1831
Le Père Goriot, Honoré de Balzac, 1834
La Chartreuse de Parme, Stendhal, 1849
Voyage au centre de la Terre, Jules Verne, 1864
L'Éducation sentimentale, Gustave Flaubert, 1869
Les Diaboliques, Jules Barbey d'Aurevilly, 1874
Bel-Ami, Guy de Maupassant, 1885

XXe siècle

Nadja, André Breton, 1928
Le Meilleur des mondes, Aldous Huxley, 1931
Voyage au bout de la nuit, Céline, 1932
L'Étranger, Albert Camus, 1942
Ravages, René Barjavel, 1943
La Peste, Albert Camus, 1947
Le Silence de la mer, Vercors, 1942
Vipère au poing, Hervé Bazin, 1948
Les Gommes, Alain Robbe-Grillet, 1953
Enfance, Nathalie Sarraute, 1983

XXIe siècle

La Horde du Contrevent, Alain Damasio, 2004
La Part de l'autre, Eric-Emmanuel Schmitt, 2005
Là où les tigres sont chez eux, Jean-Marie Blas de Roblès, 2008 (Prix Médicis)
HHhH, Laurent Binet, 2010
L'Île du point Némo, Jean-Marie Blas de Roblès, 2014
La Septième fonction du langage, Laurent Binet, 2014
Ils m'ont menti, Daniel Pennac, 2017

Les œuvres cinématographiques

Le roman étant probablement la forme littéraire la plus lue, il est également le genre le plus transposé sur d'autres supports :

- *Les Misérables*, de Victor Hugo, adapté par Robert Hossein en 1982 ;
- *Germinal*, d'Émile Zola, adapté par Claude Berri en 1993 ;
- *Les Liaisons dangereuses*, de Choderlos de Laclos, monument de la littérature épistolaire, adapté par Stephen Frears en 1988 ;
- *Madame Bovary*, de Gustave Flaubert, adapté par Vincente Minnelli en 1949 ;
- *Les Trois Mousquetaires*, d'Alexandre Dumas, adapté par George Sidney en 1948 ;
- *Le Comte de Monte-Cristo*, d'Alexandre Dumas, adapté par Claude Autant-Lara en 1961 ;
- *La Bête humaine*, d'Émile Zola, adapté par Jean Renoir en 1938.

6 En bref

Antiquité

Les écrits sont consacrés aux **héros légendaires**, aux divinités et aux demi-dieux. Ces récits sont écrits en latin ou en grec

Épopée : Raconte les exploits de héros comme Ulysse, Énée ou Hercule

HOMÈRE *L'Iliade et l'Odyssée*
VIRGILE *L'Énéide*

Moyen Âge

- La légende du roi Arthur naît en Bretagne
- Les récits sont lus à voix haute : peu de gens savent lire

Chanson de geste : Raconte les prouesses des chevaliers (Roland Yvain, Lancelot, Perceval...)

Le Roman de Renart

XVIe siècle

- Savoir transmis par les **moines** grâce aux manuscrits
- Accès au savoir révolutionné avec l'invention de l'**imprimerie** par Gutenberg

Rabelais écrit les premiers récits considérés comme les ancêtres des romans

RABELAIS *Pantagruel, Gargantua*

XVIIe siècle

- Création de l'Académie française par Richelieu (afin de fixer les règles de la langue française et les faire évoluer)
- Règne de Louis XIV et apogée de la **monarchie absolue**
- Construction du château de Versailles
- Révocation de l'édit de Nantes
- Implantation de l'**esclavage**

- Les romans deviennent plus courts
- Naissance du roman épistolaire

MADAME DE LA FAYETTE *La Princesse de Clèves*

XVIIIe siècle

- Siècle des **Lumières**
- Apogée du **commerce triangulaire** (tissus, armes à feu, coton, thé, épices, esclaves)
- Période très rude pour le peuple français : hivers glacials, famine, misère et criminalité
- **Révolution française**
- Apparition d'une nouvelle classe sociale : la **bourgeoisie**

Roman picaresque *(Le Diable boiteux...)*

Roman noir

Roman sentimental

Dialogues philosophiques

HONORE D'URFÉ *L'Astrée*
DIDEROT *Le Neveu de Rameau, Jacques le Fataliste*
LACLOS *Les Liaisons dangereuses*

XIXe siècle

- **Alternance des régimes politiques** (république et empire) avec des répercussions sur le milieu culturel et littéraire
- **Révolution industrielle**
- Émergence de la classe sociale des **ouvriers**

Roman historique

Roman réaliste et naturaliste → BALZAC, HUGO, ZOLA

Roman fantastique

Roman d'anticipation → JULES VERNE

JULES VERNE
BALZAC *La comédie humaine*
HUGO *Les misérables*
ZOLA *Rougon macquart*
STENDHAL *Le rouge et le Noir*
FLAUBERT *Madame Bovary, L'Éducation sentimentale*

XXe et XXIe siècles

- Les **deux guerres mondiales** changent radicalement la vision du monde et la place de l'homme et de la femme dans la société
- Comme les deux guerres mondiales, les **attentats terroristes** de 2001 et des années suivantes continuent de transformer les modes de vie et les milieux culturels occidentaux

Autobiographie et **autofiction**

Nouveau Roman : Remet en cause les règles du schéma narratif et actanciel

Science-fiction : Reconnaissance de la science-fiction comme genre littéraire à part entière

SE TESTER ET S'ENTRAÎNER

EXERCICE 1

Cochez la ou les bonne(s) réponse(s) et répondez aux questions posées.

1. Un narrateur qui en sait plus que le lecteur est :
❑ un narrateur interne
❑ un narrateur externe
❑ un narrateur omniscient
❑ une focalisation interne

2. Lorsqu'un narrateur n'est pas un personnage de l'histoire mais prend temporairement le point de vue d'un personnage, on appelle cela :
❑ un narrateur interne
❑ la focalisation interne

3. Dans le discours indirect libre, l'énoncé est :
❑ ancré
❑ coupé

4. Dans le discours indirect libre, on utilise :
❑ des verbes de parole
❑ des marques d'oralité et de subjectivité
❑ des guillemets et des tirets

5. Une ellipse narrative est un moyen de :
❑ rendre le récit plus lent
❑ rendre le récit plus rapide
❑ préciser certains événements de l'histoire
❑ ne pas raconter certains événements en détail

6. Quels procédés permettent d'accélérer le récit :
❑ des phrases longues
❑ des phrases courtes
❑ des verbes d'action
❑ des verbes d'état
❑ l'ellipse narrative
❑ les compléments circonstanciels de temps
❑ les compléments circonstanciels de lieu
❑ les descriptions

7. Transposez cette phrase au discours indirect, puis au discours indirect libre : Françoise dit : « ils sont venus hier, mais je ne voulais pas les voir ! »

8. Transposez cette phrase au discours direct : La veille, il avait pourtant posé cette carafe pleine sur sa table, il en était certain !

EXERCICE 2

1. Identifiez le type de narrateur et le point de vue utilisé dans le texte suivant, extrait des *Misérables*, de Victor Hugo.
2. Relevez le champ lexical de la lumière dans cet extrait. À qui ou à quoi est-il associé ?
3. Décrivez l'évolution des sentiments de Cosette tout au long de l'extrait. Appuyez-vous sur des citations précises.
4. Quelle est la figure de style utilisée dans la phrase « ce miel aigre des méchantes femmes » ? Expliquez son sens.

Il faut croire que, depuis plus d'une heure qu'il était là, au milieu de sa rêverie, il avait confusément remarqué cette boutique de bimbeloterie éclairée de lampions et de chandelles si splendidement qu'on l'apercevait à travers la vitre du cabaret comme une illumination.

Cosette leva les yeux, elle avait vu venir l'homme à elle avec cette poupée comme elle eût vu venir le soleil, elle entendit ces paroles inouïes : c'est pour toi, elle le regarda, elle regarda la poupée, puis elle recula lentement, et s'alla cacher tout au fond sous la table dans le coin du mur.

Elle ne pleurait plus, elle ne criait plus, elle avait l'air de ne plus oser respirer. [...]

– Eh bien, Cosette, dit la Thénardier d'une voix qui voulait être douce et qui était toute composée de ce miel aigre des méchantes femmes, est-ce que tu ne prends pas la poupée ?

Cosette se hasarda à sortir de son trou.

– Ma petite Cosette, reprit le Thénardier d'un air caressant, monsieur te donne une poupée. Prends-la. Elle est à toi.

FRANÇAIS

Cosette considérait la poupée merveilleuse avec une sorte de terreur. Son visage était encore inondé de larmes, mais ses yeux commençaient à s'emplir, comme le ciel au crépuscule du matin, des rayonnements étranges de la joie. Ce qu'elle éprouvait en ce moment-là était un peu pareil à ce qu'elle eût ressenti si on lui eût dit brusquement : Petite, vous êtes la reine de France.

Il lui semblait que si elle touchait à cette poupée, le tonnerre en sortirait.

Ce qui était vrai jusqu'à un certain point, car elle se disait que la Thénardier gronderait, et la battrait.

Pourtant l'attraction l'emporta. Elle finit par s'approcher, et murmura timidement en se tournant vers la Thénardier :

– Est-ce que je peux, madame ?

Aucune expression ne saurait rendre cet air à la fois désespéré, épouvanté et ravi.

– Pardi ! fit la Thénardier, c'est à toi. Puisque monsieur te la donne.

– Vrai, monsieur ? reprit Cosette, est-ce que c'est vrai ? c'est à moi, la dame ?

L'étranger paraissait avoir les yeux pleins de larmes. Il semblait être à ce point d'émotion où l'on ne parle pas pour ne pas pleurer. Il fit un signe de tête à Cosette, et mit la main de « la dame » dans sa petite main.

Les Misérables, Victor Hugo, tome II : Cosette (1862)

CORRIGÉ

Exercice 1

1. Un narrateur qui en sait plus que le lecteur est un narrateur omniscient.
2. Lorsqu'un narrateur n'est pas un personnage de l'histoire mais prend temporairement le point de vue d'un personnage, on appelle cela la focalisation interne.
3. Dans le discours indirect libre, l'énoncé est coupé.
4. Dans le discours indirect libre, on utilise des verbes de parole et des marques d'oralité et de subjectivité.
5. Une ellipse narrative est un moyen de ne pas raconter certains événements en détail.
6. Les procédés permettant d'accélérer le récit sont les phrases courtes, les verbes d'action, l'ellipse narrative et les compléments circonstanciels de temps.
7. Discours indirect : Françoise dit qu'ils sont venus hier, mais qu'elle ne voulait pas les voir. Discours indirect libre : Françoise les avait vus arriver la veille, mais elle n'avait pas voulu les voir.
8. Il s'écria : « Hier, j'ai pourtant posé cette carafe pleine sur la table, j'en suis certain ! »

Exercice 2

1. Dans *Les Misérables*, le narrateur est externe et omniscient, car il en sait plus que le lecteur. Dans ce passage, cependant, Jean Valjean est appelé « l'étranger », ce qui indique que le point de vue adopté est celui d'un autre personnage. Le texte donne de nombreux détails sur les pensées et les sentiments de Cosette, ce qui veut dire que le narrateur a pris le point de vue de celle-ci pour raconter ce passage, afin de le rendre plus intéressant pour le lecteur, qui se demande comment Jean Valjean va pouvoir l'aider.
2. Le lexique de la lumière est associé à Jean Valjean et à la boutique : « éclairée, lampions, chandelles, illumination, soleil ».
3. Cosette est d'abord effrayée « elle recula lentement, et s'alla cacher tout au fond sous la table dans le coin du mur ». Elle regagne peu à peu son courage : « Cosette se hasarda à sortir de son trou », mais sa peur est toujours présente : « une sorte de terreur », « Son visage était encore inondé de larmes ». Au fur et à mesure qu'elle réalise qu'elle pourra peut-être garder la poupée, son visage s'éclaire : « rayonnements étranges de la joie ». Sa surprise est grande : « Ce qu'elle éprouvait en ce moment-là était un peu pareil à ce qu'elle eût ressenti si on lui eût dit brusquement : Petite, vous êtes la reine de France ».

Elle se souvient ensuite que la Thénardier n'est sans doute pas sincère : « Il lui semblait que si elle touchait à cette poupée, le tonnerre en sortirait. Ce qui était vrai jusqu'à un certain point, car elle se disait que la Thénardier gronderait, et la battrait ». Les sentiments de Cosette sont confus et contradictoires, mais très intenses : « Aucune expression ne saurait rendre cet air à la fois désespéré, épouvanté et ravi ».
4. L'oxymore « miel aigre » illustre l'hypocrisie de la Thénardier qui fait semblant d'être douce devant Jean Valjean.

SUJET DE TYPE BAC

Objet d'étude : Le roman et le récit du Moyen Âge au XXIe siècle
Document A : François Rabelais, *Gargantua*, 1534
Document B : Aldous Huxley, *Le Meilleur des mondes,* 1932
Document C : Ievgueni Zamiatine, *Nous*, 1920
Document D : Alain Damasio, *La Zone du Dehors,* 2004

Commentaire

Vous commenterez le document D, *La Zone du Dehors*, en vous focalisant sur les possibles bénéfices du progrès scientifique, ses effets néfastes et la critique de la société actuelle.

Contraction de texte

Vous résumerez le document D en exposant ce que l'auteur tente de démontrer. Votre réponse comportera environ 250 mots.

Essai

Montrez que la manière de percevoir l'avenir change en fonction de l'époque.

DOCUMENT A

 # outil
Conseils pour réussir l'épreuve écrite et orale
foucherconnect.fr/19pbsti2d14

Gargantua

Toute leur vie était dirigée non par les lois, statuts ou règles, mais selon leur bon vouloir et libre arbitre. Ils se levaient du lit quand bon leur semblait, buvaient, mangeaient, travaillaient, dormaient quand le désir leur venait. Nul ne les éveillait, nul ne les forçait ni à boire, ni à manger, ni à faire quoi que ce soit… Ainsi l'avait établi Gargantua. Toute leur règle tenait en cette clause : FAIS CE QUE VOUDRAS, car des gens libres, bien nés, biens instruits, vivant en honnête compagnie, ont par nature un instinct et un aiguillon qui pousse toujours vers la vertu et retire du vice ; c'est ce qu'ils nommaient l'honneur. Ceux-ci, quand ils sont écrasés et asservis par une vile sujétion et contrainte, se détournent de la noble passion par laquelle ils tendaient librement à la vertu, afin de démettre et enfreindre ce joug de servitude ; car nous entreprenons toujours les choses défendues et convoitons ce qui nous est dénié. Par cette liberté, ils entrèrent en une louable émulation à faire tout ce qu'ils voyaient plaire à un seul. Si l'un ou l'une disait : « Buvons », tous buvaient. S'il disait : « Jouons », tous jouaient. S'il disait : « Allons nous ébattre dans les champs », tous y allaient. Si c'était pour chasser, les dames, montées sur de belles haquenées, avec leur palefroi richement harnaché, sur le poing mignonnement engantelé portaient chacune ou un épervier, ou un laneret, ou un émerillon ; les hommes portaient les autres oiseaux. Ils étaient tant noblement instruits qu'il n'y avait parmi eux personne qui ne sût lire, écrire, chanter, jouer d'instruments harmonieux, parler cinq à six langues et en celles-ci composer, tant en vers qu'en prose. Jamais ne furent vus chevaliers si preux, si galants, si habiles à pied et à cheval, plus verts, mieux remuant, maniant mieux toutes les armes. Jamais ne furent vues dames si élégantes, si mignonnes, moins fâcheuses, plus doctes à la main, à l'aiguille, à tous les actes féminins honnêtes et libres, qu'étaient celles-là. Pour cette raison, quand le temps était venu pour l'un des habitants de cette abbaye d'en sortir, soit à la demande de ses parents, ou pour une autre cause, il emmenait une des dames, celle qui l'aurait pris pour son dévot, et ils étaient mariés ensemble ; et ils avaient si bien vécu à Thélème en dévotion et amitié, qu'ils continuaient d'autant mieux dans le mariage ; aussi s'aimaient-ils à la fin de leurs jours comme au premier de leurs noces.

Rabelais, *Gargantua*, livre LVII, version modernisée (1534)

DOCUMENT B

Le Meilleur des mondes

Huxley décrit une société entièrement soumise au pouvoir de la science, plus particulièrement la biologie, qui a pour but d'éliminer le hasard (les incertitudes et les caprices de la nature) et de mettre en place une organisation basée sur l'argent. Les individus sont sélectionnés et conditionnés dès avant leur naissance. Ici le directeur expose à un groupe d'étudiants les diverses manipulations génétiques auxquelles il se livre au nom de l'ordre social. Les embryons sont sélectionnés et répartis en cinq groupes hiérarchisés depuis les « alphas » destinés à diriger la société, jusqu'aux « epsilons » voués aux travaux manuels. Les bébés deltas ont été soumis à une expérience destinée à créer chez eux une répulsion à l'égard des livres et des fleurs.

L'un des étudiants leva la main ; et, bien qu'il comprît fort bien pourquoi l'on ne pouvait pas tolérer que des gens de caste inférieure gaspillassent le temps de la communauté avec des livres, et qu'il y avait toujours le danger qu'ils lussent quelque chose qui fît indésirablement « déconditionner » un de leurs réflexes, cependant... en somme, il ne concevait pas ce qui avait trait aux fleurs. Pourquoi se donner la peine de rendre psychologiquement impossible aux Deltas l'amour des fleurs ?

Patiemment, le D.I.C. donna des explications. Si l'on faisait en sorte que les enfants se missent à hurler à la vue d'une rose, c'était pour des raisons de haute politique économique. Il n'y a pas si longtemps (voilà un siècle environ), on avait conditionné les Gammas, les Deltas, voire les Epsilons, à aimer les fleurs – les fleurs en particulier et la nature sauvage en général. Le but visé, c'était de faire naître en eux le désir d'aller à la campagne chaque fois que l'occasion s'en présentait, et de les obliger ainsi à consommer du transport.

- Et ne consommaient-ils pas de transport ? demanda l'étudiant.

- Si, et même en assez grande quantité, répondit le D.I.C., mais rien de plus. Les primevères et les paysages, fit-il observer, ont un défaut grave : ils sont gratuits. L'amour de la nature ne fournit de travail à nulle usine. On décida d'abolir l'amour de la nature, du moins parmi les basses classes, d'abolir l'amour de la nature, mais non point la tendance à consommer du transport. Car il était essentiel, bien entendu, qu'on continuât à aller à la campagne, même si l'on avait cela en horreur. Le problème consistait à trouver à la consommation du transport une raison économiquement mieux fondée qu'une simple affection pour les primevères et les paysages. Elle fut dûment découverte. - Nous conditionnons les masses à détester la campagne, dit le Directeur pour conclure, mais simultanément nous les conditionnons à raffoler de tous les sports en plein air. En même temps, nous faisons le nécessaire pour que tous les sports de plein air entraînent l'emploi d'appareils compliqués. De sorte qu'on consomme des articles manufacturés, aussi bien que du transport.

Aldous Huxley, *Le Meilleur des mondes*, © Mrs. Laura Huxley, 1932,
© Plon, un département de Place des éditeurs, 1933 pour la traduction française

DOCUMENT C

Nous

Je descendis et assistai à un délire général. Les soleils de cristal taillé éclairaient un quai bourré de têtes devant un train vide et engourdi. Je ne la voyais pas, mais je la reconnus à sa voix souple et flexible comme une cravache. Ses sourcils relevés vers les tempes devaient être quelque part...

– Laissez-moi passer. Il me faut…

Des pinces me saisirent aux bras et aux épaules, je fus immobilisé :

– Non, remontez. On vous guérira, on vous remplira de bonheur jusqu'aux bords. Quand vous serez rassasié vous rêvasserez tranquillement, en mesure, et vous ronflerez. Vous n'entendez pas ce grand ronflement symphonique ? Vous êtes difficile : on veut vous débarrasser de ces points d'interrogation qui se tordent en vous comme des vers et vous torturent ! Courez subir la Grande Opération !

– Qu'est-ce que cela peut vous faire si je ne consens pas à ce que d'autres veulent à ma place, si je veux vouloir moi-même, si je veux l'impossible…

Une voix lourde et lente lui répondit :

– Ah, ah ! L'impossible ! C'est-à-dire rêver à des chimères idiotes pour qu'elles s'agitent devant votre nez comme un appât. Non, nous coupons cet appât et…

– Et vous le mangez, et vous en aurez besoin d'un autre. Il paraît que les anciens avaient un animal appelé « âne ». Pour le faire avancer, on lui attachait une carotte devant le nez de façon qu'il ne pût l'attraper. S'il l'attrapait, il la mangeait.

Ievgueni Zamiatine, *Nous*, 1920 traduction d'Hélène Henry

DOCUMENT D

La Zone du Dehors

Devant nous fendait la foule un couple d'étudiants, le me posé, la fille plutôt speed, qui nous permettait, en les collant, de traer plus vite vers notre objectif. Leur discussion était un régal. Elle faisait beaucoup sourire Capt… Il faut avouer qu'au moment où l'ambiance de la fête commençait à me faire douter de notre action tellement noire, subite, dure, cette conversation tombait on ne peut mieux pour nous réconforter… Capt me lançait des regards complices chaque fois que la fille revenait à la charge, dans une sorte de pure exaltation d'évangéliste procapsule…

– … Mais prends-en une, n'importe laquelle, essaie une fois au moins ! Je me suis ruinée pour toi et…

– Ça ne me dit rien…

– Ça ne te dit rien de pouvoir t'éclater toute la nuit, sans fatigue ? De te sentir bien dans ton corps ? De prendre ton pied, voguer avec ta barge, placide, avec en toi, bien au chaud, toutes les musiques qui font la fiesta ? Regarde-toi : t'es tout maussade. Allez, tiens ! Avale-moi ça et qu'on n'en parle plus ! Allez, gobe ! (…) Mais t'es complètement coincé, mon pauvre garçon ! Tu crois que je vais me traîner toute la soirée un technoréac comme toi ? Qu'est-ce que tu as ? T'es incompatible ? T'as peur ?

– On peut bien s'amuser sans, non ? C'est le principe qui me rebute. Mon état me suffit, pourquoi j'aurais encore besoin de…

– Incroyable d'être bouché à ce point ! Ce truc maximise tes plaisirs et il minimise tes problèmes, tu comprends ? Pourquoi tu crois que je me suis fait greffer ? Pour allumer dans les soirées et payer les biogices moins cher ? Si c'est le principe qui te déplaît, dis-toi bien que les technogreffes, c'est l'avenir. Avec ce qui pulse dans ma colonne, je sens plus vite, pense plus vite. Mes neuro-transmetteurs font la comète. Tu te rappelles comment j'étais lente en maths, avant ? Je finissais à peine la moitié d'un problème. Maintenant je le finis, et en entier, et juste ! Tous mes réflexes sont accélérés. Tu vois, quand je te parle, tu me crois si tu veux, mais pour moi les mots, je vais plus vite qu'eux, ma pensée, elle file, va plus vite. Ça fait un siècle que les ordinateurs nous ont dépassés, que les alliages sont plus fiables que nos os. Maintenant, on vient de trouver des fibres élastiques qui sont plus souples que nos muscles, qui se contractent plus vite et mieux, qui ne produisent pas d'acide lactique et qui sont virtuellement inusables !

FRANÇAIS

Il faut accepter le progrès ! Si la technologie offre de meilleures performances que nos corps – qui, entre parenthèses, sont vieux de quatre millions d'années, ils ont fait leur temps – , pourquoi ne pas en tirer les conséquences ? Au nom de quoi tu vas empêcher l'Homme d'évoluer ? Il faut remplacer tous nos organes archaïques et foireux. Les muscles, c'est dépassé : Tu cours un kilomètre, tu attrapes des crampes ! Alors ? Il faut les sortir, faire de la place pour les fibres.

– Je…

– Regarde à un autre niveau : l'art n'avance plus depuis le milieu du vingtième siècle. La philosophie, tous nos profs nous le disent, n'a pas créé un concept nouveau depuis Sartre, c'est-à-dire depuis 1930.

– 1980. Il est mort en 1980.

– On tourne en rond. Il faut passer un cap ! Avec les intratechnologies – mais tu le comprendras tout de suite si tu prends cette capsule – naissent en toi de nouvelles sensations, des impressions que tu n'as jamais eues, de nouvelles idées jaillissent, tu raisonnes différemment. C'est tout ton corps qui en est grandi, fortifié. L'art en profitera.

– Mais est-ce que tu maîtrises ce qui se passe en toi ? Tu te sens encore libre ? Je ne sais pas… Est-ce que…

– C'est difficile à expliquer. Il faut que tu essaies. Comment te dire ? Tous les biogiciels fonctionnent, en mode normal, de manière alternative. Tu ressens à la fois les perceptions dont tu as l'habitude, dans ton corps d'origine : tu vois, tu entends, tu touches le monde extérieur ; et à la fois celles que t'impulse, par l'intérieur, le boîtier. Les deux alternent très vite. Elles se mélangent sans que tu sentes ce qui vient de quoi, si bien que tu gardes tes repères normaux mais améliorés, modifiés dans un sens qui dépend du biogiciel. Par contre, et ça c'est le top, lorsque tu passes – disons trois minutes parce qu'après ça devient dangereux – en mode absolu, tu ne perçois plus que les sensations du biogice. Tu saisis ? Le monde extérieur, il disparaît ! D'abord, tu ne vois plus rien, tu ne sens plus ce que touches, tu n'entends rien, tu…

– C'est horrible !

– Horrible ? Pauvre garçon ! Mais tu es la musique, tu n'as plus besoin de l'entendre ! Il n'y a plus cette coupure intérieur/extérieur, plus de durée, plus d'espace, mais des sensations pures, le pur bonheur de vivre, sans limite qui te borne, sans repères qui te plombent ! Le présent est devenu liquide et il te boit. Les images ne sont plus ces figures imposées qui passent par ta rétine pour alimenter le cerveau : ton cerveau voit tout seul, par les nerfs. Il n'a plus besoin des yeux. Tu pourrais te les crever. Tu vois, tu vois…

La Zone du Dehors, Alain Damasio, Folio SF, 2004

OBJECTIF BAC

La contraction de texte

Cet exercice demande plus d'efforts qu'il n'y paraît. L'objectif est de résumer un texte souvent complexe en un minimum de mots, en n'oubliant aucune notion importante ni nuance de sens. Une des premières choses à faire est de **souligner les mots-clés du texte**, comme vous le feriez pour un énoncé. Ne soulignez que le strict minimum afin de conserver toutes les informations importantes sans ajouter des éléments non-essentiels à la bonne compréhension du texte. Condensez ensuite toutes ces informations en un minimum de phrases. N'oubliez pas de **donner le nom de l'auteur et le titre de l'œuvre**. Mentionnez le contexte (historique, social, etc.) uniquement si cela est essentiel à la compréhension du texte.

corrigés
foucherconnect.fr/19pbsti2d11

7 Le texte théâtral et sa représentation

L'étymologie du mot théâtre signifie « lieu où l'on regarde » (du grec *theatron* « lieu » et *theaomai* « regarder, contempler »). C'est donc un terme qui désigne avant tout le lieu où l'on se rassemble pour assister à un spectacle. Il est important de se souvenir de cette fonction première lorsqu'on lit un texte théâtral : ce dernier n'a pas pour seule vocation d'être lu.

1 Les spécificités du genre théâtral

A La double énonciation

La double énonciation est le fait que les personnages sur scène et, par conséquent, le dramaturge, s'adressent aux autres protagonistes et aussi au public.

ATTENTION

Le **dramaturge** est un terme désignant spécifiquement les auteurs de pièces de théâtre. Il est préférable d'utiliser ce terme au lieu des mots « auteurs » et « écrivain », que l'on pourra employer à l'occasion pour éviter trop de répétitions dans une copie.

B La représentation théâtrale

Le **texte théâtral** s'accompagne toujours d'une **interprétation de la part du lecteur**, qui doit s'imaginer les personnages sur scène (costumes, postures, déplacements…). Une **représentation théâtrale** est **unique** et provient de l'**interprétation d'un metteur en scène**. C'est pour cela que l'on peut être surpris par une représentation, certaines pièces anciennes étant interprétées de manière contemporaine.

EXEMPLE

Le cinéaste Baz Luhrmann a ainsi adapté *Roméo et Juliette* au cinéma en remplaçant les costumes médiévaux par des vêtements contemporains, les chevaux par des voitures à moteur et les épées par des armes à feu.

2 Composition et paroles théâtrales

A La composition d'une pièce de théâtre

La pièce de théâtre est divisée en plusieurs parties et sous-parties qui s'apparentent aux chapitres d'un roman.

- **Un acte** : le terme désigne un chapitre de la pièce. Traditionnellement, les tragédies comprenaient cinq actes, séparés par des pauses appelées **entractes** qui permettaient aux employés de la salle de remplacer les bougies consumées sur les lustres et aux spectateurs de se dégourdir les jambes.

Une scène : il s'agit d'un sous-chapitre de la pièce. On change de scène à chaque fois qu'un personnage sort ou rentre sur la scène.

Les didascalies : ce sont toutes les indications concernant le **jeu des acteurs**, leurs gestes, leurs grimaces, les décors, les costumes, etc. Toutes les phrases en italique qui ne sont pas prononcées par un personnage sur scène sont des didascalies.

L'exposition : traditionnellement, l'exposition est **la première scène d'une pièce de théâtre** dans laquelle sont exposés l'**intrigue**, les **personnages** et les **conflits** qui existent entre eux. Généralement, seuls quelques personnages secondaires sont présents sur scène lors de l'exposition et parlent ensemble du ou des héros (qui sont-ils, que font-ils...). Tout cela est fait dans le but de nous informer, nous, lecteur ou spectateur.

EXEMPLE

Lire à titre d'exemple la scène d'exposition de *Cyrano de Bergerac*, d'Edmond Rostand.

L'intrigue : synonyme d'« histoire », ce terme est à privilégier car il est plus littéraire. Il s'agit de toutes les actions qui conduisent un récit.

Le coup de théâtre : il désigne un rebondissement, un retournement de situation, un événement inattendu (souvent à la fin de la pièce, alors que l'on croit les héros perdus ou sauvés). L'expression « ***deus ex machina*** » (littéralement « dieu par la machine », « dieu artificiel ») désigne l'**événement inattendu qui renverse la situation à la fin d'une pièce**. Le dramaturge crée artificiellement un miracle qui fait penser à un acte divin par son aspect improbable.

Le dénouement : c'est la résolution du conflit ou du problème posé au début de l'intrigue. On retrouve ce terme dans le schéma narratif, juste avant la situation finale. Le terme « dénouement » fait partie de la famille du mot « nœud ». En effet, toute histoire est faite de tensions, de « nœuds » (c'est-à-dire ce qui ne fonctionne pas ou qui bloque entre les personnages, les humains et les dieux, l'homme et la nature...) et se termine par le relâchement de ces tensions (on dénoue les problèmes en défaisant les nœuds, d'où le terme « dénouement »).

B La parole au théâtre

Les répliques : elles représentent tout ce que dit un personnage avant qu'un autre personnage ne prenne la parole. Elles peuvent être extrêmement courtes (en théorie, une interjection d'une syllabe suffit), ou longues. Quand la réplique est véritablement très longue, il s'agit d'une **tirade**.

EXEMPLE

RUY BLAS. *Il va à la porte, l'entr'ouvre et revient.*	**Didascalie**
Seigneur, ils dorment.	**Réplique de Ruy Blas**
DON SALLUSTE.	
Parlez bas.	**Réplique de Don Salluste**
Victor Hugo, *Ruy Blas* (1838), Acte I, scène 1	

La tirade : c'est une réplique extrêmement longue. Certaines sont très célèbres, comme la « tirade des nez » ou la « tirade des non merci » toutes deux issues de *Cyrano de Bergerac* d'Edmond Rostand.

 # vidéo
La tirade des nez
foucherconnect.fr/19pbsti2d15

Les stichomythies : ce sont des enchaînements de répliques très courtes, parfois monosyllabiques.

■ **Le monologue** : la double énonciation est particulièrement visible lorsqu'un personnage parle seul sur scène et s'adresse implicitement aux spectateurs. C'est ce que l'on appelle un monologue. Le personnage peut se parler à lui-même, s'adresser à une divinité ou faire semblant de dialoguer avec l'être aimé, par exemple. En réalité, ce procédé est très utile au dramaturge lorsqu'il veut **montrer au spectateur l'état d'esprit du personnage**, ou lui donner des informations qui ne peuvent pas être transmises par les décors ou les gestes.

■ **L'aparté** : il s'agit d'une **réplique prononcée par un personnage à l'adresse des spectateurs** (ou à lui-même) **sans que les autres personnages présents sur scène ne l'entendent**. Ces derniers lui tournent souvent le dos, ou semblent occupés ailleurs. Attention, l'aparté ne doit pas être confondu avec le monologue.

EXEMPLE

LE COMTE, *embarrassé*. Monsieur, j'étais chargé... Personne ne peut-il nous entendre ?
BARTHOLO, *à part*. C'est quelque fripon. *(Haut.)* Eh non, monsieur le mystérieux ! parlez sans vous troubler, si vous pouvez.
LE COMTE, *à part*. Maudit vieillard ! *(Haut.)* Don Bazile m'avait chargé de vous apprendre...
BARTHOLO. Parlez haut, je suis sourd d'une oreille.
Beaumarchais, *Le Barbier de Séville* (1775), acte III, scène 2

3 Les règles du théâtre classique (XVIIe et XVIIIe siècles)

Le théâtre classique s'inspire du **théâtre antique** et doit respecter de nombreuses règles qui définissent ce que l'on peut montrer ou pas, et comment le montrer. Les auteurs classiques les plus connus sont Molière, Corneille, Racine, Marivaux, Voltaire.

A La structure classique

Une pièce de théâtre classique doit raconter une histoire délimitée dans le temps et l'espace de manière très précise. De plus, elle ne doit pas montrer certaines choses jugées contraires à la morale, et doit être crédible. Les règles à respecter sont les suivantes :
– **la règle des trois unités** : une pièce classique se déroule en une seule journée de 24 heures (**unité de temps**), en un seul lieu (**unité de lieu**) et ne raconte qu'une seule histoire (**unité d'action ou de péril**) ;
– **la bienséance** : une pièce classique ne doit pas montrer d'**actes violents**, d'**intimité physique**, de **nudité** ou de **sang**. Quelques exceptions existent comme la folie d'Oreste dans Andromaque, de Phèdre. En revanche, certains événements peuvent avoir lieu hors de la scène. Ainsi le spectateur n'est pas choqué visuellement et entend tout de même ce qui se passe ;
– **la vraisemblance** : l'action de la pièce doit être **crédible**. Les personnages doivent toujours avoir une raison de faire ce qu'ils font (même si cette raison est la folie).

INFO

Le mot « **obscène** » tire son origine de cette règle de la bienséance, car il signifie en latin : « hors de la scène ».

FRANÇAIS

B La tragédie

■ La tragédie implique un **destin inéluctable** contre lequel le héros, souvent innocent et ingénu, se bat en vain et ne peut lutter (comme Britannicus, de la pièce du même nom, par Jean Racine). L'**antagoniste** est un personnage haut placé (Néron dans *Britannicus*), ou bien une divinité, raison pour laquelle le héros n'a aucune chance de dominer son propre destin. Le dénouement implique donc souvent la mort tragique du ou des personnages.

ATTENTION

Ne pas confondre « **dramatique** » et « **tragique** » : ce sont deux termes utilisés indifféremment dans la vie courante, mais qui ont en réalité des sens très différents :
- « **dramatique** » vient du latin « *drama* » qui signifie action. Dramatique signifie donc un **moment où l'action est intense** ;
- « **tragique** » provient de mots grecs qui désignaient un chant rituel accompagnant les sacrifices d'animaux lors des fêtes dionysiennes. D'où son sens : un événement tragique est **inévitable** et souvent **triste et solennel**.

■ Les registres littéraires les plus employés en tragédie sont :
- le registre **tragique** (fatalité du destin) ;
- le registre **pathétique** (expression de la souffrance) ;
- le registre **épique** (récit des exploits d'un ou plusieurs héros, récit de bataille…) ;
- le registre **lyrique** (expression des émotions) ;
- le registre **dramatique** (maintient le spectateur ou le lecteur dans un état d'attente : le suspense).

DÉFINITION

Les **registres littéraires** sont synonymes de « tonalité » ou de « ton ». Ne pas confondre « registre de langue » (familier, courant, soutenu) et « registre littéraire ». Un texte peut comprendre plusieurs registres littéraires.

C La comédie

■ La comédie est une pièce de théâtre cherchant à **faire rire en utilisant les différents types de comiques**. Le genre de la Grande Comédie, inventé par Molière, traite de sujets extrêmement graves et sérieux sur un ton humoristique. La comédie française du XVIIe siècle, telle qu'incarnée par les écrits de Molière, est issue de la ***Commedia Dell'Arte* italienne**, où des personnages (toujours les mêmes) improvisent des intrigues basiques agrémentées de plaisanteries stéréotypées (grimaces, coups de pied…). Ce genre s'exporte très bien dans tous les pays et notamment en France où on le nomme la **farce**. Molière reprend certaines intrigues souvent utilisées dans la farce comme le mariage arrangé d'une fille rebelle, mais donne à la comédie une profondeur inégalée en abordant des thèmes sérieux, et en utilisant tous les types de comique, et en se montrant plus subtil.

■ Les différents **types de comique** sont :
- le **comique de mots** : jeux de mots, répétitions, utilisation d'un vocabulaire trop soutenu ou grossier ;
- le **comique de gestes** : mouvements des personnages, coups, grimaces… ;

DÉFINITION

Le **quiproquo** est un des grands ressorts du comique au théâtre, qui implique qu'un personnage, un événement ou un objet soit pris pour un autre pendant une bonne partie de la pièce.

– le **comique de caractère** : Molière se moque beaucoup des médecins, des avocats, des bourgeois, en montrant que leur comportement est ridicule ;
– le **comique de situation** : quiproquo, actions faites par un personnage dans le dos d'un autre sur scène, etc.

■ Les **registres littéraires les plus employés en comédie** sont :
– le registre **comique** (faire rire et divertir, rendre plus tolérable un événement angoissant) ;
– le registre **satirique** (se moquer, corriger les gens en les ridiculisant) ;
– le registre **parodique** (transformer une œuvre existante dans un but comique) ;
– le registre **burlesque** (traiter un sujet vulgaire en style sérieux, et vice versa) ;
– le registre **ironique** (dire le contraire de ce que l'on pense dans le but de ridiculiser, de faire rire, ou de corriger. Il peut s'agit d'une moquerie).

4 La mise en scène

■ Le **metteur en scène** (ou **scénographe**) est celui qui transforme le texte en spectacle. Il est en général tenu de respecter les didascalies. Il peut seulement prendre des libertés avec ce qui n'est pas exprimé de manière claire par l'auteur dans le texte. Cependant, de nombreux metteurs en scène modernes choisissent de négliger certaines didascalies pour faire passer leur propre message ou rappeler l'actualité de telle ou telle pièce classique.

■ Le rôle du metteur en scène devient de plus en plus important à partir du XXe siècle. Les relectures d'œuvres anciennes permettent une **interprétation nouvelle** :
– les **décors contemporains** sont souvent très épurés : on ne garde que ce qui est essentiel aux déplacements des personnages, aucun élément n'est mis en avant, ce qui permet d'oublier la période à laquelle l'œuvre a été écrite et de se concentrer sur ce qu'elle peut dire de notre époque ;
– les **costumes** et le **maquillage** sont aussi un moyen pour le metteur en scène moderne d'actualiser la pièce. Le choix des acteurs lui-même révèle une vision particulière de l'œuvre ;
– le **jeu des acteurs** peut être réinterprété, comme dans les mises en scène modernes des *Caprices de Marianne* de Musset (1833), le personnage de Marianne s'est peu à peu transformé en un personnage révolté, ce qu'elle n'était pas dans la pièce d'origine ;
– l'**ambiance sonore** est aussi soignée dans les mises en scène modernes, en ajoutant de la musique, des chansons, des bruits de fond.

5 Les différents types de personnages

■ Les pièces classiques utilisent des **intrigues récurrentes** et des **personnages similaires**. Ainsi, dans la tragédie comme dans la comédie, on trouve le personnage de la **confidente**. Celle-ci est en général la servante d'une dame noble. Le fait qu'elle soit sa confidente donne lieu à des scènes de dialogue où la dame se confie à sa servante et où la servante lui prodigue des conseils. C'est un moyen efficace de donner des informations aux spectateurs sans s'adresser directement à eux.

■ La **tragédie** met souvent en scène des personnages de **héros**, en reprenant les codes épiques de l'Antiquité. Ces personnages sont des hommes au caractère solide, presque surhumain. Ils sont confrontés à un destin inéluctable ou à des personnages monstrueux (Britannicus contre Néron dans *Britannicus* de Racine).

FRANÇAIS

Dans la comédie, les héros sont remplacés par des personnages d'**anti-héros** comme Sganarelle dans *Le Médecin malgré lui* de Molière : c'est un personnage alcoolique, fainéant, parieur, misogyne, insolent et violent. La comédie étant grandement influencée par la farce, on y trouve souvent les mêmes types de personnages :

- le **vieillard** : il est tyrannique car c'est le chef de la famille. Le dramaturge se sert souvent de ce personnage pour critiquer l'ordre patriarcal et la domination des aînés. Il est victime des ruses des autres personnages qui profitent de sa naïveté, de son avidité ou de sa cruauté. Il arrive fréquemment que ces personnages soient cocus (*George Dandin, Tartuffe*...) ;
- le **jeune couple amoureux** : fille et fils de vieillards, ils s'aiment éperdument mais l'un est pauvre alors que l'autre est riche. Les pères s'opposent à leur union, et veulent les marier à un(e) autre. On trouve ce type de situation dans *Les Fourberies de Scapin, Le Médecin malgré lui, Le Mariage forcé, Tartuffe, Les Femmes savantes, L'École des femmes*...) ;
- le **valet** : au service du vieillard ou de son enfant, il est parfois le personnage principal, comme c'est le cas dans *Les Fourberies de Scapin*, de Molière. C'est un personnage qui compense son rang social très bas par un esprit rusé et des stratagèmes parfois cruels, mais toujours drôles. Parfois le valet est un simple paysan qui fait rire par sa simplicité et son langage rural, comme Valère et Lucas dans *Le Médecin malgré lui.*

6 En bref

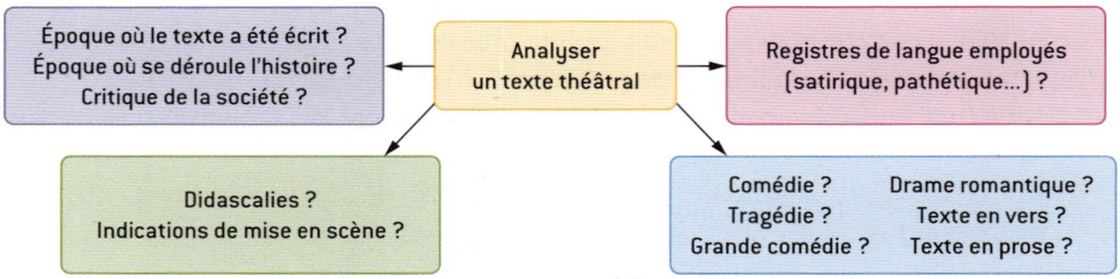

8 L'histoire du théâtre du XVIIe siècle à nos jours

Le théâtre est très présent depuis l'Antiquité en Occident et a probablement des origines encore plus lointaines. Au Ve siècle, des spectacles étaient donnés lors des fêtes dédiées à Dionysos, dieu de l'ivresse et de la création. La tragédie et la comédie existent déjà à cette époque et sont l'héritage de ce théâtre antique.

1 Le XVIIe siècle ou l'âge d'or du théâtre classique

■ Le XVIIe siècle est marqué par une volonté d'**imiter les auteurs grecs et latins de l'Antiquité**, ce qui explique la popularité de la **tragédie**. C'est en effet le genre théâtral le plus représenté à cette époque, et le plus respecté. On considère les auteurs de tragédies comme de grands écrivains, tandis que les auteurs de comédies sont largement dépréciés. Il faut attendre les premiers succès de Molière pour voir apparaître une **grande comédie** et la reconnaissance de ces auteurs, qui culminera avec le mécénat de Louis XIV.

■ À cette époque, les deux genres sont écrits en **vers**, souvent en **alexandrins** et respectent les **règles classiques**, même si la comédie est moins exigeante en la matière.

■ La **tragédie** met en scène un héros aux prises avec un destin immuable. Elle montre l'atrocité et la cruauté du monde et a un **pouvoir cathartique**, qui libère le spectateur de ses pulsions. La **comédie** vise à **instruire** et à **faire réfléchir** tout en faisant rire. Elle cherche à tourner en ridicule les défauts humains. Elle est souvent confrontée à la censure pour des raisons politiques ou religieuses.

RAPPEL

Les **règles classiques** sont le respect des trois unités de temps, de lieu et d'action, de la vraisemblance et de la bienséance.

DÉFINITION

Catharsis : effet de purification produit sur les spectateurs par une représentation dramatique. Voir des personnages assouvir leurs pulsions (meurtrières, suicidaires, amoureuses, etc.) permet aux spectateurs de mieux y résister eux-mêmes, sans passer à l'acte.

2 De nouveaux genres aux XVIIIe et XIXe siècles

■ Marivaux écrit au XVIIIe siècle de nombreuses comédies alliant une analyse subtile du sentiment amoureux et l'observation de la société, grâce notamment au couple emblématique maître-valet. On appelle cette combinaison le **marivaudage**.

■ La séparation entre la tragédie et la comédie s'efface peu à peu avec l'arrivée de la **tragi-comédie** et du **drame romantique** aux XVIIIe et XIXe siècles. Les règles d'unité et de bienséance sont alors malmenées par des auteurs qui veulent écrire avec plus de liberté. Hugo défend ce nouveau genre dans la préface de sa pièce, *Cromwell*. Il soutient les qualités du comique, du grotesque et du ridicule comme l'avait fait Molière et rompt entièrement avec la règle des trois unités.

■ Le **vaudeville** est une comédie basée sur le **comique de situation**, il n'a pas d'intentions moralisatrices. Comme la farce, le vaudeville repose très peu sur la psychologie des personnages et se concentre sur un comique exubérant.

■ C'est au XIXe siècle que naît le **théâtre réaliste**, avec Zola, qui tente de mettre à l'écrit sa théorie du naturalisme et pense que le théâtre doit s'ouvrir aux thèmes sociaux (les milieux pauvres, l'hérédité, l'alcoolisme). Il emploie un langage populaire.

3 Les bouleversements du XXe siècle

■ Au XXe siècle, les auteurs continuent à se libérer des conventions théâtrales, tout en jouant avec elles. Les références antiques sont encore très présentes, notamment dans les réécritures (*Électre* de Giraudoux, *Antigone* d'Anouilh...).

■ Dans les années 1950 apparaît le **théâtre de l'absurde**, né du traumatisme de la Seconde Guerre mondiale. Ce mouvement se rapproche du surréalisme et s'oppose au réalisme. Il est appelé ainsi car **les actions mises en scène sont rarement liées les unes aux autres**. Parfois la pièce est dépourvue d'histoire, comme dans *La Cantatrice chauve* d'Eugène Ionesco.

■ Le **théâtre engagé** s'inspire des épreuves des guerres mondiales avec Jean-Paul Sartre, Albert Camus et Georges Bernanos, mais aussi de la guerre d'Algérie (Jean Genet) ou du racisme (Aimé Césaire). Il défend une cause, dénonce une injustice ou évoque l'absurdité du monde et de la condition humaine.

■ Le rôle du **metteur en scène** est de plus en plus important au XXe siècle, et l'improvisation est de plus en plus admise. Cela relativise la toute-puissance de l'auteur au théâtre.

POUR ALLER PLUS LOIN

Les captations

 # vidéo
Visionner des captations intégrales
foucherconnect.fr/19pbsti2d16

Vous trouverez de nombreuses captations vidéo de pièces de théâtre classiques et contemporaines sur le site culturebox, lié à France Info.
Même si vous ne regardez pas chaque mise en scène entièrement, cela vous permet de voir les différents points de vue adoptés par les scénographes (observez les décors, les costumes, les différences de comportement des personnages d'une mise en scène à l'autre, l'ambiance sonore s'il y en a une.)

Les adaptations

De nombreuses pièces de théâtre ont fait l'objet d'adaptations cinématographiques, comme *Cyrano de Bergerac* d'Edmond Rostand réalisé par Jean-Paul Rappeneau avec Gérard Depardieu ; *Ruy Blas* de Victor Hugo, réalisé par Jean Cocteau avec Jean Marais (et dans une version plus libre *La folie des grandeurs* réalisé par Gérard Oury avec Louis De Funès), *Tartuffe* de Molière, réalisé par Friedrich-Wilhelm Murnau en 1925, ou par Gérard Depardieu en 1984.

4 En bref

Antiquité

Naissance du théâtre à l'occasion des fêtes de Dionysos, vers le Ve siècle

- ESCHYLE *Les Suppliantes*
- SOPHOCLE *Œdipe roi, Antigone, Électre*
- EURIPIDE *Les Troyennes, Oreste, Médée*
- SÉNÈQUE *Phèdre*

Moyen Âge

Le théâtre est pratiqué surtout par des amateurs

- **Le drame liturgique** : parle de faits religieux
- **Farce** : Pièce comique au dénouement heureux

XVIIe siècle

- Création de l'**Académie française** par Richelieu (afin de fixer les règles de la langue française et les faire évoluer)
- Règne de Louis XIV et apogée de la **monarchie absolue**
- Construction du château de Versailles
- Révocation de l'édit de Nantes
- Implantation de l'**esclavage**

Règle des 3 unités

Tragédie : Seul genre digne et noble du théâtre avant l'arrivée de Molière

Molière et la Grande Comédie

- RACINE *Phèdre, Andromaque,*
- CORNEILLE *Le Cid, Horace*
- MOLIÈRE *Le Misanthrope, Le Médecin malgré lui*

XVIIIe siècle

- **Siècle des Lumières**
- Apogée du **commerce triangulaire** (tissus, armes à feu, coton, thé, épices, esclaves)
- Période très rude pour le peuple français : hivers glacials, famine, misère et criminalité
- **Révolution française**
- Apparition d'une nouvelle classe sociale : la **bourgeoisie**

Déclin de la tragédie : au profit de la comédie, qui échappe presque entièrement à la censure et aux règles trop strictes frappant la tragédie

Marivaudage

- VOLTAIRE *Zaïre, Mahomet*
- MARIVAUX *Les Fausses confidences, Le Jeu de l'amour et du hasard, L'Île des esclaves*

XIXe siècle

- **Alternance des régimes politiques** (république et empire) avec des répercussions sur le milieu culturel et littéraire
- **Révolution industrielle**
- Émergence de la classe sociale des **ouvriers**

Drame romantique : Les auteurs veulent réconcilier comédie et tragédie, mélangent les registres et refusent les unités classiques

Vaudeville : Comédie fondée sur un comique de situations, caractérisée par une action endiablée

Théâtre réaliste

- HUGO *Cromwell, Hernani*
- MUSSET *On ne badine pas avec l'amour*
- MÉRIMÉE *Jacquerie*
- VIGNY *Chatterton*

XXe et XXIe siècles

- Les **deux guerres mondiales** changent radicalement la vision du monde et la place de l'homme et de la femme dans la société
- Comme les deux guerres mondiales, les attentats terroristes de 2001 et des années suivantes continuent de transformer les modes de vie et les milieux culturels occidentaux

- Importance croissante de l'acteur et du metteur en scène, devenus artistes créateurs
- Remplacement des conventions anciennes du théâtre

Théâtre engagé : Le théâtre permet au dramaturge de défendre une cause (politique, sociale, éthique...)

Théâtre de l'absurde : Le théâtre exprime l'absurdité tragique de l'existence humaine (→ JARRY, IONESCO, BECKETT)

Nouveau théâtre : Abandon du texte au profit d'une improvisation collective des acteurs

- SARTRE, *Les Mains sales*
- CAMUS *Caligula, L'État de siège*
- BERNANOS, *Dialogue des carmélites*
- GENET, *Les Paravents*
- CÉSAIRE, *Une saison au Congo, La tragédie du roi Christophe*
- JARRY, *Ubu roi*
- IONESCO, *Rhinocéros, La Cantatrice chauve*
- BECKETT, *En attendant Godot*
- ADAMOV

FRANÇAIS

SE TESTER ET S'ENTRAÎNER

EXERCICE 1

Cochez la ou les bonne(s) réponse(s) et répondez aux questions posées.

1. Les indications sur le jeu des acteurs et la mise en scène s'appellent :

❑ les apartés
❑ les monologues
❑ les didascalies
❑ les dramaturges

2. L'auteur d'une pièce de théâtre se nomme :

❑ un écrivain
❑ un scénographe
❑ un dramaturge
❑ un metteur en scène

3. Dans le théâtre classique, une pièce doit couvrir une période de :

❑ deux mois
❑ un mois
❑ une semaine
❑ une journée de 24 heures
❑ une heure

4. Quel terme sert à désigner le début d'une pièce de théâtre ?

❑ l'ouverture
❑ le commencement
❑ l'exposition
❑ la présentation
❑ la première scène

5. Un personnage parle seul sur scène. Cela s'appelle :

❑ une tirade
❑ un monologue
❑ un aparté

6. Un interprète parle sans que les autres personnages l'entendent. Il s'agit :

❑ d'un aparté
❑ d'un monologue
❑ d'une tirade
❑ d'un quiproquo
❑ d'une réplique

7. Pendant un dialogue, l'un des interlocuteurs prononce une réplique très longue. On l'appelle :

❑ un monologue
❑ un aparté
❑ une tirade

8. Résumez la règle de la bienséance.

9. En quelques phrases, expliquez comment la place du metteur en scène a évolué dans le milieu du théâtre entre le XVIIe et le XXIe siècle.

10. Pourquoi les metteurs en scène modernes utilisent-ils souvent des décors minimalistes et des vêtements contemporains lorsqu'ils montent des pièces anciennes ?

EXERCICE 2

1. Par quel moyen nous est révélé le mensonge du personnage dans cet extrait ?
2. À quoi tient le plaisir du spectateur dans cette scène de théâtre ?

George Dandin est un riche paysan, mari d'Angélique. De retour chez lui, il croise Lubin, le valet de Clitandre, lequel est amoureux d'Angélique.

LUBIN – Motus, il ne faut pas dire que vous m'ayez vu sortir de là.
GEORGE DANDIN – Pourquoi ?
LUBIN – Mon Dieu parce.
GEORGE DANDIN – Mais encore ?
LUBIN – Doucement. J'ai peur qu'on ne nous écoute.
GEORGE DANDIN – Point, point.
LUBIN – C'est que je viens de parler à la maîtresse du logis de la part d'un certain Monsieur qui lui fait les doux yeux, et il ne faut pas qu'on sache cela. Entendez-vous ?
GEORGE DANDIN – Oui.

LUBIN – Voilà la raison. On m'a enchargé de prendre garde que personne ne me vît, et je vous prie au moins de ne pas dire que vous m'ayez vu.
GEORGE DANDIN – Je n'ai garde.
LUBIN – Je suis bien aise de faire les choses secrètement comme on m'a recommandé.
GEORGE DANDIN – C'est bien fait.
LUBIN – Le mari, à ce qu'ils disent, est un jaloux qui ne veut pas qu'on fasse l'amour à sa femme[1], et il ferait le diable à quatre si cela venait à ses oreilles. Vous comprenez bien.
GEORGE DANDIN – Fort bien.
LUBIN – Il ne faut pas qu'il sache rien de tout ceci.
GEORGE DANDIN – Sans doute.
LUBIN – On le veut tromper tout doucement. Vous entendez bien ?
GEORGE DANDIN – Le mieux du monde.
LUBIN – Si vous alliez dire que vous m'avez vu sortir de chez lui, vous gâteriez toute l'affaire : vous comprenez bien ?
GEORGE DANDIN – Assurément. Hé comment nommez-vous celui qui vous a envoyé là-dedans ?
LUBIN – C'est le seigneur de notre pays, monsieur le vicomte de chose... Foin ! je ne me souviens jamais comment diantre ils baragouinent ce nom-là, monsieur Cli... Clitandre.
GEORGE DANDIN – Est-ce ce jeune courtisan qui demeure...
LUBIN. – Oui. Auprès de ces arbres.
GEORGE DANDIN, à part. – C'est pour cela que depuis peu ce damoiseau poli s'est venu loger contre moi, j'avais bon nez sans doute, et son voisinage déjà m'avait donné quelque soupçon.
LUBIN – Testigué, c'est le plus honnête homme que vous ayez jamais vu. Il m'a donné trois pièces d'or pour aller dire seulement à la femme qu'il est amoureux d'elle, et qu'il souhaite fort l'honneur de pouvoir lui parler. Voyez s'il y a là une grande fatigue pour me payer si bien, et ce qu'est au prix de cela une journée de travail où je ne gagne que dix sols.
GEORGE DANDIN – Hé bien avez-vous fait votre message.
LUBIN – Oui, j'ai trouvé là-dedans une certaine Claudine, qui tout du premier coup a compris ce que je voulais, et qui m'a fait parler à sa maîtresse.
GEORGE DANDIN, *à part.* – Ah coquine de servante !
LUBIN – Morguène cette Claudine-là est tout à fait jolie, elle a gagné mon amitié, et il ne tiendra qu'à elle que nous ne soyons mariés ensemble.
GEORGE DANDIN – Mais quelle réponse a fait la maîtresse à ce Monsieur le courtisan ?
LUBIN – Elle m'a dit de lui dire... Attendez, je ne sais si je me souviendrai bien de tout cela. Qu'elle lui est tout à fait obligée de l'affection qu'il a pour elle, et qu'à cause de son mari qui est fantasque, il garde d'en rien faire paraître, et qu'il faudra songer à chercher quelque invention pour se pouvoir entretenir tous deux.
GEORGE DANDIN, *à part.* – Ah ! pendarde de femme.
LUBIN – Testiguiène, cela sera drôle, car le mari ne se doutera point de la manigance, voilà ce qui est de bon. Et il aura un pied de nez avec sa jalousie. Est-ce pas ?

1. Faire l'amour à sa femme : faire la cour à sa femme

Molière, *L'École des femmes*, acte III, scène 4

 # exo
Exercice supplémentaire de Français
foucherconnect.fr/19pbsti2d17

FRANÇAIS

CORRIGÉ

Exercice 1

1. Les indications sur le jeu des acteurs et la mise en scène s'appellent des didascalies.
2. L'auteur d'une pièce de théâtre se nomme le dramaturge.
3. Une pièce classique doit couvrir une période d'une journée de 24 heures.
4. Le début d'une pièce de théâtre s'appelle l'exposition.
5. Lorsqu'un personnage parle seul sur scène, il s'agit d'un monologue.
6. Lorsqu'un interprète n'est entendu que du public, il s'agit d'un aparté.
7. Une réplique très longue s'appelle une tirade.
8. La bienséance est une règle classique qui implique de ne jamais montrer d'actes violents, d'intimité physique, de nudité ou de sang sur scène.
9. Au XVIIe siècle, le metteur en scène a tous les pouvoirs lorsqu'il monte une tragédie. Les acteurs interprètent scrupuleusement le texte et les indications de jeu. Dans les comédies, les pièces inspirées de la *Comedia dell arte* sont souvent improvisées avec des trames narratives très simples, mais le metteur en scène reste tout-puissant. Molière, qui est à la fois auteur, metteur en scène et acteur, écrit des pièces plus complexes qui donnent plus d'importance au texte. Paradoxalement, ses pièces contiennent peu de didascalies, ce qui laisse une grande liberté aux futurs metteurs en scène. À partir du XXe siècle, l'improvisation et la liberté des acteurs sont peu à peu reconnues dans tous les genres. Le metteur en scène fait des choix significatifs, mais il n'est plus le seul créateur après l'auteur. Tous les artistes participent à la mise en scène.
10. Les metteurs en scène qui montent des pièces anciennes cherchent à focaliser l'attention du spectateur sur leurs éléments intemporels et/ou actuels (critique sociale, féminisme, dénonciation de l'hypocrisie…). L'utilisation de décors simples ou abstraits, ainsi que de vêtements modernes, déconnectent la pièce du temps de l'écriture. Le texte lui-même ne peut être modifié mais le metteur en scène peut jouer sur la façon dont il est perçu par les spectateurs de son temps.

Exercice 2

1. Lubin révèle à George Dandin le stratagème de son maître, alors même qu'il était chargé de garder le secret. Le spectateur découvre la ruse en même temps que George Dandin et s'amuse de la situation. Au début de l'extrait, le spectateur en sait plus que le personnage, ce qui crée une tension narrative : le spectateur veut savoir si Dandin découvrira la vérité et comment.
2. C'est une position satisfaisante pour le public, dont la curiosité est piquée. De plus, le comique de situation est très efficace car Lubin révèle tout à Dandin sans savoir qui il est. À cela s'ajoute un comique de caractère car Lubin est très amical envers Dandin et lui affirme que Clitandre est un honnête homme car il le paye bien. Enfin, les interjections et le vocabulaire populaire participent au comique de mots : « Foin ! », « Testigué ! », « Testiguiène ! », « Morguène ».

SUJET DE TYPE BAC

Objet d'étude : Le théâtre du XVIIe siècle au XXIe siècle

Document A : Molière, *L'École des femmes*, III, 4, 1662

Document B : Marivaux, *La Double inconstance*, I, 1, 1724

Document C : Jelinek, *Ce qui arriva quand Nora quitta son mari* (1979)

Commentaire

Vous rédigerez le commentaire du document A.

Contraction de texte

Vous résumerez le documen B en vous concentrant sur les moyens utilisés par les dramaturges pour dénoncer la condition féminine dans la société. Votre réponse comportera environ 250 mots.

Essai

Comment est-il possible de dénoncer une injustice à l'heure actuelle ?

DOCUMENT A

 # outil

Conseils pour réussir l'épreuve écrite et orale

foucherconnect.fr/19pbsti2d18

L'École des femmes

Arnolphe, dit M. De La Souche, désire se marier avec une jeune fille nommée Agnès. Cependant, pendant qu'Arnolphe est en voyage, Agnès est séduite par Horace, à qui elle raconte qu'un certain M. De la Souche cherche à la séduire, mais qu'elle ne l'aime pas. Horace rencontrera Arnolphe et, ignorant qu'il est M. De la souche, lui raconte toutes ses aventures avec Agnès. Lors d'une discussion entre les deux hommes, Horace raconte comment il s'est fait chasser par Agnès qui lui a lancé une pierre, à laquelle était attachée une lettre.

HORACE :

Et j'ai compris d'abord que mon homme était là,
Qui sans se faire voir conduisait tout cela :
Mais ce qui m'a surpris et qui va vous surprendre,
C'est un autre incident que vous allez entendre,
Un trait hardi qu'a fait cette jeune beauté,
Quelque intelligence : quelque complicité dans la maison.
Et qu'on n'attendrait point de sa simplicité ;
Il le faut avouer, l'amour est un grand maître,
Ce qu'on ne fut jamais il nous enseigne à l'être,
Et souvent de nos mœurs l'absolu changement
Devient par ses leçons l'ouvrage d'un moment.
De la nature en nous il force les obstacles,
Et ses effets soudains ont de l'air des miracles,
D'un avare à l'instant il fait un libéral :
Un vaillant d'un poltron, un civil d'un brutal.
Il rend agile à tout l'âme la plus pesante,
Et donne de l'esprit à la plus innocente :
Oui, ce dernier miracle éclate dans Agnès,
Car tranchant avec moi par ces termes exprès,
« Retirez-vous, mon âme aux visites renonce,

FRANÇAIS

Je sais tous vos discours : et voilà ma réponse »
Cette pierre ou ce grès dont vous vous étonniez,
Avec un mot de lettre est tombée à mes pieds,
Et j'admire de voir cette lettre ajustée,
Avec le sens des mots ; et la pierre jetée ;
D'une telle action n'êtes-vous pas surpris ?
L'amour sait-il pas l'art d'aiguiser les esprits ?
Et peut-on me nier que ses flammes puissantes,
Ne fassent dans un cœur des choses étonnantes ?
Que dites-vous du tour, et de ce mot d'écrit ?
Euh ! n'admirez-vous point cette adresse d'esprit ?
Trouvez-vous pas plaisant de voir quel personnage
A joué mon jaloux dans tout ce badinage ? Dites...
ARNOLPHE :
Oui, fort plaisant.
HORACE :
Arnolphe rit d'un rire forcé.
Riez-en donc un peu,
Cet homme gendarmé d'abord contre mon feu,
Qui chez lui se retranche, et de grès fait parade,
Comme si j'y voulais entrer par escalade,
Qui pour me repousser dans son bizarre effroi,
Anime du dedans tous ses gens contre moi,
Et qu'abuse à ses yeux par sa machine même,
Celle qu'il veut tenir dans l'ignorance extrême :
Pour moi je vous l'avoue, encor que son retour.
En un grand embarras jette ici mon amour,
Je tiens cela plaisant autant qu'on saurait dire,
Je ne puis y songer sans de bon cœur en rire.
Et vous n'en riez pas assez à mon avis.
ARNOLPHE, *avec un rire forcé.*
Pardonnez-moi, j'en ris tout autant que je puis.
HORACE
Mais il faut qu'en ami je vous montre la lettre.
Tout ce que son cœur sent, sa main a su l'y mettre :
Mais en termes touchants, et tous pleins de bonté,
De tendresse innocente, et d'ingénuité ;
De la manière enfin que la pure nature
Exprime de l'amour la première blessure.
ARNOLPHE, *bas.*
Voilà, friponne, à quoi l'écriture te sert,
Et contre mon dessein l'art t'en fut découvert.

HORACE *lit.*

Je veux vous écrire, et je suis bien en peine par où je m'y prendrai. J'ai des pensées que je désirerais que vous sussiez ; mais je ne sais comment faire pour vous les dire, et je me défie de mes paroles. Comme je commence à connaître qu'on m'a toujours tenue dans l'ignorance, j'ai peur de mettre quelque chose, qui ne soit pas bien, et d'en dire plus que je ne devrais. En vérité je ne sais ce que vous m'avez fait ; mais je sens que je suis fâchée à mourir de ce qu'on me fait faire contre vous, que j'aurai toutes les peines du monde à me passer de vous, et que je serais bien aise d'être à vous. Peut-être qu'il y a du mal à dire cela, mais enfin je ne puis m'empêcher de le dire, et je voudrais que cela se pût faire, sans qu'il y en eût. On me dit fort, que tous les jeunes hommes sont des trompeurs, qu'il ne les faut point écouter, et que tout ce que vous me dites, n'est que pour m'abuser ; mais je vous assure, que je n'ai pu encore me figurer cela de vous, et je suis si touchée de vos paroles, que je ne saurais croire qu'elles soient menteuses. Dites-moi franchement ce qui en est : car enfin, comme je suis sans malice, vous auriez le plus grand tort du monde, si vous me trompiez. Et je pense que j'en mourrais de déplaisir.

ARNOLPHE :

Hom chienne.

HORACE :

Qu'avez-vous ?

ARNOLPHE :

Moi ? rien ; c'est que je tousse.

HORACE :

Avez-vous jamais vu, d'expression plus douce,
Malgré les soins maudits d'un injuste pouvoir,
Un plus beau naturel peut-il se faire voir ?
Et n'est-ce pas sans doute un crime punissable,
De gâter méchamment ce fonds d'âme admirable ?
D'avoir dans l'ignorance et la stupidité,
Voulu de cet esprit étouffer la clarté ?
L'amour a commencé d'en déchirer le voile,
Et si par la faveur de quelque bonne étoile,
Je puis, comme j'espère, à ce franc animal,
Ce traître, ce bourreau, ce faquin, ce brutal…

Molière, *L'École des femmes*, III, 4, 1662

DOCUMENT B

La Double inconstance

Silvia, Trivelin et quelques femmes à la suite de Silvia. Silvia paraît sortir comme fâchée.

Trivelin – Mais, Madame, écoutez-moi.

Silvia – Vous m'ennuyez.

Trivelin – Ne faut-il pas être raisonnable ?

Silvia, *impatiente* – Non, il ne faut pas l'être, et je ne le serai point.

Trivelin – Cependant…

Silvia, *avec colère* – Cependant, je ne veux point avoir de raison : et quand vous recommenceriez cinquante fois votre cependant, je n'en veux point avoir : que feriez-vous là[1] ?

Trivelin – Vous avez soupé hier si légèrement, que vous serez malade, si vous ne prenez rien ce matin.

FRANÇAIS

Silvia – Et moi, je hais la santé, et je suis bien aise d'être malade ; ainsi, vous n'avez qu'à renvoyer tout ce qu'on m'apporte, car je ne veux aujourd'hui ni déjeuner, ni dîner, ni souper ; demain la même chose. Je ne veux qu'être fâchée, vous haïr tous tant que vous êtes, jusqu'à tant que j'aie vu Arlequin, dont on m'a séparée : voilà mes petits résolutions, et si vous voulez que je devienne folle, vous n'avez qu'à me prêcher d'être plus raisonnable, cela sera bientôt fait.

Trivelin – Ma foi, je ne m'y jouerai pas[2], je vois bien que vous me tiendriez parole ; si j'osais cependant...

Silvia, *plus en colère* – Eh bien ! ne voilà-t-il pas un cependant ?

Trivelin – En vérité, je vous demande pardon, celui-là m'est échappé, mais je n'en dirai plus, je me corrigerai. Je vous prierai seulement de considérer...

Silvia – Oh ! vous ne vous corrigez pas, voilà des considérations qui ne me conviennent point non plus.

Trivelin, *continuant* – ...que c'est votre souverain qui vous aime.

Silvia – Je ne l'empêche pas, il est le maître : mais faut-il que je l'aime, moi ? Non, et il ne le faut pas, parce que je ne le puis pas ; cela va tout seul, un enfant le verrait, et vous ne le voyez pas.

Trivelin – Songez que c'est sur vous qu'il fait tomber le choix qu'il doit faire d'une épouse entre ses sujettes.

Silvia – Qui est-ce qui lui a dit de me choisir ? M'a-t-il demandé mon avis ? S'il m'avait dit : « Me voulez-vous Silvia ? » je lui aurais répondu : « Non, Seigneur ; il faut qu'une honnête femme aime son mari, et je ne pourrais pas vous aimer. » Voilà la pure raison, cela : mais point du tout, il m'aime ; crac, il m'enlève, sans me demander si je le trouverai bon.

Trivelin – Il ne vous enlève que pour vous donner la main[3].

Silvia – Eh ! que veut-il que je fasse de cette main, si je n'ai pas envie d'avancer la mienne pour la prendre ? Force-t-on les gens à recevoir des présents malgré eux ?

Trivelin – Voyez, depuis deux jours que vous êtes ici, comment il vous traite. N'êtes-vous pas déjà servie comme si vous étiez sa femme ? Voyez les honneurs qu'il vous fait rendre, le nombre de femmes qui sont à votre suite, les amusements qu'on tâche de vous procurer par ses ordres. Qu'est-ce qu'Arlequin au prix d'un prince plein d'égards, qui ne veut pas même se montrer qu'on ne vous ait disposée à le voir ? d'un prince jeune, aimable et rempli d'amour ? car vous le trouverez tel. Eh, Madame, ouvrez les yeux, voyez votre fortune, et profitez de ses faveurs.

Silvia – Dites-moi, vous et toutes celles qui me parlent, vous a-t-on mis avec moi, vous a-t-on payés pour m'impatienter, pour me tenir des discours qui n'ont pas le sens commun, qui me font pitié ?

Trivelin – Oh, parbleu ! Je n'en sais pas davantage, voilà tout l'esprit que j'ai.

Silvia – Sur ce pied-là[4], vous seriez tout aussi avancé de n'en point avoir du tout.

1. Que feriez-vous là : que ferez-vous alors ?
2. Je ne m'y jouerai pas : je ne me risquerai pas.
3. Pour vous donner la main : pour vous épouser
4. Sur ce pied-là : dans ces conditions.

Marivaux, *La double inconstance*, I, 1, 1724

DOCUMENT C

Ce qui arriva quand Nora quitta son mari

Bureau du chef du personnel. Le chef du personnel est assis à sa table. Nora joue les désinvoltes, touche à tout, s'assoit un court instant puis bondit et tourne en rond. Son attitude contraste avec sa tenue plutôt minable.

NORA. Je ne suis pas une femme abandonnée par son mari. Je suis une femme qui est partie d'elle-même. Automatiquement. Ce qui est plus rare. Je suis Nora, la Nora de la pièce d'Ibsen. Pour l'instant, je me réfugie dans un métier pour fuir un état d'âme confus.

CHEF DU PERSONNEL. Dans ma position, vous imaginez bien qu'un métier n'est pas une fuite, mais l'aboutissement d'une vie.

NORA. Mais je ne veux pas aboutir ma vie ! J'aspire à ma réalisation personnelle.

CHEF DU PERSONNEL. Avez-vous déjà réalisé quelque chose ?

NORA. J'ai essayé la culture et l'élevage des vieux, des faibles, des débiles, des malades et aussi des enfants.

CHEF DU PERSONNEL. Ici, nous n'avons pas de vieux, pas de faibles, pas de débiles, pas de malades, pas d'enfants. Nous avons des machines. Devant la machine l'homme doit tendre à n'être rien et c'est alors, alors seulement, qu'il redeviendra quelque chose. Moi, dès le début, j'ai choisi la voie la plus difficile pour une carrière.

NORA. Je veux me débarrasser de mon image de garde-malade, c'est une marotte. C'est beau ce rideau qui se détache sur le mur triste comme les affaires ! Les objets inanimés ont donc aussi une âme, je ne m'en suis aperçu que depuis que je suis libérée de mon mariage.

CHEF DU PERSONNEL. Employeurs et cadres doivent protéger et favoriser le libre épanouissement de la personnalité des travailleurs dans l'entreprise Avez-vous des certificats ?

NORA. Mon mari m'aurait sûrement délivré un certificat de bonne ménagère et bonne mère, mais j'ai tout foutu en l'air à la dernière minute.

CHEF DU PERSONNEL. Nous exigeons des certificats de tierces personnes. Vous ne connaissez pas de tierces personnes ?

NORA. Non. Mon époux me souhaitait enfermée à la maison, parce que la femme ne doit jamais aller voir ailleurs. Elle doit regarder en elle-même ou... son mari.

CHEF DU PERSONNEL. Ce n'était pas un supérieur légal, ce que, moi, je suis, par exemple.

NORA. Si, c'est un supérieur. Dans une banque. Je vous conseille de ne pas vous laisser endurcir, comme lui, par votre position.

CHEF DU PERSONNEL. La solitude qui existe là-haut, au sommet, engendre toujours un durcissement. Pourquoi avez-vous fichu le camp ?

NORA. J'étais un objet, j'ai voulu devenir sujet sur mon lieu de travail. Peut-être puis-je, par mon simple aspect, apporter un nouveau rayon de soleil dans ce triste atelier d'usine.

CHEF DU PERSONNEL. Nos locaux sont clairs et bien aérés.

NORA. Je veux hisser la dignité et le droit de l'homme jusqu'au libre épanouissement de la personnalité.

CHEF DU PERSONNEL. Vous ne pouvez absolument rien hisser, vous avez besoin de vos mains pour quelque chose de plus important.

NORA. Le plus important, c'est que je devienne un être humain.

CHEF DU PERSONNEL. Ici, nous employons exclusivement des êtres humains ; certains le sont plus, d'autres moins.

NORA. Il fallait d'abord que je quitte mon foyer pour devenir un être humain.

CHEF DU PERSONNEL. Beaucoup de nos employées feraient des kilomètres pour trouver un foyer. Pourquoi changer de lieu ?

NORA. Parce que je le connaissais déjà.

CHEF DU PERSONNEL. Vous tapez à la machine ?

NORA. Tout le travail de bureau, la broderie, le tricot, la couture.

CHEF DU PERSONNEL. Pour qui avez-vous travaillé ? Nom de l'entreprise, adresse, numéro de téléphone.

NORA. Privé

CHEF DU PERSONNEL. Privé n'est pas public. Devenez d'abord publique et vous pourrez vous défaire de votre position d'objet.

NORA. Je crois que je suis spécialement douée pour aboutir des choses extraordinaires. J'ai toujours méprisé l'ordinaire.

CHEF DU PERSONNEL. Pourquoi vous croyez-vous prédestinée à « l'extraordinaire » ?

NORA. Je suis une femme mue par des mouvements biologiques compliqués.

CHEF DU PERSONNEL. Quelles sont vos qualifications dans ce domaine que vous appelez « l'extraordinaire » ?

NORA. J'ai une nature souple. Je suis douée pour l'art.

CHEF DU PERSONNEL. Alors vous devez vous remarier.

NORA. J'ai une nature souple et rebelle, je ne suis pas une personnalité simple, je suis multiple.

CHEF DU PERSONNEL. Alors vous ne devez pas vous remarier.

NORA. Je me cherche encore.

CHEF DU PERSONNEL. À l'usine, tout le monde se trouve tôt ou tard, l'un ici, l'autre là. Par chance, moi je suis pas obligé de faire un travail d'ouvrier.

NORA. Je crois que mon cerveau se refuse encore à travailler à la machine parce qu'il ne sera pas vraiment utilisé.

CHEF DU PERSONNEL. Nous n'avons pas besoin de votre cerveau.

NORA. Comme il est resté en friche pendant mon mariage, je voulais maintenant...

CHEF DU PERSONNEL, *l'interrompt*. Vos poumons et vos yeux sont en bon état ? Pas de problèmes de dents ? Sensible aux courants d'air ?

NORA. Non. J'ai toujours pris soin de mon corps.

CHEF DU PERSONNEL. Alors vous pouvez commencer tout de suite. Auriez-vous d'autres qualifications que vous auriez oubliées ?

NORA. Je n'ai rien mangé depuis plusieurs jours.

CHEF DU PERSONNEL. Extraordinaire !

NORA. D'abord, je veux m'atteler à l'ordinaire, mais c'est provisoire, après je m'attaquerai à l'extraordinaire.

 # corrigés
foucherconnect.fr/19pbsti2d11

HISTOIRE-GÉOGRAPHIE

Évaluation de l'Histoire-Géographie au bac

L'Histoire et la Géographie aident les élèves à acquérir des repères temporels et spatiaux, leur permettent de discerner l'évolution des sociétés, des cultures, des politiques et les confrontent à l'altérité par la connaissance d'expériences humaines antérieures et de territoires variés.

1 Le programme

■ Le programme de Première, qui est centré sur la France de la Révolution de 1789 à la Première Guerre mondiale, est divisé en thèmes comprenant chacun une question obligatoire et deux sujets d'étude proposés.

■ Les thèmes d'Histoire abordés en classe de Première sont :
- Thème 1 : L'Europe bouleversée par la Révolution française (1789-1815) ;
- Thème 2 : Les transformations politiques et sociales de la France de 1848 à 1870 ;
- Thème 3 : La Troisième République : un régime, un empire colonial ;
- Thème 4 : La Première Guerre mondiale et la fin des empires européens.

■ Les thèmes de Géographie abordés en classe de Première sont :
- Thème 1 : La métropolisation : un processus mondial différencié ;
- Thème 2 : Une diversification des espaces et des acteurs de la production ;
- Thème 3 : Les espaces ruraux : une multifonctionnalité toujours plus marquée ;
- Thème 4 conclusif : La Chine : des recompositions spatiales multiples.

2 Les modalités d'évaluation

■ L'Histoire-Géographie est évaluée en **contrôle continu** et affectée d'un **coefficient 5**. En classe de Première, l'élève a deux épreuves écrites qui ont lieu aux deuxième et troisième trimestres. Une épreuve écrite de contrôle continu a également lieu dans le courant de l'année de Terminale.

■ Chaque épreuve de Première dure **2 heures** et se compose de **2 parties** :
- des **questions de connaissances** (10 pts) : le questionnement peut consister à caractériser un espace, une période, un événement, un personnage, justifier une affirmation, localiser et identifier des lieux ou phénomènes, choisir des dates-clés, définir une notion ;
- une **analyse de document** (10 pts) : l'analyse porte sur un ou sur deux documents au maximum. Ces documents renvoient aux sujets d'étude liés aux thèmes du programme d'Histoire et de Géographie. Le candidat choisit l'un des deux sujets d'étude proposés.

REMARQUE

Les réponses doivent sélectionner des informations contenues dans le(s) document(s) mais nécessitent également des connaissances du cours. La capacité à rédiger est un critère d'évaluation essentiel.

1 L'Europe bouleversée par la Révolution française (1789-1815)

La Révolution, débutée en 1789 et s'achevant avec le sacre de Napoléon 1er en 1804, n'anéantit pas seulement la monarchie absolue française mais bouleverse l'Europe tout entière.

1 L'émergence d'une nation de citoyens égaux en droits

A Des revendications qui fragilisent la monarchie

■ En février 1789, les Français sont invités à élire les députés qui les représenteront aux **états généraux** convoqués par le roi Louis XVI à Versailles début mai 1789. Censée apporter des solutions à la **crise financière et économique** qui touche le royaume, cette réunion des trois ordres se présente comme l'occasion pour les Français de revendiquer un certain nombre de **droits**.

■ Des **cahiers de doléances** sont donc rédigés par les assemblées chargées d'élire les représentants. Les membres du tiers état réclament **la fin de certains privilèges et de l'absolutisme**. Cette possibilité de s'exprimer débouche sur un contexte pré-révolutionnaire qui oppose le tiers état à la noblesse et au clergé, attachés à leurs privilèges.

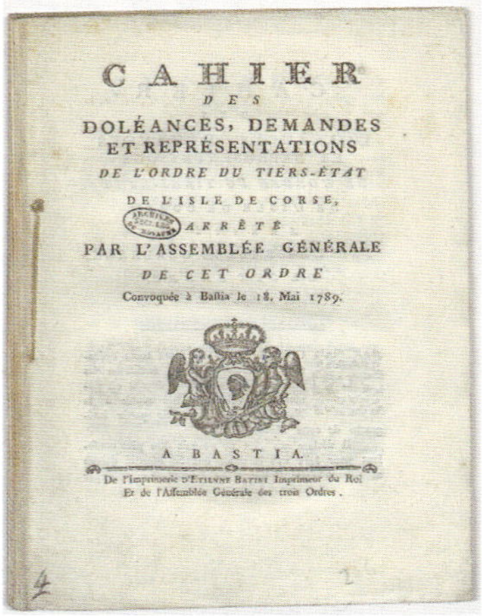

Le cahier des doléances, demandes et représentations de l'ordre du tiers état de l'isle de Corse en mai 1789

DÉFINITIONS

- **États généraux** : réunion des trois ordres (clergé, noblesse et tiers état) convoqués par le roi.
- **Cahiers de doléances** : registres rédigés au printemps 1789 par les Français des trois ordres où figurent leurs revendications (doléances).

B Vers une souveraineté nationale

■ Le processus révolutionnaire est enclenché par l'échec des états généraux. Déçus, les députés du tiers état se proclament « **Assemblée nationale** » le 17 juin 1789. Rejoints par quelques membres de la noblesse et du clergé, ils forment le 9 juillet l'**Assemblée nationale constituante**. Ils prétendent représenter la souveraineté nationale et veulent instaurer une constitution. Dans la nuit du **4 août 1789, ils abolissent les privilèges et certains droits seigneuriaux**. C'est la fin de la société d'ordres, la volonté d'**égalité** l'emporte.

DÉFINITION

Droits seigneuriaux : ensemble des droits fiscaux, symboliques et judiciaires détenus par un seigneur sur les paysans de sa seigneurie.

HISTOIRE

Le 26 août 1789, l'Assemblée nationale constituante adopte la **Déclaration des droits de l'homme et du citoyen**. Cette proclamation de principes universels est inspirée par les philosophes des Lumières et par la Déclaration d'indépendance des États-Unis de 1776. Elle débute par « Les hommes naissent et demeurent libres et égaux en droits ». Ce texte égalitariste définit les droits des Français et pose les bases d'une nouvelle société. La Déclaration reconnaît la **souveraineté de la nation** et proclame la **séparation des pouvoirs**. Elle consacre la « volonté générale » au détriment de l'arbitraire royal. En quatre mois, les Français passent donc du statut de sujets du roi de France à celui de **citoyens** disposant de **droits** et de **devoirs**. La monarchie absolue de droit divin n'est plus qu'un ancien régime dont les fondements sociaux et politiques ont théoriquement disparu.

 # vidéo
Extrait du film officiel du centenaire de la Déclaration des droits de l'homme et du citoyen
foucherconnect.fr/19pbsti2d28

DÉFINITIONS
- **Absolutisme** : système politique où le roi détient toute l'autorité politique.
- **Souveraineté nationale** : principe selon lequel l'autorité politique émane de la nation constituée par l'ensemble des citoyens.

2 La chute de la monarchie et l'expérience d'une République en guerre

A L'échec d'une monarchie constitutionnelle

La diffusion des idées nouvelles permet d'aboutir à la mise en place d'une **monarchie constitutionnelle en 1791**. Dans ce système, **le roi partage le pouvoir avec l'Assemblée législative**, dispose du droit de veto, mais la rupture entre le souverain et le peuple se confirme. Opposé à la restriction de son pouvoir, hostile aux réformes religieuses et administratives de l'Assemblée législative, le roi **Louis XVI** tente de fuir à l'étranger le 20 juin 1791. Arrêté à Varennes, forcé de revenir à Paris, il perd l'adhésion de l'opinion. Décrédibilisée, la monarchie constitutionnelle s'achemine vers sa fin.

***Louis XVI en habit de sacre,* peint par Duplessis en 1777**

DÉFINITIONS
- **Constitution** : loi fondamentale qui organise le fonctionnement d'un État. Elle fixe l'attribution des pouvoirs et définit les droits et les devoirs des citoyens.
- **Droit de veto** : possibilité pour le roi de suspendre temporairement le vote d'une loi par l'Assemblée législative, de s'opposer à une décision.

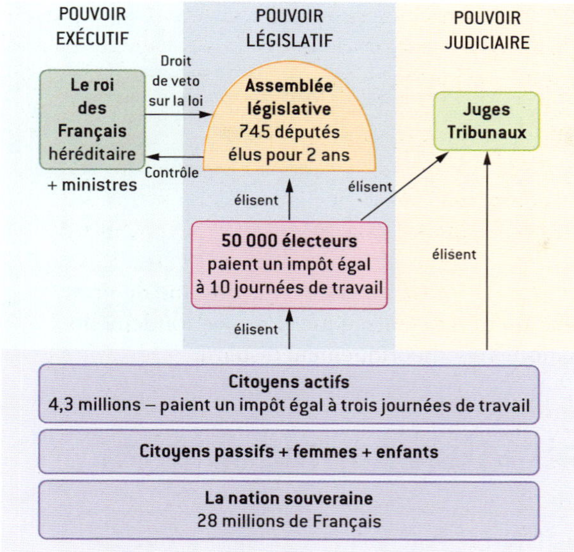

La Constitution de 1791

B La naissance de la République

Louis XVI, qui a convaincu l'Assemblée législative de déclarer la guerre à l'Autriche le 20 avril 1792, sous prétexte d'étendre la Révolution à l'Europe, espère secrètement une défaite de la France, ce qui lui restituerait ses pleins pouvoirs. Rapidement, l'invasion du territoire français par les troupes étrangères engendre une situation d'urgence. Le 10 août 1792, les **sans-culottes** envahissent le palais des Tuileries, contraignent l'Assemblée à suspendre le roi et à l'emprisonner avec sa famille. Le 20 septembre 1792, l'invasion étrangère est stoppée à Valmy. Une nouvelle assemblée, la **Convention**, est élue au suffrage universel masculin. Le **22 septembre 1792**, la **République** est proclamée.

> **DÉFINITION**
> **Sans-culottes** : classes populaires favorables aux idées de la Révolution. Ils tiennent leur nom du fait qu'ils portent des pantalons et non pas des culottes comme les aristocrates.

La République naît dans un contexte de guerre, de violences et de divisions entre les députés **Girondins** et **Montagnards**. Ces derniers obtiennent l'exécution de Louis XVI guillotiné le 21 janvier 1793. La Convention mobilise 300 000 hommes (**levée en masse**) pour la **guerre contre l'Autriche** et doit faire face à la **révolte des royalistes** en Vendée et en Bretagne. En septembre 1793, la guerre civile débouche sur la **Terreur légale du Comité de salut public**. Cette forme autoritaire de gouvernement conduite par **Robespierre** cherche à sauver la Révolution. Elle impose des mesures économiques d'urgence, surveille la population et élimine les opposants ou suspects. La Terreur aboutit à un bain de sang : 130 000 morts et 40 000 exécutions sur le territoire français. Cet épisode prend fin en juillet 1794 avec la **chute brutale de Robespierre** arrêté puis exécuté le 28 juillet 1794.

> **DÉFINITIONS**
> - **Girondins** : Républicains (souvent originaires du Sud-Ouest) modérés et opposés aux violences des sans-culottes.
> - **Montagnards** : Républicains proches des idées populaires défendues par les sans-culottes. Ils siègent en haut des gradins de l'Assemblée (d'où leur nom).

HISTOIRE

C En bref

Crise sociale
- Contestation de la société d'Ancien Régime
- Société inégalitaire fondée sur les privilèges
- Refus du clergé et de la noblesse d'abandonner leurs privilèges

Crise politique
- Monarchie remise en cause par les idées des Lumières
- Louis XVI est perçu comme un roi faible et sans prestance

Crise financière
- Déficit de l'État aggravé par la guerre d'Amérique
- Endettement du royaume
- L'impôt pèse essentiellement sur le tiers état

↓

Réunion des états généraux

Révolution de 1789

3 La domination napoléonienne

A L'instauration d'un nouveau régime

■ Le **9 novembre 1799** (18 brumaire de l'an VIII selon le calendrier républicain), le général Napoléon Bonaparte entreprend un **coup d'État** et fonde le **Consulat**. La République demeure le régime officiel mais le pouvoir revient en réalité au Premier consul Bonaparte.

■ Bonaparte consolide son régime par l'adoption du **Code civil** qui unifie le droit en France. Il stabilise la nouvelle monnaie, le **franc germinal**, par la création de la **Banque de France**. Chaque département est placé sous l'autorité d'un **préfet** qui rend des comptes au pouvoir central. Le régime signe avec le pape un **concordat.** Bonaparte censure la presse, limite la liberté d'expression et rétablit par la force l'esclavage aux Antilles. La propagande bonapartiste lui permet de renforcer son pouvoir jusqu'au sacre du 2 décembre 1804 qui lui donne le titre d'**empereur des Français**. Bonaparte devient Napoléon Ier, une nouvelle dynastie apparaît.

DÉFINITION

Concordat : alliance politique et religieuse entre l'État et la papauté (église catholique).

■ L'empereur prétend mettre fin à la Révolution débutée en 1789 et **garantit l'ordre social, politique, économique et religieux** en France. Il conserve de la Révolution de 1789 les droits civils attribués aux citoyens. Il confirme la suppression des privilèges et l'égalité devant la loi. Cependant, **l'Empire est bien un régime autoritaire** qui supprime les libertés et le droit d'expression. Napoléon n'admet aucune opposition et prétend surveiller la population. Le pouvoir napoléonien s'avère donc autoritaire, personnel et héréditaire. La Révolution débouche ainsi sur une sorte de nouvelle monarchie.

B La conquête de l'Europe

■ Des **campagnes militaires victorieuses** permettent à Napoléon d'agrandir le territoire français composé de 130 départements sur une superficie de 750 000 km². Lui-même roi d'Italie, il place des membres de sa famille sur les trônes d'Europe. La France impériale atteint son apogée en 1811.

■ Napoléon profite de ces conquêtes pour moderniser et unifier l'administration des États au moyen de la langue française. Il instaure l'égalité civile, la liberté de culte, l'unité des poids et mesures, supprime la dîme, les droits féodaux et tente d'imposer partout le **Code civil** (appelé Code Napoléon à partir de 1807). Perçu dans un premier temps comme un libérateur, Napoléon finit par incarner l'oppression. **Son régime s'effondre provisoirement en 1814 et définitivement en 1815**, victime d'une septième **coalition européenne**.

4 Le congrès de Vienne : une restauration de l'ordre monarchique et de la paix en Europe

■ Du 18 septembre 1814 au 9 juin 1815 se tient à Vienne un congrès qui réunit les grandes puissances européennes. **La carte politique du continent européen est redessinée par les puissances qui ont vaincu Napoléon**.

■ Ce remaniement profite aux plus grandes puissances qui affirment leur conservatisme :
- les frontières de la France sont ramenées à celles de 1791 ;
- la Belgique est annexée par le royaume des Pays-Bas ;
- la Savoie et le comté de Nice reviennent au royaume de Piémont-Sardaigne ;
- les Polonais sont partagés entre la Russie, la Prusse et l'Autriche qui en profitent pour agrandir leur territoire ;
- la Confédération germanique rassemble 38 États allemands sous l'autorité autrichienne.

L'Europe en 1815, après la défaite de Napoléon et le congrès de Vienne

HISTOIRE

■ Le Congrès de Vienne marque le **triomphe des monarchies autoritaires** hostiles aux idées libérales répandues par la Révolution de 1789. Les royautés et les empires **s'opposent à l'indépendance des minorités** : ils nient le droit des nationalités à obtenir leur pleine souveraineté. Belges, Polonais, Italiens du Nord, Finlandais et Irlandais vivent sous l'autorité d'un autre peuple. La France est désormais entourée de petits **États tampons** (Pays-Bas, Piémont-Sardaigne, Confédération helvétique) censés protéger les grandes puissances d'une éventuelle invasion française. Dans ce contexte, l'Allemagne et l'Italie ne sont toujours pas unifiées. L'Angleterre maîtrise plus que jamais les espaces maritimes de la mer du Nord, de la Méditerranée et de l'océan Indien.

■ Le sommet diplomatique de Vienne confirme donc le rôle prédominant des empires et la volonté de neutraliser la France révolutionnaire. Ce nouvel **équilibre européen** freine les tentations d'indépendance et de liberté des peuples européens mais ambitionne également d'établir une paix durable après vingt années de guerre.

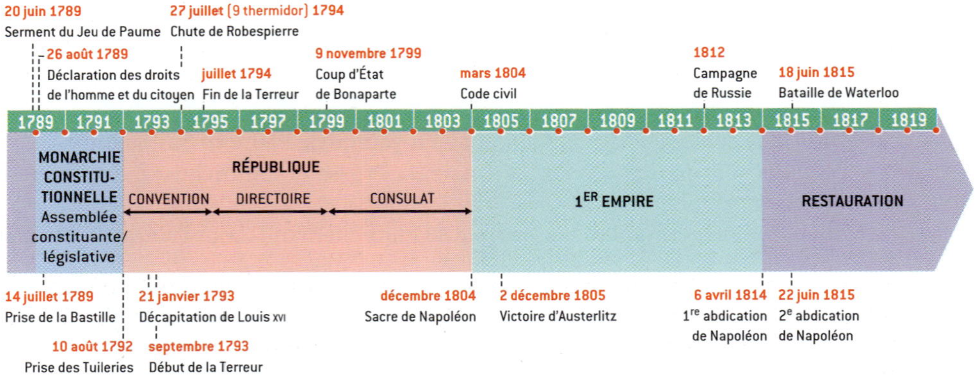

Chronologie politique de la Révolution à la Restauration

Sujet d'étude n° 1 : le 10 août 1792, la chute de la monarchie et le basculement vers une république révolutionnaire

La journée du 10 août 1792 marque une rupture et une nouvelle étape dans l'histoire de la Révolution. Elle conduit la monarchie constitutionnelle à sa perte et prépare l'arrivée de la République.

A Le contexte historique

■ Depuis le 20 avril 1792, **la France est en guerre contre une coalition de monarchies européennes** (menées par la Prusse et l'Autriche). Le 11 juillet, en raison des premières défaites militaires, la patrie est déclarée en danger. La menace extérieure se précise.

■ Le roi Louis XVI est entré dans un double jeu : il prétend adhérer à la monarchie constitutionnelle mais espère une défaite de la France dans cette guerre pour retrouver ses pleins pouvoirs. Seules les monarchies étrangères seraient en effet capables de restaurer l'**absolutisme** en France. La **fuite du roi jusqu'à Varennes en juin 1791** l'expose à l'hostilité des révolutionnaires.

■ L'**opinion publique** se radicalise et se montre de plus en plus **hostile au roi**. Les sans-culottes ne croient plus en l'avenir de la monarchie parlementaire (ou constitutionnelle) et aspirent à un régime plus démocratique.

B La prise des Tuileries

■ Dans la nuit du **9 au 10 août 1792**, des révolutionnaires prennent possession de l'Hôtel de Ville, siège du gouvernement, et forment une **Commune insurrectionnelle**. Le roi et sa famille quittent en urgence le palais des Tuileries pour se mettre sous la protection de l'Assemblée.

■ Les insurgés marchent sur les Tuileries où ils fraternisent avec les gardes nationaux. Mais ils se heurtent rapidement aux gardes suisses engagés au service du roi. Ces derniers sont massacrés lors de l'attaque du palais et seuls 200 environ réussissent à s'échapper.

■ Cette journée révolutionnaire se solde par la mort d'un millier de personnes (dont 600 Suisses). En matinée, la foule fait pression sur l'Assemblée pour qu'elle suspende et interne le roi. Elle décide alors d'**élections anticipées au suffrage universel** pour être remplacée par une nouvelle assemblée, la **Convention**, chargée de donner au pays une nouvelle Constitution. Le pouvoir se répartit provisoirement entre l'Assemblée discréditée, la Commune insurrectionnelle qui dirige Paris et le comité exécutif chargé de remplacer le roi et composé de six personnalités, dont **Danton**.

DÉFINITIONS

- **Garde nationale** : regroupement de citoyens armés ayant pour mission de garantir l'ordre à Paris comme en province à partir de l'été 1789. La Fayette dirige ce mouvement au début de la Révolution.
- **Tuileries** : il s'agit du palais parisien des rois de France construit dans le prolongement du Louvre et qui fut détruit à la fin du XIXe siècle.

La prise des Tuileries du 10 août 1792, **Jean Duplessis-Bertaux, château de Versailles**

HISTOIRE

C Vers une République révolutionnaire

■ Spontanée ou préparée, la journée du 10 août 1792 fait basculer la Révolution dans une nouvelle phase. Elle a été perçue comme une seconde Révolution. Il s'agit de tourner la page de la monarchie constitutionnelle pour mettre en place un **nouveau régime plus démocratique et sans roi**. Cet événement révolutionnaire se retourne contre la royauté mais aussi contre l'Assemblée élue qui doit céder face à la colère de la rue. La Révolution n'est plus le fait de la bourgeoisie mais des **catégories sociales populaires**.

■ Le 10 août confirme l'échec final de la Constitution de 1791 et ouvre une période d'**instabilité politique**. Cet épisode aboutit à l'expression d'une nouvelle violence collective mais débouche aussi sur la **proclamation de la République le 22 septembre 1792**.

 # vidéo
Extrait du film officiel du bicentenaire de la prise des Tuileries
foucherconnect.fr/19pbsti2d29

Sujet d'étude n° 2 : les puissances européennes contre Napoléon : la bataille de Waterloo

Le **18 juin 1815**, la bataille de Waterloo, intervient dans un contexte où se jouent des enjeux à la fois français et européens.

A Les forces en présence

■ En mai 1815, après un premier exil sur l'île d'Elbe, Napoléon revient en France et chasse du pouvoir Louis XVIII (épisode des **Cent Jours**). En réaction à cet événement, une **septième coalition internationale** se met en place pour éliminer définitivement le régime napoléonien. L'objectif de Napoléon est d'empêcher la jonction des troupes étrangères installées en Belgique avec celles qui stationnent en Alsace. Il décide donc d'attaquer l'ennemi dans la région de Waterloo.

■ Les deux camps en présence opposent les forces suivantes :

Forces françaises	Forces de la septième coalition (armée des Alliés)
Napoléon et son frère Jérôme aidés par le maréchal Ney : 71 600 soldats. Bilan : 11 500 morts (dont 14 généraux).	◗ Duc de Wellington (forces britanniques) et le maréchal prussien Blücher. ◗ Britanniques, Allemands et Prussiens, Néerlandais (Belges et Hollandais) : 68 000 soldats. Bilan : 12 200 morts.

B La bataille de Waterloo

■ Les Anglo-Hollandais organisent sur le terrain un **système défensif sous-estimé par Napoléon**. Suite à de fortes pluies, le terrain boueux rend les déplacements de l'infanterie et des canons difficiles. En début d'après-midi, les attaques des troupes françaises (dont celles du maréchal Ney) se heurtent à une forte résistance britannique. Vers 15 heures, la cavalerie française envoyée par assauts successifs échoue à entamer les bataillons ennemis. Les soldats autrichiens renforcent le positionnement des Anglais. Napoléon n'a plus d'autre choix que de faire intervenir la Vieille Garde, décimée, contre toute attente, par la cavalerie anglaise. L'empereur est évacué de justesse. La bataille de Waterloo se solde par un **véritable désastre. 10 000 Français se retrouvent prisonniers**.

■ Les opérations militaires en Belgique (où se trouve Waterloo, à vingt kilomètres de Bruxelles) tuent en quatre jours un total de 23 700 hommes et en blessent plus de 65 000. Cette bataille marque l'**ultime défaite de Napoléon** et la **fin de l'ambition française à diriger l'Europe**. Celle-ci entrevoit enfin la possibilité de revenir à une paix durable. Napoléon abdique une seconde fois le 22 juin 1815. Il tente en vain de céder son trône à son fils. Le sort de la France est confié à ses ennemis qui la contraignent à une amende et à la capitulation le 5 juillet 1815.

DÉFINITIONS

- **Infanterie** : ensemble des soldats qui combattent à pied.
- **Vieille Garde** : corps d'élite de la garde impériale composée de vétérans assurant la sécurité de Napoléon.

Andrieux, *La bataille de Waterloo, 18 juin 1815*

 # vidéo

La fin de la bataille de Waterloo, extrait du film *Waterloo*, de Bondarchuck

foucherconnect.fr/19pbsti2d30

HISTOIRE

EXERCICE 1

Document : organigramme de la constitution de 1791

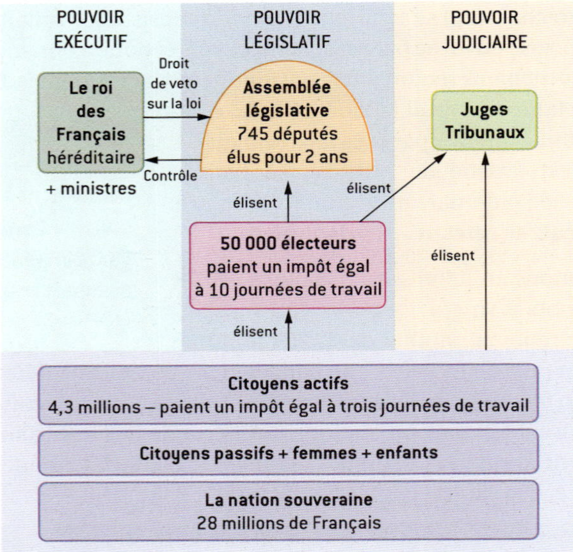

1. Quels aspects de cette constitution témoignent de son caractère démocratique ?
2. Quelles limites voyez-vous à cette dimension démocratique de la constitution de 1791 ?

EXERCICE 2

Identifiez les événements liés aux dates suivantes : mai 1789 ; 17 juin 1789 ; 4 août 1789 ; 26 août 1789 ; 10 août 1792 ; 22 septembre 1792 ; 21 janvier 1793 ; 28 juillet 1794 ; 9 novembre 1799 ; 2 décembre 1804.

corrigés
foucherconnect.fr/19pbsti2d31

2 Politique et société en France sous la Deuxième République et le Second Empire

De 1848 à 1870, l'instabilité politique de la France est en grande partie liée aux nombreuses mutations sociales et économiques qui transforment le pays entré dans la révolution industrielle. Les Français sont divisés entre conservatisme et libéralisme.

1 1848 : l'affirmation des grands principes démocratiques et républicains

■ Le renversement de la **monarchie de Juillet**, en février 1848, intervient dans un contexte européen de conquête des libertés. En quelques jours, le régime monarchique de Louis-Philippe est renversé. Le « **Printemps des peuples** », nom donné à cette période révolutionnaire de 1848, débouche en France sur la naissance de la IIe République (la première datait de 1792).

> **À SAVOIR**
> La **monarchie de Juillet** est le nom du régime politique de la France de juillet 1830 à février 1848.

■ Dans l'enthousiasme général, le gouvernement, composé de républicains convaincus et de socialistes, instaure le **suffrage universel** (tout en le refusant aux femmes). Il crée en parallèle des **ateliers nationaux** pour fournir du travail aux chômeurs victimes de la crise économique. La République semble donc revendiquer une **dimension démocratique et sociale** en faveur des populations les plus modestes.

> **DÉFINITION**
> **Ateliers nationaux** : organisation par l'État du 27 février au 21 juin 1848 d'ateliers censés faire travailler sur des chantiers les ouvriers parisiens victimes du chômage. Cette expérience sociale se solde par un échec.

■ En 1848, 9 millions d'électeurs disposent désormais du droit de vote (contre 200 000 auparavant). Les idéaux de la Révolution de 1789, tels que la fraternité, guident l'action politique. Le 27 avril 1848, grâce aux efforts de Victor Schœlcher, l'esclavage est aboli. 260 000 personnes bénéficient de cette mesure. La liberté de la presse est rétablie. La peine de mort pour raison politique est supprimée. Le souvenir de la Révolution guide donc l'action des républicains au pouvoir. Cependant, cet unanimisme républicain ne dure pas.

2 Une République mise en cause : la rupture de juin 1848 et l'échec de 1851-1852

■ La victoire des républicains modérés aux élections d'avril 1848 met un terme au climat libéral et social des premiers mois. Les députés décident la fermeture des ateliers nationaux considérés comme des foyers de propagation des idées socialistes. Du 20 au 23 juin 1848, l'**insurrection ouvrière** qui s'ensuit est très durement réprimée. Le bilan se solde par la mort d'environ 20 000 personnes. Le régime républicain entre dans un conservatisme anti-ouvrier. La **question sociale** n'est plus une priorité. En décembre 1848, Louis Napoléon Bonaparte (neveu de Napoléon Ier) est élu président de la République. Le **parti de l'Ordre** l'emporte. Il limite la liberté d'expression et allonge d'une heure la durée quotidienne de travail.

DÉFINITION

Question sociale : expression qui désigne l'ensemble des interrogations portées sur les changements qui touchent le monde du travail, l'économie tout entière et en particulier la classe ouvrière dans une période d'accélération de l'industrialisation en France au XIXe siècle.

■ En mai 1850, une réforme exclut du droit de vote 3 millions d'ouvriers. Dirigé par Louis Napoléon Bonaparte, le régime est aux mains des **monarchistes**. Se retrouvant dans l'impossibilité légale de se présenter une seconde fois au poste de président, Louis Napoléon Bonaparte entreprend un **coup d'État le 2 décembre 1851** et met donc fin par la force à la IIe République. En novembre 1852, il fait approuver lors d'un vote plébiscitaire le **rétablissement de l'empire** fondé sur une constitution proche de celle que son oncle Napoléon institua en 1799. Il devient **Napoléon III**, empereur des Français, le 2 décembre 1852.

DÉFINITIONS

- **Républicains** : défenseurs de la disparition de la monarchie au profit d'un régime démocratique qui garantit les libertés fondamentales.
- **Socialisme** : idéologie opposée aux inégalités sociales nées du capitalisme et de la propriété privée. Le socialisme rêve d'une société idéale marquée par l'égalité et le partage.

3 Une France du Second Empire en pleine transformation économique et sociale

■ Le Second Empire de Napoléon III limite sévèrement la liberté d'expression mais finit par se libéraliser quelque peu, devenant une **monarchie parlementaire**. Du temps de ce régime, la France se modernise à une vitesse accélérée.

■ Une véritable **mutation économique et sociale** transforme le pays. La **révolution industrielle** se confirme et fait sortir la France de la crise. Le **libre-échange** choisi par Napoléon III aide à maintenir un **niveau de croissance économique satisfaisant**. Les réseaux de transport comme celui du chemin de fer se densifient et aident à la circulation des hommes et des marchandises. Le **télégraphe** relie les grandes villes et accélère les flux d'informations. Les **façades maritimes** en plein développement (création du port de Saint-Nazaire) aident le pays à mieux intégrer la mondialisation en cours. Le système bancaire et financier se développe dans un cadre capitaliste où l'État investisseur mène une politique volontariste. L'essor d'une bourgeoisie pousse à la consommation des nouveaux biens vendus dans les **grands magasins**, comme la Samaritaine à Paris.

■ Paris devient la vitrine des grands changements qui bouleversent la vie des Français. La capitale accueille des événements mondiaux tels que les **expositions universelles** de 1855 et de 1867. Le baron Haussmann, préfet de la Seine, fait de Paris un modèle d'urbanisme (appelé **hausmannisation**). Les grands boulevards, les égouts et les adductions d'eau, les parcs, les façades d'immeubles, les gares, les nouvelles places publiques mais aussi les nouveaux ponts font sortir Paris de son passé médiéval. La ville se modernise à toute allure et adopte une nouvelle ossature grâce à des percées et trouées qui aèrent son tissu urbain. Ce **réaménagement** spectaculaire s'étend à beaucoup de villes françaises.

■ Tous les Français ne profitent cependant pas de cette marche vers le progrès. Les campagnes tardent à se moderniser. Elles demeurent le conservatoire de nombreux **archaïsmes**. Le pouvoir limite à des œuvres de charité sa politique sociale envers les plus démunis. Victor Duruy, ministre de l'instruction publique de 1863 à 1869, rencontre beaucoup de difficultés à appliquer sa réforme scolaire au profit du plus grand nombre. Le développement économique français se trouve dépassé par celui de l'Angleterre, des États-Unis et de l'Allemagne.

***Rue de Paris, temps de pluie*, Gustave Caillebotte, 1877**

4 La chute du Second Empire et l'unification allemande : l'« Année terrible » 1870-1871

■ De juillet 1870 à juin 1871, la France traverse l'une de ses pires épreuves. Le chancelier Bismarck parvient à trouver un prétexte diplomatique pour que **Napoléon III déclare la guerre à la Prusse le 19 juillet 1870**. En six semaines, la France perd de nombreuses batailles. Le 2 septembre 1870, retranché à Sedan, Napoléon III se rend. Cette défaite militaire sans appel aboutit le **4 septembre 1870 à la proclamation de la IIIe République** à Paris. Le Second Empire s'effondre brutalement.

■ Léon Gambetta, ministre de l'Intérieur dans le nouveau gouvernement de la Défense nationale, veut poursuivre la guerre contre la Prusse. Paris subit cinq mois de siège et finit par capituler. Le 18 janvier 1871, les Prussiens proclament la naissance de **l'Empire d'Allemagne** (Reich) dans la galerie des glaces du château de Versailles. L'Allemagne est désormais un pays unifié sous l'autorité de l'empereur Guillaume Ier.

■ Le 18 mars 1871, une **insurrection** éclate à Paris dans le quartier de Montmartre. Après des mois de siège, les classes populaires parisiennes ne souhaitent pas être désarmées. La **Commune de Paris** s'oppose au gouvernement français installé à Versailles et impose une autogestion d'inspiration communiste. Durant un peu plus de deux mois, les Communards

HISTOIRE

élaborent un système politique, économique, social et culturel autonome en faveur des milieux populaires. Cette expérience prend fin dramatiquement lors de la « **Semaine sanglante** » du 21 au 28 mai 1871. La répression militaire engendre la mort d'au moins 10 000 personnes. Cet épisode de guerre civile clôt l'« **Année terrible** » selon Victor Hugo.

La colonne Vendôme a été édifiée par Napoléon Ier en 1810 pour célébrer sa victoire d'Austerlitz. Elle fut détruite en 1871 par les Communards qui y voyaient un symbole d'oppression (on repère une barricade à l'entrée de la place)

Portait de Napléon III en uniforme de général de brigade dans son cabinet des Tuileries en 1862, Jean-Hippolyte Flandrin

Sujet d'étude n° 1 : Victor Hugo sous la Deuxième République et le Second Empire

Victor Hugo entame sa carrière politique au temps de la **monarchie de Juillet**. Proche du roi Louis-Philippe, il obtient la fonction de **pair de France** en 1845. En 1848, il devient **maire du 8e arrondissement de Paris** et siège parmi les députés monarchistes sous la Deuxième République. Il participe, sans y adhérer pleinement, à la répression contre l'insurrection ouvrière de juin 1848. Il soutient la candidature de Louis Napoléon Bonaparte pour le poste de président de la République. Il poursuit sa carrière de **député** mais s'oppose de plus en plus au conservatisme du régime. Monarchiste modéré, Hugo se rallie petit à petit à la cause républicaine et s'attaque à la politique menée par le pouvoir exécutif.

> **DÉFINITION**
> **Pair de France** : titre qui permet de siéger parmi les rangs de la Chambre des pairs. Cette haute assemblée fonctionna du temps de la Restauration (1814-1830) et de la Monarchie de Juillet (1830-1848).

Dans son discours à l'Assemblée législative du 17 juillet 1851, Victor Hugo s'oppose à la rééligibilité du président Louis Napoléon Bonaparte qui entend modifier la Constitution pour entamer un deuxième mandat. Victor Hugo tente vainement de résister au **coup d'État** de ce dernier le 2 décembre 1851. Ayant failli être arrêté, il part en **exil** pour la Belgique le 11 décembre 1851. Bien que son nom figure dans la liste officielle des bannis, l'écrivain est autorisé à rentrer en France mais s'y refuse catégoriquement. Il devient la **figure emblématique de l'opposition** à Louis Napoléon Bonaparte devenu Napoléon III.

Photographie d'Hugo en exil à Guernesey sur le rocher des Proscrits en 1853

HISTOIRE

DÉFINITION

Pamphlet : texte idéologique, engagé, qui combat avec ardeur un régime, une institution ou un personnage politique.

■ En juillet 1852, il termine un **pamphlet** intitulé *Napoléon le Petit* qui circule clandestinement en France. En août 1852, par prudence, Victor Hugo s'exile de nouveau à Jersey, dans l'archipel anglo-normand, en bordure du Cotentin. En novembre 1853, il publie, grâce à un éditeur belge, *Les Châtiments*, où il dénonce en vers le despotisme de Napoléon III. C'est dans l'île voisine de **Guernesey**, à **Hauteville House**, qu'il s'installe en 1854. De là, il poursuit sa carrière d'écrivain. Il y prolonge sa lutte contre Napoléon III et s'engage en faveur de différentes causes comme l'indépendance de la Pologne ou encore l'abolition de la peine de mort. En mai 1870, Victor Hugo appelle à renverser le Second Empire. Cela lui vaut une ultime procédure judiciaire pour mépris envers la personne impériale.

■ Trois jours seulement après le désastre de Sedan qui marque la chute de Napoléon III, le 5 septembre 1870, Victor Hugo rentre à Paris où il est acclamé. Son exil de presque 19 ans prend fin. Il va devenir l'une des icônes de la IIIe République qui l'honore comme l'un de ses pères. Il clôt son parcours politique en devenant sénateur en 1876. À sa mort, en mai 1885, Victor Hugo bénéficie de **funérailles nationales**. Cet événement attire deux millions de personnes. Son corps est transféré au **Panthéon**. Son souvenir reste associé à la lutte en faveur de la République et des pauvres.

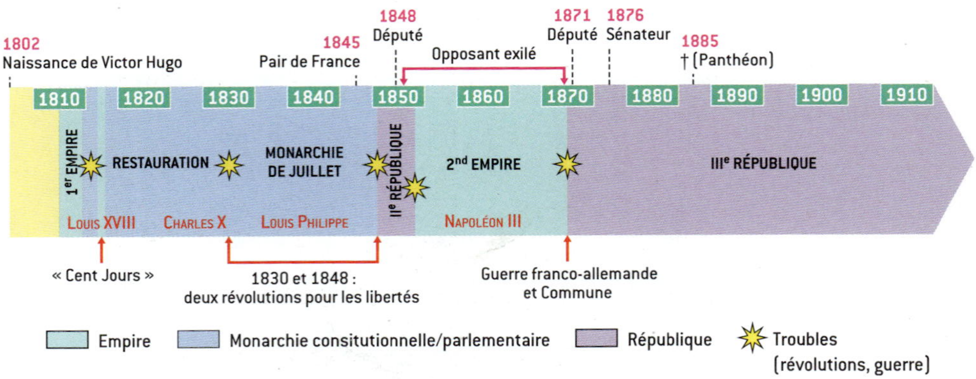

Chronologie politique de Victor Hugo

Sujet d'étude n° 2 : les établissements Schneider au Creusot sous la Deuxième République et le Second Empire

■ En 1836, le **site industriel du Creusot** en Bourgogne est racheté par les frères **Adolphe** (1802-1845) et **Eugène Schneider** (1805-1875), **maîtres de forges** originaires de Lorraine. Les besoins croissants en chemins de fer, en bateaux, en armement et en charpentes métalliques permettent à l'affaire Schneider de prospérer. L'accélération du **développement industriel français** à l'époque du Second Empire aide Eugène Schneider à faire du Creusot une immense usine connue pour son gigantesque **marteau-pilon à vapeur** de 100 tonnes permettant de forger des plaques métalliques de grandes dimensions.

DÉFINITIONS

- **Maître de forge** : patron d'une entreprise de métallurgie servant à produire du fer, de la fonte et de l'acier.
- **Marteau-pilon** : machine-outil de forge fonctionnant à la vapeur spécialement créée par l'ingénieur François Bourdon pour le site du Creusot en 1841 et qui au moyen d'une tige centrale permet d'aplanir du fer.
- **Aciérie** : usine qui produit de l'acier en gros volumes.

Marteau-pilon du Creusot, carte postale du début du XXe siècle

■ La prospérité des Schneider leur permet d'étendre leur influence sur le monde des affaires, de la finance et de la politique. En 1867, Eugène dirige le Corps législatif (l'assemblée du Second Empire). Il siège au conseil d'administration de la compagnie ferroviaire Paris-Lyon-Marseille. Il poursuit son ascension en devenant régent de la Banque de France et en partageant la direction de la banque « Société générale ». Cette diversification des activités familiales lui permet de regrouper les maîtres de forges dans un organisme de défense des intérêts de la profession. Trois générations succèdent aux deux frères, ce qui fait des Schneider une **véritable dynastie de capitaines d'industrie**.

HISTOIRE

■ Devenu un **site industriel de réputation mondiale**, Le Creusot emploie jusqu'à 20 000 personnes en 1914. L'objectif des Schneider est de retenir leurs employés grâce à une **organisation collective typique du paternalisme**. Celui-ci consiste à contrôler l'espace local de l'usine, de ses environs, et à gérer au mieux la vie des ouvriers qui bénéficient d'un système de retraite par épargne. Les Schneider font construire un réseau d'écoles qui aide au recrutement des futurs employés formés à l'« esprit maison ». Un hôpital et une maternité permettent de mieux prendre soin des employés. De manière à fixer la main-d'œuvre, des cités ouvrières avec maisons individuelles et jardinets améliorent la vie quotidienne des ouvriers.

DÉFINITION

Paternalisme : stratégie d'entreprise qui vise à attribuer aux employés des avantages économiques et sociaux de manière à les faire adhérer à un système de subordination les plaçant sous l'autorité supposée bienveillante de leur patron.

■ Les Schneider entendent défendre une morale fondée sur le **libéralisme** et sur les **valeurs religieuses et familiales**. Ils font édifier des églises, entretiennent une police locale et encadrent la vie collective en finançant des associations sportives ou culturelles censées éloigner les ouvriers des idées socialistes. Leur politique sociale encourage la diffusion d'une morale au service de l'hygiène, de l'ordre et du respect de la hiérarchie.

■ Le Creusot apparaît donc comme une « **ville-usine** » façonnée par une dynastie d'industriels qui imposent un ordre moral qui n'hésite pas à recourir à l'armée en 1899 pour mettre fin à une **grève générale**. Les Schneider ont réussi à allier le libéralisme et le paternalisme pour faire du Creusot un projet à la fois industriel et social.

ENTRAÎNEMENT AU CONTRÔLE CONTINU

EXERCICE 1

Rédiger un texte de 10 lignes qui, à partir de la chronologie, explique l'itinéraire politique de Victor Hugo.

EXERCICE 2

1. Choisissez la définition de « printemps des peuples » parmi les trois possibilités suivantes :
a. Tendance des peuples à mener des guerres entre eux.
b. Soulèvement révolutionnaire des peuples contre l'autorité des souverains autoritaires.
c. Participation des peuples à la célébration des régimes autoritaires.
2. Associez les personnages suivants à un régime politique :

a. Louis-Philippe	1. Deuxième République
b. Louis-Napoléon Bonaparte	2. Second Empire
c. Napoléon III	3. Monarchie de Juillet

3. Choisir la définition qui définit l'haussmannisation :
a. Transformation et réaménagement spectaculaire de Paris
b. Ensemble des progrès sociaux en France sous le Second Empire
c. Conservatisme des campagnes hostiles aux différentes formes de progrès

 # corrigés
foucherconnect.fr/19pbsti2d31

3 La Troisième République avant 1914 : un régime, un empire colonial

L'instauration puis l'enracinement de la Troisième République permettent à la France d'entrer à partir de 1870 dans une phase de stabilité politique. La réaffirmation des principes hérités de 1789 rencontre néanmoins quelques obstacles. La fin du XIXe siècle apparaît comme une ère d'expansion qui fait entrer le pays dans le nouvel âge colonial.

1 Un projet républicain fondé sur les libertés fondamentales et sur la laïcité

A Un régime qui garantit les droits

■ La Troisième République est un **régime libéral et parlementaire**. Elle offre aux Français le **suffrage universel masculin** (direct et indirect) et fait de la pratique du vote le fondement du système politique (démocratie représentative). La République garantit la **séparation des pouvoirs** et place le **Parlement** (composé de deux assemblées) au centre du système constitutionnel.

■ À partir des années 1880, les réformes de grande ampleur se multiplient. La **liberté de la presse** est reconnue en 1881, le **droit d'association** en 1884. En 1881-1882, **Jules Ferry** instaure l'**école gratuite, laïque et obligatoire** pour les enfants de moins de 13 ans. L'idéal de l'instruction répond au besoin de laïciser la société jugée trop dépendante de l'Église catholique. L'école forge l'unité de la nation par la diffusion d'un enseignement en langue française.

B Une culture républicaine qui s'enracine

■ Une culture républicaine naît à partir de l'école publique, de l'armée (service militaire créé en 1889) et des mairies dont les maires sont élus par les conseils municipaux dès 1884. Le **patriotisme** et l'**attachement au régime républicain** passent par la propagation des **symboles politiques** : Marianne devient l'emblème du pays, la devise « Liberté, Égalité, Fraternité » s'impose, tout comme le drapeau tricolore, et *La Marseillaise* est désignée hymne national en 1879.

■ La **laïcisation** du pays franchit une nouvelle étape en **1905**. Présentée par le député **Aristide Briand**, la **loi de séparation de l'État et des Églises** met fin au concordat napoléonien de 1801. Elle proclame la **liberté de conscience** tout en garantissant le **libre exercice des cultes**. L'État affirme ainsi sa neutralité religieuse. Il ne rémunère plus les évêques, les curés, les pasteurs et les rabbins. L'État et les collectivités deviennent propriétaires des biens détenus par l'Église tout en permettant à celle-ci d'y exercer le culte. Les Églises gagnent en indépendance : l'État ne nomme plus les évêques.

■ Cette loi de laïcisation rencontre l'opposition du pape et d'une grande partie des catholiques français. Annexée par l'Allemagne en 1871, l'Alsace-Moselle échappe à la loi de 1905. Ce statut spécial permet aux religieux de rester des fonctionnaires après la victoire de 1918 et leur réintégration au territoire français.

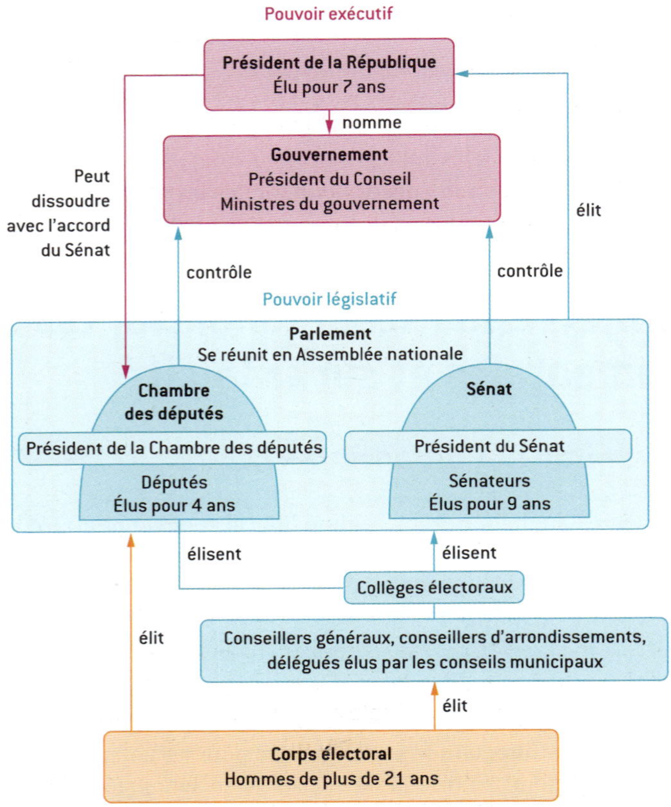

Les institutions de la IIIe République et leur fonctionnement

2 Un régime républicain fragilisé par la résurgence de l'antisémitisme : l'affaire Dreyfus

A Les faits et leur chronologie : l'histoire d'une injustice

■ En 1894, le **capitaine Alfred Dreyfus** (1859-1935), juif alsacien, est soupçonné et condamné par la justice militaire pour espionnage au profit de l'Allemagne. Dégradé, il est déporté au bagne, en Guyane. Deux ans plus tard, le lieutenant-colonel Picquart identifie le vrai coupable, le commandant Esterhazy, mais ne parvient pas à convaincre la hiérarchie militaire de la nécessité d'innocenter Dreyfus. Lors d'un jugement militaire tenu en 1898, Esterhazy est acquitté.

■ En réaction, l'écrivain **Émile Zola** publie un article de presse intitulé **« J'accuse ! »** où il dénonce l'attitude des dirigeants. L'affaire devient politique et vaut à l'écrivain engagé des poursuites judiciaires. L'Affaire commence. **Jean Jaurès** prend la relève en démontrant publiquement **l'innocence de Dreyfus** qui bénéficie finalement de la grâce présidentielle. En 1906, il est réhabilité et réintègre l'armée. Il reçoit enfin la Légion d'honneur.

B Une France coupée en deux par l'Affaire

- L'Affaire scinde en deux camps l'opinion française. Les **dreyfusards** prennent la défense du capitaine tandis que les **antidreyfusards** s'acharnent à donner raison à l'armée et à sa justice. Les adversaires créent des structures associatives : la Ligue des droits de l'homme et du citoyen défend Dreyfus alors que la Ligue de la patrie française affiche son antidreyfusisme. Des écrivains comme Zola deviennent des **intellectuels**, c'est-à-dire des personnes qui misent sur leur renommée pour interpeller médiatiquement l'opinion sur des sujets politiques importants et polémiques.

- L'affaire Dreyfus oppose finalement les **républicains convaincus (dreyfusards)** aux **antirépublicains** qui témoignent de leur antisémitisme et de leur nationalisme. Cette querelle divise donc les Français et affaiblit le régime républicain.

3 La course à la colonisation : des puissances européennes rivales

A Les causes de la colonisation

À partir des années 1880, la France poursuit la **course à la colonisation** entamée en 1830 avec les débuts de la conquête de l'Algérie. Cinquante ans plus tard, la France domine un empire de 12 millions de km², peuplé de 110 millions de « **sujets** » en Afrique et en Asie. Le processus de colonisation s'explique par différents motifs :

– le **motif politique**, qui considère que la possession de colonies est un gage de puissance internationale. La colonisation est un moyen d'afficher son rang mondial. Coloniser permet d'entretenir un **nationalisme de prestige** ;

– le **motif économique**, qui permet de trouver dans les colonies de nouveaux débouchés pour les produits industriels et les capitaux de la métropole. Le **libre-échange** justifie la colonisation ;

– le **motif démographique et social**. La conquête de nouveaux territoires permet à des colons de s'installer au moyen d'expropriations qui visent les populations indigènes ;

– le **motif idéologique et racial**. La République prétend étendre la civilisation en colonisant les terres d'Afrique et d'Asie. La colonisation est perçue comme une **entreprise civilisatrice** qui apporte aux peuples d'ailleurs les progrès de la médecine, de l'enseignement, mais également la religion chrétienne (évangélisation) et les infrastructures, telles que les routes et les chemins de fer. La colonisation est aussi le moyen pour l'homme blanc d'affirmer sa « supériorité » supposée. Coloniser apparaît comme un **devoir moral** ;

– le **motif culturel**. Le goût pour l'**exotisme** et l'**orientalisme** perceptible dans les arts et la littérature entretient un imaginaire qui donne à la colonisation une connotation héroïque et mythique.

HISTOIRE

DÉFINITIONS

- **Colonisation** : phénomène militaire, politique, économique et culturel qui place de force une population et un territoire sous la tutelle d'un autre État qualifié de métropole.
- **Exotisme et orientalisme** : le premier est la traduction culturelle de l'attirance pour l'autre, pour l'étranger, c'est-à-dire pour celui qui vit ailleurs. L'orientalisme est un mouvement littéraire, artistique et architectural apparu en Europe au XVIIIe siècle et qui témoigne d'une grande curiosité pour l'Orient, allant du Maghreb jusqu'à l'Extrême-Orient.

B La géographie de la colonisation

SIGLES

- **AOF** : Afrique occidentale française
- **AEF** : Afrique équatoriale française

Trois principales régions sont concernées par la colonisation française : le **Maghreb**, l'**Afrique subsaharienne** (partagée entre l'**AOF** et l'**AEF**) et la péninsule **indochinoise**. Dans tous les cas, la conquête coloniale établit un rapport de force entre colonisateurs et colonisés (peuples indigènes) mais aussi entre les puissances européennes impérialistes. Français et Anglais sont concurrents dans la conquête de l'Afrique de l'Est mais aussi en Asie du Sud-Est.

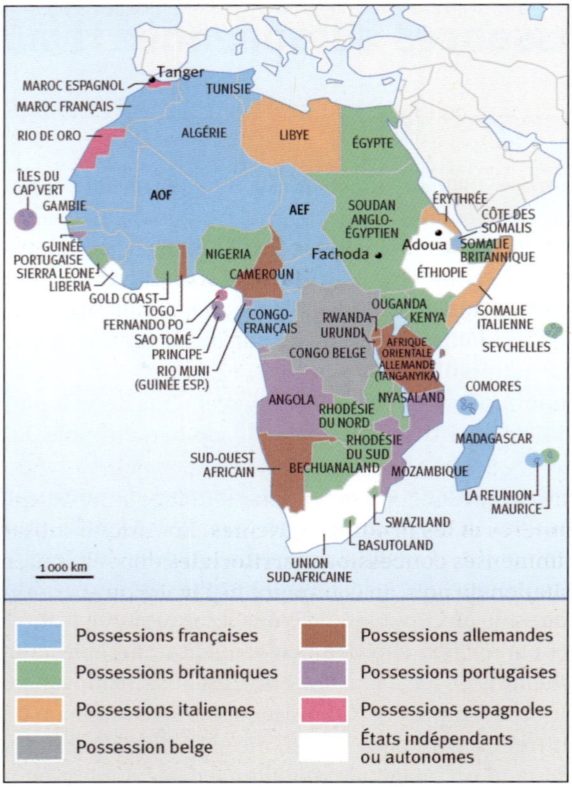

L'Afrique coloniale en 1914

4 Les territoires et le fonctionnement des sociétés coloniales

A Gérer les colonies et les indigènes

■ Tous les territoires de l'empire colonial français ne sont pas administrés de la même manière. Une administration indirecte est appliquée au Maroc, en Tunisie et au Cambodge qui constituent des **protectorats**. Dans ces pays, l'autorité traditionnelle conserve une certaine autonomie à la condition de **protéger les intérêts stratégiques français**. Inversement, la plupart des territoires conquis sont placés sous l'administration directe de l'État français comme en AOF, en AEF et au Tonkin. L'Algérie devient un ensemble de départements français, car elle constitue une **colonie de peuplement** où vivent de nombreux colons d'origine métropolitaine et européenne.

■ Partout, le recours au personnel indigène s'avère nécessaire pour administrer les territoires colonisés. Pour autant, rares sont les populations auxquelles on reconnaît un véritable statut de « citoyens français ». Ces « sujets français » sont soumis au **Code de l'indigénat** instauré en 1881 qui les prive d'un très grand nombre de droits civils et politiques. Le système colonial distingue fondamentalement les citoyens français des indigènes que l'on cherche à contrôler.

À SAVOIR

Le **Code de l'indigénat**, en vigueur de 1881 à 1946, est un ensemble de décrets qui établit dans les colonies françaises une discrimination administrative et judiciaire entre les colons et les indigènes dont le statut est inférieur.

■ Au nom de la civilisation et de manière à protéger les colons et leur main-d'œuvre, la colonisation dispense une **action sanitaire et scolaire** qui consiste à lancer des campagnes de vaccination et à instruire une minorité locale qui puise dans l'école occidentale les futurs arguments de contestation de l'ordre colonial.

B L'exploitation des colonies

■ Les territoires colonisés sont mis en valeur. Les infrastructures portuaires, ferroviaires et routières visent essentiellement, comme en Indochine, à **exploiter** puis à **exporter les matières premières et les produits agricoles**. En Afrique subsaharienne, des entreprises obtiennent d'immenses **concessions territoriales** dont elles tirent d'importants bénéfices grâce à l'exploitation du bois, au commerce de l'ivoire ou encore grâce à la récolte du caoutchouc. Le Congo fournit du cuivre en grande quantité tandis que l'Indochine livre de gros volumes de charbon. Les colonies approvisionnent la métropole en produits devenus de première nécessité.

■ La colonisation accélère **l'urbanisation des peuples indigènes** tandis que beaucoup d'agriculteurs, comme en Algérie, perdent leur propriété agricole. La main-d'œuvre subsaharienne est soumise au **travail forcé** et subit une violence administrative. L'**acculturation** éloigne les populations de leur culture d'origine. La colonisation permet l'émergence de nouvelles **élites indigènes** en rupture avec les élites traditionnelles. Ces nouvelles élites sont à l'origine de la contestation de la domination coloniale.

DÉFINITIONS

- **Indigène** : terme qui sert à définir les populations colonisées d'Afrique et d'Asie. L'indigène est celui qui est originaire du lieu et qui se différencie du colon venu d'ailleurs.
- **Métropole** : dans le contexte de la colonisation, le terme désigne l'État qui colonise d'autres territoires souvent qualifiés d'Outre-Mer.
- **Nationalisme** : idéologie qui entretient le mythe de la supériorité nationale au détriment des autres nations et des minorités présentes dans le pays. Dans le contexte colonial, le nationalisme désigne la volonté politique d'un peuple colonisé d'obtenir sa reconnaissance et son indépendance.

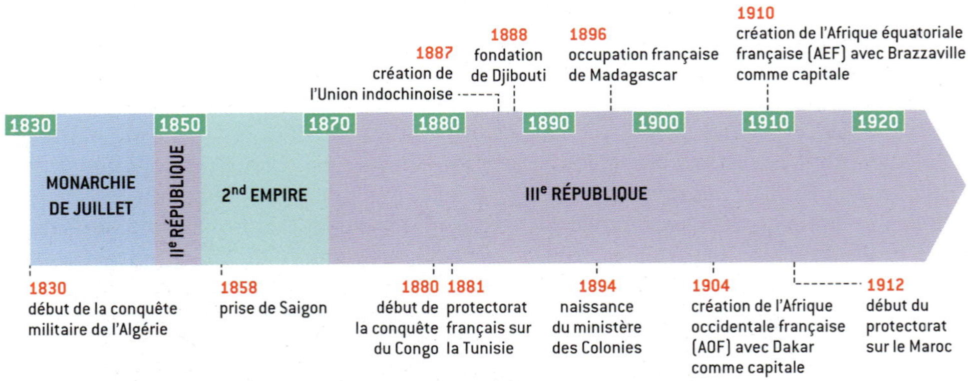

Chronologie de la colonisation française

Sujet d'étude n° 1 : l'instruction des filles sous la Troisième République avant 1914

A Les progrès de la scolarisation des filles vers 1880

■ La Troisième République marque une étape essentielle dans l'histoire de la **scolarisation des filles**. En 1879, la **loi Paul Bert** contraint chaque département à mettre en place une **école normale de filles** chargée de former les institutrices. L'éducation des femmes n'est plus seulement du ressort de l'Église catholique mais dépend désormais de l'autorité de l'État. En 1880, la **loi Camille Sée** crée les lycées de jeunes filles. Le premier ouvre à Montpellier. Au nombre de 36 en 1893, ces lycées ne préparent pas leur public féminin au Baccalauréat (contrairement aux garçons) mais à un **diplôme d'études secondaires** (ou brevet supérieur). En 1881, la naissance de l'École normale supérieure de Sèvres permet la formation des professeurs femmes destinées à enseigner dans ces lycées.

■ Grâce aux **lois scolaires de Jules Ferry** qui rendent l'école primaire **gratuite, laïque et obligatoire**, les filles de 6 à 13 ans bénéficient à partir de 1882 d'un enseignement presque identique à celui des garçons. L'égalité d'éducation est en marche. Elles apprennent l'écriture, le calcul et la lecture. Dans des écoles non mixtes, elles sont également formées « aux soins du ménage et aux travaux de femme » dissociés des travaux manuels destinés aux garçons. L'enseignement conserve donc sa mission de socialisation qui différencie les missions assignées à chacun des deux sexes conformément aux attentes de la société. La **dissociation entre garçons et filles** demeure l'un des **fondements de l'organisation de l'école**.

■ En dépit d'un système scolaire qui donne encore l'avantage aux hommes, de rares femmes montrent la voie vers la réussite scolaire. L'une d'entre elles est la première à obtenir en 1885 l'agrégation de sciences (diplôme d'enseignement d'un niveau très élevé). En 1888, Louise-Amélie Leblois est la première femme à obtenir le titre de docteur ès-sciences (grâce à l'obtention d'une thèse universitaire).

B La scolarisation des filles au début du XXe siècle

Au début du XXe siècle, malgré toutes les lois scolaires, beaucoup de filles restent encore exclues du système scolaire. L'enseignement privé commence cependant à préparer les jeunes filles au Baccalauréat qui les destine aux études supérieures. Ce niveau d'études demeure encore largement fermé aux femmes puisque leurs études secondaires ne les préparent pas à cet examen. La demande sociale s'accentuant après la Première Guerre mondiale, les femmes vont être autorisées à accéder au **Baccalauréat** au même titre que les hommes en **1924**. L'histoire de la scolarisation des filles est donc celle d'une **conquête des droits** et d'une **égalité entre les sexes** progressivement permise par la République.

Cours de cuisine dans une classe de jeunes filles au lycée de Versailles en 1900

Sujet d'étude n° 2 : vivre à Alger au début du XXe siècle

A Une ville en profonde mutation

■ Au début du XXe siècle, la ville d'Alger est le résultat de profondes transformations entamées un demi siècle plus tôt par la présence des Français. Du temps du Second Empire (1852-1870), l'architecte Chassériau redessine la ville en y introduisant de grands boulevards ainsi que des rampes qui relient le front de mer à l'intérieur de la ville. Alger se transforme rapidement sur le modèle de Paris. Son **haussmannisation**

DÉFINITION

Haussmannisation : La transformation d'une ville sur le modèle du Paris du baron Haussmann, ancien préfet, qui transforma considérablement la capitale française sous le Second Empire (1852-1870).

HISTOIRE

consiste à détruire certains quartiers arabes anciens au profit d'immeubles alignés sur le modèle architectural français. Les équipements liés à la colonisation font leur apparition. La préfecture, l'hôtel de ville, les écoles, le casino, le lycée, les églises, les hôtels touristiques et les jardins équipent la ville en espaces symboles d'une présence française qui s'affirme également dans la toponymie (le nom des lieux).

■ Vers 1900, l'**européanisation** d'Alger en fait une ville moderne. Elle devient le centre d'un réseau de chemins de fer qui longe le littoral algérien. Les lignes de tramway quadrillent les quartiers. Pour des raisons à la fois militaires et économiques, le port d'Alger est l'une des zones les plus constamment réaménagées. La multiplication des bassins, le prolongement des jetées, la construction de hangars, l'extension des quais permettent à Alger d'intégrer un réseau maritime à l'échelle méditerranéenne. Le port devient l'interface du pays tout entier avec la métropole. Cet espace garantit ainsi les intérêts stratégiques de la France en Algérie.

B Une ville ségréguée

■ Une ville européenne se superpose à la ville musulmane. La ville nouvelle cohabite avec la ville ancienne (la **Casbah**) tout en l'effaçant progressivement. À partir de 1903, la mode **néo-mauresque** aboutit à la construction de bâtiments inspirés par le style arabe et censés embellir la ville. La Grande Poste d'Alger édifiée en 1910 témoigne du souci d'entretenir un style oriental prétendu plus authentique et respectueux de l'identité arabe.

■ La ville d'Alger fait cohabiter deux communautés de **colons** et d'**indigènes** sans véritablement les mélanger. De nombreux quartiers populaires et anciens accueillent une population musulmane (la Casbah) ou européenne et ouvrière. Bab El Oued est ainsi le quartier populaire qui loge des migrants français et notamment italiens. Des quartiers plus bourgeois du front de mer ou du centre logent les classes supérieures. À la **ségrégation ethnique** s'ajoute donc une **discrimination socio-spatiale** liée au système colonial en place.

DÉFINITION

Médina : terme arabe qui désigne la ville traditionnelle.
Ce quartier est appelé à Alger « la Casbah » (la citadelle).

Le port d'Alger vu depuis le phare en 1899

ENTRAÎNEMENT AU CONTRÔLE CONTINU

EXERCICE 1

Une du journal *Psst... !* 23 juillet 1898, dessin de Forain

1. Présentez le document et décrivez la scène en essayant d'identifier les personnages.
2. Montrez que ce document est antidreyfusard.

> Le masque mis au premier plan est celui d'Émile Zola.

EXERCICE 2

Justifier la phrase suivante en vous remémorant le cours : « Les années 1880 installent véritablement la République en France. »

EXERCICE 3

Identifier la puissance coloniale qui domine les territoires africains suivants : **a.** Égypte ; **b.** Libye ; **c.** Tchad ; **d.** Madagascar ; **e.** Mozambique.

 # corrigés
foucherconnect.fr/19pbsti2d31

HISTOIRE

4 La Première Guerre mondiale bouleverse les sociétés et l'ordre européen

La Première Guerre mondiale, marquée par la dureté inédite de ses combats, le caractère total du conflit et la mort de masse, fait entrer le monde dans une nouvelle ère brutale. Qualifié de « Grande Guerre », cet affrontement bouleverse à jamais l'Europe qui s'en trouve ébranlée sur le plan géopolitique. Le XXe siècle qui s'engage est en grande partie l'héritage de ces 53 mois de guerre.

1 Une guerre totale

A Les grandes phases du conflit

■ L'**assassinat de l'archiduc François-Ferdinand**, héritier de l'Empire austro-hongrois, par un nationaliste serbe, le **28 juin 1914**, engendre une crise diplomatique qui débouche sur la **guerre**. En raison des alliances militaires qui opposent la **Triple Alliance** (Italie, Allemagne et Autriche-Hongrie) à la **Triple Entente** (France, Royaume-Uni et Russie), l'Europe mobilise ses forces et entre en guerre **début août 1914**.

DÉFINITIONS

◗ **Poilu** : terme qui désigne le soldat français qui ne dispose pas des moyens de se raser. L'expression renvoie plus largement à l'âge adulte nécessaire à l'enrôlement dans l'armée.

◗ **Tranchées** : réseau de lignes de défense creusées dans le sol pour faire face à l'ennemi. Le no man's land est l'espace particulièrement dangereux situé entre deux tranchées adverses.

■ De **1914 à 1917**, après l'avancée des troupes allemandes à l'Ouest comme à l'Est, débute la guerre de position. La stabilisation des fronts engendre l'enlisement du conflit. Les armées s'enterrent : c'est la **guerre des tranchées**. Le conflit s'annonce très long.

■ L'année 1917 marque un tournant. Deux révolutions renversent le **tsarisme** en Russie. Les **États-Unis**, quant à eux, **entrent en guerre le 6 avril 1917**, victimes de la guerre sous-marine menée en Atlantique par l'Allemagne.

■ Au **printemps 1918**, la **guerre de mouvement** reprend. La Russie signe la paix avec l'Allemagne à Brest-Litovsk. Aidés par les Américains, les Alliés repoussent l'armée allemande qui capitule le **11 novembre 1918**. Le **traité de paix** est signé à **Versailles le 28 juin 1919**.

B Une mobilisation sans précédent

■ De 1914 à 1918, **70 millions d'hommes** sont mobilisés. 15 % des soldats allemands et français sont tués, soit **10 millions de combattants**. Un combattant sur deux est blessé. Ceux d'entre eux dont le visage est mutilé (14 000 soldats) sont appelés les « **gueules cassées** ». La mortalité de masse

DÉFINITION

Brutalisation : synonyme d'« ensauvagement » pour décrire l'ampleur et la brutalité de la violence de guerre dont les soldats et les civils se retrouvent victimes.

témoigne d'une « **brutalisation** » contraire aux lois de la guerre. Les civils sont lourdement touchés en raison de l'occupation militaire de territoires conquis par l'ennemi (mise en place d'un travail forcé). Dans l'Empire ottoman, les deux tiers des Arméniens (1,5 million de personnes) périssent dans le **génocide** provoqué par le gouvernement turc.

■ Dès 1914, la France et le Royaume-Uni recrutent des hommes dans leurs colonies. 175 000 tirailleurs algériens, 40 000 Marocains, 80 000 Tunisiens et 180 000 Subsahariens (regroupés dans la « Force noire ») composent les **troupes coloniales** françaises. 870 000 Indiens sont employés par l'armée britannique qui fait également appel à 1,3 million d'hommes venus des dominions (Australie, Nouvelle-Zélande, Canada et Afrique du Sud). Avec l'entrée en guerre des États-Unis, la guerre devient véritablement **mondiale**. Les principales zones de combats se localisent en Europe et au Moyen-Orient.

■ Les populations de l'arrière participent à **l'effort de guerre**. Les femmes remplacent les hommes partis au front. Elles travaillent dans des usines d'armement où 1 milliard d'obus sont fabriqués en 5 ans. **L'économie de guerre** dirigée par l'État mise sur une production industrielle rationalisée (extension du travail à la chaîne). Les intellectuels, journalistes, écrivains s'engagent dans la « **bataille de papier** » (production de livres et d'articles de presse) afin d'entretenir un patriotisme défensif. La **censure** s'empare de la presse. Les scientifiques se mobilisent et réalisent des progrès en optique, en chimie (gaz de combat), en aéronautique ou encore en médecine. La **propagande** envahit tous les moyens d'information : c'est le « **bourrage de crâne** » qui cherche à conserver le bon moral de la population et à légitimer la guerre. La vie démocratique est mise entre parenthèses et un rapport de force oppose les militaires à la classe politique qui cherche à les contrôler.

DÉFINITIONS

- **Bataille de papier** : expression qui désigne l'engagement patriotique des écrivains, des journalistes, du monde de la presse et de l'édition dans la mobilisation des esprits au service de la guerre.
- **Bourrage de crâne** : dénonciation par les soldats de la manière dont les médias retranscrivent pour les civils la réalité du front. L'expression finit par désigner la propagande patriotique dans son ensemble.

2 Le règlement difficile du conflit

■ Plusieurs **armistices conclus en 1918** débouchent sur une série de **traités de paix**. Le **traité de Versailles (juin 1919)** concerne l'Allemagne et les Alliés de la Triple Entente. En septembre 1919, le **traité de Saint-Germain-en-Laye** impose à l'Autriche la loi des vainqueurs. En novembre 1919, le **traité de Neuilly** détermine le sort de la Bulgarie. Le **traité de Trianon** (en juin 1920) s'occupe du cas de la Hongrie. Enfin, le **traité de Sèvres** fixe provisoirement la paix entre les Alliés et l'Empire ottoman.

■ En janvier 1919, la **conférence de la paix** s'ouvre à Paris. Le président américain Wilson, conformément à ses « **quatorze points** » proclamés en janvier 1918, cherche à créer une **Société des Nations (SDN)** afin de garantir la paix. Le 28 juin 1919, la signature du **traité de Versailles** impose à l'Allemagne des conditions très dures qu'elle vit comme un « **diktat** ». La paix conclue est celle des vainqueurs contre les vaincus. Les puissances victorieuses dominent la SDN installée à Genève, en Suisse. Les États-Unis reviennent à un isolationnisme et décident finalement de ne pas rejoindre la SDN. Celle-ci dispose de moyens limités mais incarne la volonté de garantir la sécurité collective : c'est « **l'esprit de Genève** ».

3 La disparition des empires européens

■ Vers 1918-1919, la carte de l'Europe est largement remaniée. Les traités de paix contribuent au **démembrement des empires**. Le 9 novembre 1918, le kaiser Guillaume II démissionne et met fin à un demi siècle d'Empire allemand. La République de Weimar lui succède. Le 12 novembre 1918, la proclamation à Vienne de la République met un terme à l'**Empire austro-hongrois**. Vaincu par les troupes arabes et occidentales, l'**Empire ottoman** perd une grande partie de ses territoires et finit par disparaître en 1922 au moment de la naissance de la République turque. Sous les effets dévastateurs de la guerre, l'**Empire russe** voit son régime tsariste renversé par deux révolutions successives qui conduisent les communistes et **Lénine** au pouvoir. La Russie soviétique entre dès lors dans un dramatique épisode de guerre civile qui débouche sur la **naissance de l'URSS en 1922**.

■ La **dislocation des empires** engendre la naissance de **10 nouveaux États indépendants**. L'Allemagne, l'Autriche et la Turquie perdent leurs anciennes possessions et deviennent de simples États-nation. La Tchécoslovaquie et la Yougoslavie naissent des cendres de l'ancien Empire austro-hongrois. La disparition de l'Empire russe donne naissance dès 1917 à la **Finlande** puis aux **trois pays baltes (Estonie, Lettonie, Lituanie)**. La Pologne renaît avec un accès à la Baltique (le corridor de Dantzig) qui isole la Prusse orientale du reste de l'Allemagne. Les ruines laissées par les empires modifient donc considérablement les frontières en Europe. Tous ces changements géopolitiques contribuent à déstabiliser le vieux continent qui n'en a pas fini avec les conflits.

L'Europe en 1914-1918

Sujet d'étude n° 1 : la bataille de la Somme : juillet-novembre 1916

DÉFINITIONS

- **Dominions** : États indépendants mais appartenant à l'empire britannique.
- **Droit de la guerre** : les Conventions de Genève (1864) et de La Haye (1899 et 1907) fixent des lois à la guerre telles que le sort fait aux blessés et prisonniers ou encore l'interdiction d'utiliser du gaz de combat.

■ La bataille de la Somme est **l'une des plus meurtrières de la Première Guerre mondiale** puisqu'elle comptabilise 1,2 million de morts. Lancée le 1er juillet 1916 pour repousser les Allemands en Belgique, elle prend place entre Amiens et Péronne sur un front d'environ 50 kilomètres. 4 millions d'hommes venus de 25 pays s'affrontent. Les combats tuent jusqu'à 20 000 soldats par jour. Cette bataille est la principale menée en 1916 par l'armée britannique (composée de volontaires et de troupes venues des **dominions**). Celle-ci appuie l'armée française en grande partie engagée dans la **bataille de Verdun** débutée en février 1916.

■ L'attaque de l'infanterie alliée est précédée par sept jours de bombardements massifs. Des canons sont disposés tous les 18 mètres et lancent 1,5 million d'obus en une semaine. Les Alliés recourent à des mines capables de creuser des cratères de 100 mètres de diamètre. Une fois l'assaut entamé, les soldats britanniques font face malgré tout à l'artillerie ennemie qui a échappé aux bombardements. Les Allemands ont en effet construit un solide réseau de défense avec des **blockhaus** enfouis jusqu'à 12 mètres de profondeur. Leurs mitrailleuses tuent jusqu'à 3 000 soldats par minute (soit 50 par seconde). L'offensive franco-britannique tourne au **bain de sang** malgré l'utilisation pour la première fois des chars et des avions d'observation. Des contre-attaques allemandes permises par des renforts font perdre aux Britanniques certains secteurs conquis de haute lutte. Au **bilan humain catastrophique** s'ajoute un **bilan stratégique** très mince. En novembre 1918, les Alliés n'ont progressé que d'une dizaine de kilomètres vers l'Est. La ligne de front demeure et l'enlisement se poursuit. La bataille de la Somme est un résumé à elle seule de la Grande Guerre de 1914-1918.

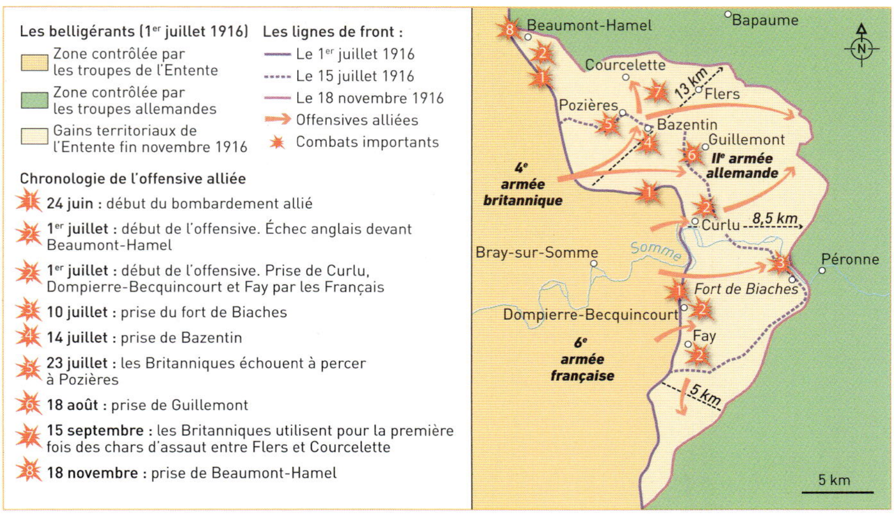

La bataille de la Somme (juillet-novembre 1916)

HISTOIRE

Sujet d'étude n° 2 : l'Autriche-Hongrie de 1914 au traité de Saint-Germain

■ À la veille de la Première Guerre mondiale, l'**Autriche-Hongrie** apparaît comme un **empire supranational solide**. Cette double monarchie autrichienne et hongroise depuis 1867 est un **État multiethnique** peuplé de minorités slaves (les Tchèques, les Polonais, les Slovènes, les Croates et les Ukrainiens), de Roumains, d'Italiens, d'Autrichiens, d'Allemands et de Hongrois.

■ L'assassinat le **28 juin 1914** de l'héritier du trône, **François-Ferdinand**, à Sarajevo, en Bosnie-Herzégovine nouvellement conquise, fait basculer l'Europe dans la guerre. L'Autriche-Hongrie combat la Serbie, la Russie puis l'Italie sortie de la Triple Alliance avec l'intention de récupérer des territoires austro-hongrois. En octobre 1918, la défaite de Vittorio Veneto face à l'Italie provoque la **désintégration de la double monarchie**.

■ L'**abdication** du dernier empereur, **Charles Ier**, le **12 novembre 1918**, engendre la **mort de l'Empire austro-hongrois**. Ses 50 millions de sujets se répartissent désormais sur sept États. Trois d'entre eux proviennent de l'ancien Empire (Autriche, Hongrie, Tchécoslovaquie) tandis que l'Italie et la Roumanie agrandissent leurs territoires. La naissance de la Pologne parachève la dislocation de l'ancienne couronne. Les Croates, Slovènes et Bosniaques forment avec la Serbie un royaume qui aboutit en **1929** à la création de la **Yougoslavie**.

■ Le traité de Saint-Germain-en-Laye de septembre 1919 qui fixe le sort de l'Autriche répond à l'un des « Quatorze Points » du président Wilson favorable au « droit des peuples à disposer d'eux-mêmes ». Pays vaincu, la nouvelle Autriche ne participe pas à l'élaboration du traité de paix. Celui-ci lui inflige le paiement de réparations, lui interdit le service militaire et l'oblige à restituer des œuvres d'art. L'Autriche n'est plus qu'un petit pays de 7 millions d'habitants. La Hongrie perd les deux tiers de sa superficie par le **traité de Trianon en juin 1920**. L'émiettement de l'Empire austro-hongrois modifie considérablement les frontières en Europe centrale mais engendre aussi de **nombreuses tensions** qui vont conduire à la **Seconde Guerre mondiale**.

L'Europe des traités (1919-1923)

 # vidéo
L'Europe au lendemain de la Première Guerre mondiale
foucherconnect.fr/19pbsti2d32

HISTOIRE

ENTRAÎNEMENT AU CONTRÔLE CONTINU

EXERCICE 1

Affiche de Jules-Abel Faivre, 1915

1. Décrivez les éléments qui composent cette affiche.
2. En quoi cette affiche est-elle une forme de propagande ?
3. Quelle dimension de la guerre cette affiche révèle-t-elle ?

EXERCICE 2

1. Justifier la phrase suivante : « En 1914-1918, les citoyens forment le "front de l'arrière". »
2. À quoi correspondent les chiffres et pourcentages suivants ? a. 14 000 ; b. 70 millions ; c. 10 millions ; d. 15 % ; e. 180 000.

EXERCICE 3

Associer le traité de paix au pays visé par ce dernier :

a. traité de Versailles	1. Autriche
b. traité de Saint-Germain en Laye	2. Allemagne
c. traité de Neuilly	3. Hongrie
d. traité de Trianon	4. Empire ottoman
e. traité de Sèvres	5. Bulgarie

corrigés
foucherconnect.fr/19pbsti2d31

5 Les villes dans le monde

Le monde entre dans son ère urbaine. Longtemps réservée aux pays les plus développés, l'urbanisation devient aujourd'hui la norme et conduit des centaines de millions d'êtres humains à quitter les campagnes. Cette évolution en cours d'accélération dans les pays des Sud aboutit au phénomène de la métropolisation et à une nouvelle hiérarchie urbaine mondiale dominée par les mégalopoles.

1 Urbanisation et métropolisation dans le monde

■ Depuis 2018, plus de la moitié de l'humanité (55 %) vit en ville. La progression du **taux d'urbanisation** est un phénomène ancien dans les pays les plus développés (autour de 75 %) et plus récent dans les pays en voie de développement. On estime que 68 % des hommes seront des citadins en 2050. L'urbanisation est donc devenue un **phénomène mondial**. Les populations passent d'une société rurale à une société urbanisée : c'est la **transition urbaine** qui voit chaque jour 110 km^2 de campagnes disparaître au profit de la ville. Dans 30 ans, les villes auront conquis un territoire supplémentaire équivalent à deux fois la superficie de la France.

■ La géographie de la **métropolisation** distingue des métropoles anciennes dans les **pôles majeurs** et des métropoles en cours d'affirmation dans les **pays émergents**. L'**Amérique du Nord** enregistre le **taux d'urbanisation** le plus élevé (82 %) ; l'Amérique du Sud et les Caraïbes atteignent 81 % ; l'Europe se situe à 74 % tandis que l'Asie atteint les 50 % et l'Afrique les 43 %. **4,2 milliards d'habitants** vivent désormais **en ville**. L'Inde, la Chine et le Nigéria constituent les plus gros réservoirs de populations citadines en augmentation d'ici 2050.

> DÉFINITION
> **Métropolisation** : phénomène d'accentuation de la concentration des hommes et des activités dans des grandes villes qui organisent le territoire autour d'elles.

2 Des métropoles qui présentent des caractères communs et des différences

■ Les **métropoles** sont devenues les **acteurs sociaux, économiques, politiques et culturels** de la mondialisation. Leurs maires détiennent un pouvoir de plus en plus étendu. Les espaces métropolitains partagent un certain nombre de points communs. Ils favorisent la **mobilité** grâce à un réseau de transports dense articulé autour de **plateformes multimodales**. **L'étalement urbain** dû à la **périurbanisation** contraint nombre d'habitants à se déplacer quotidiennement dans le cadre des **migrations pendulaires**. L'extension urbaine a également pour effet de renforcer les **disparités socio-**

> DÉFINITIONS
> **Plateforme multimodale** : lieu qui permet aux hommes et aux marchandises de changer de moyen de transport.
> **Périubanisation** : processus d'étalement des agglomérations dans leur périphérie et en direction des espaces ruraux qui s'en trouvent transformés.

GÉOGRAPHIE

spatiales. Celles-ci sont d'autant plus marquées dans les villes des pays en voie de développement en raison de la présence de **bidonvilles** (slums de Mumbai, favelas sud-américaines) qui contrastent avec les **CBD** et quartiers résidentiels touchés par la **gentrification.**

DÉFINITIONS

- **Migration pendulaire** : déplacement des travailleurs de leur domicile à leur lieu de travail.
- **CBD (Central Business District)** : quartier central des affaires.
- **Gentrification** : embourgeoisement d'un quartier.

■ Les métropoles font face à un certain nombre de problèmes. La **saturation du trafic automobile** impacte la **qualité de l'air**. Les phénomènes de **pollution** augmentent la mortalité. Dans les villes des pays du Sud, le phénomène de la violence urbaine est plus marqué ainsi que l'urbanisme anarchique.

■ Les villes du Nord ont davantage la possibilité d'entrer dans une **logique durable** avec la création d'**écoquartiers plus respectueux de l'environnement** (comme celui de Bed ZED à Londres). Leur patrimoine favorise le tourisme urbain comme à Paris ou à Londres. Le **PUB** d'une agglomération du Nord peut atteindre le niveau du PIB de certains États. Tokyo produisait en 2014 autant de richesses que le Mexique.

DÉFINITIONS

- **Écoquartier** : quartier durable qui tente de mettre en place un urbanisme écologique et qui prend en compte le bien-être de la population qui y réside.
- **PUB** : produit urbain brut. Il est l'équivalent pour une ville du PIB d'un pays.

3 Des métropoles hiérarchisées

■ La moitié des urbains vit dans des villes de moins de 500 000 habitants. Environ 500 villes dans le monde dépassent le million d'âmes. Un citadin sur 8 évolue dans l'une des **33 mégapoles de plus de 10 millions d'habitants**. En 2030, le nombre de ces **mégacités** devrait atteindre 43. **Tokyo** reste **l'agglomération la plus peuplée au monde avec 37 millions de citadins**, suivie de Delhi (29 millions), de Shanghai (26 millions), de Mexico et São Paulo (22 millions). Mais les aires urbaines, dont les limites font débat, peuvent largement dépasser ces effectifs de population. **Shanghai et sa périphérie** atteignent ainsi les **80 millions d'habitants** (record mondial).

DÉFINITION

Mégapole (ou mégacité) : ville géante de plusieurs millions d'habitants.

■ Certaines métropoles forment de très vastes ensembles urbains appelés **mégalopoles**. Les États-Unis en contiennent trois, sur la côte Est (la **Mégalopolis**, de Boston à Washington ou Richmond), au Sud des Grands Lacs (de Chicago à Cleveland) et en Californie (de San Francisco à San Diego). Le Japon présente l'une des plus importantes mégalopoles au monde comprenant 105 millions de citadins et s'étire sur 1 300 kilomètres. En Europe, la **dorsale européenne** de Londres à Milan rassemble un très grand nombre de métropoles. Le **corridor est-asiatique** (de Tokyo à Jakarta) est un cordon littoral de plus en plus urbanisé.

DÉFINITION

Mégalopole : vaste espace urbanisé qui fait se rejoindre des métropoles.

■ La taille et la puissance des métropoles varient considérablement selon qu'elles disposent d'un **rayonnement régional, national ou mondial**. Sur les 21 métropoles françaises, seule Paris dispose d'une influence mondiale, ce qui en fait une **ville globale**. Les métropoles forment donc un ensemble hiérarchisé.

DÉFINITIONS

- **Taux d'urbanisation** : part de la population totale d'un pays vivant en ville.
- **Ville globale** : ville dont le rayonnement est mondial.

 # doc
Le palmarès des villes les plus peuplées au monde en 2035
foucherconnect.fr/19pbsti2d33

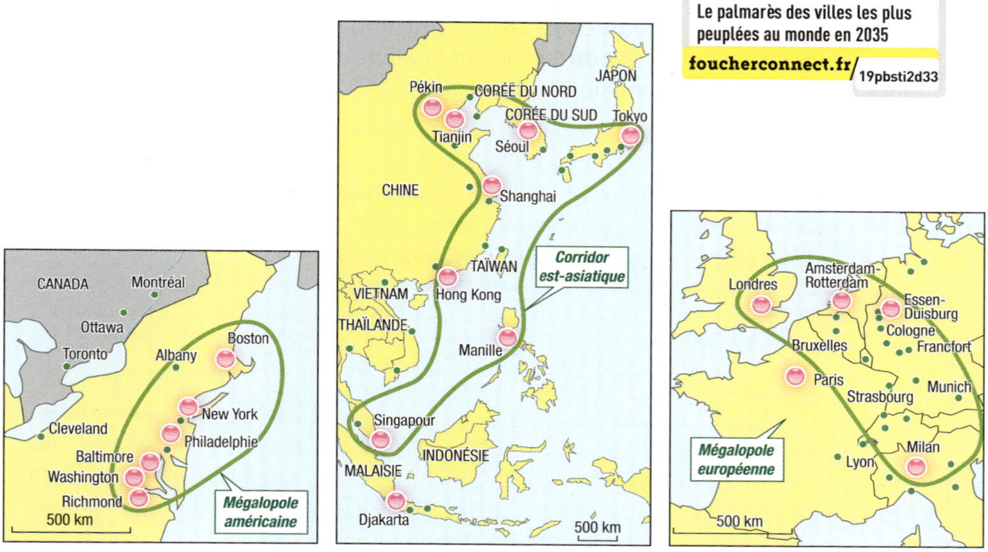

Les trois principales mégalopoles dans le monde

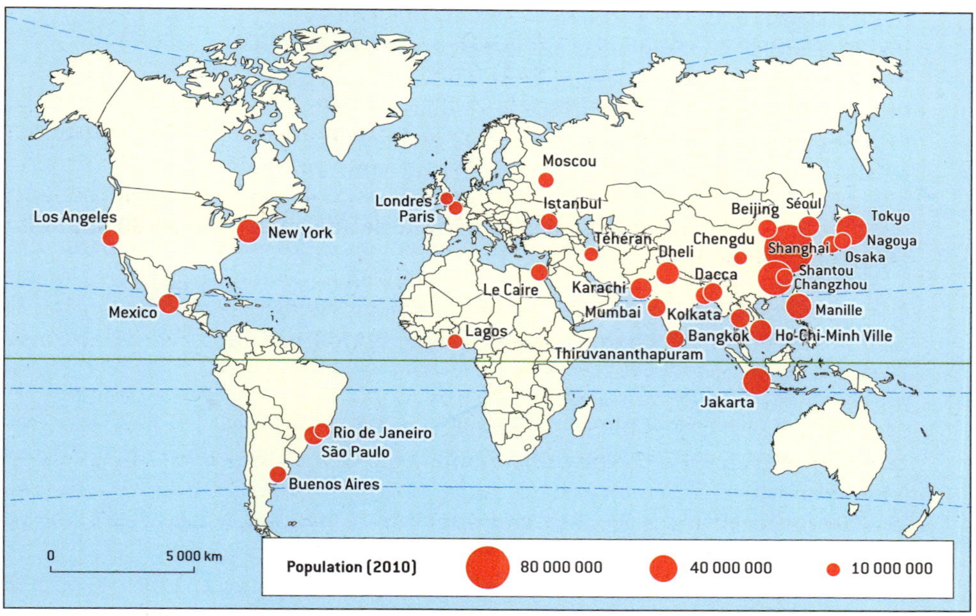

Les agglomérations urbaines de plus de 10 millions d'habitants

GÉOGRAPHIE

Sujet d'étude n° 1 : Lyon, les mutations d'une métropole

■ La **métropole du grand Lyon** est une **collectivité territoriale** officiellement créée en 2015. Elle occupe le **3e rang des métropoles françaises** et la **14e place des métropoles européennes**. Rassemblant 59 communes, elle regroupe sur 538 km² 1,3 million d'habitants (dont 500 000 à Lyon même). Ses objectifs sont de soutenir le développement économique lyonnais, de renforcer sa position de carrefour en Europe, de contribuer aux grandes transformations urbaines et d'améliorer le cadre de vie de ses habitants. Cet ensemble institutionnel exceptionnel dispose des compétences à la fois communales et départementales.

DÉFINITION

Collectivité territoriale : personne de droit moral qui exerce l'autorité publique sur un territoire défini.

■ Les transformations en cours concernent autant le centre-ville que ses périphéries. Véritable ville carrefour, à la convergence de la Saône et du Rhône, Lyon se situe dans le **couloir rhodanien**. Le réseau d'autoroutes en étoile la relie à la région parisienne, à la Suisse, à l'Italie et au littoral méditerranéen. Le quartier de la Part Dieu organisé autour de son centre d'affaires et de la gare TGV est une **plateforme multimodale** en cours de réaménagement. Il accueille chaque année 30 millions de passagers. L'aéroport Saint-Exupéry et le port fluvial Edouard Herriot assurent à Lyon une vocation de **liaison entre l'Europe du Nord et le bassin méditerranéen**.

■ Lyon valorise son patrimoine bâti. Son **centre historique** a été classé au **patrimoine mondial de l'Unesco en 1998**. La rénovation d'anciens quartiers industriels en bordure des deux fleuves permet d'embellir la ville et d'accroître son **attractivité touristique**. La reconquête des rives et la disparition des **friches industrielles** offrent aux habitants un nouveau cadre de vie composé d'espaces récréatifs.

DÉFINITION

Friche industrielle : terrain anciennement industriel et laissé à l'abandon.

■ Lyon densifie ses équipements de grande ampleur depuis les années 1990 et désengorge son **hypercentre** saturé. Elle dispose de la Cité internationale, d'un centre des congrès et du siège d'Interpol. Le quartier de la Confluence accueille l'Hôtel de Région. D'une grande audace architecturale, le musée des Confluences est devenu une **vitrine culturelle** pour Lyon.

DÉFINITION

Hypercentre : partie la plus centrale d'une ville, au sein même du centre-ville.

■ Comme toutes les métropoles, Lyon connaît un **étalement urbain** qui accentue les **disparités socio-spatiales**. L'Ouest de l'agglomération est plus aisé que sa partie Est. À cela s'ajoute un **gradient centre-périphérie** : les populations les plus riches vivent dans le centre alors que les plus pauvres s'en éloignent. Des quartiers de banlieue, tels que La Duchère, connaissent une réhabilitation qui passe par la **résidentialisation** et le **désenclavement**.

DÉFINITIONS

- **Étalement urbain** : progression des surfaces urbanisées en direction de la périphérie d'une ville.
- **Disparité socio-spatiale** : différences sociales, économiques et culturelles entre différents espaces habités.
- **Résidentialisation** : rénovation urbaine qui vise à améliorer l'habitat collectif et à arranger le cadre de vie.
- **Désenclavement** : aménagement qui consiste à mettre fin à l'isolement d'une région, d'une ville ou d'un quartier.

L'agglomération lyonnaise rassemble 650 000 emplois salariés. Elle demeure **le 2e plus grand pôle industriel en France** grâce aux secteurs de la chimie, de la pharmacie et de l'énergie. Le quartier de la **Part Dieu** est le **2e plus grand quartier d'affaires français**. De nouvelles zones d'activités (les ZAC) se multiplient en périphérie. La métropole dispose du pôle de **compétitivité mondial**, Lyonbiopôle, spécialisé dans le domaine de la santé. Lyon possède donc **tous les atouts d'une grande métropole régionale, nationale et européenne**.

DÉFINITIONS

- **Zone d'aménagement concerté (ZAC)** : opération d'aménagement d'un territoire par l'autorité publique.
- **Pôle de compétitivité** : rassemblement sur un territoire d'entreprises et de laboratoires de recherche travaillant dans un même domaine et qui cherchent à améliorer la compétitivité de l'économie française.

 # vidéo
Lyon, métropole intelligente
foucherconnect.fr/19pbsti2d34

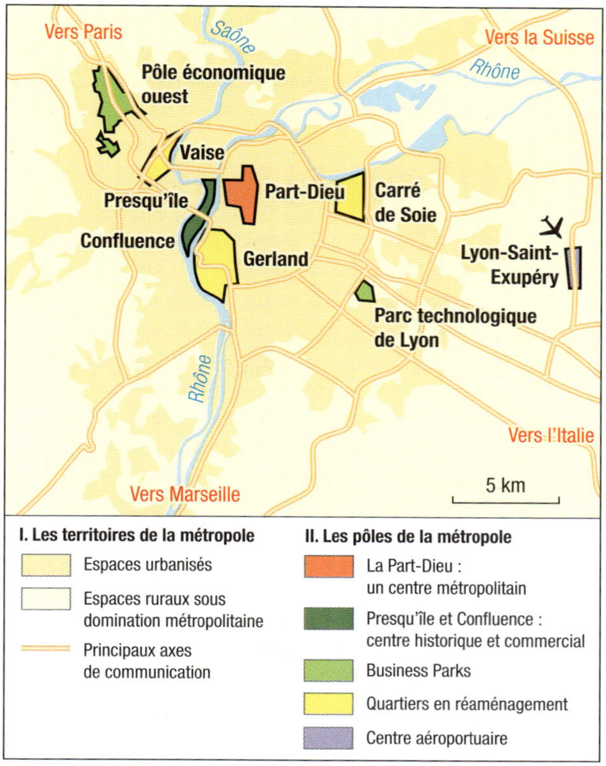

L'agglomération lyonnaise

Sujet d'étude n° 2 : Londres, une ville mondiale

Londres est devenue l'une des villes les plus importantes au monde. Qualifiée de « capitale du XXIe siècle », elle est une mégalopole au rayonnement international. Comment Londres parvient-elle à occuper une telle place ? Comment organise-t-elle son territoire urbain ?

 # vidéo
Londres, capitale du monde
foucherconnect.fr/19pbsti2d19

A Londres, une ville capitale

Londres est l'une des villes les plus puissantes de la planète et appartient par conséquent à l'archipel métropolitain mondial composé par les villes globales. Sur ses 11 millions d'habitants, un cinquième provient de l'étranger. Le **cosmopolitisme** londonien témoigne du pouvoir d'attraction de la capitale britannique où vivent 250 000 personnes originaires d'Asie méridionale. Les flux migratoires convergent donc vers Londres qui dispose d'un réseau de transports exceptionnel.

À SAVOIR
Cosmopolitisme : il s'agit du mélange en un même lieu de personnes originaires d'un très grand nombre de régions localisées dans le monde entier. Le cosmopolitisme induit un style de vie international mais aussi une mixité culturelle qui témoignent du pouvoir d'attraction d'un territoire.

B Un réseau de transports exceptionnel

Six aéroports (dont celui d'Heathrow) desservent Londres grâce à des axes ferroviaires et à des services de navettes. Londres est ainsi devenue le **premier nœud aérien mondial** avec 145 millions de passagers en 2015. Plates-formes multimodales, les aéroports assurent l'**intermodalité**, c'est-à-dire le passage d'un mode de transport à un autre. L'accessibilité du centre-ville est permise par une multitude d'interconnexions qui assurent la mobilité et la multiplication des flux. Le port de Londres lui permet d'être davantage en lien avec le reste du monde grâce au transport maritime. Le train Eurostar met la ville en liaison directe avec les capitales du continent européen. Londres se place ainsi au centre des échanges régionaux et mondiaux. Selon certains classements internationaux, Londres serait devenue la ville la plus attractive du monde.

C Une ville qui concentre les pouvoirs économique, politique et culturel

- Londres concentre un pouvoir économique hors du commun. Son **CBD** (*Central Business District*), appelé la **City**, est la plus grande concentration mondiale de compagnies financières et bancaires. La bourse fixe le prix de plusieurs matières premières comme le pétrole. Ces activités engendrent un PUB (Produit urbain brut) qui la place au cinquième rang mondial. L'importance des services (concentration des médias nationaux) fait de la capitale le centre névralgique de l'économie britannique dont elle capte un cinquième du PNB. À elle seule, la City concentre 13 % du PIB britannique.

- Au pouvoir économique s'ajoute le pouvoir politique. Véritable centre décisionnel, Londres accueille le siège de la monarchie (Buckingham Palace), du Parlement (Westminster) et la résidence du Premier ministre (10 Downing Street). De nombreux sièges sociaux y ont élu domicile, ce qui renforce la vocation de Londres à commander. Son rayonnement culturel est essentiel et lui procure environ 27 millions de touristes chaque année. Une véritable stratégie de communication aboutit à la tenue d'événements mondiaux comme les Jeux olympiques d'été de 2012.

D Une ville en refondation

- L'espace urbain londonien suppose une gestion efficace et une adaptation exemplaire aux exigences économiques actuelles. Le territoire se compose de 33 arrondissements (dont la City). L'Autorité du Grand Londres confie la gestion administrative de la ville à un maire élu au suffrage universel et à une assemblée (London Assembly).

- Le poids de l'activité économique londonienne oblige à transformer un grand nombre d'espaces. La refondation urbaine a permis de rénover les Docklands (quartiers en bordure de la Tamise) qui se localisent à l'Est. La réhabilitation des zones d'entrepôts a permis d'étendre considérablement la surface de bureaux et de multiplier les CBD comme celui de Canary Wharf. Le réaménagement urbain suppose le recours à une architecture ultramoderne qui, à l'exemple du Lloyds Building, témoigne de la modernité de la ville.

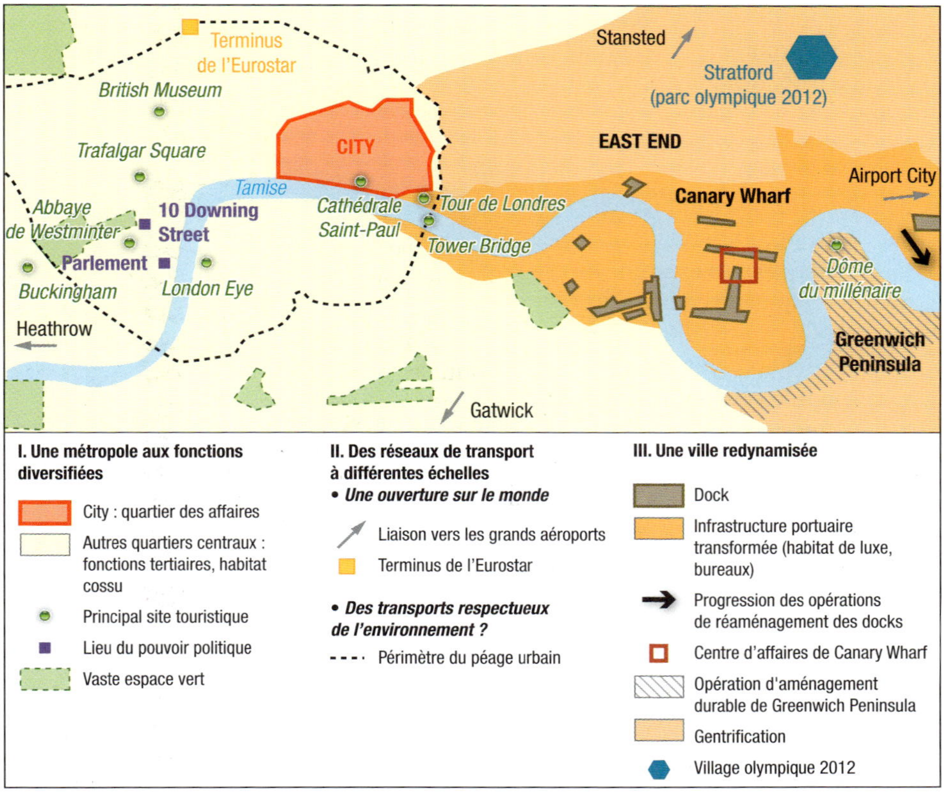

Plan de la ville de Londres

GÉOGRAPHIE

EXERCICE 1

Analyse de la carte des agglomérations urbaines de plus de 10 millions d'habitants

1. Quelles régions du monde sont les plus et les moins concernées par le phénomène des mégapoles ?
2. Quels types de pays sont les plus concernés ? Est-ce nouveau ?
3. Quelle évolution peut-on prévoir d'ici 2050 ?

vidéo
Le XXIe siècle, l'ère des métropoles
foucherconnect.fr/19pbsti2d20

EXERCICE 2

Choisir la bonne réponse aux questions posées.

1. **Lyon occupe** :
a. la 2e place des métropoles françaises
b. la 3e place des métropoles françaises
c. la 4e place des métropoles françaises

2. **Le quartier de la Part Dieu correspond :**
a. au quartier touristique de Lyon
b. à un quartier de banlieue
c. au quartier de la gare

3. **Les friches industrielles sont :**
a. de vieux quartiers industriels abandonnés
b. de nouveaux pôles industriels
c. des pôles de compétitivité

4. **La Duchère est un exemple de :**
a. quartier populaire en cours de rénovation
b. quartier du centre ville
c. quartier qui accueille un pôle de compétitivité

5. **Lyonbiopole est :**
a. le nom donné aux nouveaux quartiers en bordure des fleuves
b. le nom donné au pôle de compétitivité
c. un quartier des affaires du centre-ville

EXERCICE 3

1. Trouver la définition qui convient au concept suivant, la transition urbaine :
a. la mise en relation entre elles des grandes villes du monde
b. la concentration de plus en plus forte de la richesse mondiale dans les villes
c. le passage d'une société rurale à une société urbaine

2. À quel terme renvoie la définition suivante, embourgeoisement d'un quartier ou d'une ville :
a. périurbanisation ; b. métropolisation ; c. gentrification.

corrigés
foucherconnect.fr/19pbsti2d31

6 Métropolisation, littoralisation des espaces productifs et accroissement des flux

Dans le monde, les espaces à l'origine de la production des richesses tendent à se spécialiser et à se développer sur les littoraux à proximité des métropoles. Ils engendrent de nombreux flux qui constituent la mondialisation.

1 Des espaces productifs spécialisés et organisés par de multiples acteurs

A La spécialisation des espaces productifs

Les espaces de production se classent en trois catégories :
- les **espaces productifs agricoles** spécialisés dans la céréaliculture, dans la viticulture ou encore dans l'élevage (secteur primaire) ;
- les **espaces productifs industriels** (du secteur secondaire) qui se divisent en deux catégories : les industries traditionnelles (dites « lourdes ») et les industries de hautes technologies (high tech) ;
- les **espaces productifs du tertiaire** caractérisés par le tourisme (balnéaire, urbain, rural ou de sport d'hiver).

B Les acteurs de la spécialisation des espaces productifs

■ Dans le cadre de la **mondialisation libérale**, les États s'avèrent moins interventionnistes qu'auparavant mais contribuent à la **compétitivité** des espaces productifs. L'autorité publique fixe un cadre législatif qui contribue à la mise en place d'**ensembles économiques régionaux** (tels que le Mercosur en Amérique du Sud) favorisant les **échanges transfrontaliers**. Dans l'Union européenne, **90 eurorégions** aident les entreprises de pays limitrophes à coopérer de part et d'autre de la frontière.

■ Les gouvernements impulsent des **politiques économiques** pour gagner en **compétitivité**. L'État français a ainsi créé **71 pôles de compétitivité** (de différentes importances) afin de renouveler la politique industrielle de la France. Les États-Unis en comptent 74 tandis que l'Allemagne en dénombre 14. Ces pôles reçoivent des entreprises et des laboratoires de recherche d'un même secteur économique. Ce sont des **clusters d'entreprises**.

■ Les entreprises étrangères investissent désormais largement dans les économies nationales et multiplient les **IDE**. En 2017, les États-Unis ont bénéficié de 275 milliards de dollars d'investissements étrangers. Par ailleurs, 20 000 entreprises étrangères sont implantées en France. Elles emploient environ 2 millions de personnes et assurent un tiers des exportations du pays. Le sommet de la hiérarchie des entreprises est occupé par les **FTN**.

DÉFINITIONS

- **Compétitivité** : capacité d'un secteur économique à être dynamique et à gagner des parts de marché.
- **Cluster d'entreprises** : mot anglais signifiant « grappe » et qui désigne une concentration géographique d'entreprises et de centres de recherche d'un même secteur économique. Sur le territoire d'un cluster, les entreprises sont interconnectées et gagnent en compétitivité grâce à leur synergie.
- **IDE** : investissements directs à l'étranger.
- **FTN** : firmes transnationales. Entreprises implantées dans plusieurs pays.

2 Des espaces productifs métropolisés et littoralisés

L'adaptation des économies nationales à la mondialisation modifie l'emplacement des **espaces productifs** entrés dans une **compétition mondiale**. Ils se localisent à l'intérieur ou à proximité des centres décisionnels que sont les **métropoles**. Cette localisation leur permet de bénéficier d'une **main-d'œuvre qualifiée**, de profiter d'un **réseau de transport dense** qui aide la main-d'œuvre à se déplacer dans un rayon régional, national, voire international. Les métropoles sont devenues les **principaux territoires de commandement, de l'innovation** et les **principales concentrations de richesses**.

La métropolisation accentue la **littoralisation**, c'est-à-dire la concentration des hommes et des activités sur les littoraux. Les métropoles se regroupent le long de **façades portuaires** telles que la **Mégalopolis du Nord-Est des États-Unis** (de Boston à Washington), la **Northern range** (rangée Nord-européenne) du Havre à Hambourg ou le **corridor Est-asiatique** (de la Corée du Sud à Jakarta en Indonésie). Certaines de ces façades regroupent plusieurs États ou bien se limitent à un seul pays (comme au Japon, le long de la mégalopole).

3 Des espaces productifs à l'origine de multiples flux

La mise en connexion des espaces productifs engendre de nombreux **flux matériels et immatériels.** Les littoraux métropolisés constituent des **espaces de production et d'échanges.** Un **arrière-pays (hinterland)** en lien avec des **ensembles portuaires (ZIP)** communique avec le monde entier au moyen des routes maritimes. Les espaces productifs sont également mis en interconnexion grâce à des **hubs portuaires et aéroportuaires** localisés à proximité des métropoles.

DÉFINITIONS

- **Espace productif** : territoire aménagé qui concentre un type d'activités de production.
- **Hub** : plateforme aérienne ou maritime mise en réseau. Les hubs rassemblent des lignes de correspondance entre les principaux ports ou aéroports mondiaux.
- **ZIP** : zone industrialo-portuaire où se concentrent un espace urbain, des zones de production et d'échanges commerciaux.

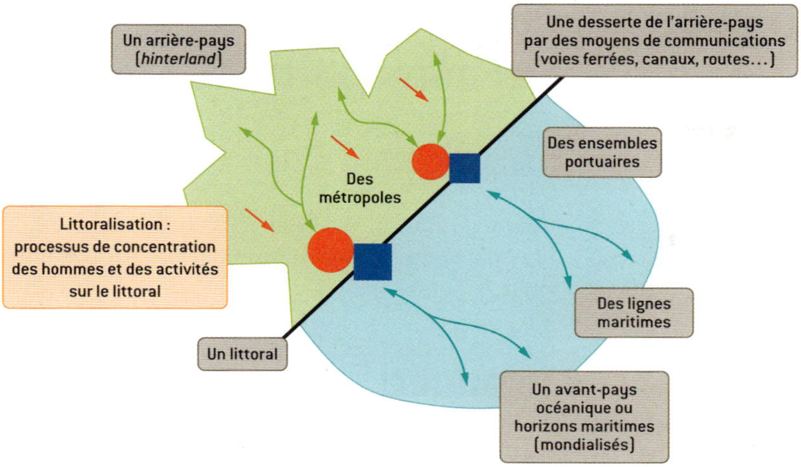

Organisation d'une façade maritime

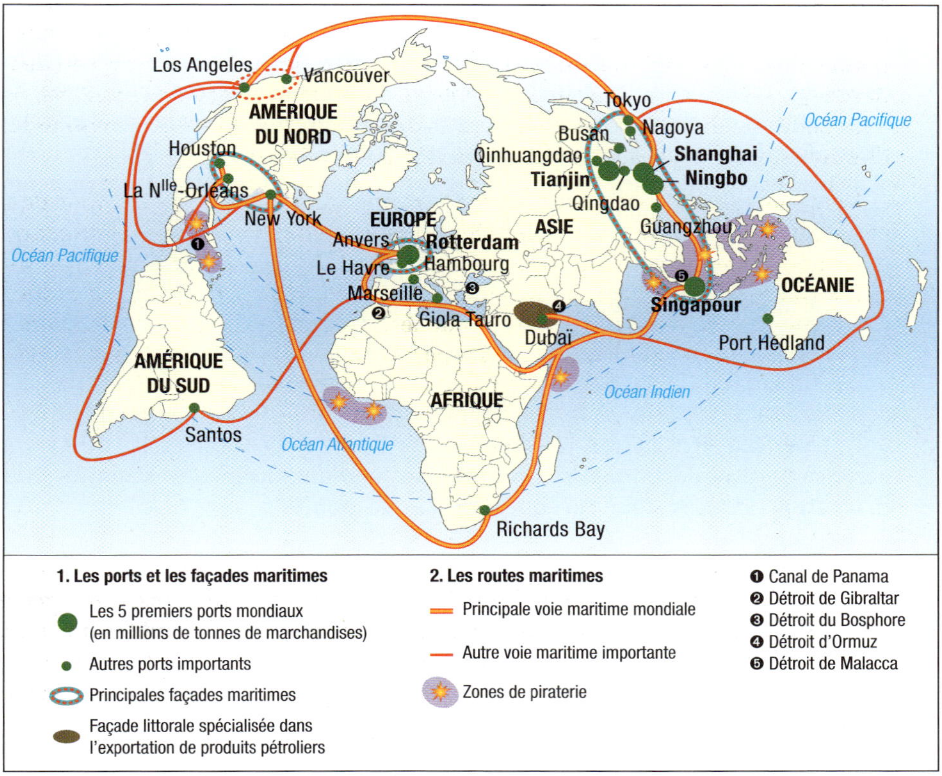

Les principales façades maritimes dans le monde

GÉOGRAPHIE

Sujet d'étude n° 1 : les espaces des industries aéronautique et aérospatiale européennes

A Les espaces de production d'une entreprise en réseau

■ Le secteur de l'aéronautique représente **2,3 % du PIB européen**. Il emploie 3,4 millions de personnes. **Airbus** est le **leader des constructeurs aéronautiques européens** avec un chiffre d'affaires de 52 milliards d'euros en 2017. L'entreprise emploie 130 000 salariés qui travaillent à la construction d'avions de ligne, d'hélicoptères et d'avions militaires. Airbus produit également des satellites et des lanceurs spatiaux tels qu'Ariane 5 (la fusée européenne).

■ Airbus est le résultat d'une coopération industrielle à l'échelle européenne et mondiale désormais. 1 500 entreprises agissent en synergie. 600 sont implantées à Toulouse, 450 sur Hambourg, et 220 au Royaume-Uni.

■ Cinq bureaux d'études et d'ingénierie en France, en Espagne, en Russie, au Royaume-Uni et en Allemagne (sites de Hambourg et de Brême) forment un **réseau de recherche**. Les sites anglais de Filton et de Broughton conçoivent notamment les ailes et les trains d'atterrissage. En Espagne, les usines de Cadix, Puerto Real, d'Illescas et de Getafe fabriquent de nombreux composants et de l'outillage. Le site russe travaille les fuselages et les intérieurs de cabine. Au kansas (États-Unis), un centre d'ingénierie travaille sur les ailes et les activités de réparation des avions. Le bureau d'études, le siège social, le service commercial, les activités de conception, de calcul et de tests se situent à Toulouse. 3 000 personnes sont regroupées dans ce siège mais l'emploi aéronautique régional atteint les 70 000 salariés. Saint-Nazaire, Saint-Éloi, Méaulte (en Picardie) et Nantes forment un réseau français de sites qui fonctionnent pour Airbus.

■ Il existe huit **lignes d'assemblage final** (**FAL**), dont deux à Toulouse, quatre à Hambourg, une à Tianjin (en Chine, depuis 2008) et une à Mobile (aux États-Unis). L'activité d'Airbus dépasse donc le cadre européen et s'est mondialisée avec pour but la conquête des marchés nord-américain et asiatique. La fabrication de l'A380 a encore élargi la **DIPP** en raison des partenariats avec des entreprises maghrébines, sud-américaines et asiatiques (voir schéma ci-contre). Airbus est donc devenue une marque monde.

DÉFINITIONS

- **Ligne d'assemblage final** (**FAL**) : dernière étape de fabrication de l'avion consistant à assembler ses pièces fabriquées et assemblées sur plusieurs sites différents.
- **DIPP** : division internationale des processus productifs. C'est la répartition dans différents pays des multiples étapes de fabrication d'un produit.
- **Terminal à conteneur** et **terminal méthanier** : infrastructure portuaire consacrée au chargement et au déchargement des conteneurs. Le terminal méthanier est une unitié portuaire destinée à accueillir les méthaniers (navires transportant du gaz à l'état liquide).

B L'impact d'Airbus sur l'aménagement du territoire

■ La réussite d'Airbus laisse une forte empreinte sur le territoire de Toulouse en raison de la présence de son siège social et des usines d'assemblage final des avions. Les sites industriels s'étendent sur plusieurs centaines d'hectares en périphérie.

■ La présence d'Airbus a aidé à la création d'un lycée professionnel qui forme 300 jeunes par an aux **métiers de l'aéronautique**. L'entreprise a développé un **incubateur** pour un millier de start-up. Airbus aide donc à la transformation de l'espace productif de la métropole toulousaine.

DÉFINITION

Incubateur : espace aménagé pour aider à la création d'entreprises (start-up).

■ Les aménagements renforcent les nouveaux pôles industriels notamment situés au Nord-Ouest et au Sud-Ouest de Toulouse. La principale zone impactée est celle de l'aéroport de Toulouse-Blagnac. Le transport des éléments d'avion à monter dans les usines d'assemblage mais aussi les migrations pendulaires des milliers d'employés ont accéléré la **densification et la modernisation des axes de communication**.

■ La localisation des activités aéronautiques et aérospatiales suscite un important **tourisme**. La Cité de l'espace et le musée Aéroscopia sont visités chaque année par plus de 500 000 personnes.

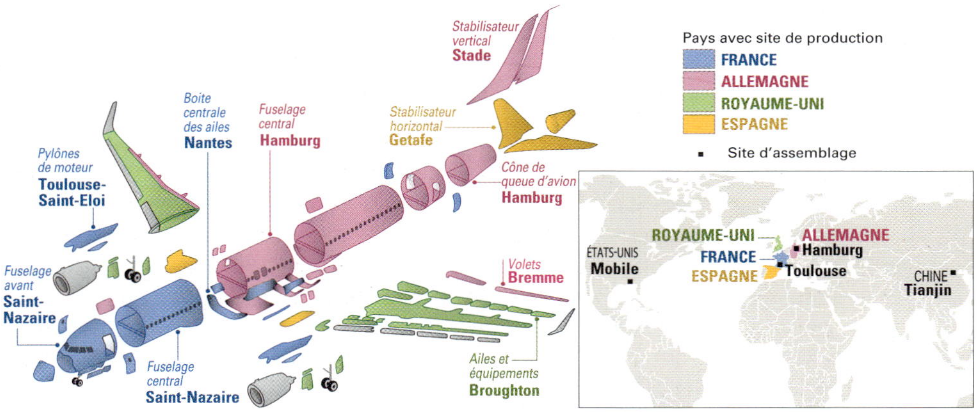

La production de l'Airbus A320 en 2015

Sujet d'étude n° 2 : Rotterdam, un espace industrialo-portuaire européen de dimension internationale

A Un espace aéroportuaire au cœur de la mondialisation

■ Rotterdam est le 9e port mondial pour son tonnage et le 11e en nombre de conteneurs. Il est le **premier port européen** et occupe une position d'**hypercentre** parmi les **hubs portuaires** qui composent la façade maritime de la **Northern Range** (rangée nord-européenne). Il capte plus du tiers de tout le trafic de la façade. Rotterdam est donc un atout de taille pour l'intégration de l'Europe à la mondialisation.

■ Véritable **interface**, les importations sont trois fois plus volumineuses que les exportations à destination du monde. Pétrole, céréales, produits chimiques, charbon, minerais, véhicules et conteneurs transitent par Rotterdam. Cet espace aéroportuaire est aussi une plateforme multimodale permettant aux conteneurs d'être transportés par bateau, par train ou par la route.

GÉOGRAPHIE

■ Rotterdam présente une vaste **zone industrialo-portuaire** qui met en relation le **domaine maritime (avant-pays)** à un **arrière-pays (hinterland)** structuré par le Rhin et ses affluents. Il est un gisement important d'**emplois directs** (1 100 employés) et surtout **indirects** (175 000 emplois). Rotterdam est une **ZIP** qui comprend des activités industrielles et commerciales majeures telles que la **raffinerie** et les **industries chimiques**.

■ Rotterdam est un **centre européen et mondial d'échanges**, car il se situe à l'entrée de l'**espace rhénan** qui appartient à la portion du territoire européen la plus riche et développée (la **dorsale européenne**). Rotterdam présente toutes les caractéristiques d'une **métropole littorale** en raison d'un réseau de transports très dense.

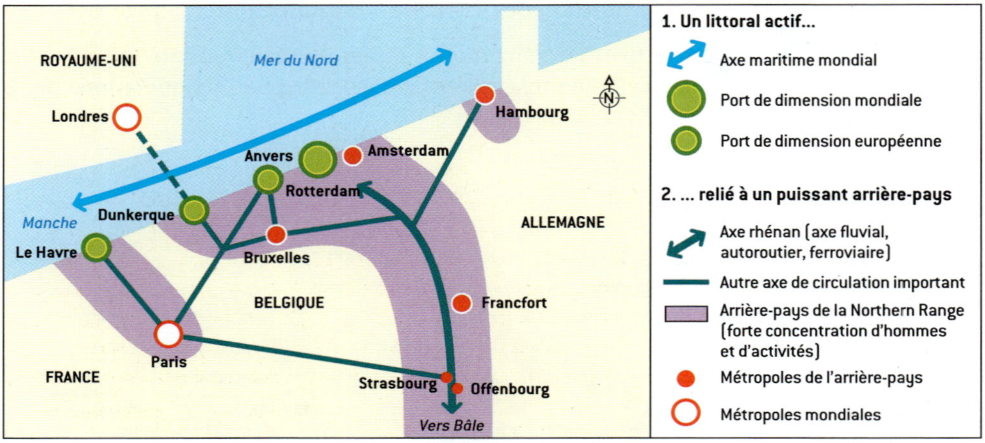

Rotterdam, une ZIP stratégique pour l'Europe

B Un aménagement en cours d'évolution

■ Le port de Rotterdam est en pleine expansion. Il subit depuis la fin du XXe siècle la concurrence des ports asiatiques qui appartiennent à un espace économique en pleine expansion. Mais il doit également faire face à la forte progression du **port d'Anvers** qui capte une part de plus en plus grande du trafic maritime Nord-européen. La sortie du Royaume-Uni de l'Union européenne représente une menace pour Rotterdam qui assure le transit entre les deux. Par ailleurs, les Chinois ont choisi des ports italiens et non pas Rotterdam comme terminus des « nouvelles routes de la soie » en Europe.

■ Pour réduire le risque d'un déclin, a débuté en 2008 **l'extension Maasvlakte** (1 et 2). Ces nouveaux **terre-pleins** localisés vers l'aval de l'estuaire accueillent des **terminaux à conteneurs** et un **terminal méthanier**. En 2013, le port a ainsi gagné 560 hectares de bassins et 700 hectares d'espaces industriels supplémentaires conquis sur la mer. Ce projet d'environ 2 milliards d'euros augmente considérablement les capacités de la cité portuaire et tente de lui assurer un avenir parmi les ports les plus dynamiques du monde.

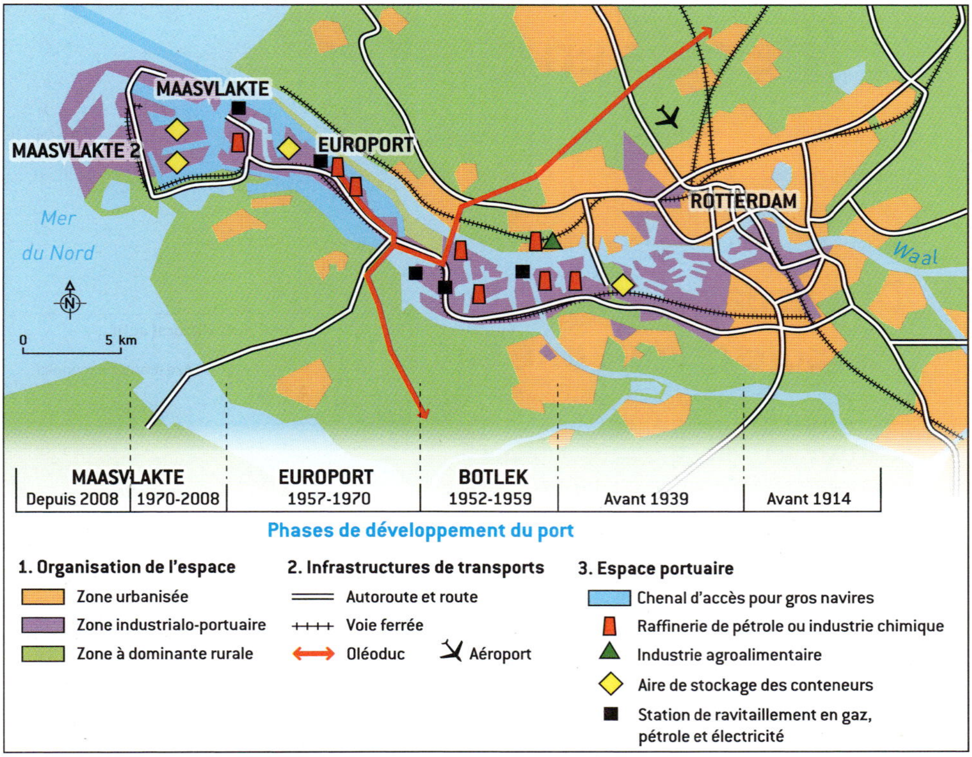

L'organisation du territoire industrialo-portuaire de Rotterdam

ENTRAÎNEMENT AU CONTRÔLE CONTINU

EXERCICE 1

Analyse de la carte des façades maritimes (page 305)

1. Dans quels types de pays se localisent les grandes façades portuaires ?
2. Quels sont les signes d'émergence des pays du Sud ?
3. Pourquoi les routes maritimes sont-elles le reflet de la mondialisation ?

EXERCICE 2

Analyse de la carte de l'organisation du territoire industrialo-portuaire de Rotterdam (ci-dessus)

1. Décrivez le processus géohistorique visible sur la carte.
2. Quels éléments permettent de dire que Rotterdam est un espace économique très dynamique ?
3. Pourquoi les transports soulignent-ils ce dynamisme ?

corrigés
foucherconnect.fr/19pbsti2d31

7 Des espaces ruraux aux fonctions de plus en plus variées

Longtemps, les espaces ruraux ont eu une vocation agricole prédominante. Aujourd'hui, ils diversifient leurs activités et leurs rôles. Leur destin est de plus en plus lié aux mutations des villes.

1 Des espaces ruraux hiérarchisés qui conservent une vocation agricole

DÉFINITION

Industrie agroalimentaire : ensemble des activités industrielles chargées de la transformation des produits alimentaires provenant de l'agriculture.

■ Les campagnes conservent une **fonction agricole**. Ce sont elles qui sont confrontées au défi de nourrir une humanité plus nombreuse. Les agricultures sont aujourd'hui associées à **l'industrie agroalimentaire** et au **commerce international** qui font de la question alimentaire un **enjeu mondial**. Le secteur primaire évolue ainsi au contact du secondaire et du tertiaire.

DÉFINITION

Agriculture productiviste : agriculture dont le but est de viser des rendements maximaux grâce au recours à des machines et à des produits chimiques.

■ Les systèmes agricoles font apparaître de fortes **différences de productivité**. Les campagnes des pôles majeurs et des pays émergents sont devenues les « greniers » de la planète grâce à une **agriculture intensive et exportatrice**. C'est le cas du Brésil devenu la nouvelle « ferme du monde ». Ces **agricultures productivistes** nourrissent les populations des pays riches et complètent l'alimentation des habitants des pays en voie de développement. L'agriculture de ces derniers pays souffre de la concurrence menée par les Nords.

■ La **mondialisation** renforce les agricultures les plus puissantes et fragilise les moins compétitives. Cependant, la **révolution agricole** du XXIe siècle concernera tous les États. La fragilisation des environnements et le défi alimentaire vont contraindre l'humanité à protéger les espaces tout en les rendant productifs. La **transition** vers le **développement rural et durable** est donc une nécessité à l'échelle mondiale.

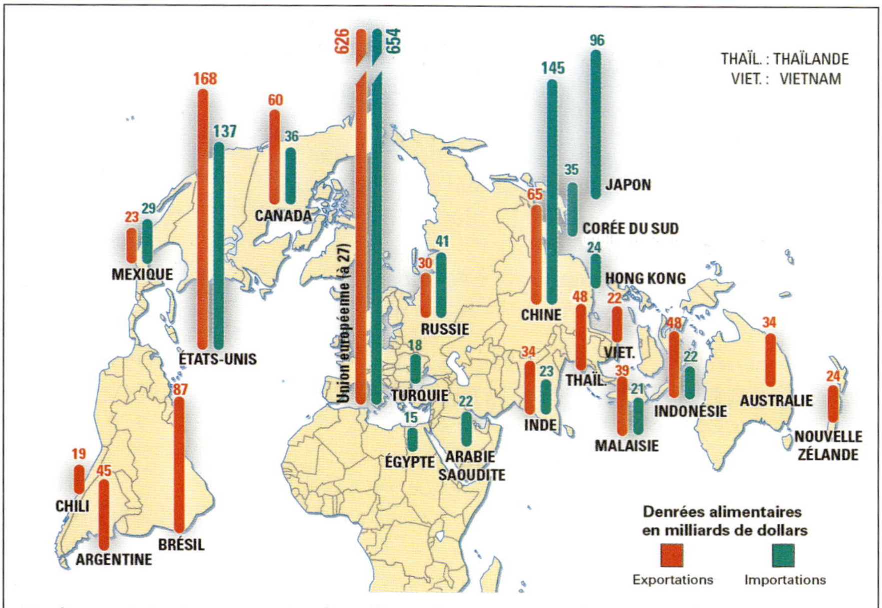

Seules ont été prises en compte les valeurs dépassant 10 milliards de dollars.

Les échanges de denrées alimentaires (2011)

2 Des espaces ruraux qui se diversifient sous l'influence des villes

L'accélération de l'urbanisation à l'échelle planétaire et l'intégration progressive des territoires à la mondialisation placent de plus en plus les campagnes sous la domination des espaces urbanisés. Plus les campagnes sont proches des villes, plus elles se redynamisent. Plus elles s'en éloignent, plus elles peuvent subir un effet d'**enclavement** et de **déprise**.

> DÉFINITION
> **Déprise agricole** : abandon des activités agricoles d'un espace rural. Ce phénomène s'accompagne d'une régression démographique et d'une transformation des paysages.

On assiste dans le monde à une révision des différences entre la ville et la campagne. La limite entre les deux se complexifie. Des **espaces mixtes** se constituent entre les espaces urbanisés et leurs **espaces périurbains** (comme à Mexico). L'étalement des villes vers leurs périphéries fait se confondre l'environnement urbain avec celui des campagnes : c'est le **phénomène de mitage**. On parle donc d'**espace à dominante rurale**.

> DÉFINITIONS
> - **Espace périurbain** : partie de l'espace urbain éloignée de la ville centre et qui se situe dans un environnement à dominante rurale. Cet espace vit en symbiose avec le pôle urbain qui fournit une grande part des emplois.
> - **Mitage** : éparpillement de l'habitat en zone périurbaine à dominante rurale.

Les espaces ruraux périurbains gagnent en dynamisme en raison de l'arrivée de nouveaux actifs ou retraités d'origine urbaine. Cela engendre un **renouveau démographique**.

GÉOGRAPHIE

En Europe occidentale, ces espaces sont ceux qui créent le plus d'emplois. En Belgique, 96 % des actifs en milieu rural ne sont pas des agriculteurs. En France, plus de 12 millions de personnes vivent en milieu périurbain. 60 % des communes rurales françaises sont concernées par cette **revitalisation**.

■ Cependant, une catégorie d'espaces ruraux demeure à l'écart. Le **rural profond** correspond à la portion des campagnes les plus en retard et les plus isolées. L'exode rural et le vieillissement démographique caractérisent ces endroits. Le **taux de pauvreté** y est plus important et les activités économiques y sont moins diversifiées.

DÉFINITION
Rural profond : portion de l'espace rural à l'écart des nouvelles dynamiques de développement.

3 Des espaces ruraux multifonctionnels

■ Certaines **campagnes périurbaines** sont devenues des espaces très productifs. Leur économie se diversifie. Leur tertiarisation est principalement la conséquence du développement du **tourisme vert** présent en plaine et à la montagne. L'arrivée de nouveaux résidents (les **néoruraux**) tertiarise l'économie rurale en raison de leur consommation de services éducatifs, médicaux et commerciaux. La **redynamisation des campagnes** profite aux **bourgs ruraux** plutôt qu'aux petits villages.

 # vidéo
Paysages et identités rurales
foucherconnect.fr/19pbsti2d21

DÉFINITIONS
- **Néoruraux** : populations urbaines qui décident de s'installer en milieu rural.
- **Bourg rural** : agglomération rurale qui exerce un rayonnement sur les villages environnants.

■ Les campagnes sont devenues des **espaces récréatifs**. Leur accessibilité, leur potentiel en activités de loisirs, leur patrimoine et leur cadre de vie attirent des populations urbaines qui disposent d'un temps libre plus important. L'essor du tourisme vert se vérifie en Afrique subsaharienne, notamment au Cameroun qui dispose de sites naturels favorables au développement de l'**écotourisme**.

DÉFINITION
Écotourisme : tourisme respectueux de l'environnement et centré sur la découverte de la nature.

■ Les espace ruraux s'industrialisent. Depuis les années 2010, l'emploi industriel a dépassé l'emploi agricole dans les campagnes françaises. Dans le Nord de l'Italie, la renaissance rurale se fonde sur la **multiplication des districts industriels**. Les usines agroalimentaires s'implantent prioritairement dans les **bassins de collecte** (à proximité des zones de production agricole). Les autres activités industrielles privilégient le périurbain pour des raisons de mobilité et de proximité des débouchés.

DÉFINITION
Bassin de collecte : zone délimitée où l'on collecte un produit local.

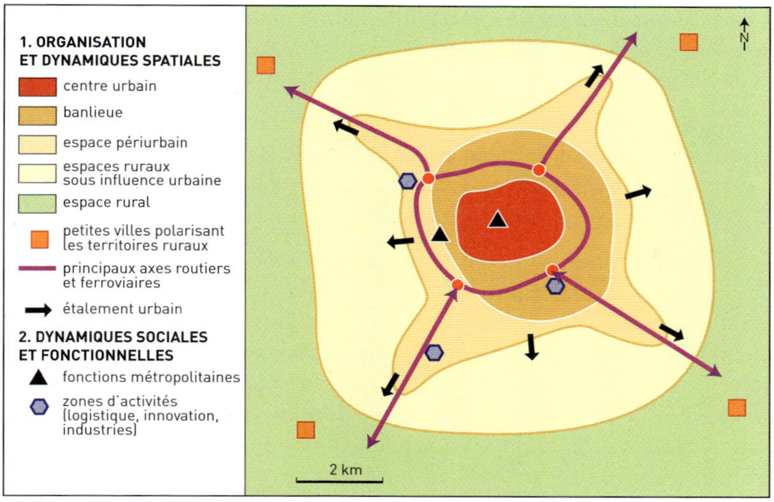

Des espaces ruraux liés aux villes

Sujet d'étude n° 1 : les espaces périurbains en France

■ La périurbanisation débute en France à partir des années 1960 et s'accélère vers 1970. Près de **19 millions de Français** vivent aujourd'hui en **zone périurbaine**.

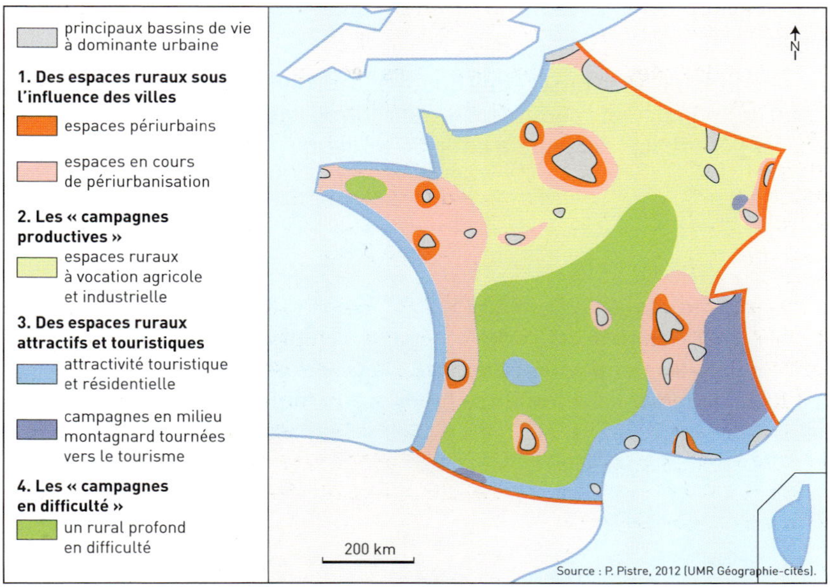

Les types de campagnes

■ Localisés entre les banlieues et les campagnes, les espaces périurbains sont des **intermédiaires entre l'urbanité et la ruralité**. Ils permettent un **desserrement** des villes. Ils se caractérisent par :
- des densités démographiques moyennes mais en progression ;

GÉOGRAPHIE

– une discontinuité entre portions bâties et non bâties où alternent des habitats individuels et des espaces agricoles (phénomène d'émiettement) ;
– des déplacements de populations davantage contraintes à la mobilité.

DÉFINITION

Desserrement : réponse au manque d'espace en ville par l'extension de celle-ci vers sa périphérie qui dispose de plus d'espace (avec des prix fonciers moins élevés).

■ L'espace périurbain concentre un certain nombre de problèmes et d'inquiétudes. Il témoigne d'une **ségrégation socio-spatiale** qui pousse les populations des classes moyennes inférieures à vivre en marge des agglomérations (la « France des gilets jaunes »). L'étalement urbain en direction des campagnes produirait un effet de **marginalisation sociale**. Certains spécialistes parlent d'une « **France périphérique** » pour désigner la relégation des populations les plus fragiles en bordure des pôles urbains. Par ailleurs, les habitants de ces zones dépendent pour leur emploi d'un pôle urbain qui les contraint à une **migration pendulaire** sur d'assez grandes distances. Le périurbain est enfin accusé de consommer beaucoup d'espace. L'**artificialisation** du territoire fait en effet perdre 30 000 hectares par an de surface agricole.

DÉFINITION

Artificialisation : transformation d'un milieu naturel ou semi-naturel en zone urbaine plus densément peuplée.

■ Mais le périurbain est également perçu comme le laboratoire d'une **nouvelle forme d'urbanité** positive rendue possible par :
– l'essor des NTIC facilitant le travail à domicile ;
– l'usage de l'automobile qui autorise la mobilité ;
– la possibilité d'accéder à la propriété (habitat pavillonnaire) ;
– le fait de profiter d'un cadre de vie où se conjuguent les avantages de la ville et de la campagne.

■ La périurbanisation ne se réduit donc pas à un phénomène de marginalisation. Le niveau de vie des populations périurbaines est selon les endroits plus élevé que la moyenne. Les espaces périurbains demeurent attractifs pour une partie des classes moyennes.

Un paysage périurbain francilien : la périphérie de Tigery (91)

Sujet d'étude n° 2 : l'agritourisme en France

■ L'agritourisme (ou agro-tourisme) est une activité touristique en lien avec l'agriculture. Il se compose de multiples activités :
- l'**hébergement** en gîte rural, en chambre d'hôte, en camping, à la ferme ;
- la **restauration** grâce aux tables d'hôtes, aux fermes auberges ;
- l'**oenotourisme** (tourisme vitivinicole et œnologique) ;
- les **activités sportives** et de **loisirs** telles que la pêche, la chasse, la randonnée, l'équitation, le vélo… ;
- les **activités culturelles** comme la découverte du patrimoine agricole et rural, la visite d'ateliers ;
- la **vente directe** des produits locaux (**circuits courts**).

■ Ce tourisme en plein essor représente un tiers de la fréquentation touristique en France. 14 000 agriculteurs sont officiellement investis dans l'agritourisme. 6 000 fermes sont recensées sur les plateformes de réservation en ligne. Le financement participatif permet grâce à l'internet d'aider au démarrage d'activités agritouristiques dans le cadre d'appels à projet. L'agritourisme est soutenu par des subventions de l'État français mais aussi par l'Union européenne dans le cadre de la **PAC** qui cherche à maintenir la vitalité du monde rural.

SIGLE

PAC : politique agricole commune de l'Union européenne.

■ Les conséquences de l'agritourisme sont nombreuses :
- une **augmentation et une diversification des revenus des exploitants agricoles** ;
- la **mise en place de plusieurs réseaux de professionnels** de l'agritourisme tels que « Bienvenue à la ferme » (un milliard d'euros de chiffre d'affaires en 2017) ou l'association « Accueil paysan » engagée dans une activité agricole et agritouristique durable, équitable et solidaire ;
- une **valorisation et un renforcement de l'attractivité du territoire** aux échelles régionale, nationale et internationale ;
- le **maintien du peuplement en zone rurale** grâce à la diversification des débouchés et à une hausse du niveau de qualification (maîtrise des langues étrangères, capacité de gestion financière, notions d'informatique pour la réalisation d'un site internet…) ;
- une **sensibilisation de l'opinion publique**, notamment citadine, aux métiers de l'agriculture

■ L'agritourisme se présente comme une **alternative au tourisme balnéaire** dans les territoires d'outre-mer où il est une activité supplémentaire en faveur du **développement économique**. La localisation des DROM COM en zone tropicale leur permet d'offrir une variété de produits spécifiques. À la Réunion, un parcours pédagogique autour de la culture de la vanille attire chaque année 30 000 visiteurs. Sur l'île de Marie-Galante, au large de la Guadeloupe, un pôle agritouristique valorise la production de miel, de jus de canne, de vinaigre et de savon.

DÉFINITIONS

▶ **DROM** : département et région d'outre-mer. Territoire français administré de la même manière que les collectivités de métropole. La Guyane, les Antilles, la réunion et Mayotte figurent dans cette catégorie.

▶ **COM** : collectivité d'outre-mer qui dispose d'une marge d'autonomie. La Polynésie française, Wallis et Futuna, Saint-Barthélémy, Saint-Martin et Saint-Pierre-et-Miquelon en font partie.

GÉOGRAPHIE

■ L'agritourisme représente donc une nouvelle possibilité d'aider au **développement de la ruralité** et témoigne de sa **multifonctionnalité** en cours.

REMISE DES PRIX

Appel à projets Agritourisme

Jeudi 1er mars 2018
de 10 h 30 à 11 h 30

Sur le stand Airbnb
(Hall 4, stand B042)
au Salon de l'Agriculture
Paris Expo – Porte de Versailles

Annonce publicitaire de la remise des prix pour l'agritourisme

ENTRAÎNEMENT AU CONTRÔLE CONTINU

EXERCICE1

Photographie de l'espace périurbain de la périphérie de Tigery (page 314)

1. Décrivez le premier plan de la photographie. Comment les terrains sont-ils occupés ?
2. Décrivez le second et l'arrière plans. Quelle fonction est attribuée à ces espaces ?
3. Pourquoi cet exemple de Sénart illustre-t-il la périurbanisation ?

EXERCICE 2

1. Quelles sont les dynamiques présentes dans les espaces périurbains ?
2. Quelles différences et points communs voyez-vous entre les espaces périurbain et sous influence urbaine ?
3. Pourquoi peut-on parler d'une pluralité d'espaces ruraux ?

EXERCICE 3

Annonce publicitaire de la remise des prix pour l'agritourisme (ci-dessus)

1. Quelle image du monde rural cette affiche entend-elle donner ?
2. Qui sont les acteurs de cette promotion de la ruralité ? À quelle occasion se rencontrent-ils ?
3. Quel est le but de ce document ?

 # corrigés
foucherconnect.fr/19pbsti2d31

8 Urbanisation, littoralisation, mutations des espaces ruraux

Le développement spectaculaire de la Chine depuis les années 1980 aboutit à la diversification de son économie, à son insertion de plus en plus forte dans la mondialisation et à la recomposition de son territoire.

1 Un territoire inégalement dynamisé par le développement économique

■ La croissance économique chinoise s'est fondée sur l'ouverture de son littoral aux investissements étrangers. En 1979, **quatre zones économiques spéciales (ZES)** avaient été créées sur le littoral Sud pour attirer les investisseurs étrangers en leur accordant des facilités juridiques et fiscales. Les côtes sont ainsi devenues le point d'ancrage de l'intégration du pays à la mondialisation. La **littoralisation** et la **métropolisation** ont concentré en bordure de mer l'essentiel du dynamisme économique. Un contraste s'est donc créé entre le littoral et **l'arrière-pays continental**.

> DÉFINITION
> **Littoralisation** : concentration des hommes et des activités sur les côtes.

■ Une subdivision du pays a été officiellement élaborée dans les années 1990 afin de différencier trois ensembles :

– le **littoral** : interface avec l'Asie orientale et le monde. On y trouve presque un Chinois sur deux, plus de la moitié de la richesse du pays (PIB), les ¾ de la production nationale et plus de 80 % des investissements étrangers et des exportations chinoises. Le littoral fait apparaître des pôles urbains et économiques majeurs (Hong Kong et Shanghai en tête) néanmoins séparés par des franges littorales beaucoup moins développées et urbanisées ;

– l'**intérieur** : espace intermédiaire dynamisé par les littoraux, il rassemble un tiers de la richesse chinoise sur 30 % du territoire, réunit 44 % de la population et capte 16 % des **IDE** en Chine ;

– l'**Ouest** : sur plus de la moitié du territoire chinois, il accueille environ un dixième du peuplement (dont de nombreuses minorités ethniques), 8 % du PIB et n'atteint que 3 % des exportations.

> DÉFINITIONS
> ◗ **Interface** : zone d'échanges.
> ◗ **IDE** : investissements directs à l'étranger.

■ L'aménagement du territoire a donc conduit les autorités chinoises à **privilégier les littoraux** tout en permettant à l'intérieur du pays de bénéficier d'une industrialisation notamment le long des fleuves (axes de translation du développement d'Est en Ouest). Cette zone intérieure est bien un **espace de transition** entre l'Ouest nettement moins développé et l'Est si puissant. Dès lors, l'expression des « **Trois Chine** » désigne le **centre** ou cœur économique (le littoral) bordé d'une **périphérie intégrée** (l'intérieur) qui jouxte une **périphérie dominée** (l'Ouest en retard).

> DÉFINITION
> **Périphéries** : portions d'un territoire localisées en dehors de son centre économique. On distingue des périphéries intégrées lorsque leur proximité avec le centre les aide à se développer. Les périphéries dites « dominées » désignent des espaces plus éloignés du centre et nettement moins développés et dynamiques.

GÉOGRAPHIE

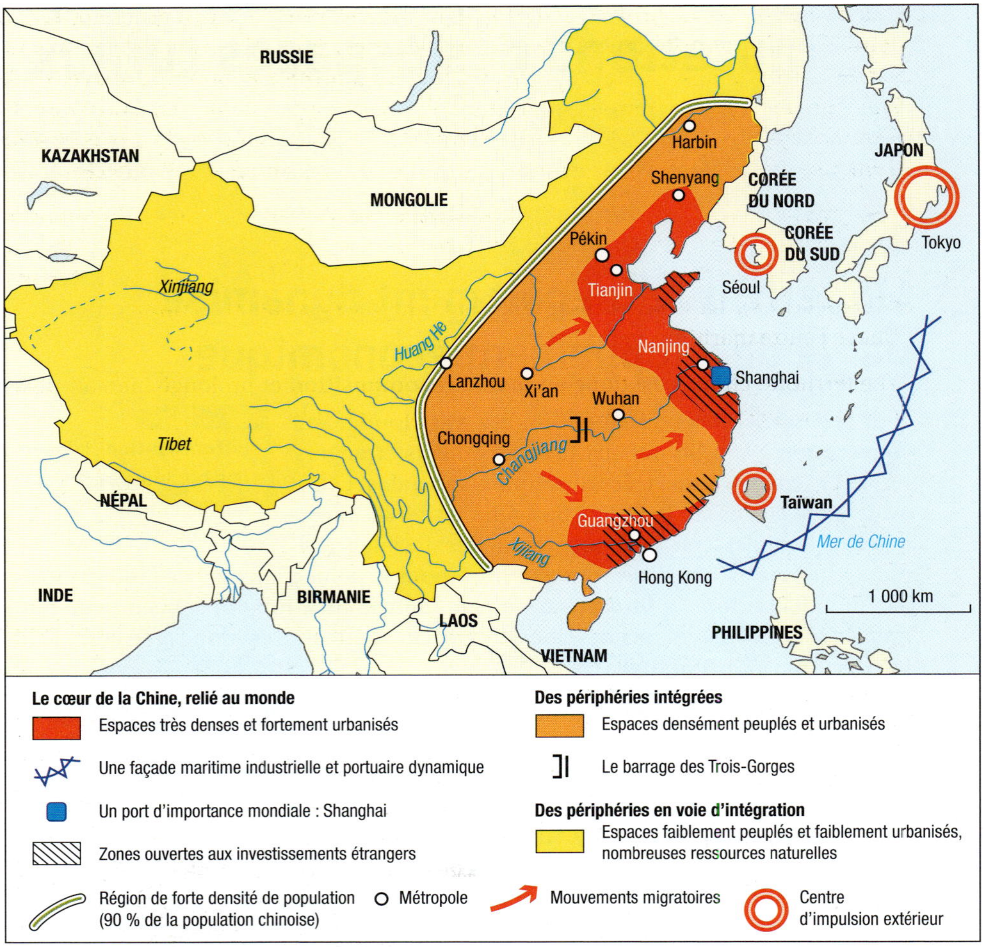

La Chine, un territoire inégalement mondialisé

2 Vers la fin des « 3 Chine »

■ Afin de résoudre les contrastes régionaux entre les « 3 Chine », depuis les années 2010, les autorités chinoises prennent davantage en compte la nécessité d'aménager l'intérieur du pays. À la stratégie de littoralisation succède une politique de **rattrapage continental**. Le développement a ainsi permis l'essor de régions centrales et du Nord. L'émergence de Xi'an et du Shaanxi fait de plus en plus contrepoids au littoral.

■ Le projet des **routes de la soie** contribue au développement de la partie occidentale (Ouest) du pays. Il consiste à créer des axes de transports entre la Chine et l'Europe et montre la volonté du gouvernement chinois de prolonger à l'échelle eurasiatique sa politique d'aménagement du territoire.

 # vidéo
Le monde selon Xi Jinping
foucherconnect.fr/19pbsti2d22

■ La Chine élabore un projet gigantesque qui va concerner 70 pays regroupant 40 % du PIB mondial. Sous l'autorité du président Xi Jinping, depuis 2013, la Chine veut construire au prix de 1 000 milliards de dollars un **vaste réseau d'infrastructures terrestres** (Silk Road Economic Belt) et **maritimes** (Maritime Silk Road) de manière à faciliter ses **échanges commerciaux** avec l'Asie, l'Europe et l'Afrique. Les nouvelles routes de la soie renforceront l'influence diplomatique de la Chine dans le monde ainsi que son **soft power**.

■ Le programme des **routes de la soie**, appelé **OBOR** (One Belt, One Road, « une ceinture, une route »), va aider au désenclavement de la partie occidentale de la Chine qui sera davantage reliée à l'Asie centrale puis à l'Europe par des voies rapides (**corridors routiers et ferroviaires**). La Chine présentera deux interfaces majeures, l'une continentale, vers l'Ouest, l'autre maritime, vers l'Est.

■ Le territoire chinois est donc en **pleine recomposition** et prolonge bien au-delà de ses frontières l'aménagement des axes qui le relient au monde.

DÉFINITIONS

- **Corridor** : axe de passage linéaire (autoroute, ligne de chemin de fer).
- **Route de la soie** : réseau ancien (médiéval) de routes terrestres entre l'Asie et l'Europe. La soie était l'une des marchandises les plus luxueuses ainsi transportées.
- **Soft power** : capacité d'influence d'un État sans recours à la force (hard power).
- **Collier de perles** : stratégie qui consiste pour la Chine à prendre le contrôle de ports d'Asie du Sud pour garantir ses exportations et défendre ses intérêts géostratégiques.
- **Recomposition** : réorganisation d'un espace.

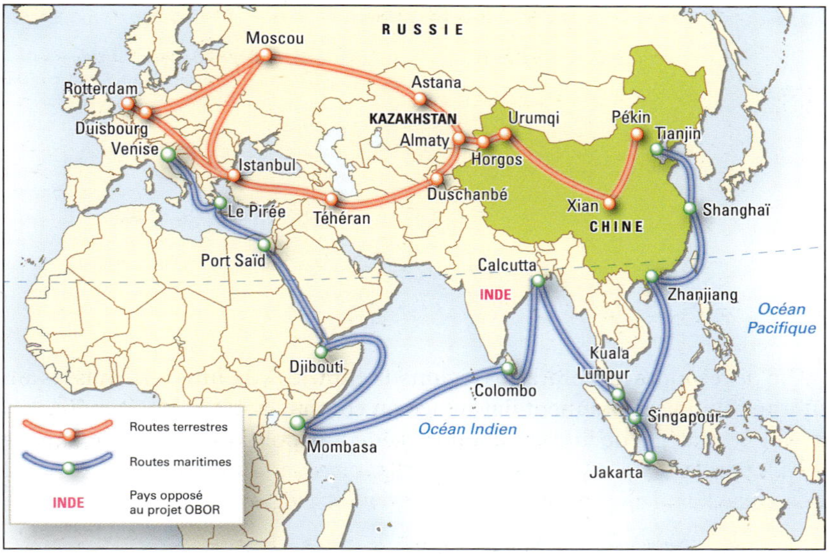

Les nouvelles routes de la soie

GÉOGRAPHIE

ENTRAÎNEMENT AU CONTRÔLE CONTINU

EXERCICE 1

Analyse de document, Les nouvelles routes de la soie (p. 319)

1. Quelle est la géographie de l'axe « One Road » et du « One Belt » ? Quelle est leur principale différence ?

2. Quels sont les moyens de transports visés par la totalité des projets ?

3. Les routes de la soie rendent-elles l'influence chinoise incontestable en Asie ?

EXERCICE 2

1. Justifier la phrase suivante : « L'ère qui s'ouvre à partir de 1979 marque un tournant majeur dans l'histoire de la Chine. »

2. Associer les données de gauche à l'une des trois parties qui composent le territoire chinois :

a. ¾ de la production nationale	1. Chine de l'intérieur
b. 8 % du PIB	2. le littoral
c. 44 % de la population	3. l'Ouest

corrigés
foucherconnect.fr/19pbsti2d31

ANGLAIS

ANGLAIS

Évaluation de l'Anglais au bac

L'Anglais est évalué au cours de trois épreuves communes de contrôle continu, en Première et en Terminale. Ces évaluations comptent dans la notation finale de l'examen. Elles comprennent trois types d'exercices : la compréhension de l'écrit, la compréhension de l'oral et l'expression écrite. Pour réussir ces exercices, il convient de maîtriser les points méthodologiques suivants.

1 Les modalités d'examen

L'Anglais est évalué tout au long de l'année de Première et de Terminale, à l'occasion des épreuves communes de contrôle continu mais aussi grâce aux notes des bulletins scolaires, comptant pour 40 % de la note finale à l'examen. Le coefficient 5 est appliqué à cette matière.

Épreuve commune de contrôle continu 1	Épreuve commune de contrôle continu 2	Épreuve commune de contrôle continu 3
2e trimestre de Première : **compréhension de l'oral** et **expression écrite**	3e trimestre de Première : **compréhension de l'écrit** et **expression écrite**	2e trimestre de Terminale : - 1er temps : **compréhension de l'écrit** et de l'**oral**, **expression écrite** - 2e temps : **expression orale**
Durée : **1 h**	Durée : **1 h 30**	Durée : - **2 h 30 pour l'écrit** - **10 min pour l'oral** (+ 10 min de préparation)

REMARQUE
Au cours de chacune des deux années de Première et de Terminale, au moins six des huit axes de la thématique du cycle terminal « Gestes fondateurs et mondes en mouvement » seront abordés. Ces axes sont tous traités dans l'ouvrage.

2 Les compétences évaluées en Première

A La compréhension de l'écrit

La compréhension de l'écrit est évaluée à partir d'un ou deux textes écrits sur lesquels des questions sont posées. Pour réussir, vous devez suivre les étapes suivantes.

a Anticipez le contenu

- Lisez les informations fournies avec le texte pour déterminer : la **date de publication**, qui vous permet de le situer dans le temps ou de le mettre en rapport avec un événement que vous connaissez ; le **pays d'origine** ; la **source** : roman, site internet, journal à sensations, journal de qualité, hebdomadaire d'information ; le **titre du texte** pour anticiper son contenu.
- Lisez l'article attentivement pour repérer les informations essentielles : de **qui** on parle, de **quoi** on parle, **où** et **quand** les faits ont eu lieu.

b Analysez les consignes

- Vérifiez que **vous comprenez bien ce qu'il convient de faire**.

Answer the following questions. *Répondez aux questions suivantes.*

Choose the major theme. *Choisissez le thème principal.*

Which arguments are put forward? *Quels sont les arguments mis en avant ?*

True or false? Right or wrong? *Vrai ou faux ?*

Pick out a sentence which indicates that... *Relevez une phrase qui indique que...*

Complete the following table. *Complétez la grille suivante.*

Explain in your own words. *Expliquez avec vos propres mots.*

Choose the correct ending. *Choisissez la fin qui convient.*

Match each sentence on the left with an element on the right. *Associez chaque phrase à gauche avec un élément à droite.*

- Si vous devez citer le texte, repérez les passages pertinents, soulignez-les et notez le numéro de la ligne.

Justify your answer with a quotation from the text. *Justifiez votre réponse par une citation prise du texte.*

Justify by quoting the text. *Justifiez en citant le texte.*

ATTENTION

- Vous devez répondre sur la copie qui vous est fournie.
- Respectez l'ordre des questions.
- Reportez les repères : numéro de l'exercice et, le cas échéant, la lettre repère. Exemple : 1. a. E
- Faites précéder les citations du numéro de la ligne.
- Réécrivez intégralement les phrases à compléter dans un exercice type texte à trous et soulignez l'élément introduit.

c Répondez aux questions sur le vocabulaire du texte

Les questions de compréhension détaillée d'un texte peuvent porter sur le lexique. Il s'agit de trouver des équivalents ou des synonymes dans le texte.

Find equivalents of these words or groups of words in the text. *Trouvez les équivalents de ces mots ou groupes de mots dans le texte.*

Pick out expressions from the text that show... *Trouvez des expressions qui montrent...*

Match the words and their equivalents. *Associez les mots à leur équivalent.*

Fill in the gaps with words taken from the text. *Remplissez les trous avec des mots tirés du texte.*

B La compréhension de l'oral

Vous effectuez deux écoutes espacées de 2 minutes d'un ou de deux documents audio ou vidéo d'une longueur totale de 3 minutes. Il peut s'agir de monologues, dialogues, discours, discussions, émissions de radio, extraits de documentaires, de films, de journaux télévisés...

a La première écoute

- **Lisez le titre** de l'enregistrement écrit au tableau avant d'écouter le document audio ou vidéo.

■ **Identifiez le type de document** : audio (a recording) ou vidéo (a video).

the news *les informations*
a news item *une nouvelle*
a report *un reportage*
a testimony *un témoignage*
an interview *un entretien*
a passage from a radio show *un extrait d'une émission de radio*
a conversation *une conversation*

■ **Définissez le thème général du document.**

The main topic of the video is... *Le sujet principal de la vidéo est...*

The recording deals with/is about... *L'enregistrement parle de...*

■ Soyez attentif à tous les **indices sonores** à votre disposition : musique, bruits, voix...

■ **Repérez le nombre de voix** : masculine (a man/men), féminine (a woman/women), d'enfant (a child/children), d'adolescent (a teenager)...

A woman and a man are talking. *Une femme et un homme parlent.*

■ **Rédigez une courte introduction** : nature de l'enregistrement, thème général, nombre de personnes qui parlent et de qui il s'agit éventuellement.

b La deuxième écoute

■ **Relevez les mots ou expressions clés** : ils sont souvent répétés et mis en valeur par le locuteur qui les accentue.

■ **Restituez dans l'ordre et *in extenso* ce qui est dit dans l'enregistrement** : rendez compte des noms, dates, chiffres, lieux, faits, opinions...

REMARQUE

Pour la vidéo, les images sont bien sûr à prendre en compte en tant que soutien à la compréhension. Il faut donc regarder l'écran pendant la prise de notes : les images permettent souvent de comprendre des éléments plus difficiles de la narration en voix off ou d'un entretien. En revanche, il ne faut pas décrire les images pendant la restitution. « We can see » est à bannir.

c Organisez vos notes

■ On n'attend pas uniquement un repérage de mots mais leur **mise en relation** afin de montrer que vous comprenez les intentions.

problems and solutions *problèmes et solutions*

causes and consequences *causes et conséquences*

facts and opinions *faits et opinions*

advantages and drawbacks *avantages et inconvénients*

■ **Présentez le contenu du document sans jugement**, ni commentaire personnel.

The columnist starts with a fact. *L'éditorialiste commence par un fait.*

Then, he introduces the idea that... *Ensuite, il introduit l'idée que...*

The newsreader informs us that... *La présentatrice nous informe que...*

The journalist exposes the fact that... *Le journaliste dénonce le fait que...*

■ Dites en quoi le support est spécifique et ce qui en fait son intérêt.

The core of the issue lies in the fact that... *Le cœur du problème se trouve dans le fait que...*

The recording raises a ticklish issue. *Cet enregistrement soulève un point délicat.*

She wants to make us aware of the situation. *Elle cherche à nous sensibiliser à la situation.*

It testifies to the importance of the phenomenon. *Cela témoigne de l'importance du phénomène.*

She quotes a striking example. *Elle cite un exemple frappant.*

He gives a major piece of information. *Il donne une information essentielle.*

C L'expression écrite

Votre capacité à rédiger en langue anglaise est évaluée dans cet exercice. Il peut être demandé de rédiger un récit qui fait suite au texte ou un dialogue.

a Analysez la consigne

■ S'agit-il d'écrire un **récit** :

Imagine a continuation to the story. *Imaginez une suite à l'histoire.*

The narrator reports what happened to him. *Le narrateur rapporte ce qui lui est arrivé.*

Write an article to be published on your school website. *Écrivez un article qui doit être publié sur le site de votre école.*

■ Ou faut-il rédiger un **dialogue :**

Imagine the conversation. *Imaginez la conversation.*

Write the dialogue between the two characters. *Écrivez le dialogue entre les deux personnages.*

You are a journalist interviewing Thomas about his actions, his hopes for the future and his feelings. Imagine the interview. *Vous êtes un journaliste réalisant un entretien avec Thomas concernant ses actions, ses espoirs pour l'avenir et ses sentiments. Imaginez l'entretien.*

■ **Choisissez les éléments du texte à prendre en compte** :
– à quelle **personne** devez-vous écrire : première ou troisième ?
– quel **temps** faut-il utiliser ? **présent simple** pour rendre compte des faits sans commentaire ; **présent en** be + V-ing pour diriger l'attention sur un fait actuel, comme un arrêt sur image ; **present perfect** pour faire un bilan ; **prétérit** pour indiquer qu'une action est passée ;
– quels **éléments du contexte** faut-il prendre en compte : lieu, époque, psychologie des personnages, sentiments et émotions... ?

b Écrire une narration

■ Utilisez le **prétérit** pour raconter ce qui s'est passé dans le passé : le prétérit simple est le temps de la narration en anglais. Il indique qu'une action a eu lieu à un moment précis du passé coupé du présent.

before *avant*
previously *auparavant*
early in the morning *tôt le matin*
late in the evening *tard le soir*

■ **Faites une relecture attentive** : contrôlez la correction de la langue et l'orthographe : accents, pluriels, accords...

ATTENTION
Assurez-vous que vous avez respecté le nombre de mots demandé. Tout dépassement de plus ou moins 10 % est sanctionné.

C Écrire un dialogue

■ **Préparez les questions** :

– **question fermée** : on ne peut répondre que par **yes** ou **no**. Elle commence par un auxiliaire. L'intonation est montante.

Do you like tea? Yes, I do. No, I don't. *Aimez-vous le thé ? Oui, j'aime le thé. Non, je n'aime pas le thé.*

– **question ouverte** : la réponse comporte une précision de lieu, date, âge, nom... Elle commence par un terme interrogatif. L'intonation est descendante.

What was it like? *Comment cela s'est-il passé ?*

who *qui*
when *quand*
where *où*
what *quoi*
which *lequel (choix)*
whose *à qui*
how *comment*
how much/many *combien*
how often *tous les combien*
how old *quel âge*
how far *quelle distance*
how deep *quelle profondeur*
how tall *quelle taille*
since when *depuis quand*
how long ago *il y a combien de temps*

■ **Enrichissez votre dialogue** :

– **variez les verbes introducteurs pour éviter de répéter (he) said :**

he added *ajouta-t-il*
he answered *répondit-il*
he asked *demanda-t-il*
he enquired *se renseigna-t-il*
he hesitated *hésita-t-il*
he inquired *se renseigna-t-il*
he interrupted *interrompit-il*
he noticed *fit-il remarquer*
he wondered *se demanda-t-il*

– **utilisez des adverbes :**

kindly *gentiment*
lovingly *avec amour*
proudly *fièrement*
sadly *tristement*
silently *silencieusement*
suspiciously *avec suspicion*

■ **Respectez la ponctuation anglaise, différente du français :**

– les guillemets se placent avant et après ce que dit un personnage.

"Go to your cupboard – I mean, bedroom," he wheezed at Harry. *Il dit d'un souffle à Harry : « Va dans ton placard... je veux dire dans ta chambre. »*

– les signes de ponctuation se placent à l'intérieur des guillemets :

"A stone that makes gold and stops you ever dying!" said Harry. *Harry dit : « Une pièce qui crée de l'or et vous protège de la mort pour toujours ! »*

1 Identities and exchanges

The separation of people from their native land and cultural backgrounds has an impact on a lot of migrants, refugees and exiles who feel uprooted because of their displacement. National identity represented by distinctive traditions, language, values and beliefs is often associated to an emotional attachment and a feeling of belonging to a nation.

1 First steps

A Living across borders

- For migrants who are lucky enough to be assimilated processes and initiatives are underway, even if it is too often reduced to being either welcomed or rejected.
- The meaning of cultural identity is changed by the development of information and communication technologies and the wide-ranging effects of globalisation. In our complex world cultural flows across borders are on the rise. The concepts of space, time, and distance are losing their conventional meanings. Cultural globalisation is here.

B Exchanges and interactions have transformed our societies

- **Exchanging** means giving in return for something received and this can be anything from information, data, services, ideas, work and markets, to technology... People need to establish relationships because they give meaning to their lives and contribute to learning to live together.
- **Interaction** has led innovative models to the development of a lot of apps and encouraged innovative and productive business models such as car-sharing, rental companies, collaborative workplaces...

C Global citizenship

Global citizenship has three dimensions – **awareness of self and others**, **responsibility** and **participation**. It offers hope for embracing a mindset that can ensure the future sustainability of our planet and all of its living forms. The world needs more global citizens.

CIVILISATION

Fair Trade

- Fair trade is a trading partnership, based on dialogue, transparency and respect, that seeks greater equity in international trade. It contributes to sustainable development by offering better trading conditions to small producers and workers in the South and by securing their rights.
- Fair trade organisations have a clear commitment to fair trade as the centre of their mission. Backed by consumers, they are engaged actively in supporting producers, awareness raising and in campaigning for changes in the rules and practice of conventional international trade.

2 Useful words

assimilation *l'assimilation*
awareness *la conscience*
the background *le milieu*
beliefs *des croyances*
to belong *appartenir*
to bypass *contourner*
citizenship *la citoyenneté*
commitment *l'engagement*
to connect *relier*
a consumer *un(e) consommateur(trice)*
the consumer society *la société de consommation*
to cross borders *traverser les frontières*
to cut down on *réduire*
a downturn *une récession*
to entice *séduire*
environmental policy *la politique environnementale*
an exile *un(e) exilé(e)*
fair trade *le commerce équitable*
globalisation *la mondialisation*
to interact *interagir*
the know-how *le savoir-faire*
labour-saving *économe en main-d'œuvre*
a migrant *un(e) migrant(e)*
non-profit *à but non lucratif*
ownership *la propriété*
philanthropy *la philanthropie*
a refugee *un(e) réfugié(e)*
relationships *des relations*
relevant *pertinent(e)*
to reshape *redonner forme à*
self-sufficient *autosuffisant(e)*
to share *partager*
a shelter *un abri*
a shift *un changement*
sustainable *durable*
to thrive, throve, thriven *prospérer*
a trend *une tendance*
uprooted *déraciné(e)*
values *des valeurs*
to welcome *accueillir*

3 Improve your grammar

POINT GRAMMATICAL

Be

- **Be** sert à indiquer une propriété du sujet.

My name is… I am 17. *Je m'appelle… J'ai 17 ans.*

- **There + be** conjugué indique l'existence et s'accorde en nombre avec le nom qui suit.

There is some hope. *Il y a de l'espoir.*

There are many campaigners. *Il y a beaucoup de militants.*

There will be answers. *Il y aura des réponses.*

There must be solutions. *Il doit y avoir des solutions.*

Have

- **Have** sert à indiquer une possession.

She doesn't have any hesitation. *Elle n'a aucune hésitation.*

- Expressions idiomatiques : **to have breakfast/lunch/dinner/a drink/a bath/a shower** *prendre le petit déjeuner/déjeuner/dîner/un verre/un bain/une douche*

Présent simple et présent en be + V-ing

- Le présent simple s'emploie pour décrire une action de manière neutre, objective, sans ajouter son opinion. On le trouve donc pour indiquer une action habituelle ou vraie en toute situation.

What do you like best? I like social life but I don't like solitude. *Qu'est-ce que vous aimez le plus? J'aime la vie en société mais je n'aime pas la solitude.*

- Le présent en **be** + V-ing indique qu'une action est présentée du point de vue de celui qui parle pour exprimer quelque chose d'inachevé au moment où l'on parle.

They are standing up for their rights. *Ils se battent pour leurs droits.*

EXERCICES CORRIGÉS

EXERCISE N°1

Translate the sentences into English.

a. Jane a dix-sept ans. b. Est-ce qu'elle a faim ou soif ? c. Nous avons vraiment froid. d. Il y a trois kilomètres jusqu'à l'école. e. Elle a vraiment eu de la chance. f. Elle a sommeil soudain. g. Il y a des difficultés pour les exilés dans beaucoup de pays. h. Il y a trop de pauvreté. i. Il y a trop de victimes. j. Il y a un vrai danger. k. Il y a des conflits dans tout le monde.

EXERCISE N°2

Fill in the blanks with *have* or *be*.

"We... always believed in proper integration. We truly believe that it can change the world and that ... why we ... hope. There ... many problems today and that ... why there ... so many conflicts in the world. We believe that it .... a very important period of time. If nothing changes in the near future we ... going to be faced with more and more dangers and the consequences ... going to be terrible."

EXERCISE N°3

Turn the verbs between brackets into simple or continuous present.

a. I (realise) that they (lie): many migrants (suffer) from discrimination. b. Half the rural villages (have) no running water, and I (talk + not) about hot water! c. My mother (find) me irritating because I (call + always) on her services. d. Some countries (discriminate) against exiles: I (think) of India. e. Pakistani society (change), but in Pakistan change never (happen) very quickly.

CORRIGÉ

Exercise n°1

a. Jane is 17. b. Is she hungry or thirsty? c. We are really cold d. It's three kilometers to the school e. She's been really lucky f. She is sleepy all of a sudden. g. There are difficulties for exiles in a lot of countries. h. There is too much poverty. i. There are too many victims. j. There is a real danger. k. There are conflicts all over the world.

Exercise n°2

have – is – have – are – is – are – is – are – are

Exercise n°3

a. realise – are lying – suffer b. have – am not talking c. finds – am always calling d. discriminate – am thinking e. is changing – happens

ENTRAÎNEMENT AU CONTRÔLE CONTINU

COMPRÉHENSION DE L'ÉCRIT

Read the text and answer the questions.

Globalisation may actually be better for the environment

The increasing pace of globalisation and how it affects the environment has been a major global concern. Although the research has been fraught with[1] contrasting results, there are many who strongly believe that increased globalisation has been harmful[2] to the environment. A large number of environmentalists who support this view base their arguments on the premise that globalisation leads to an increase in global demand, resulting in increased production. This indirectly contributes to the exploitation of the environment and the depletion[3] of natural resources.

Amid rising environmental concerns, an important question is whether deglobalisation would have the opposite impact on the environment. Put differently, if globalisation is harmful, then should we expect that the current deglobalisation trend will be less harmful for the environment?

In fact, deglobalisation may not necessarily translate into reduced emissions of harmful gases such as CO_2, SO_2, NO_2, but could actually worsen[4] it. Through what is known as the technique effect, we know globalisation can trigger environmentally friendly technological innovations that can be transferred from countries with strict environmental regulations to pollution havens[5].

Globalisation doesn't just entail the movement of manufactured goods, but also the transfer of intermediate, capital goods and technologies. That means multinational corporations with clean state-of-the-art technologies can transfer their green know-how to countries with low environmental standards. It's widely recognized that multinational firms use cleaner types of energy than local firms, and therefore have more energy-efficient production processes. Deglobalization could mean these environmentally friendly technologies aren't passed on to countries that are trying to go green.

Globalisation has another benefit — it's been at the forefront of creating public awareness about labour and environmental standards through the platforms of international activities such as fair trade and eco labels.

"Globalization may actually be better for the environment",
April 2018, Sylvanus Kwaku Afesorgbor, Binyam Afewerk Demena, The Conversation.

1. chargé - 2. nocif - 3. l'épuisement - 4. aggraver - 5. des refuges

1. Quote the four main negative effects globalisation is said to have on the environment.
2. Explain in your own words what is expected from deglobalisation.
3. What impact is globalisation said to have on labour and environmental regulations?

COMPRÉHENSION DE L'ORAL

Listen to the video and answer the questions.

 # vidéo
Children's champion
foucherconnect.fr/19pbsti2d23

1. When did the first migrants arrive in Australia?
2. When did the last migrant arrive?
3. How old was Sandra Anker? What was she told?
4. How old was Harold Haig? What was he told? What happened in reality?
5. What did he finally discover? At what age?
6. What did Margaret Humphreys do?
7. What did she receive once? What was she asked to do?
8. What were the children told?

EXPRESSION ÉCRITE

What impact would you say globalisation has on our lifestyle in terms of innovation, technology, progress but also damages to our environment? (180 words)

USEFUL PHRASES

The main advantages and drawbacks are... *Les principaux avantages et inconvénients sont...*
It has impacted our environment. *Cela a eu un impact sur notre environnement.*
We tend to consume more and more. *Nous avons tendance à consumer de plus en plus.*
We may not be aware of the irreversible consequences. *Nous ne sommes peut-être pas conscients des conséquences irréversibles.*

 # corrigés
foucherconnect.fr/19pbsti2d24

2 Public and private spheres

The private sector includes organisations that are privately owned and not part of the government such as corporations, non-profit associations, and partnerships. The public sector is composed of organisations that are owned and operated by the government. It includes federal, provincial, state, or municipal governments, depending on where you live.

1 First steps

A Fields of protest

- **Politically:** there have always been movements to denounce authoritative or corrupt regimes. Recently, anti-globalisation movements have appeared to protest against globalisation. Today, protesters are taking to the streets in their thousands in cities across the US to protest against grand juries' decisions not to indict the white officers responsible for the deaths of unarmed black men, and demand police accountability.
- **Economically:** activists lead social movements to protest in different fields: pension schemes, education, health care, unemployment, wages or discrimination...
- **Environmentally:** a lot of NGOs defend our planet. Greenpeace, for example, campaigns against nuclear waste and corporate pollution, among other environmental issues.
- **Socially:** gender equality is a human right, but our world faces a persistent gap in access to decision-making power for women and men. Globally, women have fewer opportunities for economic participation than men, less access to basic and higher education, greater health and safety risks, and less political representation. Guaranteeing the rights of women and giving them opportunities to reach their full potential is critical not only for attaining gender equality, but also for meeting a wide range of international development goals.

B Forms of action

- **Various forms of action exist:** demonstrations, riots, hunger strikes, lobbying, boycotts and also blogging. Social networks have become very effective tools to reach out to a lot of people in no time and register protest and grievances.
- **Counter-protesters** may demonstrate their support for the person, policy or action that is the subject of the original protest. For instance, in the USA, pro-lifers believe abortion is a crime and say it should be forbidden, so they are opposed to those who are in favour of the right to abortion. The National Rifle Association (NRA) is a very powerful lobby in the USA, which defends the right to bear a gun and is opposed by those who are against gun carrying and mention mad gunmen in the USA to support their cause.

2 Useful words

an activist *un(e) militant(e)*
a bias *un préjugé, un parti-pris*
to block *bloquer*
to boycott *boycotter*
brutality *la brutalité*
claims *des revendications*
to complain *se plaindre*
to curb *réduire, réfréner*
to demand *exiger*
a demo(nstration) *une manif(estation)*
to denounce *dénoncer*
dismissals, lay-offs *des licenciements*
to disrupt *interrompre, perturber*
to fight, fought, fought *se battre*
gender equality *l'égalité des sexes*
grievances *des doléances*
to indict [in'dait] *mettre en examen*
to infringe *enfreindre*
injustice *l'injustice*
labour disputes *des conflits du travail*
a lobby *un groupe de pression*
to march *défiler*
to plague *être un fléau*
pressure *la pression*
to prosecute *poursuivre en justice*
to protest *protester*
to resume work *reprendre le travail*
a riot *une émeute*
to speak out *prendre la parole*
a spokesperson *un(e) porte-parole*
a strike *une grève*
to support *soutenir*

3 Improve your grammar

POINT GRAMMATICAL

L'article indéfini a/an

L'article indéfini **a/an** s'emploie :
- **devant un attribut** : Her father is an economist. *Son père est économiste.*
- **pour une répartition** : Twice a week. *Deux fois par semaine.*
- **avec une exclamation** : What a wonderful idea! *Quelle idée merveilleuse !*

On trouve **a** devant un mot commençant par un **son consonne**, **an** par un **son voyelle**.

a newspaper, **a** university/ju:/, **a** human, **a** one-year scheme [wʌn]
an emission, **an** MP/empi:/, **an** (h)our, **an** (h)onourable act, **an** (h)onest player

L'article défini the

L'article défini **the** reprend un élément déjà repéré pour indiquer qu'une chose est :
- **unique** : **the** sun, **the** North Pole, **the** world, **the** government.
- **repérée par la situation** : Look at **the** example! *Regarde l'exemple !*
- **déterminée par ce qui suit** : We should refuse **the** money that speculators put on the market. *Nous devrions refuser l'argent que les spéculateurs mettent sur le marché.*
- **devant les noms de pays au pluriel** : **the** United States, **the** Netherlands.

L'absence d'article

L'**absence d'article** renvoie à une **idée**, une **notion non repérée**. On ne trouve donc pas d'article devant :
- **les noms dénombrables au pluriel** : **0** beliefs *les croyances* ;
- **les noms de matière** : **0** water *l'eau*, **0** power *l'énergie*, **0** waste *les déchets* ;
- **les notions** : **0** money *l'argent*, **0** freedom *la liberté*, **0** humankind *l'humanité* ;
- **les noms de pays** : **0** Great Britain *la Grande-Bretagne* ;
- **les titres** : **0** President Trump *le Président Trump* ;
- **last et next** : **0** last week *la semaine dernière*, **0** next year *l'année prochaine*.

EXERCICES CORRIGÉS

EXERCISE N°1

Fill in the blanks with *a* or *an*.

a. As ... expert in economics he delivered ... interesting speech that lasted ... hour and... half. b. It was ... honour to welcome him to such ... amazing place. c. She obtained ... huge success as ... university professor. d. He was taken to ... hotel where he was offered ... hot drink.

EXERCISE N°2

Translate the sentences into English.

a. Il se comporte en joueur professionnel. b. Quel soulagement d'entendre une promesse si optimiste ! c. Il faut une demi-heure en roulant à 90 km à l'heure. d. Ce site est visité plusieurs fois par jour.

EXERCISE N°3

Make sentences as in the example.

book/read → I like books, but I don't like the book that I am reading.

a. car/drive b. music/hear c. coffee/drink d. cake/eat e. fish/taste f. children/look after

EXERCISE N°4

Provide the necessary articles: *the, a/an, Ø.*

a. In ... last two years, more than half of ... Americans have protested against ... injustice. b. ... people use ... social networks, such as ... Facebook, to reach out to ... lot of ... users and register ... grievances. c. There's ... return to ... simplicity, to cutting down on ... waste and being ... little bit smarter about how ... money is spent. d. ... NRA is ... very powerful lobby in ... USA. It defends ... right to carry ... gun.

CORRIGÉ

Exercise n°1

a. an – an – an – a b. an – an c. a – a d. a – a.

Exercise n°2

a. He behaves as a professional player. b. What a relief to hear such an optimistic promise! c. It takes half an hour at ninety kilometres an hour. d. This site is visited several times a day.

Exercise n°3

a. I like cars but I don't like the car that I am driving. b. I like music but I don't like the music that I am hearing. c. I like coffee but I don't like the coffee that I am drinking. d. I like cakes but I don't like the cake that I am eating. e. I like fish but I don't like the fish that I am tasting. f. I like children but I don't like the children that I am looking after.

Exercise n°4

a. the – the – Ø b. Ø – Ø – Ø – a – Ø – Ø c. a – Ø – Ø – a – Ø d. the – a – the – the – a.

COMPRÉHENSION DE L'ÉCRIT

Read the text and answer the questions in your own words.

Former The Voice singer gets down on knee in defiance at Trump

Former The Voice contestant[1] Meghan Linsey showed her support for athletes embroiled in the racism row[2] while completing her rendition of The Star-Spangled Banner[3] ahead of the Seattle Seahawks and Tennessee Titans clash in Nashville. Top stars in the sport have been kneeling and bowing their heads in stadiums during the patriotic song in protest at what they see is injustice, including police brutality, against minorities in the US. Mr Trump poured fuel on the fire[4] when he described each of them as a "son of bitch" who "disrespects our flag" – and called for them to be fired. But rather than dampen their defiance[5] he sparked wider protests, with scores of players in two major National Football League (NFL) games on Sunday either staying in their locker rooms[6] or taking a knee during the anthem[7]. The entire Seattle Seahawks and Tennessee Titans squads remained off the field in the Nissan Stadium amid the national song, with the latter saying their act of defiance was in protest at the "injustice that has plagued people of colour in this country". Ms Linsey sang The Star-Spangled Banner with a guitar player on the field empty of players, and in the last notes drew applause from thousands in the stadium when she took a knee and bowed. The Voice runner-up didn't comment after but did re-tweet messages of support.

The Seahawks said they stayed away from the national anthem in protest against racism in the US, speaking out ahead of the clash where the Titans clinched the game with 33 to 27 points. A statement read: "As a team, we have decided we will not participate in the national anthem. We will not stand for the injustice that has plagued people of colour in this country."

The protests came after Mr Trump on Friday said: "Wouldn't you love to see one of these NFL owners, when somebody disrespects our flag, to say, "Get that son of a bitch off the field right now. Out! He's fired. He's fired!" He hit out again after scores of major stars protested on Sunday. Mr Trump wrote: "If a player wants the privilege of making millions of dollars in the NFL, or other leagues, he or she should not be allowed to disrespect our Great American Flag (or Country) and should stand for the National Anthem. If not, YOU'RE FIRED. Find something else to do!"

Jeff Farrell, The Independent, 25th September, 2017.

1. concurrente – 2. impliqués dans une querelle – 3. *La Bannière étoilée* (hymne national américain) – 4. jeté de l'huile sur le feu – 5. calmer leur acte de défi – 6. les vestiaires – 7. l'hymne

1. What are the main reasons why American athletes protest?
2. How did Mr Trump react to this form of protest?
3. What did singer Meghan Linsey do to support the players?
4. What were the public's reactions to this act of defiance?

EXPRESSION ÉCRITE

Do you think that kneeling while the American anthem is being played is a sign of disrespect to the flag and the country? (200 words)

 # corrigés
foucherconnect.fr/19pbsti2d24

3 Art and power

The relationship between art and power raises many questions. Should art serve economic or political power? Can art be a counter-power? Should art be a form of political expression? Can freedom of expression and economic or political constraints be reconciled?

1 First steps

A The power of art

- Architectural styles have symbolized **wealth**, **power**, and **authority** in major civilisations since ancient times. Art and architecture have been used as **a way to impress people and impose their power** by pharaohs in Egypt, emperors in China, kings in Europe and presidents in many republics.
- In the Italian Renaissance, wealthy patrons used art for power: from popes in Rome and the Medici family in Florence to European kings (François I, Louis XIV, Phillip II of Spain...).

B Propaganda and soft power

- In the **Soviet Union**, art was used as **propaganda** to promote the regime with "socialist realism", a form of realism that seeks to be a faithful and objective mirror of communist life.
- In **Nazi Germany**, the term "Degenerate art" was adopted to discredit modernist art – including works of internationally renowned artists such as Chagall, Matisse, Picasso, or van Gogh – on the grounds that such art was an "insult to German feeling", Jewish, or Communist in nature.
- **The United States** also used art as a means to export its culture throughout the world. After the Second World War, American art developed rapidly and American Pop art became famous worldwide, with Andy Warhol's *Brillo boxes* for example.
- As **globalisation** has distributed economic benefits around the world more broadly, emerging economies are expressing their role as actors in the global art scene. China's government has encouraged the creation of thousands of museums, demonstrating age-old Chinese culture and signalling the nation's cultural centrality.

C Art as a political tool

- But artists can use art to **convey a message**. Since Picasso's *Guernica*, many artists have engaged in political movements and exposed war, pollution, AIDS, machismo, or globalization.
- **Graffiti** has evolved into street art and many street artists have achieved mainstream success, such as Jean-Michel Basquiat, Keith Haring or Shepard Fairy in the US, or Bansky in Britain.

2 Useful words

architecture *l'architecture*
an artist *un(e) artiste*
censorship *la censure*
a committed artist *un(e) artiste engagé(e)*
contemporary *contemporain(e)*
to convey *transmettre*
counter-culture *la contre-culture*
to create *créer*
to display *afficher*
an exhibition *une exposition*
to expose *dénoncer*
a mural *une peinture murale*
naked *nu(e)*
painting *la peinture*
a palace *un palais*
a patron *un mécène*
a placard *une banderole*
to participate in *participer à*
a portrait *un portrait*
a poster *une affiche*
to produce *produire*
propaganda *la propagande*
resistance *la résistance*
a studio *un atelier*
wealth *la richesse*

3 Improve your grammar

POINT GRAMMATICAL

Le prétérit simple

- **Verbes réguliers :** Did they protest? They protested. They didn't/did not protest.
- **Verbes irréguliers :** Did she take it? She took it. She didn't/did not take it.

Le prétérit simple indique qu'une action a eu lieu à un moment précis du passé, coupé du présent. C'est l'**aspect ponctuel** de l'action qui est important.

They **created** the group in 1989. *Elles ont créé le groupe en 1989.*

Le Present perfect

Le present perfect se forme avec **have/has** suivi du verbe au participe passé. Il s'emploie pour faire un bilan. C'est le résultat de l'action dans le présent qui importe. On le trouve donc avec **already, just, recently, ever, never, not... yet, for** + durée et **since** + point de départ.

They **have** <u>already</u> **exhibited**. *Elles ont déjà exposé.*

<u>How long</u> **have** they **created** posters? They **have created** posters <u>for</u> thirty years. *Depuis combien de temps créent-elles des affiches ? Elles créent des affiches depuis trente ans.*

<u>Since when</u> **has** she **participated** in the group? She **has participated** in the group <u>since</u> 2015. *Depuis quand fait-elle partie de ce groupe ? Elle fait partie de ce groupe depuis 2015.*

EXERCICES CORRIGÉS

EXERCISE N°1

Make questions whose answers are the underlined phrases.

a. The event took place <u>in 1984</u>. **b.** The Guerilla Girls stood <u>outside the museum</u>. **c.** The exhibition was held <u>in an</u> empty building. **d.** I saw their poster <u>yesterday</u>. **e.** I thought the artwork <u>was very efficient</u>.

EXERCISE N°2

Put the verbs between brackets into the right tense.

a. The group (form) in 1984. b. Their success (begin) in 1989. c. Since the 1970s they (make) themselves known worldwide. d. Street art (evolve) into an art form. e. Shepard Fairey first (gain) attention with his "Hope" poster which (feature) presidential candidate Barack Obama.

EXERCISE N°3

Fill in the blanks with *for* or *since*.

a. They've been working ... a long time. b. Street art has been popular ... the late 60s. c. Art has been used as soft power ... a long time. d. The artists have been developing this project ... six months. e. It's almost a year ... she joined the group.

EXERCISE N°4

Translate the sentences into English.

a. Elle peint dans le métro de New York depuis deux ans. b. Depuis quand travaille-t-il dans cet atelier ? c. Depuis qu'ils sont arrivés ici, ils ont beaucoup créé.

CORRIGÉ

Exercise n°1

a. When did the event take place? In 1984. b. Where did the Guerilla Girls stand? Outside the museum. c. Where was the exhibition held? In an empty building. d. When did you see their poster? Yesterday. e. What did you think of the artwork? That it was very efficient.

Exercise n°2

a. formed b. began c. have made d. has evolved e. gained - featured

Exercise n°3

a. for b. since c. for d. for e. since

Exercise n°4

a. She has painted in New York subway for two years. b. How long has he worked in this studio? c. Since they moved here, they have created a lot.

ENTRAÎNEMENT AU CONTRÔLE CONTINU

COMPRÉHENSION DE L'ÉCRIT

Read the text and answer the questions in your own words.

Fighting to change the art world

The Guerrilla Girls burst on to the American cultural sphere in the mid 80s, with a clear agenda of protesting against the underrepresentation of women in art. They took to the streets wearing gorilla masks — conveniently making an allowance for the slight variation in spelling — and armed with wheat paste[1] and a wicked sense of humour. The posters they created were rude; currently, they are valued works of art.

A defining moment that led to the formation and growth of this feminist group happened in 1984, when only 13 out of 169 contemporary artists invited to display work at the Museum of Modern Art's International Survey of Recent Painting and Sculpture were women. The Guerrilla Girls stood outside the exhibition with placards but were ignored, so they invented their method of activism, which made the art world take notice and eventually accept them. As they themselves describe their Guerrilla way: "We wear gorilla masks in public and use facts, humour and outrageous visuals to expose gender and ethnic bias as well as corruption in politics, art, film, and pop culture".

The masks are meant to retain the focus on the ideas rather than the personalities. It is with the same aim that they have assumed pseudonyms of deceased[2] artists, many of whom are believed to have not been given their rightful place in history. The group is open to admitting new members and it is believed that over the years, at least 100 of them have taken part in the protests and performances.

In 1989, the group created a poster, *Do Women Have To Be Naked To Get Into The Metropolitan Museum?*, one of their most famous works. It was alluding to the fact that while only a handful of female artists managed to display their work at the modern art sections of leading museums, nearly all of the nude models were women.

"The art world has become an instrument of the rich and powerful. We are fighting to change that"
by Sujit Chandrakumar, December 11th, 2018, The Times of India, indiatimes.com ©D.R.

1. peinture pour faire les pochoirs – 2. décédées

1. Why did female artists form the group Guerrilla Girls?
2. What pushed them to make the decision?
3. How can they remain anonymous and why do they wish to be so?
4. What do the words "wicked", "rude" and "outrageous" indicate?

COMPRÉHENSION DE L'ORAL

Listen to the interview with Shepard Fairey, a famous American street artist, and answer the questions.

 # vidéo
Shepard Fairey Talks "Hope", "Obey" & Art
foucherconnect.fr/19pbsti2d25

1. What are Shepard Fairey's two most famous posters?
2. Match the words *optimistic, dark, cynism, hope, sincere* with the period they correspond to:
a. Bush Jr's presidency b. Obama's presidential campaign.
3. Why did Shepard Fairey choose the title *From Covert to Overt* for his book?
4. He compares his art with pop music. Name the singers or groups he mentions.
5. Why can he say that he has infiltrated the system?

EXPRESSION ECRITE

Do you like street art? Do you believe street artists play a part in society? Take specific examples. (200 words)

USEFUL PHRASES
I believe that... *Je crois que...*
I am convinced that... *Je suis convaincu(e) que...*
That's why I hope that... *C'est pourquoi j'espère que...*
They refuse to abide by rules. *Elles refusent de se soumettre à des règles.*

 # corrigés
foucherconnect.fr/19pbsti2d24

4 Virtual worlds and citizenship

Social networking has become popular because the Internet is full of millions of individuals who are looking to meet other people, to share first-hand information and experiences, developing friendships or professional alliances, finding employment, marketing and sharing information. The dangers associated with social networking include data theft and viruses, online predators or individuals who claim to be someone that they are not.

1 First steps

A The protection of citizens' data

- **Confidential information** is stored by organisations such as governments, military, financial institutions, hospitals, and private businesses, about their employees, customers, products, research, and financial operations. Data include sensitive materials such as Social Security numbers, driver's license numbers, and even credit card numbers.
- **Information and information systems** must be protected from unauthorized access, use, disclosure, disruption, modification, or destruction. It means protecting the confidentiality, integrity and availability of information.

B What is clicktivism?

- Clicktivism refers to **the use of social media and the Internet to advance social causes**. It uses the metrics available through Web analytics to optimize Web pages, emails and online petitions. It is meant to increase user engagement and maximize a campaign's page views.
- Clicktivism is a controversial form of **digital activism**. Proponents believe that applying advertising principles increases the impact of a message. Opponents believe that clicktivism reduces activism to a mere mouse-click, yielding numbers with little or no real engagement or commitment to the cause.

C What is the role of crowdfunding?

Crowdfunding is a method of **raising capital through the collective effort of friends, family, customers, and individual investors**. This approach taps into the collective efforts of a large pool of individuals via social media and crowdfunding platforms and leverages their networks for greater reach and exposure. Sometimes there is no financial return to the investors or contributors as donation-based crowdfunding. Common donation-based initiatives include fundraising for disaster relief, charities, non-profits, and medical bills.

2 Useful words

to ban *interdire*
a blog *un blog*
to broadcast news *diffuser des nouvelles*
CCTV system *dispositif de vidéo surveillance*
data *les données*
to delete *effacer*
to dispatch *répartir*
to divulge information *divulguer des informations*
efficient *efficace*
effective *qui marche*
friendship *l'amitié*
hidden dangers *des dangers cachés*
a fraud *une supercherie*
a hacker *un pirate informatique*
an Internet user *un internaute*
to link to *relier à*
a login *un code d'accès*
misleading *trompeur*
a network *un réseau*
piracy *le piratage*
popular *populaire*
privacy *l'intimité*
a range *une gamme*
to rely on *se reposer sur*
a scam *une arnaque*
software *des logiciels*
to spy on *espionner*
to store *emmagasiner*
to tap into *capter*
a theft *un vol*
a virus *un virus*
Web-savvy *connaisseur en matière de web*
the World Wide Web *la toile mondiale*

3 Improve your grammar

POINT GRAMMATICAL

Le comparatif et le superlatif

Comparatif

- Adjectifs courts : adjectif + **er** + **than** : **He is nicer than her.** *Il est plus gentil qu'elle.*
- Adjectifs longs : **more** + adjectif + **than** : **It is more efficient than...** *C'est plus efficace que...*
- Adjectifs irréguliers : **better than** *meilleur(e) que*, **worse than** *pire que*.

Superlatif

- Adjectifs courts : **the** + adjectif + **(e)st** : **He is the nicest.** *C'est le plus gentil.*
- Adjectifs longs : **the most** + adjectif : **It is the most expensive.** *C'est le plus cher.*
- Adjectifs irréguliers : **the best** *le(a) meilleur(e)*, **the worst** *le pire*.

Accroissement parallèle

The bigger it is, **the more** important it will be. *Plus c'est gros, plus c'est important.*
The less you pay, **the more** satisfied you are. *Moins vous payez, plus vous êtes satisfait.*
The more you use it, **the more** dangerous it becomes. *Plus vous l'utilisez, plus cela devient dangereux.*

EXERCICES CORRIGÉS

EXERCISE N°1

Use comparatives and superlatives.

a. Did you find this article ... or ... (provocative) ... their previous one? b. I bought it at a (cheap) ... price... you. I was lucky! c. Would you say that this site is ... (dangerous) ... others? d. No, I simply think it is a ... (acceptable) one. That's why I recommend it to you. e. It is ... (attractive) website I have ever seen! It is (smart) ... and ... (innovative) ... all the other ones I know.

EXERCISE N°2

Fill in the blanks with *better, the best, worse, the worst, more* or *the most.*

a. A ... idea would be for insurers to reexamine their IT options. b. Cyber surveillance should focus ... and ... on the ... strategy to adopt. c. They tried their ... but we are not sure it was the ... time to do it. d. The ... policy would be to hide the truth from people and abuse of their rights. e. I hope they will make ... use of this data than they did previously.

EXERCISE N°3

Translate these sentences into English.

a. Plus j'utilise Facebook, plus j'en deviens dépendant. b. C'est la pire chose qui puisse jamais leur arriver. c. Cet outil est de moins en moins facile à utiliser. d. Ces caméras de surveillance sont aussi redoutables que les pires radars sur les routes. e. Cet article est plus choquant mais moins convaincant que ceux que j'ai lus avant.

CORRIGÉ

Exercise n°1

a. more or less provocative than b. a cheaper price than you c. more dangerous than others d. more acceptable. e. the most attractive – smarter and more innovative than all the other ones.

Exercise n°2

a. better b. more and more – best c. best – best d. worst e. better.

Exercise n°3

a. The more I use Facebook, the more addicted I become. b. It is the worst thing that could ever happen to them. c. This tool is less and less easy to use. d. These security cameras are as dreadful as the worst radars on the road. e. This article is more shocking but less convincing than the ones I read before.

ENTRAÎNEMENT AU CONTRÔLE CONTINU

COMPRÉHENSION DE L'ÉCRIT

Read the text and answer the questions in your own words.

Cyber bullying laws

Instances of cyber bullying[1] have ranged from making fun of someone to pressuring someone to kill himself or herself. These crimes are often the foundation for self-harm[2] and psychological damage that lasts for years. It is difficult to understand just how much damage is caused or impacts a person from these attacks.

When a person goes online to suffer constant barrages of abuse from strangers, classmates and family, it is often enough to lead to injury or death. The rates of suicide among teens have skyrocketed because of these violations. Particular targets as victims of these offenses are gay teens. Almost half of all gay and lesbian youth suffer crimes of cyber bullying.

This subject causes instability in mental health, problems with concentration in school, issues with self-esteem and similar matters among victims. While some are simply harassed, others are bullied. Many are attacked repeatedly. These crimes tend to cause the victim to avoid seeking any type of assistance. The access to the Internet becomes a dangerous place, but cyberbullying may continue through text messaging and email. When one person knows the information of the target, it may be spread to others to provide additional sources of torment. The person affected may even hide these problems from parents. However, these actions leave the individual alone and isolated.

Many states have created and implemented laws to penalize those individuals perpetrating this crime. These regulations have been put in place to protect minors against these actions, but not all states have these laws or protections for children. In addition to this, some particularly inventive children may find ways around the usual protections to ensure the victim is targeted[3] and suffers.

Crimes of cyber bullying tend to follow a pattern that may be defined by law enforcement if police become involved in these violations. Tracking methods may be implemented to discover the culprit[4] of these offenses through email, chat venues and various other means online. Malicious behavior and threatening messages often follow a pattern based on the person instigating the attacks. This could be specific days, certain websites, particular hours of the day and other patterns. When cyberbullying becomes physical abuse, crimes are more easily prosecuted against.

It is important to contact a lawyer when in a state with anti-cyber bullying laws in place. Many children affected by these crimes require medical attention or treatment for psychological damage inflicted by others. Compensation should be obtained if possible for these violations.

"Cyber Bullying Laws", © 1995- 2015 HG Websites, https://www.hg.org

1. cyber harcèlement – 2. se faire du mal à soi-même – 3. ciblé – 4. le coupable

1. Who are the main targets of cyberbullying mentioned in the article?
2. What are the risks that they can encounter?
3. What kind of tools are used by harassers?
4. What measures have been implemented?

EXPRESSION ÉCRITE

How important would you say cyber harassment is and how do you think it could be fought? (160 words)

USEFUL PHRASES

Some sites can be harmful. *Certains sites peuvent être nocifs.*
Going online can help you build relationships. *Vous connecter peut vous aider à construire des relations.*
You need to be aware of the dangers. *Vous avez besoin d'être conscient(e) des dangers.*
It is important to identify who the victim is and who the culprit is. *Il est important d'identifier qui est la victime et qui est le/la coupable.*
It can have a psychological impact on the person. *Cela peut avoir un impact psychologique sur la personne.*

 # corrigés
foucherconnect.fr/ 19pbsti2d24

EXERCICES CORRIGÉS

EXERCISE N°1

Fill in the blanks with *will* or *going to*.

a. Be quiet! The researcher ... start his test. b. Wait a minute, I ... check how accurate the results are. c. Don't forget to ring me up, ... you? d. I don't think they ... find the solution.

EXERCISE N°2

Put the verbs into the appropriate form.

a. The plane (leave) at 8 pm tomorrow. b. The experiment (start) at 2 o'clock this afternoon. c. Next week, we (be) on holiday. d. The company (move) to London soon.

EXERCISE N°3

Translate the sentences into English.

a. Quand les généticiens se rencontreront, ils auront beaucoup de choses à se dire. b. Aussi longtemps que les gens ne feront pas de tests génétiques, ils ne connaîtront pas leur génome. c. Dès que je saurai que le bébé est né, je lui téléphonerai. d. Aussitôt que les généticiens auront les résultats, ils les publieront. e. Quand les gens connaîtront les avancées, ils comprendront. f. Il faudra que tu me le dises quand tu le sauras.

CORRIGÉ

Exercise n°1

a. is going to b. will c. will d. are going to

Exercise n°2

a. leaves b. starts c. will be d. will move/is moving/is going to move

Exercise n°3

a. When the geneticists meet, they will have a lot to tell each other. b. As long as people do not have genetic tests, they won't know their genome. c. As soon as I know the baby is born, I'll phone him/her. d. As soon as the geneticists have the results, they will publish them. e. When people know about the breakthroughs, they will understand. f. You will have to tell me when you know.

ENTRAÎNEMENT AU CONTRÔLE CONTINU

COMPRÉHENSION DE L'ÉCRIT

Read the text and answer the questions in your own words.

A lab in South Korea will clone your dog for $100,000

Since 2006, a controversial biotech lab in South Korea called Sooam has been offering cloning services for the meagre sum of $100,000 (£64,000); I guess some would say their companions are priceless. The company was founded by trained veterinarian and scientific researcher Woo Suk Hwang who has a rather shady[1] history. Hwang was publicly disgraced and expelled from his academic institution for fabricating research on human embryo cloning and still faces criminal charges. But this hasn't seemed to put people off as business is booming; since it was established, more than 400 dogs have been cloned, and the firm usually has around 15 clients per month. The company has also brought its services to the US and plans to offer cloning to UK clients soon.

The cloning technique Sooam scientists use is the same 50 year old method that brought us Dolly the sheep back in 1996 – nuclear transfer. First, cells are taken from the pet to be cloned and the nucleus, the cellular command center that contains the organism's genetic information, is removed and saved. Next, an egg cell from a donor pet is obtained and the nucleus is replaced with that of the pet to be cloned. The egg cell is then given a small electric shock to stimulate division, and after a few days the developing embryo is placed back inside a surrogate mother. The surrogate doesn't have to be of the same breed, but ideally they would be of similar size.

Of course, clients don't get their old dog back, but more of an identical twin. Some dogs may also appear slightly different; dalmatians, for example, may have different spots. The clones may also not have the same personality or temperament as the original dog. And the procedure is not without risks; many dogs are born unhealthy, so they have to repeat the process until a healthy dog is produced, although Sooam claims it never puts a dog down[2].

An ambitious company, Sooam has no intention of stopping at dogs and is dreaming big. Recently, they signed a deal with Russian scientists to attempt to clone a woolly mammoth, despite the ethical issues surrounding this.

"A Lab in South Korea Will Clone Your Dog For $100,000"
by SOGGYDAN BENENOVITCH, www.ifkscience.com

1. obscure, louche – 2. piquer

1. Pick up information about the company Sooam: date of creation, name of founder, nationality, activity, price of cloning a dog.
2. Why can it be said that Woo Suk Hwang is a controversial scientist?
3. What is the basic principle of dog cloning?
4. Say what the risks are.
5. What is Hwang's ambition?

EXPRESSION ÉCRITE

What are your feelings about the new developments in reproduction technology and the questions they raise? Think of in-vitro-fecundation, cloning, genetic engineering… Say what the advantages could be and why it could be the biggest dilemma of the 21st century. Conclude by expressing your feelings about it. Do you see it as one of humanity's best or worst inventions? (200 words)

USEFUL PHRASES

We may question the reliability of these practices. *Nous pouvons nous interroger sur la fiabilité de ces pratiques.*
I fear a lack of scientific tests. *Je crains une absence de tests scientifiques.*
They need to find out about the real risks. *Ils doivent établir les vrais risques.*
It gives the gift of life. *Cela est un cadeau de la vie.*
It will be important in the future. *À l'avenir, ce sera important.*
This will probably become more common. *Cela va probablement devenir plus commun.*
There will certainly be a lot of discussion. *Il y aura sans doute beaucoup de discussions.*
It will eventually become accepted ethically. *Cela deviendra moralement acceptable.*

 # corrigés
foucherconnect.fr/19pbsti2d24

7 Diversity and inclusion

Diversity is about empowering people by respecting and appreciating what makes them different, in terms of age, gender, ethnicity, religion, disability, sexual orientation, education, and national origin. Inclusion is an organisational effort and practices in which different groups or individuals having different backgrounds are culturally and socially accepted and welcomed, and equally treated. Diversity is the mix and inclusion is getting the mix to work well together.

1 First steps

A Diversity education is a solution in many countries worldwide

- In **the European Union**, diversity education is offered to small and medium-sized businesses to develop their capacity to include people of different countries of the union and cultures.
- **Australia's government** uses diversity education to end a history of discrimination against Aboriginal and Islander people.
- **Asia** finds it useful for increasing productivity in multinational companies, and for addressing the historical challenges of achieving harmony between Muslim and Hindu citizens.
- **South Africa** has implemented diversity education to adjust to the removal of the Apartheid system.
- In **the United States**, many organisations, communities, military sectors, and higher education institutions have been conducting some form of diversity education since the 1960s assuming that it can boost productivity and innovation in an increasingly diverse work environment.

B Diversity pioneers

- **Judith Katz** was a student activist for social justice in the late 1960s. She began her diversity action by focusing on racism from a white American perspective.
- By the mid 1980s she was working for the Kaleel Jamison Consulting Group. At the time many companies used independent diversity professionals to provide programmes to help increase the numbers of African Americans and women employees. Diversity training allowed to safeguard against civil rights suits at the time. Much of the training focused primarily on black-white racial issues and sexism. No attention was given to Latinos, Asians, sexual orientation, age or people with disabilities.

C Raising individual awareness

Increasing numbers of organizations have embraced the idea that we need to value differences and consider that diversity is now accepted as a key business driver. Diversity and inclusion are a company's mission, strategies, and practices to support a diverse workplace and leverage the effects of diversity to achieve a competitive business advantage.

2 Useful words

to achieve harmony *atteindre l'harmonie*
to acknowledge *reconnaître*
an asset *un atout*
social background *le milieu social*
to boost *donner de l'élan*
broad-minded *large d'esprit*
a challenge *un défi*
commonplace *courant, habituel*
competitive *concurrentiel(le)*
a culture clash *un choc des cultures*
disabled people *les personnes handicapées*
diversity *la diversité*
to focus on *se concentrer sur*
the gender gap *le fossé entre les sexes*
to implement *mettre en application*
a good mix *un bon mélange*
openness *l'ouverture*
to raise awareness *rendre conscient(e) de*
to require *exiger*
to tackle an issue *s'attaquer à un problème*
training *la formation*
to treat people right *bien traiter les gens*
to value *valoriser*
a wheelchair *un fauteuil roulant*
to discriminate against *discriminer*

3 Improve your grammar

POINT GRAMMATICAL

Pression exercée sur le sujet

- Obligation extérieure : **Have to**

Did they **have to** conduct diversity education? Yes, they **had to**. *Ont-ils dû mener un enseignement sur la diversité ? Oui, ils ont dû le faire.*

- **Nécessité : Must**

Governments **must** do more. *Les gouvernements doivent faire davantage.*

- **Conseil, suggestion : Should**

The government **should** educate citizens. *Le gouvernement devrait éduquer les citoyens.*

- **Absence d'obligation : Don't have to**

You **don't have to** leave if you don't want to. *Tu n'es pas obligé(e) de partir si tu ne le veux pas.*

- **Interdiction : Must not/mustn't**

You **must not** speak about it. It is a secret. *Tu ne dois pas en parler. C'est un secret.*

- **Regret, reproche : Should not/shouldn't**

Citizens **shouldn't** discriminate. *Les citoyens ne devraient pas faire de discriminations.*

EXERCICES CORRIGÉS

EXERCISE N°1

Fill in the blanks with *mustn't* or *don't/doesn't have to.*

a. She ... accept the situation, if she doesn't like it. **b.** They ... leave at once. There's plenty of time. **c.** You ... say anything about her choice. It's a secret. **d.** It's a really stupid decision. You ... accept it. **e.** The move is confidential; you ... tell anybody about it. **f.** They ... worry so much. It's nothing serious.

EXERCISE N°2

Translate into English using *mustn't* ou *don't have to.*

a. Les gens ne doivent pas ignorer où sont leurs racines. **b.** Vous ne devez pas oublier de souligner que la situation est floue. **c.** Il ne doit pas entreprendre la formation seul. **d.** Il n'est pas nécessaire qu'ils s'adaptent à de nouvelles règles tout de suite. **e.** Les personnes handicapées ne doivent pas se sentir discriminées.

EXERCISE N°3

Put the sentences in the interrogative form.

a. Australia has to be reminded it is a country of immigration. **b.** He had to work a lot to become a great success. **c.** Training centres have to give more information and advice. **d.** Governments have to spend more on educating citizens.

CORRIGÉ

Exercise n°1

a. doesn't have to **b.** don't have to **c.** mustn't **d.** don't have to **e.** mustn't **f.** don't have to.

Exercise n°2

a. People mustn't forget where their roots are. **b.** You mustn't forget to underline that the situation is unclear. **c.** He mustn't undertake the training alone. **d.** They don't have to adapt to new rules right now. **e.** The disabled mustn't feel discriminated against.

Exercise n°3

a. Does Australia have to be reminded it is a country of immigration? **b.** Did he have to work a lot to become a great success? **c.** Do training centres have to give more information and advice? **d.** Do governments have to spend more on educating citizens?

ENTRAÎNEMENT AU CONTRÔLE CONTINU

COMPRÉHENSION DE L'ÉCRIT

Read the text and answer the questions in your own words.

Shopping is hellish for disabled people

Our towns and cities are much better set up for people who use wheelchairs than in the past. Dedicated parking spaces have become commonplace, while modern buses and trains often include areas for wheelchairs. A large number of public places like restaurants and bars also have wheelchair-friendly toilets.

With added help from improvements in wheelchair technology, people with physical disabilities are therefore enjoying ever greater levels of independence. Yet they still face significant obstacles to activities that are routine for the rest of us. A good example is shopping. Shelves[1] that are beyond the reach of a wheelchair are a constant problem.

This profoundly affects their sense of autonomy, as a group of wheelchair users confirmed when we interviewed them. They didn't like asking for help unless strictly necessary. They wanted to go to normal stores and interact with products like any other person, and they liked the idea of a technology that could help.

We piloted a system for people of three different levels of impairment[2]. The first group had full use of their hands. The second group had low hand mobility as a result of problems such as tremors[3]. The third group could only use their hands for a limited set of actions, such as driving their wheelchair, and generally faced severe communication problems.

The system for the first group involved an app for their smartphones/tablets, taking advantage of the fact that most people own such a device. Users had to click on the app as they entered the store, which brought up a virtual shop designed to look like the store entrance. Users would then make their way through the store like any other customer. When they came to a shelf with something they potentially wanted to buy, they had to point their device at it. The user's screen would display the shelf and they had to touch the area where the product was located. The app would then list the items in that area. The user could choose a product and either get information, such as price or expiry date, or make a purchase[4]. Staff would assemble a basket of purchases.

The people in our second group of users are generally unable to use a smartphone unaided, so we developed a prototype of a fixed touchscreen at a suitable height adjacent to the relevant shelf.

The third group contained people too impaired for either of the first two solutions. The system worked in a similar way to the first one, except that users selected by voice command.

Hopefully in the relatively near future, we will see strides[5] in wheelchair shopping to match what has happened with parking and toilets.

"Shopping is hellish for disabled people – augmented reality could be the fix"
by Zulqarnain Rashid, theconversation.com, 26 july 2017.

1. des étagères – 2. handicap – 3. tremblements – 4. achat – 5. grands pas

1. What can disabled people in wheelchairs do now that they could not do before?
2. What are the problems disabled people meet in stores? Why do they feel frustrated?
3. What did technology provide to each of the three groups of disabled people mentioned in the text?

EXPRESSION ÉCRITE

How important is it for employers to help make the workplace accessible to employees with disabilities? (160 words)

USEFUL PHRASES

It contributes to a better workplace environment. *Cela contribue à un meilleur environnement.*
They offer facilities. *Ils offrent des installations.*
They follow guidelines. *Ils suivent les directives.*
It raises employees' awareness. *Cela améliore la conscience des employés.*
It boosts productivity and creativity. *Cela augmente la productivité et la créativité.*

COMPRÉHENSION DE L'ORAL

Listen to the video and answer the questions.

1. What kind of disabilities are concerned in the interviewer's first question?
2. What does Governor Mike Huckabee say about the disabled people he worked with?
3. What did the disabled people in his staff do?
4. What is the interviewer's next question?
5. What did Mike Huckabee always make sure of?

 # vidéo
Exclusive Interview: Mike Huckabee on Job Opportunities for People with Disabilities
foucherconnect.fr/19pbsti2d27

 # corrigés
foucherconnect.fr/19pbsti2d24

8 Territory and memory

Cultural heritage is an expression of the ways of living developed by a community and passed on from generation to generation. It gives people a connection to certain social values, beliefs and customs. It provides a sense of unity and belonging within a group and allows people to understand previous generations and the history of where they come from.

1 First steps

A Different types of cultural heritage

- **Built heritage** is the most visible form of heritage. It includes all the constructions that are of historic, aesthetics, architectural or cultural significance: buildings, cityscapes, archaeological remains and monuments.

- **Natural heritage** includes all components of our surroundings that have not been created by man and which are of cultural, aesthetic, spiritual or ecological value: rural landscapes, coasts and agricultural heritage.

- **Artefacts** are all the things that are made by man, such as a tool, a work of art or an object of archaeological interest. They include dance forms, stone tools, paintings, pottery vessels, weapons, jewellery, clothing, books, documents...

- **Immaterial heritage** refers to folklore, language, customs, traditional activities and practices, values.

B The significance of cultural heritage

There are four main aspects to understand the significance of cultural heritage:
- **historical significance**: the age and relationship to a historical era, event or person;
- **social significance** refers to the social and spiritual values attributed to a place;
- **aesthetic significance** refers to the sense of importance of a place in terms of architecture, scale or design;
- **scientific significance** refers to the possibility of scientific findings from a site, monument or place.

C Preserving cultural heritage

- The heritage cycle diagram shows how we can make the past part of our future: by understanding our cultural heritage we value it; by valuing it we want to care for it; by caring for it, we enjoy it; from enjoying it comes a thirst to understand; by understanding it, etc.

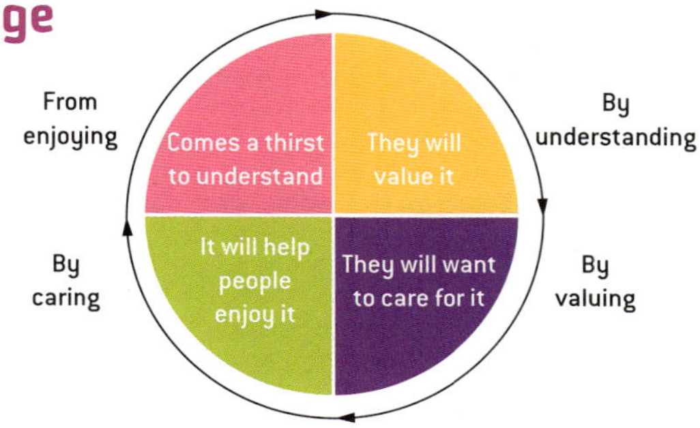

■ The best way to preserve our cultural heritage is to share it with others. We must keep world history intact for the coming generation so that they may have the opportunities to learn about the past and their own roots.

CIVILISATION

Landmarks in American history

The first settlers

1607: London merchants founded Jamestown in Virginia.

1620: The Pilgrim Fathers founded Plymouth Colony in Massachusetts.

1776: American colonists signed the Declaration of Independence from the English crown.

1789: George Washington was elected first president of the USA.

The conquest of the West

1848: After defeating the Mexicans, the US acquired what are now the states of California, Nevada and Utah and parts of Colorado, Wyoming, Arizona and New Mexico.

1849: The Gold Rush to California started.

1862: The Homestead Act opened up the prairies to farmers.

The 20th century

1929: The Great Depression after the Crash on the Stock Exchange.

1941: The Japanese bombed Pearl Harbor & the US entered World War II.

1948-1991: The Cold War between the US and the USSR until the fall of the Wall in Berlin.

1974: President Nixon resigned due to the Watergate Scandal.

2001

The terrorist attacks of 9/11 on the World Trade Center prompted the "War On Terror", the invasion of Afghanistan.

2 Useful words

appalled *effaré(e)*
courage *le courage*
customs *des coutumes*
duty of remembrance *le devoir de mémoire*
to empower *donner les moyens*
an event *un événement*
evil *le mal*
fair *juste*
fearless, daring *audacieux(euse)*
to fulfill promises *tenir des engagements*
a gap *un fossé*
generosity *la générosité*
heritage *le patrimoine*
a hero(es) *un (des) héros*
a heroine *une héroïne*
to identify *s'identifier*
inspiring *inspirant(e)*
a legend *une légende*
to make a dream come true *réaliser un rêve*
mutants *des mutants*
a myth *un mythe*
to overcome difficulties *surmonter les difficultés*
preservation *la sauvegarde*
to set an example *montrer l'exemple*
superpowers *super pouvoirs*
to struggle *lutter*
surroundings *l'environnement*
to take up a challenge *relever un défi*
a villain *un méchant*
a war memorial *un monument aux morts*

3 Improve your grammar

POINT GRAMMATICAL

La voix passive

- Le passif se forme avec le verbe **be conjugué** suivi du **participe passé**.

Présent : The story **is built** on historical facts. *L'histoire est construite sur des faits historiques.*

Prétérit : His success **was celebrated**. *On a célébré sa réussite.*

- On peut combiner **passif** et **modaux**.

It **cannot be** denied. *On ne peut le nier.*

It **must** not **be** forgotten. *On ne doit pas l'oublier.*

It **should be** remembered. *On devrait s'en souvenir.*

It **will be** discovered. *Cela sera découvert.*

- Les verbes qui se construisent avec **deux compléments** ont deux formes passives selon ce que l'on veut mettre en relief :

- **la personne** (complément d'attribution) :

He was given a new name. *Il a reçu un nouveau nom.*

- **la chose** (complément d'objet) :

A new name was given to him. *Un nouveau nom lui a été donné.*

EXERCICES CORRIGÉS

EXERCISE N°1

Translate the following sentences into English.

a. On ne fait rien pour préserver le patrimoine. **b.** On les force à changer l'intrigue. **c.** Cette croyance est basée sur un mythe. **d.** Ils ne furent pas invités à partager le patrimoine culturel.

EXERCISE N°2

Turn the sentences into the passive form starting with the underlined words.

a. They romanticize life in the past. **b.** They do not show the reality of ancient times. **c.** Somebody gave them the means to succeed. **d.** They told me life was easy in the West. **e.** It offers them new opportunities.

CORRIGÉ

Exercise n°1

a. Nothing is done to preserve the heritage. **b.** They are forced to change the plot. **c.** This belief is based on a myth. **d.** They were not invited to share the cultural heritage.

Exercise n°2

a. Life in the past is romanticized. **b.** The reality of ancient times is not shown. **c.** They were given the means to succeed. **d.** I was told that life was easy in the West. **e.** They are offered new opportunities.

ENTRAÎNEMENT AU CONTRÔLE CONTINU

COMPRÉHENSION DE L'ÉCRIT

Read the text and answer the questions in your own words.

How American history created the American superhero

In the first half of the twentieth century, coming out of the Depression, immigrant communities were looking for ways to empower themselves both professionally and creatively, and were good at telling their stories. Stan Lee, Jack Kirby, Joe Kubert, Will Eisner, and Jerry Siegel and Joe Shuster, the co-creators of Superman were all children of Jewish immigrants. So that immigrant story is just built into the DNA of comic books, particularly in the Golden Age of comics[1]. But you still find that American essence in so many stories today.

Because the origins of comic books were tied up into WWII, they talked directly to readers about the war, about the fight with the Nazis, about paper rationing. Superman would point his finger out of the comic book frame[2] and say, "You've got to buy your war bonds[3]!" So that kind of overt propaganda has always had a place.

You could look at the issues that Captain America is wrestling with, or the villains he is fighting, and you can see where American society is at that time. During WWII, in his very first Captain America comic book, he is literally punching Adolf Hitler. [...] During the 1950s he was recast as "Captain America: Commie[4] Smasher" and it was overtly anti-Communism. In the 1970s, Captain America was investigating this secret organization within the Marvel Universe, and he got all the way up to the head of this organization and it turned out that Richard Nixon and Henry Kissinger were behind it. Captain America was so appalled by this that he threw away his costume, and for about a year he went as "Nomad: The Hero Without a Country." Here they were making overt political commentary about the Watergate Scandal. Right after 9/11, he was in the Middle East fighting terrorists. As the war became less popular, there was more nuance included.

"How American History Created the American Superhero"
by Frasier Petersen, March 9, 2016, © Humanities Washington, www.humanities.org

1. from the late 1930s to 1950 – 2. le cadre 3. obligations vendues pour financer l'effort de guerre – 4. communistes

1. Say what a superhero or superheroine is. Name the ones you know.
2. Why are comic books rooted in immigration to America?
3. What form did propaganda take in several episodes of Superman?
4. Name the three groups of enemies Captain America fights in the 20th century.
5. Do you agree that superheroes are a mirror of their times? Take specific examples in comic books, cartoons, films or series.

 # corrigés
foucherconnect.fr/19pbsti2d24

EXPRESSION ÉCRITE

Do you like books or films based on historical facts? Take specific examples. Say why they attract readers or spectators and what the dangers are. (200 words)

USEFUL PHRASES

It gives an extra thrill. *Cela procure un frisson supplémentaire.*
Some authors rewrite history. *Certains auteurs réécrivent l'histoire.*
It gives historical authenticity. *Cela donne de l'authenticité historique.*
They bring about a sense of unification with the past. *Cela donne un sens d'unification avec le passé.*

PAPIER À BASE DE
FIBRES CERTIFIÉES

FOUCHER s'engage pour
l'environnement en réduisant
l'empreinte carbone de ses livres.
Celle de cet exemplaire est de :
1.6 kg éq. CO_2
Rendez-vous sur
www.editions-foucher-durable.fr

SG-JF-MB/SM

Achevé d'imprimer en Italie par L.E.G.O. S.p.A., Lavis (TN)
Dépôt légal : 15494-4/02 - Septembre 2019